다시, 중국의
길을 묻다

: 시진핑 시대의 국가전략

중국전략보고
•
시리즈 **03**

다시, 중국의 길을 묻다

: 시진핑 시대의 국가전략

中国道路的学术表达

먼훙화门洪华 · 리팡李放 · 샤오시肖晞 주편
성균중국연구소 옮김

성균관대학교
출 판 부

| 차례 |

'중국의 길' 연구의 심화, 중국의 발언권 제고

21세기에 들어서며 중국에 대한 전 세계의 관심이 더욱 뜨거워졌다. '중국의 길'은 광범위하게 논의되는 주제가 되었고 다양한 관점이 속출하였다. 조슈아 레이모(Joshua Cooper Ramo)가 처음 제기한 '베이징 컨센서스(Beijing Consensus)'부터 마틴 자크(Martin Jacques)의 '중국이 세계를 지배할 것(When China Rules the World: The End of the Western World and the Rise of the Middle Kingdom)'이라는 예언에 이르기까지 중국의 길에 대한 기대가 가득 차 있기도 하지만, 한편으로는 중국의 미래에 대한 우려도 적지 않은 것이 사실이다. 중국의 길에 관한 평가와 전망 역시 다양하다. 다양한 논점의 '중국위협론'이 존재했고, '중국붕괴론' 역시 수면 위로 부상하였다. 가지각색의 '중국책임론'은 물론, '중국기회론', '중국공헌론' 등에 대한 목소리도 끊임없이 나타났다. 이 중에는 '중국의 길'에 대한 객관적인 분석도 있지만 수많은 오해와 확대 해석, 심지어 고의적인 왜곡도 있다. 개발도상국에서는 '중국의 길'이 시사하는 바에 대한 연구가 많은 반면, 서방학자들은 관습적으로 고유의 이론에 의거하여 '중국의 길'을 해석하고 있다. 그러나 이는 객관적인 분석이 될 수 없을 뿐만 아니라 관점 역시 항상 이데올로기와 정치적 편견이 뒤섞여 있다.

중국 내에서의 연구 성과를 확인해 보면, 관련된 연구가 매우 많다는 사실을 알 수 있다. 그러나 정치적인 표현이 보편적으로 농후할 뿐만 아니라 수많은 다른 장점들을 무시하고 한 가지 결점에만 집중하는 경향이 종종 나타나고 있다. 수많은 학자들이 중국의 부상이라는 아름다운 미래에 연연하거나 집착할 뿐, 문제의 분석에 노력을 기울여 깊이 파고들려 하지 않고 있다. 일반적인 의의에서, 국가의 길에 대한 선택, 시작과 발전은 국가의 명운과 흥망성쇠를 결정하는 핵심적인 문제이다. 중국은 이미 '중국의 길'로 나아가기 시작했고, 이를 점차 발전시키고 있다. 이 기간 동안 중국은 수많은 어려움과 우여곡절을 경험해왔고, 도전과 검증에 직면해왔다. 그 결과 중국의 미래를 전 세계가 관심을 가지고 집중하게 되었다. 따라서 오늘날 전 세계가 가장 심도 있게 연구해야 하고 가장 관심을 가져야 하는 국가의 길이 바로 '중국의 길'이라고 할 수 있다.

'중국의 길'에 대한 탐구, 시작과 발전

소동파(蘇東坡)는 "천하가 번성하는 것에는 그만한 이유가 있다(天下將興, 其積必有其源)"고 했다. 중국의 길에 대한 연구는 19세기 중반, 중국이 반식민지 사회에 접어들면서 시작되었다. 170여 년 동안, 중국은 구(舊) 민주주의 혁명, 신(新) 민주주의 혁명, 사회주의 혁명의 건설과 개혁을 경험하였다. 이 과정에서 여러 세대에 걸쳐 뜻있는 학자들이 희생을 무릅쓰고 가난하고 낙후된 국가를 어떻게 현대화시킬 것인지에 대한 연구를 꾸준히 진행하였다. 과정은 비록 힘겨웠지만 성과는 두드러졌다. '중국의 길'은 중국 인민들이 중국 공산당의 지도하에, 중국 특색의 민주혁명 노선, 중국 특색의 사회주의 개선 노선, 중국 특색의 사회주의 개혁 노선 등 국가의 위기를 극복하고 국가를 강성하게 하며 위대한 민족의 부흥을 실현한 경험이 집약된 것이다. 따라서 '중국의 길'이 가지고 있는 특색은 확고부동한 사회주의 방향, 정부 주도의 시장경제체제, 사람이 근본인 핵심가치와 점진주의 개혁 노선 등 제도적 속성, 체제 선택, 가치 이념과 발전 모델 등에서 나타난 독창성에 있다.

'중국의 길'은 중국 특색의 사회주의가 기반이다. 마오쩌둥(毛澤東)을 중심으로 한 1세대 지도부는 새로운 시기(新時期: 4인방 축출 이후, 1978년 11기 3중 전회를 기점으로 4대 현대화 실현을 중점사업으로 제시한 시기) 이후 중국 특색의 사회주의를 시작하기 위한 소중한 경험과 이론, 물질적 기반을 제공하였다. 덩샤오핑(鄧小平)을 중심으로 한 2세대 지도부는 중국 특색의 사회주의를 성공적으로 시작하였고, 장쩌민(江澤民)을 중심으로 한 3세대 지도부는 중국 특색의 사회주의를 21세기에도 성공적으로 안착할 수 있게 하였다. 또한 후진타오(胡錦濤)를 총서기로 하는 당 중앙은 새로운 역사적 시발점에서 중국 특색의 사회주의를 성공적으로 견지하고 발전시켰다. 당의 제18차 보고에는 21세기 '중국의 길'이 추구할 세 가지 단계가 명시되어 있다. 중국 공산당 성립 100주년까지 전면적인 소강사회 건설이 첫 번째 단계이고, 신(新)중국 성립 100주년까지 부강하고 민주적이며, 문명적이고 조화로운 사회주의 현대화 국가 건설이 두 번째 단계이다. 그리고 마지막으로 21세기에 중화민족의 위대한 부흥을 실현하는 것이 세 번째 단계이다. 이러한 대전략(大戰略, great strategy)이 '중국의 길'을 더욱 풍부하고 완벽하게 하는 기반인 것이다.

시진핑(習近平)은 '꿈(夢)'과 '길(路)'을 결합하여 '중국의 길'이 내포한 함의를 명확하게 표현하였다. 시진핑은 중화민족의 위대한 부흥을 실현하는 것이 근대 이후 중화민족의 가장 위대한 꿈이고, '중국의 꿈'을 실현하기 위해서는 반드시 중국 특색의 사회주의 노선을 견지해야 한다고 언급하였다. 중국 특색의 사회주의 노선은 과학사회주의 이론과 중국 사회주의 발전 역사가 변증법적으로 통일된 것으로, 중국의 대지에 뿌리내려 있으며 중국 인민의 염원이 반영된 것이다. 이는 오늘날 중국의 시대적인 발전 요구에 부합한다. 또한 중국 특색의 사회주의 노선은 전면적인 소강사회 건설, 사회주의 현대화의 실현, 중화민족의 위대한 부흥 실현을 위해 반드시 필요한 길이다.

18대 이래로, 시진핑을 중심으로 한 지도부는 개혁개방을 전면적으로 심화하는 새로운 시대를 시작하기 위해 전력을 다하고 있다. 정치, 경제, 사회, 문화, 생태, 안보, 외교, 국방 등 각 분야에서 전략적 조정을 거쳐 향후 중국의 중장기적인 대전략을 점차적으로 구상하였다. 제도의 수립이라는 측면에서 보면, 중국은 국가 거버넌스 체계 확립을 대대적으로 추진하는 동시에 반부패에 힘쓰며 국가의 장기적이고 안정적인 기반을 구축하고 있다. 경제사회의 전략적 측면에서 보면, 중국은 경제 신창타이(新常態, 뉴노멀)를 제시하고 경제 체제의 개혁을 대대적으로 추진하는 동시에 민생을 적극 보호하고 개선함으로써 사회의 건전성과 안정을 확보하고 있다. 또한 문화의 건설이라는 측면에서 보면, 사회주의 핵심가치관을 견지하는 동시에 전통문화 부흥의 중요성을 강조하고 있다. 이는 전통을 잊지 않아야 비로소 미래를 시작할 수 있고, 계승해야만 비로소 더욱 긍정적인 혁신을 도모할 수 있기 때문이다. 이와 함께 안보 전략적 측면에서 총체적 국가안보관을 제시하고 완벽한 안보 메커니즘을 구축하기 위해 노력하고 있으며 외교 전략적 측면에서 중국의 국가이익 확대, 공동의 이익, 상호 호혜, 윈윈, 중국 책임 등을 핵심으로 하는 새로운 외교시대를 시작하기 위해 노력하고 있다. 이러한 전략적 구상과 중국 특색의 사회주의를 바탕으로, 중국은 균형적 발전, 평화적 발전, 상호 협력, 윈윈 등의 특성이 두드러진 중국의 길을 차근차근 걸어 나아가고 있다.

'중국의 길'의 기본 특성과 전략적 가치

개혁개방 이후, 중국 경제의 빠른 성장과 국력의 안정적인 격상은 글로벌 경제발전과 평화 유지를 위한 끊임없는 원동력이 되었다. 전 세계가 중국을 국제 질서를 재구축할 중요한 역량으로 간주하면서 중국의 미래 전략에 높은 관심을 가지게 되었고, 주요 국가들의 전략 조정을 촉발하였다. 따라서 중국의 국가 이익, 국가적 책임과 국가적 명운 등이 새로운 시대의 흐름과 밀접하게 연결되어 있다고 할 수 있다. 이와 동시에, 중국의 발전 과정에서 해결해야 할 문제들이 발생하면서 중국의 발전 의도, 속도와 모델 등에 대한 우려 역시 표출되었다. 이는 '중국위협론', '중국붕괴론' 등을 초래하는 결과로 이어지며 중국의 국가 이미지에 영향을 미치는 동시에 '중국의 길'에 대한 발언 역시 점차 격렬해졌다.

이론적인 측면에서, '중국의 길'은 중화민족의 역사와 전통을 계승하고 발전시킨 것이기 때문에 중국이 고대로부터 이어 온 평화와 공영이라는 발전이념에 부합한다. 또한 '중국의 길'은 마르크스주의를 새롭게 발전시키고 마르크스주의의 중국화 과정을 심화시킨 것이다. 뿐만 아니라 '중국의 길'은 중국의 외교 이론과 국제관계이론을 더욱 풍성하게 하고, 이를 통해 시대적 특성과 중국적 특색을 갖추게 한 것이다. 마지막으로 '중국의 길'은 국제사회에서 중국에 대한 부정적인 여론을 반영하고 이를 해소하기 위한 이론적 근거를 제공한 것이라 할 수 있다.

시행적인 측면에서, '중국의 길'은 중국의 미래 발전을 위해 명시된 전략적 노선이자 중국의 국내정치와 외교를 위한 지침이다. '중국의 길'은 국가의 종합적인 국력 제고에 도움이 될 뿐만 아니라 나아가 중화민족의 위대한 부흥을 실현하기 위한 기반이 되기도 한다. '중국의 길'은 중국의 국가 영향력을 제고하는 한편, 전 세계 발전모델의 다양성과 혁신성 창출에 일조한다. 뿐만 아니라 글로벌 무역과 투자의 선순환 발전에도 긍정적인 역할을 함으로써 국제정치경제 질서가 더욱 공정하고 합리적인 방향으로 나아가게 한다. 지속적이고 평화적이며 함께 발전하는 세계 건설에 일조함으로써 책임 있는 대국이라는 중국의 역할을 더욱 부각시키기도 한다.

'중국의 길'은 유구하고 위대한 국가의 현대적인 부흥의 길로, 비(非)서방국가 가운데 지금까지 가장 성공한 현대화 발전 노선이자 사회주의 발전사(史)에서 가장 찬란한 업적이라고 할 수 있다. 이 길은 경제의 글로벌화가 추진되는 상황에서도 중국 특색의 사회주의를 독립적이고 자주적으로 건설하고, 13~15억 인구를 가진 중국이 사회주의를 기반으로 현대화를 실현할 수 있도록 하였다. '중국의 길'은 근대 이후 신흥대국의 부상 가운데 지금까지 볼 수 없었던 새로운 길이자 사회주의 발전사는 물론 마르크스주의 발전사에서도 전대미문의 새로운 길이다. 따라서 우리는 중국의 개혁개방과 현대화 건설에서 나타난 다양한 분야의 사례를 더욱 심도 있게 결합하는 동시에 전 세계적인 범위에서 경제, 정치, 문화 등의 발전 역사, 현황 및 미래와도 긴밀하게 결합하여 '중국의 길'에 대한 연구를 더욱 심화시켜 나가야 한다.

오늘날, 중국 경제는 신창타이 시대에 진입했고, 전면적인 개혁은 난관을 극복해야 할 단계에 접어들었다. 국가 전략 역시 실질적인 차원에 들어서면서 중국은 세계 경제와 언론들의 기대에 직면하였다. 이는 중국이 이론적으로나 실질적으로 '중국의 길'을 더욱 절실하게 심화시키고 혁신해야 하는 이유이다.

더욱 심도 있는 연구가 필요한 '중국의 길'

'중국의 길'에 사람들이 주목하는 근본적인 원인은, 중국이 자국의 실질적인 정세에서 출발하여 독립적이고 자주적인 중국 특색의 사회주의 발전 노선을 걸어오면서 커다란 성과를 이룩하였을 뿐만 아니라 미래의 발전을 위한 기반을 확립했기 때문이다. 더욱이 이러한 미래를 향한 대전략을 개방적이고 포용적으로 설계했기 때문이기도 하다. 60여 년의 고된 탐구 결과, 중국 인민들은 중화민족의 위대한 부흥을 실현하기 위해서는 중국 공산당의 지도, 사회주의 시장경제의 개혁 방향, 점진적인 개혁과 결단적인 추진이 결합된 발전 노선, 공유제를 기반으로 하며 다양한 소유제가 함께 발전하는 사회주의 기본 경제제도, 마르크스주의 지도사상을 기반으로 한 마르크스주의의 중국화 등을 확고부동하게 유지해야 한다고 인식하였을 뿐만 아니라 선진적인 문명으로서 중국이 귀감이 되어야 한다고 인식하였다.

'중국의 길'의 시작과 형성은, 중국이 발전해 온 독특한 여정과 역사·문화가 긴밀하게 연계되어 있다. 시진핑 총서기가 지적한 바와 같이, '중국의 길'은 개혁개방 30여 년의 위대한 시행과정에서 나타난 것이자 중화인민공화국 성립 60여 년 동안 지속적인 탐구로부터 얻어진 결과물이며 중화민족 5,000여 년의 유구한 문명을 계승함으로써 발현된 것이기 때문에 견실한 역사적 근원과 광범위한 현실 기반을 갖추고 있다. 18차 보고에도 '중국의 길'에 대해 "중국 공산당의 지도하에, 기본적인 국가 정세에 입각하여 경제 건설을 중심으로 4대 기본원칙과 개혁개방을 견지한다. 사회 생산력을 해방 및 발전시키고 사회주의 제도를 공고히 한다. 사회주의 시장경제, 사회주의 민주정치, 사회주의 선진문화, 사회주의 조화사회, 사회주의 생태문명을 건설하고 인류의 전면적인 발전을 촉진하며 인민 전체의 공동 부유를 점진적으로 실현한다. '부강하고 민주적이며 문명적이고 조화로운' 사회주의 현대화 국가를 건설한다"고 명시하였다.

'중국의 길'을 위한 혁신적인 구도 역시 형성되고 있다. 『역경(易經)』에는 "무룻 도를 깨달아 만사를 알더라도 행함에는 적당한 시기가 있다(凡益之道, 與時偕行)"라는 구절이 있다. 18대 이래로, 시진핑 총서기를 중심으로 한 중앙 지도부는 국내외 정세를 장악하고 이를 긴밀하게 결합하여 전략사상을 마련하였다. 국내에서는 체제개혁을 적극 추진하며 국가 거버넌스 체제 구축과 거버넌스 역량 강화를 위한 노력을 기울였다. 아울러 정치, 경제, 사회, 문화, 생태 등 '오위일체(伍位一體)' 체제개혁을 설계함으로써 국가의 균형적인 발전을 추진하였다. 또한 전면적인 소강사회 건설, 전면적인 개혁 심화, 전면적인 의법치국(依法治國), 전면적인 당 통치 등 국가의 전반적인 발전전략을 명확히 제시하였고, 이에 의거하여 국가 거버넌스 체계 구축 및 거버넌스 역량의 현대화를 대대적으로 추진함으로써 중국의 개혁개방과 현대화 건설의 새로운 여정을 시작하였다. 대외적으로는 국제사무에 적극 참여하고 일대일로(一帶一路) 등 글로벌 전략을 추진함으로써 중국이 국제사회에 융화되는 동시에 국제적인 영향력을 발휘할 수 있도록 하였다. 또한 글로벌 경제 거버넌스 및 국제질서 구축을 위한 건설적인 참여자 역할을 이행했을 뿐만 아니라 일정 부분에서는 주도적인 역할을 수행하였다. 이는 대국으로서 중국의 역할을 한층 부각시키는 계기가 되었다. '중국의 길'에 대한 탐구는 역사적으로 새로운 시기에 진입하였다. '중국의 길'은 바로 중국이 부상하는 길이자 중화민족의 위대한 부흥의 길이요, '중국의 꿈'을 실현하는 길이다.

'중국의 길'의 시작과 발전은 세계적인 의의도 내포하고 있다. 개발도상국의 현대화는 세계적인 난제이다. 모든 대국은 발전 과정에서 혁신적인 모습을 보이는 동시에 세계적인 흐름을 선도하는 국가가 전 세계를 주도할 것이라는 사실을 심각하게 받아들이고 있다. '중국의 길'은 개발도상국에게 서방의 발전 노선과 다른 선택이 가능하도록 함으로써 인류사회의 발전 노선 연구에 유익한 시사점을 제공하였다. 또한 국제사회에 중국이 어떻게 발전하였는지를 이해시키기 위해 세계 각국에 중국의 발전 경험을 보여주었다. '중국의 길'은 개발도상국이 현대화를 실현할 수 있는 방법을 확장한 것은 물론 경제 글로벌화 시대에 인류의 다양한 발전을 촉진하였다. 아울러 일부 개발도상국의 발전 노선 선택에도 적지 않은 영향을 미쳤다.

'중국의 길'에 대한 발언권 강화

『역경(易經)』에 이르기를 "현명한 사람은 시대에 맞춰 변하고, 지혜로운 사람은 때에 따라 제도를 바꾼다(明者因時而變, 知者隨時而制)"고 했다. 2020년을 향해 가는 시기는 중국이 전면적인 소강사회에 진입하고 중화민족의 위대한 부흥을 실현하기 위한 견실한 기반을 다지는 핵심적인 시기이다. 또한 국제적인 영향력을 신속하게 확대하고, 지역적인 대국에서 세계적인 대국으로 나아가기 위해 전면적인 준비를 해야 하는 중요한 시기이기도 하다. 중국이 직면한 국내외 환경 변화에서 알 수 있듯, 기회와 도전이 공존하고 있다. 다만 도전보다는 더 많은 기회가 있다. 중국의 국내 정세를 기반으로 시대적 흐름에 순응하고, 정층설계(頂層設計, top-level design)에 주력하며 최저선 사유(底線思維, bottom-line thinking)를 바탕으로 사상혁신을 추진해야만 비로소 완벽한 '중국의 길'로 나아갈 수 있다.

'중국의 길'에는 심오하고 견실한 중국의 특색이 담겨 있기 때문에 이와 관련된 연구를 더욱 심화시킬 필요가 있다. '중국의 길'에 대한 연구는 역사를 종결하고, 현재를 평가하며 미래를 전망하는 것이다. '중국의 길'에 내재된 문화적 함의와 역사적 전통의 결합, '중국의 길'에 대한 이념 구축과 과학적 이론분석의 결합, '중국의 길'의 현실적 경로와 전략 설계의 결합이 깊이 이루어져야 한다. 즉 역사와 이론, 전략이라는 세 가지 차원이 결합할 때 '중국의 길'에 관한 연구가 혁신적으로 전환될 수 있다.

중국이 국제사회에 중대한 공헌을 하면서 '중국의 길'에 대한 발언권을 제고할 좋은 시기를 맞이하였다. '중국의 길'에 대한 연구가 급격히 활발해짐에 따라 이와 관련된 목소리를 내고자 하는 이들이 많아졌다. '중국위협론'이 지속적으로 언급되고 '중국붕괴론'이 재차 수면으로 부상하는 것에서 알 수 있듯, '중국의 길'에 대해 이야기할 수 있는 발언권을 장악하는 것은 매우 중요하다. '중국 이야기'를 잘하는 것이야말로, 학계가 직면한 중대한 연구 과제이다. 학계 엘리트들의 깊이 있는 사고가 활발하게 이루어질 때 비로소 '중국의 길'에 대한 발언권을 강화할 수 있다.

　　오늘날 세계는 새로운 기회와 도전에 직면해 있고 국제체제와 국제질서도 상당한 변화를 겪고 있으며, 국제사회의 '힘의 균형'은 평화와 발전에 유리한 방향으로 변화하고 있다. 중국은 그 어느 때보다 세계의 중심에 가까워지고 있고 중화민족의 위대한 부흥이라는 목표에 근접해가고 있다. 중국이 세계의 중심에 가까워지면서 '중국의 길(中國道路)'과 미래방향에 대한 국제사회의 관심도 점차 커져가고 있고 의심과 우려의 목소리도 생겨나고 있다. 이러한 상황 속에서 중국이 직면한 과제는 의심과 우려의 목소리를 불식시키기 위해 노력하는 한편 중국 발전의 저해 요소를 줄여나가는 것이다.

　　중국은 중국 특색의 사회주의 길을 견지하면서 평화, 발전, 협력, 공영의 깃발을 높이 들고 국내외 정세와 중국의 발전과 안보를 두루 살핌으로써 평화발전과 민족부흥이라는 노선을 확고히 해야 한다. 또한 국가의 주권, 안보, 평화발전에 유리한 국제 환경을 조성하여 중국 발전의 전략적 기회를 포착하고 '두 개의 백년'이라는 목표와 중화민족의 위대한 부흥이라는 중국의 꿈을 실현하는 데 힘써야 한다.

　　중국은 새로운 역사의 출발점에 서있다. 이것은 중국이 개혁을 심화하고 경제사회의 발전 동력을 강화하고 경제발전의 '뉴 노멀(新常態)'과 발전방식의 전환에 적응하는 한편 세계와 소통하고 세계를 향해 개방을 심화하는 출발점이기도 하다.[1] 중국의 부상과 세계의 전환이 함께 나타나는 이 시점에서 중국은 자신이 걸어온 길과 걸어가야 할 길에 대해 깊이 있게 연구해야 한다. 시대의 기회를 붙잡고 중국의 발전을 이룩함과 동시에 세계 평화와 발전에 기여를 해야 할 뿐만 아니라 국제적 책임과 의무를 다해 다른 국가들이 중국의 발전에 무임

. . . .

1　習近平 "中國發展新起點全球增長新藍圖: 在二十國集團工商峰會開幕式上的主旨演講", 『人民日報』(2016.9.4.).

승차하는 것을 환영하며 발전의 성과를 공유해야 한다.

중국의 길은 중국 발전의 근본이며 중국 발전의 방향과 기치와 관련된 중대한 문제이다. 중국의 길은 개혁개방 30여 년 동안의 실천, 중화인민공화국 수립 60여 년의 시간 속에 지속적으로 탐색하면서 걸어왔고 근대 이후 170여 년의 중화민족의 발전과정에서 깊은 성찰 속에서 걸어왔으며, 5천 년 중화민족의 유구한 문명의 계승과 함께 걸어온 것으로 유구한 역사적 뿌리와 넓은 현실적 기초를 갖춘 것이다. 중국의 길에 대한 탐구는 19세기 중엽 반(半)식민지사회로 전락한 시점으로 거슬러 올라간다. 170여 년간 중국은 구(舊)민주주의혁명, 신(新) 민주주의혁명, 사회주의혁명 및 건설과 개혁을 경험했고 수많은 뜻있는 애국지사들이 빈곤하고 낙후한 국가의 현대화 실현을 위해 부단히 노력해왔다.

중국의 길은 중국뿐만 아니라 세계와 밀접한 연관을 가지고 있다. 즉 1978년 이후 개혁개방정책을 견지하고 국제사회로의 융합과 공동발전을 촉진하는 전략적 선택과 밀접하게 관련되어 있다. 세계화 시대에 중국은 세계 경제발전의 중요한 동력이 되었고 세계 각국에 드넓은 시장을 제공하고 있다. 중국의 길은 평화발전의 길이다. 중국은 시종일관 평화발전의 길과 호혜공영의 개방 전략을 견지하고 글로벌 거버넌스에 참여하여 각 국가들과 우호적인 관계를 돈독히 하고 있다. 또한 중국은 세계평화의 건설자, 글로벌 발전의 기여자, 국제질서의 수호자의 역할을 담당하고 있으며 협력과 공영을 핵심으로 하는 신형대국관계의 구축과 이익공동체, 책임공동체, 운명공동체의 형성에 힘쓰고 있다. 중국의 길은 비(非)서구 국가의 현대화 경로로 개발도상국의 사회발전 경로의 본보기와 교훈이 되고 있다.

그러나 중국의 길은 여전히 탐색 중이고 보완 중이다. 중국은 지난 30여 년의 고속발전을 통해 부를 축적함과 동시에 많은 어려운 문제도 쌓였다. 수년간 누적된 경제적, 사회적 갈등으로 인해 중국의 지속가능한 발전은 매우 심각한 상황에 직면했다. 중국공산당 제18차 대회 이후 중국은 경제구조의 재균형을 시도하고 있고 '뉴 노멀'이라는 중국 경제가 지속가능한 발전을 유지하는 데 두고 있다. 시진핑 총서기는 "시시각각 중대한 도전에 대응하여 리스크를 막아내고, 중대한 저항을 극복하고, 모순을 해결하기 위한 준비가 되어 있어야 한다(要時刻准備應對重大挑戰、抵禦重大風險、克服重大阻力、解決重大矛盾)"[2]고 제시했다. 중국의 길은 지속가능한 발전이라는 시험대에 올라 있다.

이런 인식에 기초해 2015년 5월 30일 퉁지(同濟)대학 중국전략연구원은 "중국의 길에 대한 학술적 표출"이란 주제로 제1차 중국전략포럼을 개최하면서 각 영역의 중국 학자들을 초청하여 중국의 길에 대한 견해를 들었다. 그리고 이것이 『다시, 중국의 길을 묻다(원제: 中國戰略報告第三輯: 中國道路的學術表達)』를 출판하는 학술적 기초가 되었다. 이후 퉁지대학 중국전략연구원은 이 의제에 대해 지속적인 관심을 가지고 중국의 길에 대한 깊이 있는 연구를 학자들에게 제안했으며 그 결과 중국의 길에 대한 혁신적인 인식을 형성했다. 바로 이러한 과정이 이 책이 세상에 나온 배경이다.

『다시, 중국의 길을 묻다』의 한국어판 발간을 앞두고 이 책의 편집인으로써 성균관대 성균중국연구소 이희옥 소장과 연구소에 깊은 감사의 뜻을 전하고 싶다. 편집인은 이희옥 소장과 20여 년간의 우정을 쌓으며 오랜 시간 동안 학술교류와 협력을 해왔고 중국에 대한 건설적인 이해와 인식 그리고 한중관계의 발전을 위한 학술적 노력을 기울여왔다. 이희옥 소장은 『다시, 중국의 길을 묻다』의 한국어판 출판을 위해 많은 심혈을 기울여주었다. 이희옥 교수가 소장으로

. . . .

2 習近平 "在慶祝中國共産黨成立95周年大會上的講話", 『人民日報』(2016.7.2.).

있는 저명한 중국 관련 싱크탱크인 성균중국연구소는 다망한 학술연구 와중에도 〈중국전략보고 3집〉의 한국어판 번역과 출판 업무를 맡아주었다. 이에 깊은 감사의 뜻을 표시하며 앞으로도 장기적 협력으로 이어지기를 기대한다.

　　현재 한중관계는 민감한 시기를 겪고 있다. 중요한 발전기회에 직면한 동시에 필요한 도전에 대응하여 한중 양국의 상호 인식을 높이는 것은 중요한 의미를 지닌다. 편집인은 『다시, 중국의 길을 묻다』의 한국어판의 출판이 미약하나마 기여하기를 바랄 뿐이다.

먼훙화(门洪华)

2017년 1월 28일 설날

중국의 길의 역사와 현실

비교 가운데 발견한 중국

중국 현대화의 길(1949~2014)

'중국의 길'의 철학적 특징에 대한 시론

'중국의 길'의 약간의 중대 문제에 관한 학술 분석

비교 가운데 발견한 중국
: '중국의 길'의 역사적 연속성

쉬용(徐勇, 화중사범대학)

중국의 길은 심오한 역사적 기반을 가지고 있다. 이러한 역사적 기반의 두드러진 특징은 단절성이 아닌 연속성으로, 이는 내재된 동력과 활력에서 나온다. 본문은 비교 가운데 발견한 중국을 분석모델로 구축하고 역사비교주의적인 시각에서 중국을 동일한 시공간에 존재한 국가들과 비교함으로써 중국의 길이 가진 긍정적인 요인을 발견하고 오랜 동안 지속된 중국정체론을 부정한다. 전 세계에서 가장 찬란한 농업문명을 창조한 동력은 농경제국의 내부에서 나타났다. 이러한 동력은 순간적인 폭발력에 불과한 것이 아니라 자주적인 가족단위의 농민, 내생적인 정부 역량, 적응형 국가 거버넌스 등이 포함된 지속가능한 제도화된 동력이다. 중국의 발전은 '지속적인 변화'가 핵심이고 '주기적인 변동'은 부차적인 부분이라는 사실을 지적하고 싶다. 이 심각한 근본적인 원인은 제도적 점성, 관료의 타성, 권력의 임의성 등 농경제국의 내재적인 유전자에 숨어 있다. 역사의 연속성은 근대 이후 중국의 창조적인 혁명과 발전에 크게 이바지하며 중국 특색의 사회주의 발전노선을 창출하였다. 이 노선은 여전히 끝나지 않은 진행형이다.

중국이 쇠퇴했다가 부강해진 것은 의심할 여지가 없는 사실이다. 그러나 이러한 전환이 어느 날 갑자기 나타난 것일까, 아니면 견고한 역사적 근원에서 비롯된 것인가? 만약 전자에 해당한다면, 왕성하게 번창하겠지만 쇠퇴 역시 급격히 이루어지며 지속되지 못할 것이다. 그러나 만약 후자에 해당한다면, 이는 장기적으로 쌓여온 역사의 산물들이 중요한 기회를 맞이하며 부상했음을 의미한다. 이러한 부상은 역사의 연속성을 가지고 있기 때문에 지속가능하다. 중국의 길은 개혁개방 이후 형성된 것으로, 개혁개방 전 30여 년의 기반을 가지고 있고, 더욱이 3,000여 년의 역사적 뿌리를 가지고 있다. 다시 말해, 3,000년을 충분히 이해해야만 비로소 개혁개방 이전의 30년을 이해할 수 있고, 그 다음에 비로소 개혁개방 이후 30년 동안의 중국의 길을 이해할 수 있는 것이다. 중국의 길의 분명한 특징은 단절성이 아닌 연속성이다. 그리고 이 연속성의 힘은 내재된 동력과 활력에서 나온다. 오랜 동안 농경제국의 역사를 가진 중국은 현대화 노선을 위해 기본적으로 형식적인 요소들을 준비해왔다. 일단 새로운 요소들이 투입되면 그 활력이 더욱 급격하게 촉진되고 오래된 국가는 재차 젊음의 활기를 분출시키게 된다. 물론, '중국의 길'의 연속성은 회복 요소를 갖추고 있어 합리적인 노선을 모색하며 지속될 필요가 있다. '중국의 길'에 대한 연구를 통해 새로운 분석 패러다임의 구축이 필요하며, 비교 가운데 새로운 중국을 발견하고 중국의 역사로부터 이어진 긍정적인 요소와 그 요소의 결함을 발견할 필요가 있다. 또한 '중국의 길'이 가진 보편적인 가치, 독특한 기능 및 역사적 한계를 발견할 필요가 있다.

1. 재건 패러다임: 비교 가운데 발견한 중국

사물에 대한 인간의 인식은 자각에서 기인하고, 자각은 외부환경으로부터 생겨난다. 꽤 오랜 동안 중국은 수많은 국가와 왕조의 흥망성쇠를 경험해 왔다. 동란을 경험하고, 심지어 왕조가 끊임없이 교체되었지만 전반적으로 기존의 모습으로 부활해 왔다. 또한 수차례에 걸쳐 이민족의 통치를 받았음에도 화하(華夏) 문명을 이어왔다. 이러한 상황에서, 중국인들은 스스로에 대해 성찰적인 인식이 쉽지 않았다. 19세기에 이르러 중국은 지난 3,000여 년 동안 경험하지 못한 거대한 전환에 직면하였고, 비로소 스스로에 대해 각성하고 성찰하기 시작했다. 이러한 성찰은 거대한 파도처럼 밀려오는 공업문명에 직면했음에도 이를 저지할 방법이 없다는 스스로에 대한 비판적인 측면이 더욱 강했다. 즉 자신의, 그리고 자신의 역사에 대한 정상적인 성찰이 불가능했고, 이러한 상태가 21세기까지 이어졌다고 할 수 있다.

중국에 대한 인식은 서방의 열강으로부터 시작되었다. 이들이 중국에 들어온 시기는 문명이 교체되고 국가의 흥망성쇠가 전환되는 시기였기 때문에 서방 열강은 강렬한 생소함 이외에도 거대한 우월감을 가지고 있었다. 중국이 처음으로 농업문명보다 더욱 강력한 공업문명의 도전에 직면한 시기는 수백 년 동안 이어온 왕조가 쇠퇴하는 시기였기 때문에 설상가상의 상황이었다고 할 수 있다. 이러한 상황에서 서방은 중국을 인지하고 발견하기 시작한 것이다. 이러한 인지와 발견의 배후에는 문명과 국력의 우위로부터 생성된 교만함이 있었다. "18세기 말부터 20세기 초까지, 유럽(독일 포함)의 사상가 가운데 중국 사회와 문화에서 배울 것이 있다고 말한 이는 거의 없었다."[1] 이것이 바로 역사가 초래한, 그리고 역사로부터 형성된 인식이다.

사물에 대한 인식은 특정한 패러다임이 있다. 인식 패러다임은 사고, 방법과 언사 등에 내재된 체계를 포함한다. 중국이 인식의 대상이 되었을 때, 필연적으로 그에 상응하는 인식 패러다임이 형성되었다. 20세기 이래로, 서방의 공업문명은 점차 강성해졌고, 스스로조차 낙후되었다고 인식하는 중국을 서방학계에서 연구대상으로 간주하면서 주도적인 인식 패러다임은 서방 중심적인 특성을 가질 수밖에 없었다.

근·현대 중국을 가장 먼저 연구대상으로 인식한 학자는 미국의 페어뱅크 (John King Fairbank)다. 페어뱅크는 다른 서양인들과 다르게, 중국 내부로 들어

. . . .

1 夏瑞春, 『德國思想家論中國』(南京: 江蘇人民出版社, 1995), 2쪽.

왔을 뿐만 아니라 미국이 대중국정책을 수립할 때 중요한 역할을 했다. 따라서 그는 상대적으로 이성적인 태도로 중국을 인식하고 중국의 특성을 발견할 필요가 있었다. 그는 일반적인 서양인들과는 달리, 단순하게 중국의 우매함과 빈곤함을 논하지 않고 더 많은 부분에서 중국을 이해하고 분석하였다. 이와 동시에, 그는 중국을 인식하고 발견하는 패러다임, 즉 '충격-대응' 모델을 구축했다. 페어뱅크는 근대 이후 중국의 모든 변화가 서방의 충격에서 야기되었고, 서방의 충격에 대응하기 위해 발생된 것으로 인식하였다. 페어뱅크는 "중국의 전통적인 정체(停滯)성과 피동성에서 서방 세력의 충만한 에너지와 발전 특징이 두드러진다"는 사실과 "중국 역사에서 자발적인 전환과 혁신을 찾아볼 수 없다"[2]는 점, "근대 혁신의 중심은 중국의 외부에 있다"[3]는 점을 강조하였다. 현대화의 발생은, "중국이 자신의 특성을 보는 시각을 유지하게 하였으나 중국인들의 근본적인 자신감을 동요"[4]하게 하였다. 이러한 패러다임의 형성에는 객관적인 원인이 있었다. 당시 페어뱅크의 시야에 들어온 중국은 극히 빈곤하고 극히 약한 "동아시아의 환자"였다. 그러나 이후 중국에 대한 인식에 거대한 변화가 나타나며 상대적으로 객관적인 이성과 균형적인 태도로 중국을 바라보기 시작했다. 이는 그의 대표작인 『미국과 중국(United States and China)』의 개정판에 집중적으로 반영되었다.[5]

1960년대, 페어뱅크의 '충격-대응' 모델은 수많은 논쟁을 일으켰다. 대표적인 인물은 『미국의 중국근대사 연구(Discovering History in China: American Historical Writing on the Recent Chinese Past)』를 저술한 코헨(Paul A. Cohen)이다. 코헨은 페어뱅크가 연해 지역에만 과도하게 집중하고 중국의 내륙에 대한 연구

. . . .

2 楊念群, "美國中國學的范式轉變與中國史研究的現實處境", 『中國研究的范式問題討論』(北京: 社會科學文獻出版社, 2003), 291쪽.

3 費正淸, 『美國與中國』(北京: 世界知識出版社, 1999), 134쪽.

4 Ibid.

5 페어뱅크는 1970년대 미국 대통령의 방중 이후, 미국은 중국과 미국의 입장 차가 감소하지 않았음을 인정했으나 중국을 성숙하고 독립적인 평등한 국가로 간주할 필요가 있다고 밝혔음. 費正淸, 『美國與中國』,(北京: 世界知識出版社, 1999), 303쪽 참조.

는 하지 않았다는 점과 중국의 변화가 서방의 충격에서 기인한다는 점을 근거로 제시하며 중국인의 입장에서 중국을 발견할 수 없는 서방중심론의 특징을 가지고 있다고 지적하였다. 코헨의 이러한 인식은 1950년대 이후 탈식민지화라는 시대적 추세를 반영하는 독창성을 가지고 있었다. 이는 더 많은 사람들이 비서구 국가의 복잡함과 독특함을 상기시키는 계기를 마련하였으나 페어뱅크의 전통적인 중국의 정체성과 피동성에 관한 기본적인 관념을 뒤엎지는 못했다.

1980년대, 중국의 개혁개방이 성공하면서 중국에 대한 인식이 한층 변화되었고, 심지어 뚜렷하게 대비되는 두 가지 인식이 나타났다. 하나는 '워싱턴 컨센서스'로, 중국의 성과는 서방의 가치관을 받아들이면서 나타난 것이기 때문에 서방의 가치관이 다시 한 번 성공한 사례라고 인식하였다. 이 관점은 '충격-대응' 모델의 연장선이자 확장판에 불과하다. 다른 하나는 '베이징 컨센서스'로, 중국은 중국만의 특성을 바탕으로 중국 모델을 구축하며 비(非)서방 노선으로 나아가고 있다는 인식이다. 이 관점은 중국 내부에서 중국을 바라본다는 점에 주목하며 중국만의 특색 구축을 위해 노력하고 있기 때문에 코헨의 중국 내에서 발견한 중국 관점의 연장선이라고 할 수 있다. 상술한 두 가지 컨센서스는 중국에 대한 서양인의 인식 변화를 반영하고 있으나 그 기본적인 인식 패러다임은 여전히 기존 패러다임을 초월하지 못했다. 따라서 중국을 충분히 인식하고 정확하게 발견하기 어려웠고, 이로써 '패러다임의 위기'가 나타났다.

'패러다임의 위기'가 조성된 연유는 역사적인 원인에 있다. 근대 이래로, 중국에 대한 중국인의 인식은 기본적으로 서방에서 나타난 아젠다에서 출발하였다. 이는 '문명의 교체', 또는 '국운의 쇠퇴' 등의 사실이 반영되었기 때문이다. 특히 문명의 교체와 국운의 쇠퇴가 동시에 이뤄지며 중국의 도태된 면모가 부각되었다. '도태되면 수모를 당한다'는 인식이 자아검열과 자아비판을 더욱 강화시켰고, 그리하여 중국 역사에 대한 이성적인 분석을 경시하였다.

그러나 이러한 사실은 근본적인 변화를 일으켰다. 중국은 농업문명에서 공업문명으로 급속하게 변화하였고, '두 가지 문명에서 중첩되는 우위'[6]를 기반으로

. . . .

6 문명은 모두 내재된 우수한 요인을 가지고 있음. 통상적으로 이를 "정수"라고 함. 이러한 우위 요

경제의 고속성장을 실현하며 중국의 기적을 창출하였다. 1949년 이후 중국은 60여 년 가까이 평화로운 고속 성장에 진입하였고, 이는 중국의 역사 가운데 보기 드물게 국운이 번성한 시기라고 할 수 있다. 반면, 상대적으로 서방은 현재 "발전이 침체된" 시기를 맞이하였다.[7] 이러한 사실은 근대 이후 서방 경사적인 국면이 전환되는 계기가 되었으며 이를 통해 중국인들은 스스로 자신을 돌아보기 시작했다. 평상심을 가지고 정상적인 성찰을 할 수 있게 되면서 새로운 인식 패러다임을 구축했고, 이 패러다임이 바로 '비교 가운데 발견한 중국'이다.

비교는 일종의 인식 도구로, 각기 다른 대상을 동일한 시공간에 놓고 비교함으로써 각자의 특성을 발견하는 것이다. 그러나 비교는 역사를 복원하는 것이지, 현재를 통해 역사를 가늠하는 것은 아니다. 레닌의 말을 인용하자면, "모든 것은 조건과 장소와 시간에 따라 전이"되는 것이기 때문이다. 이러한 비교는 문명의 중첩으로부터 발생하는 교만이 없을 뿐만 아니라 국력이 역전되면서 나타나는 역사의 비정함도 없다. 또한 각기 다른 국가를 동일한 대상으로 분석하기 때문에 평등한 대화라고 할 수 있다. 엥겔스가 언급한 바와 같이, "우리는 우리가 살고 있는 시대적 조건에서만 인식할 수밖에 없고, 더욱이 이러한 조건이 어느 정도에 이르렀는지에 따라 인식할 수 있는 정도가 결정된다."[8]

현재는 역사의 연속이다. 중국의 발전과 '중국의 길'은 오랜 역사 과정에서 형성된 것이다. 비교 가운데 발견한 중국은 역사비교주의로, 세계 역사의 변천 과정과 중국을 비교함으로써 중국의 발전과 중국의 길이 가진 역사적 배경과 경과를 발견하는 것이다. 역사를 단절시키면 결코 중국을 발견할 수 없을 뿐만 아니라 중국이 지나온 과정을 인식할 수 없다. 동시에 비교 없이 중국을 발견할 수 없을 뿐만 아니라 중국의 장단점을 발견할 수 없다.

. . . .

인은 기존 문명의 구조에서 할 수 있는 역할이 제한적이지만 각기 다른 문명의 우위 요인이 결합되면 거대한 에너지로 전환됨. 徐勇, "農民理性的擴張:'中國奇蹟'的創造主體分析－對旣有理論的挑戰及新的分析進路的提出", 『中國社會科學』, 2010年 第1期 참조.

7 壓里山大 · 伍思德, "在西方發展乏力時代中國和西方理論世界的調和", 『中國研究的范式問題討論』(北京: 社會科學文獻出版社, 2003), 27쪽.

8 『馬克思恩格斯文集』(第9卷)(北京: 人民出版社, 2009), 494쪽.

역사비교주의는 사회발전을 분석하는 방법 중 하나로, △사회발전 방식이 연속성을 가지는지 정체성 혹은 단절성을 가지는지, △사회발전의 동력 및 기원이 내부에 있는지 외부에 있는지, △사회발전의 지속성이 제도적인지 인간으로부터 우연하게 발생하는지, △사회발전 맥락이 단선적인지 복선적인지 등을 중점적으로 확인한다.

2. 시간은 멈추지 않는다: 농경제국의 동력과 제도적 요인

수많은 서방 학자들은 아리스토텔레스로부터 시작된 비관적인 시각으로 중국을 바라봤다. 그러나 인류 역사의 발전 과정에서 진정으로 거시적인 시각에서 중국을 바라본 것은 헤겔(Hegel)이라고 할 수 있다. 다만 헤겔 역시 "중국에는 공간만 있고 시간은 없다", "수천 년 동안 변한 것이 없다"[9], "중국 역사는 본질적으로 역사는 없고 군주가 멸망하고 재건되는 과정만 있을 뿐이다"[10] 등 서방 중심적인 중국관만을 집중적으로 표현했다. 마르크스 역시 "중국 사회는 기본적으로 정체(停滯)되었고 부동적"[11]이라는 생각을 가지고 있었다. 이에 반해 페어뱅크의 '충격-대응' 모델만이 학술적인 표현이라고 할 만하다. 발전의 정체(停滯)는 현대화로 급격히 전환되는 과정에서 서방인들이 중국을 관찰함으로서 내린 보편적인 결론일 뿐이다. 심지어 고대 중국을 논술한 작품명조차도 『정체된 제국』이었다.[12]

중국을 어떻게 발견했는지에 관계없이, 적어도 몇 가지 기본적인 사실은 등한시되지 않았다. 첫째, 중국이 일찍이 전 세계에서 가장 찬란한 농업문명(중국의 GDP가 전 세계 80%를 차지했다는 연구 결과도 있다. 물론 당시를 통계할 방법은 없으나 중국의

. . . .

9 黑格尔, 『歷史哲學』(北京: 商務印書館, 2007), 71쪽.

10 黑格尔, 『法哲學原理』(北京: 商務印書館, 2007), 71쪽.

11 中共中央馬克思恩格斯斯大林作譯局, 『馬克思恩格斯論中國』(北京: 人民出版社, 1997), 114쪽.

12 阿蘭·佩雷菲特, 『停滯的帝國-兩個世界的撞擊』(香港: 三聯書店, 1995).

국력이 강대했다는 점은 부인할 수 없는 사실이다)을 창조했다는 점이고, 둘째, 전 세계 역사에서 중국의 제국 역사가 가장 길었다는 점이며, 셋째, 중국의 풍부한 통치학(統治學)이 세계적인 영향력을 갖추었다는 점이다. 이 모든 것은 가장 유구한 농경제국의 역사에서 형성되었다. 농경제국을 단순하게 정체된 제국이라 할 수 없다. 소위 말하는 '정체성'은 현대 공업문명과 비교해 상대적인 개념이다. 오늘날의 현대공업적인 시각으로 본다면, 과거 세계는 모두 '정체성', 심지어 '야만성'을 가지고 있다. 이에, 본고의 역사비교주의 분석모델에 의거하여 전 세계 각기 다른 국가를 동일한 시공간에 놓고 분석할 필요가 있다. 이 모델에 의하면, 중국은 가장 오래된 농경제국이지만 정체성이라는 표현으로 단정 지을 수 없다. 그렇지 않으면 상술한 세 가지 기본적인 사실을 해석할 방법이 없기 때문이다.[13] 또한 상술한 사실을 '충격-대응' 모델로도 해석할 수 없다. 따라서 농경제국이라는 역사에서만 그 원인을 찾을 수 있다. 이는 전 세계에서 가장 찬란한 농업문명을 촉진한 동력을 농경제국 내부에서 찾을 수 있기 때문이다. 그리고 이러한 동력은 순간적인 폭발력에 불과한 것이 아니라 자주적인 가족단위의 농민, 내생적인 정부 역량, 적응형 국가 거버넌스 등이 포함된 지속가능한 제도화된 동력이다. 즉 핵심은 자유인, 강력한 정부와 효율적인 거버넌스로 압축할 수 있다. 그리고 이들을 가구제(家戶制), 군현제와 과거제라는 세 개의 제도가 뒷받침한다. 상술한 세 가지는 찬란한 농업문명을 창조했을 뿐만 아니라 중국이 현대세계에 빠르게 진입할 수 있도록 한 기본적인 제도적 요인이 되었다.

(1) 자주적인 가구제(家戶制) 농민

생산력과 생산관계를 구성하는 생산방식은 마르크스주의가 사회의 발전을 분석하는 기본적인 출발점이다. 인류가 생산을 시작한 이후, 세 차례의 사회적 분업을 경험하면서 유목업, 농업, 상업이라는 세 가지 산업이 나타났다. 세 가지 산업 가운데 농업은 가장 선진적이고 안정성이 가장 강한 산업이다. 유목업은

. . . .

13 기존 분석 패러다임의 한계는 농경제국에 대한 심도 있는 이해가 부족하기 때문이지 중국이 가장 발달된 농경제국임을 이해하지 못해서가 아님, 즉 중국을 충분히 발견할 방법이 없었음.

자연에 대한 의존도가 높았고, 상업은 교환을 통해 이뤄지기 때문에 스스로 제품을 생산하지 않는다. 물질이 충분히 넉넉하지 않고 교류 지역이 제한되는 상황에서, 상업의 창조적인 역할은 극히 미비했다. 농업만이 고정적인 토지에서 생산을 반복할 수 있었고, 부를 축적할 수 있었다. 따라서 현대공업이 출현하기 전까지, 농업은 가장 선진적인 산업이었다. 이는 고대 중국의 통치자들이 "농업을 중시하고 상업을 경시"한 중요한 원인이기도 하다.

중국은 온대의 자연기후와 드넓은 평원을 가지고 있었고, 이는 농업이 발전할 수 있는 가장 적합한 기반이 되었다. 중국의 핵심지역에서 농업을 주요산업으로 발전시키기 시작하면서 세 가지 산업 가운데 농업이 전 세계에서 가장 발달할 수 있었다. 이러한 선진적인 생산력은 선진적인 생산관계에 부합되어야 했다. 이에 중국에서는 2,000여 년 전, 전 세계에서 유일무이한 경제사회 조직제도인 가구제가 형성되었다. 가구제의 핵심은 자주적으로 나타나는 적극성이다. 가구제는 문명이 축적되면서 인류가 끊임없이 창조한 결과물이었다. 자주적인 인재만이 비로소 문명을 창조할 수 있는 지속적인 자각과 적극성을 가지는 것이다.

마르크스주의의 원리에 따르면, 인류의 발전은 인간이 해방되고 자유를 쟁취하는 과정이다. 인류 초기, 생산수준이 낮았기 때문에 인간은 공동체를 형성할 수밖에 없었고, 개인은 공동체에 의존해야만 했다. 문명이 발전하면서 인간은 점차 공동체에서 벗어나기 위한 방법과 새로운 사회결합 방식을 모색했고, 이로써 경제사회의 기본단위가 만들어졌다. 이러한 단위는 경제사회 발전의 기본 동력으로 구성되었다.

현대 공업문명이 나타나기 이전, 세계적으로 부락제, 촌사제(村社制), 장원제(庄園制) 등 여러 형태의 안정적인 경제사회 조직제도가 나타났다. 부락제는 세계에서 가장 오래된 경제사회 조직제도로, 농업 부락과 유목업 부락이 있다. 촌사제와 장원제는 모두 농업경제사회 조직제도이다. 이 세 가지 제도의 공통된 특징은 혈연공동체와 지연공동체가 중첩된 것으로, 내부적으로는 두드러진 공통점을 가지며 인간들이 상호 의존하는 관계를 형성하였다. 반면, 외부적으로는 지역이 협소했기 때문에 상호 간의 연계가 부족하였다. 세 가지 제도는 인류가 가장 원시적인 상태에서 부득이하게 공동체의 방식을 취한 것이기 때문에 일정한 자연조건의 제약을 받을 수밖에 없었다. '초목을 쫓아 생활'해야 하는 유목업의 경우, 일정하지 않은 자연환경으로 인해 부락과 같은 집단 형태에 의거하여 생존해야만 했다. 인도와 러시아의 촌사제는 가장 전형적인 형태로, 극도의 무더움과 추위가 나타나는 기후와 관계가 있다.

유리한 기후와 지리적 우위는 중국에서 농업이 상대적으로 발달할 수 있게 하였고, 중국인들이 세계에서 가장 먼저 협소한 공동체를 벗어나 선진적인 경제사회 조직제도인 가구제를 형성할 수 있게 하였다.[14]

가구제는 각 가정을 기본단위로 하는 경제사회 조직제도이다. 부락제, 촌사제, 장원제 등과 다르게 가구제는 핵심적인 혈연가정의 역할과 기능을 더욱 강화하였다. 농업의 자연적 기반과 생산 특성으로 볼 때, 가정은 농업생산에 가장 적합한 조직 단위이다. 이는 오늘날까지 인류 역사로부터 증명되고 있다. 이외에도, 더욱 중요한 것은 '가(家)'와 '호(戶)'의 중첩이다. '호(戶)'는 중국에만 있는 조직단위이다. '호(戶)'는 국가의 관리에 의해 생성되었다. '호(戶)'는 인구에 대한 국가의 관리단위인 동시에, 국가가 조세(토지세와 각종 세금 포함)를 징수하는 단위이기도 하다. '가(家)'가 경제사회단위라면, '호(戶)'는 정치단위라고 할 수 있다. '호(戶)'의 출현은 혁명적인 의의를 가진다. 이는 개인이 협소한 지역공동체를 벗어나 더욱 커다란 공동체인 국가의 구성원이 된 것을 의미한다. 이러한 혁명은 춘추전국시대에 시작되어 진(秦)나라에 이르러 제도화되었다. 즉, 진나라가 '가(家)'와 '호(戶)'를 기반으로 통일 중국을 이루었고, 이 기반을 제도화함으로써 가구제를 형성했다고 할 수 있다. 진시황의 위대한 업적 가운데 만리장성을 쌓은 것도 있지만 더욱 중요한 것은 대대로 자주적인 가구제 농민이 나타날 수 있는 기반을 마련했다는 점이다.

· · · · · · · · · · · · · · · ·

14 매우 안타깝게도 전 세계 학계에서는 지금까지도 중국의 가구제를 하나의 경제사회조직체제로 인정하지 않는다. 고전적인 제도 모델은 부락제, 촌사제와 장원제로 한정되어 있다. 이는 중국에 대한 인식에 커다란 영향을 미쳤을 뿐만 아니라 중국의 정책결정 행위에도 불리하게 작용되었다. 이러한 배경을 바탕으로 필자는 『중국의 가구』라는 서적을 집필하여 기본조직제도에 관한 새로운 학설을 전 세계에 알리는 데 이바지했다.

가구제의 가치는 최적의 농업생산 조직단위를 찾았다는 점과 편협한 지역공동체와 그로 인해 생성된 인간들의 의존 관계에서 탈피하게 하였다는 점이다. 농민이 생산자인 국가에서 '편호제민(編戶齊民, 국가 호적에 편입된 평민)'은 경제사회에서 정치적 지위가 평등하고, 독립적이며 자주적인 신분인 '자유인'이었다.[15] 반면 부락제, 촌사제와 장원제 모두 공동체 내부의 노역과 연관되어 있었기 때문에 이들은 노비제의 특성을 가지고 있었다. 자주적인 가구제 농민은 중국의 찬란한 농업 문명을 창조할 수 있었던 기본적인 동력이 되었다. 이러한 자주적인 가구제는 크게 세 가지 특성을 가지고 있었다.

첫째, 책임 메커니즘이다. 인류가 지역공동체에서 벗어났다는 것은 개인의 독립과 자주를 의미할 뿐만 아니라 그에 상응하는 책임을 가진다는 것을 의미한다. 혈연관계는 가장 원시적이자 가장 기본적인 관계이고, 가정은 이 기본적인 혈연관계에 의해 구성된다. 중국에서, 성(姓氏)에 의한 가정단위는 매우 일찍이 나타난 반면, 마을공동체에서는 비교적 늦게 나타났다. 고대 중국인들의 자유는 자연인 개인으로서의 자유가 아니라 가정을 단위로 한 자유였다. 각각의 개인은 가정의 구성원으로 가정에 대한 책임을 이행할 때 비로소 상응하는 대가를 얻을 수 있었다. 설사 가정 내부의 관계가 불평등할지라도 '부모는 자녀를 돌보고 자녀는 부모에게 효도'한다거나 '남자는 농사를 짓고 여자는 베를 짜는' 등의 대등한 관계이자 분업적인 관계였다. 모든 가정 구성원들은 각기 다른 명분을 가지고 그에 상응하는 책임을 부담했다. 페어뱅크는 이러한 가정제도의 장점 중 하나를 "개인이 가정 내 혹은 사회에서의 지위를 스스로 인식할 수 있게 한다. 자신에게 정해진 책임을 다할 뿐만 아니라 이 체계 내의 다른 구성원 역시 정해진 책임을 완수할 것이라는 기대감으로 인해 안정감을 가질 수 있게 하는 것"이라고 언급하였다.[16] 가구제는 혈연관계를 확대하고 강화하며 중국 가정에 강력한 책임을 부여했다. 가정 구성원은 집안의 생계를 책임져야 할 뿐만

---

15 당연히 우리가 현대적인 시각으로 고대의 자유를 측정할 수 없음. 필자가 저술한 『동방의 자유주의』에 밝힌 바와 같이, 고대 중국에서 농민들의 자유는 상대적인 농노제(農奴制)에 불과함.

16 費正清, 『美國與中國』(北京: 世界知識出版社, 1999), 24쪽.

아니라 가문을 계승해야 했다. 때문에 이들은 필사적으로 노동에 참여함으로써 생존을 위한 생필품을 최대로 얻기 위해 노력했다. 중국인들은 결혼 전까지는 제멋대로 행동하지만, 일단 가정을 꾸리면 무한한 책임을 짊어진다. 가구제 역시 일종의 책임제인 셈이다. 이러한 책임은 외부적인 부담에 기반을 둔 노비와는 달리, 생명이 이어지며 형성된 내재적인 정체성에 기반을 둔 것이다.[17]

또 하나는 부담 메커니즘이다. 자주적인 가구제 농민은 자주성을 얻은 동시에, 생존에 대한 부담도 얻었다. 부락제, 촌사제와 장원제는 개인의 자주성은 결여되었으나 구성원들을 보호해 주었다. 고대 중국에서 농업의 발전으로 인해 인구가 급격하게 증가하였고, 이로써 사람은 많은데 토지는 부족한 근본적인 문제가 발생하게 되었다. 분가하면서 재산을 나누는 제도는 가정의 토지와 재산을 일반적으로 균등하게 분배하게 하였으나 경영 규모는 지속적으로 축소될 수밖에 없었다. 설사 농민이 국가에서 자주성을 얻었더라도 그 대가는 조세와 노역이었다. 이러한 요인은 가구제 농민들의 생존에 커다란 부담이 되었다. 이들은 의지할 곳이나 보호받을 수 있는 곳이 없었고, 자신의 고된 노동과 검소함을 통해 비로소 하루하루를 연명해야 했다.

마지막 하나는 희망 메커니즘이다. 자주적인 가구제 농민은 스스로 그 행위를 지배하는 제도화된 기능을 가진다. 협소한 지역관계를 타파함으로써 고대 중국의 토지 지배권은 자유롭게 유통될 수 있었고, "논밭의 주인은 항상 바뀌었다." 농민들의 입장에서 보면, 집안을 일으켜 부유하게 만들고 조상과 가문을 빛내는 것이 그들의 꿈이었다. 대다수의 농민들이 이러한 꿈을 실현할 수 없었지만 이들에게 희망이 되었고, 이들이 이 희망을 실현하기 위해 노력하게 했다. 부락제, 촌사제와 장원제는 구성원들의 생활을 기본적으로 보장했지만 일반적인 구성원이 부를 축적할 수 있는 제도화된 기능은 없었다. 인도의 촌사제로부터 이어진 카스트제도와 같이, 낮은 계층의 사람들은 운명을 바꿀 가능성이 없다. 마찬가지로, 러시아의 촌사제에서도 각 가정이 부를 축적하는 것은 일종의

. . . .

17 오늘날 농촌 가정 내부의 청년들이 장년들의 노동과 재산을 가져간다는 "세대 간 착취"의 시각으로 보는 경향이 있는데 이는 중국 가정 관계에 대한 깊은 이해가 부족한 시각임.

치욕스러운 일로 받아들여졌다.

상술한 메커니즘이 발휘됨에 따라 중국의 농민들은 근면함과 진취적인 마음을 가지게 되었다. 다시 말해 "시간을 소중히 여기고, 늙지 않으면 쉬지 않았으며, 아프지 않으면 쉬지 않았고, 죽지 않으면 멈추지 않았다(敬時愛日, 非老不休, 非疾不息, 非死不舍)."[18] 중국 농민의 근면함은 전 세계에서 인정받았다. 몽테스키외(Montesquieu)조차도 중국인의 근면한 정신을 인정했고 베버 역시 "중국인의 근면함과 노동력은 비교될 수 없다"고 높이 평가했다.[19] 이러한 근면함과 노동력이 찬란한 농업문명을 이룩한 것이다.

(2) 내생적 정부 역량

중국 농민은 비교적 일찍이 편협한 공동체에서 나와 자주적인 가구제 농민이 되었고, 이를 통해 정부를 형성하였다. 편협함을 극복하며 정부를 구성할 때 비로소 더욱 광범위한 국가공동체를 형성할 수 있다. 그리고 이러한 편협한 공동체의 구성원이 국가공동체의 '편호제민(編戶齊民)'이 되었다. 정부는 조세와 강제성을 기반으로 구축된 정치 조직으로, 자원을 동원하고 사회를 통제할 수 있는 능력을 갖춤으로써 다른 사회 조직이 보다 강력한 역량을 가지지 못하도록 했을 뿐만 아니라 통치규모를 더욱 확대하여 거대한 제국을 형성하였다.

세계 문명의 발전 과정에서 다양한 정부가 출현하며 각기 다른 제국이 형성되었다. 이들 중에는 거대한 규모와 강력한 정부 역량을 갖춘 제국도 있었다. 그러나 제국의 지속성을 기준으로 볼 때, 중화제국보다 오랜 기간 동안 이어진 제국은 존재하지 않았다. 로마제국, 몽고제국, 오스만제국 등 상당히 많은 제국들이 수백 년을 이어오며 번성하다가 어느 순간 사라졌다. 반면 중화제국이 오랜 동안 이어질 수 있었던 중요한 원인은 중화제국이 농경제국으로서 정부가 강력한 내생성을 갖추고 있었기 때문이다. 즉, 국가 내부에서 지속적으로 대중이 원하는 요구를 수용하고, 이를 제도화한 것이다.

. . . .

18 『呂氏春秋集釋(土容論 · 上農)』(北京: 中華書局, 2009).

19 馬克斯 · 韋佰, 『儒教與道教』(北京: 商務印書館, 1995), 115쪽.

먼저, 공공시설에 대한 내생적 요구이다. 중화제국은 농경을 생존기반으로 하는 국가로, 농경에서 가장 중요한 조건은 수리(水利)이다. 중국은 황하와 장강, 그리고 이를 기반으로 한 수계(水系) 등 세계에서 유일무이한 농경조건을 가지고 있다. 큰 강과 수계는 농업에 이로운 조건이기도 하지만 수해를 초래할 수도 있는 치명적인 재난이기도 하다. 그러나 수해에서 수리로의 전환은 하나의 가정이나 가문, 지역에서 결코 실현할 수 없다. 물을 다스리기 위해 중국은 혈연과 지연을 뛰어넘는, 더욱 거대한 국가공동체를 형성하였다. 중국에는 일찍이 "우(禹)임금이 물을 다스렸다"는 전설이 있다. 물을 다스리는 과정에서 정부의 역량이 증대되었다. 마르크스는 동양사회와 서양사회를 비교하며 동양사회에서 국가는 공공(公共)을 위한 사업을 하는 중요한 기능을 가지고 있다고 언급하였다. "물을 절약하거나 공동으로 사용하는 것은 기본적인 요구이다. 이러한 요구는…… 문명의 정도가 낮고 국토 면적이 너무 크기 때문에 자생적인 연합으로는 생성될 수 없다. 따라서 중앙집권적인 정부의 관여가 필요했다. 이에 아시아의 모든 정부는 경제적인 역량에 집중할 수밖에 없었던 바, 공공을 위한 사업을 시행한다. 이러한 인공적인 방법으로 중앙정부는 토지의 비옥도를 제고시켰다."[20] 중화제국은 세계에서 가장 전형적인 농경제국으로, 청(淸)나라의 공부(工部)와 같이, 정부가 치수(治水) 등이 포함된 전문적인 공공기관을 설립했다.

다음으로 무장방어에 대한 내생적 요구이다. 농경을 기반으로 하는 농경제국에서, 경작의 특징은 고정된 토지에서 생산을 반복하는 것이다. 특히 중국의 농경생산은 가구를 단위로 이루어지기 때문에 조직 규모가 비교적 작았다. 한편 중국의 서부지역은 건조하고 비가 적게 내리는 고원(高原)으로, 열악한 자연환경으로 인해 때때로 서북지역의 유목민들이 동남부의 농경지역을 침략하는 상황이 발생했다. 농지가 고정된 가구제 농민들은 부락을 단위로 하며 유동성이 강한 유목민족을 방어하기 쉽지 않았다. 개별 가구와 촌락은 유목부락의 역량

20 『馬克思恩格斯選集(第1卷)』(北京: 人民出版社, 1996), 762쪽.

을 뛰어넘는 보호가 필요했고, 이로써 더욱 강력한 조직인 정부가 형성되었다. 중화제국은 변경지역의 부락민족과의 전쟁 중에 형성되고 발전한 것으로, 각 왕조의 병부(兵部)와 같이, 정부가 자국의 농민들을 보호하고 침략당하지 않게 하는 기능을 가지게 되었다.

마지막으로 사회 관리에 대한 내생적 요구이다. 고대 세계에서 부락, 촌사와 장원은 경제사회단위인 동시에 정치단위로, 사법권과 같이 수많은 국가들이 가지고 있는 권력을 가지고 있었다. 중국의 가구는 주로 경제사회단위이지만, 정치단위로 보면 국가에 대한 책임을 가지고 있을 뿐 권력을 가지고 있지 않았다. 토지, 산림, 하천, 주택 등 자원에 대한 경계가 불확실했으며 가구 사이에, 범위를 넓혀 종족이나 가구들이 공동으로 형성한 촌락 사이에서 충돌이 빈번하게 발생했다. 이러한 충돌은 가구, 가족에 의해 일부는 스스로 조정될 수 있었으나 상당한 부분에서 국가의 조정이 필요했다. 이에 각 왕조의 형부(刑部)와 같이, 내생적으로 사회 관리의 기능이 나타났다.

사회에서 내생적으로 생성된 요구를 통해 정부는 강력한 역량을 가지게 되었다. 하나는 동원능력이다. 공공을 위한 사업을 추진하든 군사적 방어를 준비하든 대량의 인력과 물품이 징수되어야 했고, 단기간에 신속하고 효율적으로 동원되고 집결되었다. 두 번째는 흡수능력이다. 정부의 존재와 기능의 시행은 사회자원의 흡수를 통해 이루어진다. 고대 중국에서는 '호(戶)' 단위를 강화했는데, 그 목적은 가구로부터 직접 자원을 흡수하기 편했기 때문이다. 반대로, 부락, 촌사와 장원은 지방자치단위로, 외부역량을 억제함으로써 자원을 흡수하는 기능을 가지고 있다. 세 번째는 조직능력이다. 정부는 혈연과 지연을 초월한 강제성을 갖춘 조직으로, 소규모의 개별 가구를 관리할 수 있는 강대한 관리능력을 가지고 있다. 따라서 개별 가구가 정부의 강대한 조직적인 힘에 대항할 방법이 없다.

농경제국인 고대 중국이 강력한 정부 역량을 갖출 수 있었던 이유는 내생적인 수요가 있었고, 이러한 수요가 제도화되었기 때문이다. 그리고 이러한 제도적 뒷받침이 군현제이다. 군현제와 가구제는 제국체제의 가장 중요한 기반이라고 할 수 있다. 제국의 규모가 확대되며 기존의 통치자들이 토지와 인구를 관리하기 어려워졌고, 이로써 안정적인 지방행정체제가 중앙을 대신하여 관할권을 행사하게 되었다. 진나라에서 최초로 시행한 제도는 군현제로, 군현제를 통해 중국이 통일되었다고 할 수 있다. 이후 군현제를 통해 국가를 통치하기도 했다. 군현제의 가장 두드러진 특징은 중앙에 복종하는 지방정부를 통해 중앙의 권력을 전국 각지에 행사하는 것이다. 국가는 통일된 법률과 제도를 수립하여 국가의 통일성을 확보하였다. 정부의 동원, 흡수 및 조직능력은 군현제를 통해 실현되었다. 이와 같이 중국에서는 완벽한 기층정권인 현제(縣制)가 장기적으로 이어졌고, 일부 현들은 오늘날까지도 유지되고 있다. 이는 세계 역사에서도 극히 보기 드문 사례이다.

마르크스주의적인 관점에서 보면, 국가를 통치계급의 도구로 인식하는 것이 보편적이다. 그러나 국가의 정부가 가지고 있는 역량과 상응하는 제도는 모두 다르다. 고대 중국은 다른 제국들과 동일하게 통치와 억압이라는 요소를 가지고 있다. 그러나 정부 역량이 가지는 성질과 체제적인 뒷받침은 다른 제국과 다르다. 세계문명사에서 보면, 로마제국, 몽고제국, 오스만제국은 거대한 제국으로, 그 규모와 이들 제국이 가진 역량은 중화제국을 훨씬 뛰어넘었다. 그러나 이러한 제국은 근본적으로 상업과 목축업을 기반으로 했고, 때문에 제국의 성립이 군사적 정복에 의해 이루어졌다. 즉 이러한 제국들은 폭력적인 강압에 의해 유지되었다. 이들 제국의 강력한 정부 역량은 외재적인 폭력적 강압에서 기인한 것이기 때문에 내재적인 공공의 수요를 충족할 수 없었다. 피지배층은 공포에 떨며 통치에 복종할 수밖에 없었다. 제국은 외재적인 역량만이 존재했고, 외재적인 역량에 기댄 통치는 무절제한 수탈로 이어지며 결국 제국 내부의 저항을 초래하였다. 동시에, 군사제국은 안정적인 지방 제도를 구축하지 못했을 뿐만 아니라 정부 역량의 제도화를 통한 지속성을 확보하지도 못했다. 이 모든 것이 중국과는 확연히 다르다. 중국에서, 제국의 관료제도는 강력한 정치적 응집력을 불러일으켰다. 또한 농민들의 주기적인 반란은 실제로 나쁜 정부를 좋은 정부로 대체하기 위해 발생한 것이다.[21] 현대화 노선의 대가인 무어 (Barrington Moore)는 중국과 인도를 비교하며 "중국은 인도와 같이 수년에 한 번씩 기근이 발생했다. 그러나 매우 오래전부터 중국의 농민들은 자신의 능력을 믿고 세심한 경작을 시행함으로써 보편적으로 자부심을 가졌다"고 밝혔다.[22]

(3) 적응형 국가 거버넌스

고대 중국은 농경제국으로 장기적으로 지속되었을 뿐만 아니라 가장 찬란한 농업문명을 창조하였다. 이는 자연스럽게 생성된 것이 아니라 인위적인 경영 혹은 거버넌스의 결과이다.

유동성이 특징인 목축업, 상업과 달리, 농업의 특징은 안정성이다. 인간은 고정적인 토지에서 세심한 경작과 경영을 통해 비로소 이상적인 결과를 얻을 수 있다. 경작과정에서 인간은 다양한 문제에 직면하지만 이를 효율적으로 처리하기도 한다. 이로써 경영 혹은 거버넌스의 이념이 형성된다. 거버넌스는 중국의 국가 형성과 발전에서 중요한 역할을 수행해 왔다. 상고(上古) 시기, '우(禹) 임금이 물을 다스린' 바와 같이 거버넌스에서 중국인의 지위와 역할이 반영되었다.

제국이라는 거대한 국가공동체가 나타남에 따라 거버넌스에 대한 요구 역시 높아졌다. 일반적으로, 제국은 가족이 통치한다. 베버가 언급한 바와 같이, '가산적(家産的) 관료제 국가'인 셈이다.[23] 농경제국에서는 가족이 국가의 경영을 추구하고, 국가는 가족의 산업과 경작을 지속할 수 있도록 보장함으로써 제국이 영원히 이어지기를 희망했다. 이는 농경제국의 거버넌스가 '적응'이라는 특성을 가지게 하였다. 제국의 통치자는 국가의 경영과 작물의 경영이 동일하다는 사실을 잘 이해하고 있었다. 즉 날씨도 좋을 때도 있고, 재해가 빈번히 발생할

. . . .

21 斯塔夫里亞諾斯,『全球分裂-第三世界的歷史進程』(北京: 商務印書館, 1995), 235쪽.

22 巴林頓 · 摩尔,『民主的專制的社會起源』(北京: 華夏出版社, 1987), 267쪽.

23 馬克斯 · 韋佰,『韋佰作品集 ■ 中國的宗敎 ■ 宗敎與世界』(南寧: 廣西師範大學出版社, 2004), 8쪽.

때도 있다. 이러한 상황에서 제국은 시간에 따라 변하는 통치가 필요했고 제국이 가진 거버넌스 형태 역시 끊임없이 상황에 부합하도록 적응해야 했다.

첫째, '백성이 근본'인 거버넌스 사고.

중화제국은 '편호제민(編戶齊民)'을 시행했다. 농민들은 국가 체계에 포함되어 국가의 백성이 되었다. 국가의 통치자는 최대의 '지주(地主)'이고, 전국의 백성들은 국가를 위해 일하는 '장기 소작인'이 되었다. '지주'와 '장기 소작인'이 하나의 공동체에 속해 있으면서 착취의 대상이 되기도 했으나 한도가 정해져 있었다. 때문에 '장기 소작인'이 없으면 '지주'도 존재할 수 없었다. 따라서 통치자는 백성을 근본으로 하는 거버넌스가 필요하다는 사실을 명확히 알았고, 통치 권위는 백성의 내적인 동의가 필요하다는 사실을 이해하고 있었다. 그렇기 때문에 예로부터 군주와 백성의 관계에 대해 "백성이 존귀하고 사직은 그 다음이며, 임금은 가볍다(民貴君經)", "백성이 배를 띄울 수도 있지만 뒤집을 수도 있다"는 인식이 내재되어 이어져올 수 있었다. 따라서 백성이 국가 거버넌스의 중심이 될 때, 백성은 지속성과 적극성을 얻을 수 있었다. 반면, 다른 제국들은 군사적 정복을 통해 만들어졌다. 전쟁에 패한 국가의 백성들은 노비가 되었고, 통치자들은 근본적으로 노비를 백성으로 인식하지 않았을 뿐만 아니라 백성이 근본이라는 생각조차 하지 않았다. 노비 통치가 기반인 제국들은 폭력에 의거하여 눈부신 순간을 맞이하기도 했지만 지속성을 가지지는 못했다.

둘째, 유연한 거버넌스 정책.

국가의 통치는 강제성을 가지고 있고, 이는 국가가 가진 기본적인 성질이다. 그러나 국가 거버넌스 역시 두 가지 방식이 존재한다. 하나는 폭력적으로 억제하는 강성적인 통치이고, 다른 하나는 민심을 자상하게 연성적인(유연한) 거버넌스이다. 중국은 예부터 우(禹)임금이 물을 다스릴 때 "통하는 것은 쉽게 막히지 않는다"고 생각한 것과 같이 지혜로운 거버넌스 방식을 활용하였다. 제국이 형성되었어도 고대의 지혜는 여전히 영향을 미쳤다. 설사 통치 역량이 대대적으로 증대될지라도 '백성이 근본'인 통치 이념은 변하지 않았기 때문에 통치자의 거버넌스 정책은 유연성을 갖추고 있었다. 즉 선대의 거버넌스 정책으로부터 경험과 교훈을 흡수하여 각기 다른 조건과 문제에 적용하였다. 이러한 유연성은 백성들에게 자주성과 적극성을 부여하였고, 백성들은 더욱 큰 부를 창출하였다. 서한(西漢)은 진나라가 단명한 교훈을 잊지 않고 전란 중에도 '민심을 살피고 경제를 일으키는' 정책을 시행함으로써 '문경지치(文景之治)'라 일컬어지는 중국 최초의 태평성대를 맞이할 수 있었다. 당나라 초 역시 '정관지치(貞觀之治)'를 구가하였다. 중국의 통치자들은 선대의 통치 경험과 교훈을 매우 중요한 귀감으로 삼았다. 『자치통감(資治通鑑)』은 나라를 다스리는 이치를 집중적으로 정리한 고서도 발간되었다. 반면, 고대의 다른 제국들은 군사 정복을 통해 형성되었고, 폭력을 이용해 국가를 보호했다. 따라서 국가를 다스리는 정책이 매우 강경했다. 폭력을 통해 신체를 강제적으로 무력화하든지, 종교를 통해 사람의 마음을 정복했다. 외부적인 역량으로 복종할 수밖에 없었기 때문에 사회는 자주성은 물론 진취성마저 결여되었다.

셋째, 경쟁적/개방적인 인재 등용.

농경제국에서 국가는 가정을 확대한 것이고, 가정은 국가를 축소한 것이다. 국가의 규모가 확대된 이후, 군주에 의해 가족을 다스리는 것이 어려워졌기 때문에 '관리'를 고용하여 주인을 대신해 국가의 사무를 관리했다. 이로써 직업적인 관리계층이 형성되었고, 이것이 바로 제국의 관료이다. 관료의 특성은 경쟁과 개방으로, 천하의 인재들을 거버넌스 체계에 들어오게 하여 군주를 대신해 국가를 다스리게 하였다. 제국의 관료 계층은 '정치시장'에서 충분한 경쟁력을 발휘하였다. 가장 최초로 나타난 관료는 춘추전국시대의 '선비(士)'이다. '선비'는 선천적으로 부여된 출신 가문에 관계없이 자신의 지식과 능력에 따라 지위를 얻을 수 있었다. 제국이 형성되면서 경쟁적이고 개방적인 인재 선발 방식인 과거제를 제도화하였다. 과거제는 정기적인 시험을 통해 "백성을 아끼고 사랑하며, 군주와 국가에 충성"하는 사상을 가진 '관료'를 선발하는 제도로, 이들을 선발하여 다양한 국가 사무를 처리하게 하였다. 과거제는 농경제국 체계를 지탱하는 제도로, "효율적이고 안정적인 정부를 유지할 수 있게 하였다."[24] 반

....

24 斯塔夫里亞諾斯, 『全球分裂-第三世界的歷史進程』(北京: 商務印書館, 1995), 316쪽.

면, 다른 제국들은 군사 정복을 통해 형성되었기 때문에 군대를 가진 귀족에 의해 통치되었다. 이러한 군벌 귀족은 계급에 따라 신분에 제한이 있었다. 따라서 경쟁이 충분한 '정치시장'이 형성될 수 없었을 뿐만 아니라 천하에 널린 인재를 관리자로 받아들이기 어려웠다.

자주적인 농민은 사회 발전을 위한 동력과 재물을 창출하였고, 내생적 정부 역량은 사회 발전을 위한 제도적인 보장을 실현하였다. 효율적인 국가 거버넌스는 사회 발전을 위한 조정 메커니즘으로 작동되었다. 상술한 세 가지 요인을 통해 중국은 고정된 토지에서 장기적으로 이어질 수 있었을 뿐만 아니라 통일되고 안정된 정치공동체를 형성할 수 있었다. 이는 전 세계에서도 매우 보기 드문 사례이다. 이에 대해 페어뱅크는 "설사 중국의 영토가 광활하고 각 지역의 정세가 천차만별이었음에도 불구하고 서방과 달리 하나의 정치 통일체를 유지해왔다는 것은 전혀 놀랄 만한 일이 아니다. 이는 중국이 서방보다 더욱 공고한 공동의 생활방식을 이어왔기 때문이다. 즉 중국은 유구한 역사를 가지고 있다고 말할 수 있다"고 평가하였다.[25] 근대학자들 역시 연구를 통해 "중국이 수세기 동안 조금도 변하지 않은 제국의 잔재가 아니다. 사실은 이와 정반대이다", "제도와 문화의 지속성은 기왕 지킨 것은 끝까지 지킨다는 방침으로부터 체득한 관성에서 비롯된 것이지 타성에 젖어 있는 것은 결코 아니다"라는 사실을 입증하였다.[26] 중국이 변화하는 동력은 내부, 특히 부를 창출하는 농민으로부터 나타난다. 그렇지 않다면, 서방세력이 중국에 들어오기 전까지 중국이 세계에서 가장 유구하고 찬란한 농업문명을 가지고 있었는지를 해석할 방법이 없다.

. . . .

25 費正淸, 『美國與中國』(北京: 世界知識出版社, 1999), 8쪽.

26 費正淸, 『美國與中國』(北京: 世界知識出版社, 1999), 30쪽, 75쪽.

3. 시간은 굽어간다: 농경제국의 타성(惰性)과 유전적 결함

인류사회의 발전은 직선이 아니라 나선을 나타내며 상승했다. 이러한 명제에 의거하여 고대 중국을 이해하는 것이 더욱 적합하다. 비교하는 과정에서 중국을 발견했을 때 다음과 같은 몇 가지 기본적인 사실을 간과할 수 없다. 첫째, 중국은 일찍이 세계에서 가장 찬란한 농업문명을 창조하였지만 주기적으로 치명적인 손상을 입어왔다. 둘째, 중국의 제국역사는 세계에서 가장 오래되었지만 이는 몇몇 왕조의 교체를 통해 이루어진 것이다. 셋째, 중국은 세계에서 가장 영향력이 큰 통치학을 가지고 있으나 국가는 태평성세와 혼란기를 반복하였다. 이로부터 중국의 연속성은 매우 강력한 복원력을 가지고 있고, 역사는 항상 바뀔 수 있다는 사실을 알 수 있다. 마치 신천지의 입구에 들어서 있는 것과 같다가도 어느 순간 발전의 시발점으로 되돌아오기도 했다는 것이다. 때문에 페어뱅크는 중국의 변화를 두 가지로 분류했다. 하나는 '지속적인 변화'로, '거역할 수 없는 추세'를 의미한다. 다른 하나는 '주기적인 변동'으로, '시계추와 같은 변동'을 의미한다.[27] 서방세계가 보기에 중국은 후자에 가까웠고, 때문에 편견이 생겼다. 그러나 중국의 발전은 지속적인 변화가 핵심이고 주기적인 변동은 부가적인 부분이라는 사실을 지적하고 싶다. 이 심각한 근본적인 원인은 농경제국의 내재적인 유전자에 숨어 있다.

(1) '자유인'의 종속성

자주적인 인간은 문명을 창조하고 축적하는 동력이다. 고대 농경제국은 사회관계 방면에서 한 사람 한 사람의 '자유인'을 양성함으로써 사람들 사이의 편협한 종속 관계에서 탈피하게 하였다. 그러나 이는 상대적으로 직접적인 종속 혹은 동급의 관계에 불과하다. 농경제국은 인간에게 일정한 자주성을 부여한 동시에 그에 따른 종속 관계를 가지게 하였고, 이로써 인간의 진취성과 창조성이 제한되며 문명의 발전 과정에서 '타성'이 나타나게 되었다.

. . . .

27 費正淸, 『美國與中國』(北京: 世界知識出版社, 1999), 163쪽.

첫째, 토지에 대한 인간의 종속.

농업은 인간이 고정적인 토지에서 반복적으로 생산하는 산업이다. 인간은 토지에서 매일매일, 대대손손 반복적인 생산을 통해 토지에 대해 익숙함과 감정을 느낀다. 동시에 고대에서는 토지만이 인간에게 안정적으로 생활하고 재산을 축적할 수 있게 하는 기반이었기 때문에 가장 신뢰할 만한 자원이었다. 이로 인해 토지에 대한 종속성이 생겨났다. 페이샤오퉁(費孝通)이 사용한 표현을 빌리면, 일종의 '점성'인 것이다. 인간이 고향에서 살기 어려워 고향을 등지고 떠나는 목적 역시 새롭게 경작할 수 있는 지역을 찾는 것이다.

분가하면서 재산을 나누는 재산계승제와 국가의 조세제도는 이러한 '점성'을 더욱 강화시키면서 제도화된 '점성'을 만들었다. 분가하면서 재산을 나누는 토지재산계승제도는 가정 내부의 모든 성년 남성이 균등한 토지 재산을 얻을 수 있게 하였으나 이로 인해 분배받을 수 있는 토지는 점차 적어지고 하찮은 수준에 이르게 되었다. 이러한 제도는 재산을 축적하고 일정 규모 이상의 경영을 시행할 방법이 없었기 때문에 작은 규모의 토지를 가진 소농민만을 끊임없이 생성해냈다. 작은 규모의 토지는 아무리 열심히 경작한다고 하더라도 생산량과 잉여량 모두 제한적일 수밖에 없다. 따라서 소농민들의 경제는 '입에 풀칠하는' 수준의 경제에 불과했다. 동시에, 국가는 안정적으로 조세를 걷어야 했기 때문에 호적제 등의 방식으로 인구를 토지에 속박시켰다. 토지의 제도화로 생성된 '점성'은 인간이 토지를 벗어나기 어렵게 했을 뿐만 아니라 더욱 광범위한 생존 및 발전 공간을 모색하게 만들었다.

반면, 서유럽의 장원제도에서는 인간이 토지에서 경작하는 역사가 그리 길지 않았기 때문에 토지에 대한 미련이 중국인들처럼 크지 않았다. 더욱 중요한 것은 토지 재산에 대해 장자 계승제를 시행함으로써 장자가 아닌 자손들은 근본적으로 토지재산을 계승할 수 없었기 때문에 성년이 된 이후에 새로운 생존수단을 찾아야만 했다. 또한 장원제는 토지를 매매할 수 없기 때문에 이들은 토지에 기대지 않았고, 토지를 떠나 양호한 무역 조건을 이용하여 상공업에 종사하였다. 이로써 새로운 계급이 나타나게 된 것이다.

둘째, 가정에 대한 종속.

농업은 대대로 전해져 오는 경험에 의해 이루어지고, 이러한 경험은 주로 가정 내부의 가장으로부터 전해진다. 동시에, 인간의 생사 역시 가정 내에서 이뤄지기 때문에 인간은 가정에 대한 미련을 가지게 된다. 가구제와 국가의 법률은 가정에 대한 인간의 종속을 더욱 강화시킴으로써 제도화된 '점성'을 만들었다. 가구제에서 인간은 가정 구성원의 하나에 불과하며, 가정이 부담해야 하는 책임을 다할 때 비로소 구성원의 자격을 가질 수 있었다. 가정 내에서 각각의 구성원들은 특정한 명분과 지위를 가지고 있었고, 이를 통해 '장유유서(長幼有序)', '남녀유별(男女有別)' 등의 질서가 만들어졌다. 질서를 위반하는 것은 '대역무도'한 행위였다. 국가는 가정이 연대책임을 부담하게 하는 제도를 수립하여 "한 사람이 손해를 보면 모두가 손해를 보고, 한 사람이 부귀해지면 모두가 부귀해지는" 구조를 만들었다. 이러한 구조는 가정의 고유한 질서를 제도적으로 강화시켰고, 이로 인해 인간은 가정의 질서에 속박되었고, 세대 간의 한계를 극복하지 못했다.

서유럽의 장원제는 장자 계승제로, 장원을 떠나는 이들도 있었다. 이들은 집안의 손윗어른들에게 더 이상 의존할 수 없었기 때문에 독립적으로 분주하게 활동해야만 했다. 이들이 얻은 자유는 자연인으로서 개인의 자유였고, 인간관계에 대한 속박에서 비교적 자유로웠다. 더욱이 자신의 역량에 기대어 자주적인 발전을 추구하였고, 이를 통해 근대에 이르러 개인주의가 발전하기 시작했다.

셋째, 국가에 대한 종속.

농경제국에서 국가는 강력한 내생적인 수요가 있었다. 소농민들은 지주에 대한 의존성에서 벗어났지만 국가에는 일종의 태생적인 숭배가 있었다. 마르크스가 프랑스의 소농민에 대해 말한 바와 같이, 지역공동체는 영토와 토지로 분류했지만 국가공동체 층면에서는 오히려 이 둘을 하나로 인식했다. 국가는 영토의 주권자로서 전국 토지의 최종 소유권을 가지고 있다. 즉 주인이 없는 토지를 분배할 수 있을 뿐만 아니라 국가가 독점하고 있는 권력을 활용하여 토지를 분배할 수 있기 때문에 토지의 최고 주인이 되는 것이다. 이러한 토지제도는 국가의 권력에 대한 인간의 숭배를 강화시킬 수 있었다. 설사 인간이 궁지에 몰려

모험적인 반항을 하더라도 바뀌는 것은 '권력을 가진 자'이지 '제도화된 권력'은 아니었다. 중국에는 "왕후장상(王侯將相)의 씨가 어찌 따로 있겠는가?"라는 표현이 있다. 왕후장상이 필요 없다는 것이 아니라 권력을 가진 자를 바꿈으로써 인생의 부귀영화를 누리고자 한 것이다.

농경제국에서 상인은 특수한 계층으로, 가장 획기적이고 진취적이었다. 그러나 강대한 국가의 권력 구조로 인해 상인들의 관심은 권력과 결합하여 독점적인 이윤을 얻는 데 있었다. 페어뱅크는 이에 대해, 중국의 전통에서 경제생활을 하는 사람들이 경영을 통해 최대의 이익을 얻는 방법은 생산을 증대하는 것이 아니라 자신이 생산한 제품에서 얻을 수 있는 배당에 의존하는 것이라고 지적하였다. 이들은 자연을 정복하거나 혹은 더 많은 자연자원을 활용하거나, 아니면 선진기술을 활용하여 새로운 재산을 창출하려고 했을 뿐, 다른 이들과의 직접적인 경쟁에서 승리하여 부를 축적하려고 하지 않았다. 이는 아주 오래전부터, 중국의 경제가 가장 많은 수의 사람이 소량의 자연자원을 공동으로 획득하려고만 했을 뿐, 새로운 대륙을 개발한다거나 새로운 공업을 발달시키려고 하지 않았기 때문이다. 새로운 기업에 종사한다든지, 신제품을 개발하여 시장을 발달시키는 것은 관료들에게 시장의 통제권을 구매하여 독점을 하는 것만 못했다. 따라서 중국의 전통적인 방법은 비교적 좋은 쥐덫을 개발하여 더 많은 쥐를 잡는 것이 아니라 관료들에게 쥐를 잡는 독점권을 획득하는 것이었다.[28]

중세 서유럽에서 상인 계층은 국가에 대한 의존이 없었다. 다만 이들은 하나의 통일된 국가가 자신들을 보호해주기를 원했다. 이러한 국가는 상인들의 이상적인 생각에서 창조된, 자신들의 정치공동체에 불과했다. 이로써 소위 말하는 부르주아 혁명이 생겨난 것이다.

(2) 관료의 타성

농경제국은 군현제와 그에 따른 관료 체계에 의해 국가가 관리하였다. 관료

----

28 費正清, 『美國與中國』(北京: 世界知識出版社, 1999), 46쪽.

체계는 시장 체계와 달리 수많은 소농민들에 의해 생겨난 것이 아니라 강대한 국가 및 국가의 역량에 의해 형성되었다. 그러나 관료 체계는 일단 생겨나면 내재된 타성에서 벗어나기 쉽지 않다. 이러한 타성은 사회의 발전을 저해하고 심지어 왕조의 질서마저 무너뜨리기도 했다.

첫째, 관료의 책임제. 관료의 책임제는 상부에 대한 책임으로, 중앙집권통치를 보장했다. 그러나 상부에 대한 책임은 관료의 피동성을 초래하였다. 이들의 주요 임무는 질서를 유지하고 국가의 세수 및 병역 임무를 완수하는 것이었다. 특히 지방 경제발전을 추진하는 자주적인 동력을 찾기 쉽지 않았던 바, "관료제는 독창성을 억제하고 복종만을 추구하는 제도"로 평가되기도 했다.[29] 이러한 체제에서는 정부가 지속적이고 효율적으로 공공적인 기능을 유지하기 쉽지 않다. 마르크스는 "농업은 정부의 통치 하에서 쇠퇴하기도, 발전하기도 한다. 이를 결정하는 것은 정부의 선택으로, 유럽과 같이 언제든 하달되는 정부 명령의 옳고 그름에 의해 변화한다"고 지적하였다.[30]

둘째, 협소한 승진통로. 과거제의 개방성과 경쟁성은 천하의 인재를 관료 체계로 진입하게 하는 통로가 되었으나 관료 체계 내부에는 오히려 개방적인 경쟁 체계가 형성되지 못했다. 황제의 가솔과 친척, 환관 등 황제와 친밀한 사람에 의해 장악되어 있었기 때문에 중앙의 고위급 권력 가운데 상당 부분은 경쟁성이 결여되었다. 특히 원나라나 청나라 때에는 상당수의 관직이 몇몇 집단에 의해 독점되어 있어 신분의 고착화가 두드러졌다. 이러한 고착화로 인해 대다수의 관료가 업적에 의해 정상적으로 진급하는 통로가 막혀 있었고, 이로 인해 관료들의 적극성이 결여될 수밖에 없었다. "집이 가난하면 어진 아내를 생각하고, 나라가 어려우면 어진 재상을 생각한다"는 표현과 같이 국가가 어려울 때 비로소 인재들이 동원될 수 있었다. 이와 함께 관료 체계에는 업무 성과를 통한 진급 통로가 전무하였다. 관료들의 진급은 동문, 친인척, 당적 등 각종 '관계'에 의해 결정되었고 이로써 사적인 보은 관계가 나타났다. 이러한 신분의 종속 관

. . . .

29 斯塔夫里亞諾斯, 『全球分裂-第三世界的歷史進程』(北京: 商務印書館, 1995), 316쪽.
30 『馬克思恩格斯選集(第1卷)』(北京: 人民出版社, 1996), 763쪽.

계는 관료의 직무 활동을 제약했고, 관원들은 부득이하게 이러한 관계를 이용하거나 심지어 자신의 승진을 위한 경로 모색에만 집중하였다. 이로 인해 창조적으로 직무 권력을 행사할 수 없었다.

셋째, 관료의 사리사욕. 관료는 황제가 고용한 관리이다. 황제는 극히 저렴한 보수로 관리를 고용하고, "군자는 의리를 중시한다"는 유가 사상으로 관리를 지도하였다. 그러나 관료는 일종의 직업이다. 특히 고대 중국에서 관료가 되기 위해서는 가족 전체의 지원이 필요했다. 일단 관직에 오르면, 조상과 가문을 빛낼 수 있었을 뿐만 아니라 대대로 가문을 비호할 수 있었다. 관료가 되는 것과 부를 쌓는 것, 고위 관료가 되는 것과 부자가 되는 것은 항상 연계되어 있었다. 때문에 관료들은 관리의 신분을 이용하여 각종 비정상적인 이익을 확보하였다. 이러한 이익은 주로 공공의 이익을 침해하여 사회 구성원들의 부담을 증대시키거나 사회적 자산의 축적을 방해하였고, 심지어 왕조가 패망하게 만들기도 하였다. 따라서 고대 중국의 관료 사이에는 구조화된 이익집단이 형성되었고, 탐관오리가 근절되지 않았다. 페어뱅크는 "관료들은 오늘날 우리가 말하는 체계화된 횡령을 통해 생계를 도모했고, 이러한 행위는 때때로 협박을 통해 이뤄졌다. 이는 복잡하게 뒤엉킨 사적 관계로 형성된 제도에서 필연적으로 나타나는 생성물이었고, 모든 관료들은 그들의 상사, 동료와 부하들과 결탁되어 있었다"고 평가하였다. 이러한 구조화된 관계에서 페어뱅크는 정부를 '조직적인 횡령집단'으로 간주한 것이다.[31] 수많은 관료들이 지주가 되면서 일반 사회 구성원들이 생산에 의해 재산을 축적할 수 있는 가능성은 희박해졌고, 심지어 수많은 농민들이 파산하였다.

(3) 권력의 임의성

농경제국은 가산제 국가에 속한다. 이는 이론과 사실이 이율배반적임을 의미한다. 이론적으로는, '천하위공(天下爲公, 군주의 자리는 한 집안의 사유물이 아니다)', '이

---

31 費正淸, 『美國與中國』(北京: 世界知識出版社, 1999), 106-107쪽.

민위본(以民僞本, 백성이 근본이다)'이라고 부르짖었지만 실상은 '가천하(家天下, 한 집안의 천하)', '이군위상(以君僞上, 임금이 지존)'이었다. 즉 공공 권력의 사유화가 초래되었다. '천하위공', '이민위본' 등의 학설은 제도적인 뒷받침이 결여되면서 공공 권력의 사용을 제약하기 어려웠다. 이로써 권력의 임의성, 즉 제멋대로인 권력이 생성되었다.

첫째, 모호한 권력의 공공성과 사유화. 고대 국가의 권력 사용에는 이중적인 속성이 있었다. 하나는 대형 수리(水利)사업, 재해 정비, 군사 방비 등 공공의 수요를 만족시키는 것이고, 다른 하나는 통치자 자신의 요구를 만족시키는 것이다. 이러한 두 가지 속성의 능력은 명확한 경계가 없었다. 예를 들어, 진시황은 수많은 인력과 물품을 사용하여 만리장성을 건설하기도 했지만, 동시에 자신을 위해 사치스러운 능묘를 만들기도 했다. 포악적인 통치는 전국적인 저항을 초래했다. 수많은 관료들 역시 공공사업과 황가(皇家)의 업무에 열중하는 척하며 업무 과정에서 자신의 사리사욕을 챙겼다. 고대 중국의 수많은 황제들이 권력의 공공성과 사유화를 명확하게 구분하지 못했고, 이로써 거대한 농민의 분노를 초래하였다. 이러한 분노로 야기된 저항은 사회의 발전에 거대한 손실을 초래하였다.

둘째, 무능력한 사회권력. 고대 중국에서 토지는 국가의 소유였다. 일반 사회 구성원들의 토지와 재산에 대한 점유는 국가의 통치를 인정하고 복종한다는 전제 하에 성립되었다고 할 수 있다. 일반적인 농민들, 재산을 비교적 많이 축적한 사회 구성원들조차도 국가의 권력에 대항할 방법이 없었기 때문에 국가의 권력이 사회를 제약하거나 임의적인 행태를 보이는 상황이 발생했다. 예를 들어, 세수는 국가를 지탱하는 수단으로, 국가가 권력을 행사하는 주요한 분야이다. 고대 중국에서 세금을 거두는 것, 얼마나 거두는 것까지 통치자에 의해 결정되었고, 납세자의 동의는 필요 없었다. 납세할 수 있는 범위에서 벗어났을 때조차도, 납세자들은 항의하거나 이를 제지할 제도적인 방법조차 없었기 때문에 폭력적인 대항에 이르렀던 것이다. 무어는 "사회 시스템 중 관료들의 착취 행위를 제지할 효율적인 메커니즘이 없다는 점이 중국 사회의 가장 기본적인 구조적 약점 중 하나라고 말할 수 있다"고 지적하였다.[32] 고대 왕조의 교체 중 상당수는 민중의 부담이 심해지면서 발생하였고, 이는 사회의 지속적인 발전에 영향을 미쳤다.

셋째, 제약 없는 최고권력. 고대 중국에서 국가의 권력행사는 군주 한 사람에 의해 최종적으로 결정되었고, 이러한 최고 권력을 제한할 제도적인 권력이 존재하지 않았다. 따라서 최고권력을 행사할 수 있는 사람에 대한 요구가 특히 높았다. 중국에서는 '치도(治道)', 즉 나라를 다스릴 때에는 도(道)와 방법(方)이 있어야 한다는 점을 특히 강조하였다. 진정으로 '치도'를 장악할 수 있었던 이는 체제상의 보편성, 즉 제도적인 권력이 존재할 필요가 없었다. 다시 말해 최고의 권력을 행사하는 이가 현명한 성군으로, 힘을 다하여 나라를 잘 다스릴 방법을 강구하면 민중은 행복했다. 반면, 통치자가 극악무도하면 사회는 이를 교정할 방법이 없었기 때문에 결국에는 폭력적인 방식으로 왕조를 교체했다. 이로써 정치적으로 세대 주기율이 나타났다. 초대 군주가 정권을 차지하면 2대 군주는 건설에 치중하고 3대와 4대 군주는 지속적으로 수많은 문제들을 생성하였고, 5대와 6대, 그 이후의 군주들은 내리막길을 걷기 시작하였다. 중국 역사에서 유명한 '문경치국', '정관치국', '강건성세' 등은 모두 2대에서 4대 사이에 생겨난 태평성대였다. 따라서 중국 사회의 발전과 민중의 생활은 세대 간 우연성을 가지고 있었고, 이러한 연속성은 자주 중단되었다.

부정할 수 없는 사실은, 민중이 세금을 납부할 때 제국이 민중을 보호했다는 것이다. 국가와 지주가 이중적으로 세금을 수취하였기 때문에 중국 민중의 조세 납부는 전 세계에서 가장 심각한 수준이었다. 이들은 경제적으로 착취를 당했을 뿐만 아니라 강제적인 상황에도 직면하였다. 민중은 자주적인, 자급자족의 생활을 꿈꿔왔다. 그러나 이들의 이상과 달리 기본적인 생계가 보장되지 않을 때, 이들은 운명을 걸고 투쟁했고, 이를 통해 통치자가 "노역을 줄이고 세금을 낮추거나 민심을 다스리게 하였다. 또한 토지의 점유 관계를 개선하고 토지를 균등 분배하도록 함으로써 사회의 진보를 추진하였다. 비교적 큰 규모의 농

---

32 巴林頓 · 摩介, 『民主的專制的社會起源』(北京: 華夏出版社, 1987), 134쪽.

민 봉기가 발생하면서 당시의 봉건 통치가 타파되었고, 그리하여 사회 생산력의 발전이 추진되었다."[33] 이러한 반란은 선진적인 생산력과 선진적인 사상이 결여된 상황에서의 대항으로, '혁명에 속하지는 않지만'[34] 왕조의 주기율을 좌지우지했다. 즉 "사회 기반이 정체되면 정치적으로 상부에 속한 인물과 집단을 끊임없이 교체"한 것이다.[35] 물론 의미 없는 폭력적인 저항은 '야만적이고 맹목적인 파괴'로[36], 문명에 거대한 손실을 초래했을 뿐만 아니라 중국 발전의 연속성에 영향을 미치기도 했다.

4. 아직 끝나지 않은 경주: 역사와 연계된 창조형 '중국의 길'

중국의 발전 노선이 강력한 복원력을 가지고 있다 할지라도 전반적으로는 여전히 지속적으로 발전하였고, 그 이전보다 악화되지는 않았다. 청나라가 붕괴되었으나 새로운 나라가 청나라를 대체한 것처럼 말이다. 시간은 지속적으로 흐른다. 청 말 시기, 이전까지 볼 수 없었던 문명의 도전에 맞닥뜨렸고, 이것이 바로 공업 문명이었다.

중국은 역사적으로 여러 차례에 걸쳐 유목 문명의 도전을 받았으나 농경 문명의 우위를 바탕으로 유목 문명을 흡수함으로써 다른 민족이 중원에 들어와도 어느새 동화되도록 하였다. 그러나 공업 문명은 농업 문명보다 더욱 높은 수준의 문명인 동시에, 자연의 제약을 받지 않았을 뿐만 아니라 부를 축적하는 능력 역시 농업 문명보다 뛰어났다. "수공업이 기반인 중국의 공업은 기계와의 경쟁을 감당할 수 없었고 군건한 중화제국은 사회적 위기에 직면하였

....

33 『毛澤東選集(第2卷)』(北京: 人民出版社, 1991), 625쪽.

34 斯塔夫里亞諾斯, 『全球分裂-第三世界的歷史進程』(北京: 商務印書館, 1995), 318쪽.

35 『馬克思恩格斯論中國』(北京: 人民出版社, 1997), 114쪽.

36 『馬克思恩格斯選集(第1卷)』(北京: 人民出版社, 1995), 677-678쪽.

다."[37] 강대한 공업 문명 앞에, 쇠퇴의 길을 걷고 있던 청제국은 대응할 여력이 없었고, 수천 년 동안 제국과 함께 이어온 타성은 새로운 공업혁명의 도전 앞에 낱낱이 민낯을 드러냈다. "만족 왕조의 명성과 위엄은 영국의 총과 칼에 의해 하나도 남김없이 파괴되었고, 하늘이 내린 제국이 천년만년 이어질 것이라는 미신은 산산이 부서졌다."[38]

청나라가 전대미문의 도전에 대응하기 어려웠지만 중국은 동시대 다른 대국과 달리 소극적인 태도로 운명을 받아들이지 않았고, 오히려 내부에서는 더욱 강력한 자체적인 개혁의 힘이 생성되었다. 마르크스는 "인도는 본래 정복당하는 운명을 피할 수 없었다. 인도의 모든 역사는 한 차례, 그리고 또 한 차례 정복당한 역사이다. 저항도, 변화도 없는 사회의 소극적인 기반 하에 그들의 제국을 건설하였다"고 날카롭게 지적했다.[39] 모든 주의력을 작디작은 토지에만 집중했던 사람들은, 자신들에게 강요하던 제국의 붕괴를 조용히 바라볼 수밖에 없었다.[40]

내부에서 생성된 개혁의 힘은 농경제국을 정체성으로 한 중국에 지속적인 저력을 불러일으켰다. 외세의 도전을 받았지만 장기적으로 이어온 대국의 통일성과 이로부터 생성된 응집력으로 인해 먼 곳에서 온 여러 국가들이 중국을 분할해 통치하기 어려웠다. 마르크스는 제1차 아편전쟁 당시, 민중은 '동방숙명론'의 태도를 보이며 적국의 폭력에 굴복하였으나 "이후 외국인을 반대하는 투쟁에 적극적이고 열광적으로 참여했다. 이는 조정과 국가를 보호하는 전쟁이자 중화문명을 보존하는 인민의 전쟁이었기 때문"[41]이라고 당시의 상황을 묘사하였다. 인접한 일본만이 군주제가 와해되며 초래된 분열을 틈타 중국의 중심부에 진입할 수 있었다. 그러나 중국은 여전히 중국인들의 손에 의해 통치되었고,

. . . .

37 『馬克思恩格斯全集(第10卷)』(北京: 人民出版社, 1995), 277쪽.

38 『馬克思恩格斯選集(第1卷)』(北京: 人民出版社, 1995), 691쪽.

39 Ibid. 767쪽.

40 Ibid. 765쪽.

41 Ibid. 709-710쪽.

중국의 길의 역사와 현실 | 49

함락된 곳은 일부 지역에 불과했으며 오히려 더욱 완강한 저항을 불러일으켰다. 스타브리아노스(Leften Stavros Stavrianos)는 "극도로 혼란스러운 인도가 고도로 조직화된 중화제국보다 외세에 침략당하기 더욱 쉬웠다"고 언급하였다.[42]

도전에 직면해, 먼저 각성한 인재들은 종족을 지속시키려는 에너지를 표출하였을 뿐만 아니라 국가의 역사적 사명을 내세워 '도태되면 뒤처진다'는 인식과 중화민족의 부흥이라는 공통된 인식을 더욱 결속시켰다. 외부와의 완전한 단절은 고대 중국을 보호하기 위한 선결조건이었지만 이러한 단절상태가 영국의 폭력에 의해 파괴되었을 때, 필연적으로 뒤따라온 것은 해체의 과정이었다. 이는 밀폐된 관 속에 조심스럽게 보존된 미라가 신선한 공기와 접촉하면 산화되는 것과 같다.[43] 이러한 상황에서 '눈을 크게 뜨고 세계를 바라본' 인재들은 선진적인 사상을 받아들이기 위해 노력했고, 동시에 이전에 없었던 역량이 전 사회의 참여를 독려했으며 격렬한 혁명 방식을 통해 제국과 지배계층을 전복시켰다. 또한 역사적으로 이어진 고질적인 병폐를 청산하였다. 제국을 뒤엎고 인민공화국을 수립한 두 차례 혁명은 세계 역사에서도 유례를 찾아볼 수 없었던 것으로, 사회 전체를 변모시킨 거대한 에너지가 형성되었던 것이다.

격렬한 혁명에 의해 국가는 본질적으로 변화된다. 오래된 중국은 새로운 활력이 표출되었고, 이로써 중국은 완전히 새로운 역사의 궤도에 빠르게 진입하였다. 이 과정에서, 역사가 남긴 긍정적인 요인들은 중요한 역할을 발휘하였다. 1949년, 중화인민공화국의 수립이라는 역사적 전환의 가장 큰 의의는 이전에 볼 수 없었던 독립과 통일의 실현이다. 진나라가 중국을 통일하였지만 실제로는 통일은 '합쳐졌으나 하나가 아닌' 상태였다. 국가 권력은 수많은 향촌과 변경지역까지 직접적으로 미치지 않았다. 즉 황제의 명령이 향촌에까지 이르지 못했고, 변경에 도달하지 못하는 상황이었다. 그러나 중화인민공화국은 혁명의 역량을 통해 국가 정권을 현 이하의 지방정부는 물론 변경지역에까지 확대하였다. 물론 여기에는 장기적으로 지속된 군현제라는 기본적인 제도적 기반이 마

. . . .

42 斯塔夫里亞諾斯, 『全球分裂-第三世界的歷史進程』(北京: 商務印書館, 1995), 235쪽.
43 『馬克思恩格斯選集(第1卷)』(北京: 人民出版社, 1995), 692쪽.

련되어 있었고, 이를 통해 국가의 권력이 지속적으로 하급 정부와 변경지역까지 지속적으로 이어질 수 있었다. 따라서 중국은 매우 빠른 속도로 현대국가의 체계를 확립할 수 있었다. 혁명은 정부의 지도자만을 바꾸지만 역사적으로 지속된 행정 구조는 바꾸지 못한다. 더욱 중요한 사실은 혁명은 제도적 형식을 통해 참신한 내용이 투입되었다는 것이다. 인간이 근본이라는 이념이 인민을 위한 봉사라는 개념으로 승화되면서 인민의 주체성이 강화되었고, 이로써 더 많은 인민들의 열정과 적극성을 촉발시켰다. 이는 중국 특색 사회주의 노선의 형식에 중요한 기반이 되었다.

전체적으로 보면, 근대 이후 중국의 전환은 혁명을 통해 진행되었다. 혁명은 과거에 대한 철저한 부정에서 비롯된다. 마르크스와 엥겔스의 『공산당 선언』에는 이러한 사고, 즉 '두 개의 분열'에 관한 논리가 정확하게 드러나 있다. 이러한 혁명적 사고는 혁명의 핵심 과정에서 반드시 필요하다. 그러나 혁명적 사고는 혁명의 종결로 멈추지 않는다. 이는 관성적 사고가 되어 혁명 후 시대(Post Revolutionary Era)에까지 이어진다. 이러한 사고는 역사가 지속되는 가운데 긍정적인 요인으로 받아들여질 수 있다. 미오찌둥은 수천 년 동안 이어진 중국의 가구제 경제를 완벽하게 부인하였고, 이로써 신(新)중국 성립 이후 오래지 않아 농업 사회주의의 전환이 시작되었다. 전환의 결과는 인민공사(人民公社) 체제의 구축이었다. 이 체제는 큰 형님 격인 구소련의 농촌집체제를 참고하였다. 소련의 농촌집체제는 상당 부분에서 유구한 역사를 가진 농촌촌사제가 기반이 되었다. 특히 공사제는 소유인을 토지와 단일한 산업에 종속시킴으로써 농업 생산력의 발전을 심각하게 억제하였다. 그리고 이 체제를 유지하기 위해 최고위급 지도자들은 혁명적인 방식을 고려하지 않았다. 이러한 혁명이 철저함을 가지고 있다 할지라도 실제로는 덩샤오핑의 유명한 저서인 『당과 국가영도제도개혁』에 언급된 바와 같이 전통사회의 부정적인 요소를 부활시킬 수 있다.

역사의 우여곡절과 좌절은 중국의 발전을 막지 못했다. 오히려 집권당과 중국 인민들의 성찰을 불러일으키며 중국의 발전 노선을 재차 생각하게 하였다. 특히 권력을 하부 기관에 이관하여 활기를 생성하는 것이 핵심인 농촌개혁의 성과는 중국의 길을 탐구하는 식견과 용기를 더욱 고취시켰다. 농촌개혁의 최대 특징은 가구 경영의 자주적 지위를 재차 확립하는 동시에, 역사적으로 나타난 가구제의 긍정적인 요인을 흡수하고 받아들이는 것이다. 특히 인민공사체제를 폐지하여 수억 명에 이르는 농민들을 기존 체제와 토지로부터 해방시킴으로써 이들의 적극성이 더욱 극대화되었다. 농촌 개혁의 성과는 경제의 급격한 발전뿐만 아니라 집권당의 '중국의 길'에 대한 연구를 촉진함으로써 중국 특색의 사회주의 노선을 확립하였다. 가장 큰 특징은 다른 나라의 모델을 답습하거나 따르지 않고 자신의 길을 걸었다는 것이다. 자신의 길을 추구한 것은 중국의 정세에 부합했을 뿐만 아니라 중국 역사의 우수한 전통을 받아들일 수 있었다. 이러한 역사적 역속성과의 접점은 혁신성과 연계되어야 한다.

개혁개방은 중국의 운명을 결정한 핵심이자 중국 특색의 사회주의 노선을 형성한 접점이다. 중국의 개혁개방은 전대미문의 범위와 깊이를 갖추었다. 특히 사회주의 시장경제체제의 확립은 중국의 오랜 역사에서 집적된 긍정적인 요인을 활성화시켰고, 중국경제사회의 발전을 추진하였다. 중국의 개혁개방은 중국의 유구한 역사로부터 축적된 저력이 있었기 때문에 거대한 성과를 실현할 수 있었다.

먼저, 중국의 개혁개방은 자국이 주체가 된 주동적인 개혁개방이다. 이는 역사적으로 이어온 국가의 자주성과 연계되어 있다. 근대 이후, 특히 1949년 이후 형성된 독립주권국가와 밀접하게 연계되어 있다. 자국이 주체인 개혁개방은 자주성을 확보할 수 있을 뿐만 아니라 내용과 형식을 선택할 수 있다. 무엇을 먼저 개선할 것인지, 아니면 나중에 개선할 것인지, 아니면 무엇을 개방할 것인지, 개방 정도는 어느 범위까지인지…… 이 모든 것이 자국의 이익에 초점을 맞춰 이뤄지고, 그 목적은 생산력의 발전을 촉진하기 위함이었다.

다음으로, 국가의 주체성과 자각성에 의해 개혁개방은 발전에 유익한 긍정적인 요인을 최대한 결집하게 하였고, 이는 중국 경제의 지속적이고 급격한 발전이라는 기적을 창조하였다. 전 세계 최대의 농업문명국가의 입장에서 볼 때, 이러한 기적은 유일무이하다. 기적을 창조한 요인에는 장기간 역사적으로 지속된 긍정적인 요인이 포함되어 있다. 예를 들어, 경제발전 과정에서 핵심적인 역할을 수행한 시장개방, 적극적인 정부와 근면 성실한 노동력 등은 모두 역사에서 그 유래를 찾을 수 있다. '중국의 기적'은 공업 문명과 농업 문명의 우수한 요인을 모두 갖추었다.[44] 이는 3,000여 년의 역사가 모두 역사의 타성에 젖어있지 않았다는 점을 의미한다. 돌이켜보면, 매우 긍정적이고 활발한 요인이 있었고, 이러한 요인들이 일부 부정적인 제도에 의해 억제되었다. 일단 부정적인 제도가 개혁되면, 기존에 억제된 긍정적인 제도 요인이 거대한 에너지를 발산할 수 있다.

마지막으로 개혁개방이 얻은 성과를 통해 집권당은 스스로가 선택한 길에 대해 충분한 자신감을 얻을 수 있었다. 아울러 변화된 상황과 거버넌스 사고 및 방식의 변화에 의거하여, 변화된 대국을 효율적으로 관리하였다. 시장경제의 발전과 고유의 이념이 충돌할 때, 집권당은 '삼개 대표' 사상을 제시하면서 집권당이 시대와 같이 전진하고 있음을 강조했다. 또한 경제 발전이 불평등한 상황에서도 집권당은 '과학발전관'을 제시하며 총괄적인 발전 노선을 이어왔다. 중국이 세계적인 경제대국이 되면서 이에 따른 새로운 문제가 발생했을 때, 집권당은 국가 거버넌스 체계와 역량의 현대화를 전면 추진하였고, 이를 통해 중국 특색의 사회주의 노선을 더욱 발전시켰다.

'중국의 길'은 근거 없이 생긴 것이 아니라 충분한 역사적 저력을 가지고 있다. 따라서 단절성이 아닌 지속가능성을 가지고 있다. '중국의 길'에 내재된 저력의 긍정적인 요인은 오늘날 중국의 발전에 긍정적인 역할을 수행하는 동시에 새로운 혁신성을 부여함으로써 중국의 특색을 갖추게 했을 뿐만 아니라 세계적인 의미를 가지게 하였다.

인간은 문명의 창조자로, 자주적인 인간만이 창조성을 충분히 발현할 수 있다. '중국의 길'의 핵심요소는 '민본(民本)'으로, 인간의 적극성과 창조성을 충분히 고취시키고 촉진시킨다. 세계의 역사가 바로 인간의 해방사(史)이다. 인간이 모든 속박과 압력으로부터 해방되면서 찬란한 문명을 창조할 수 있었다. 인간의 자주성과 창조성으로 볼 때, '중국의 길'에 내재된 역사적 가치는 세계적인

. . . .

44 徐勇, "農民理性的擴張: '中國奇蹟'的創造主體分析-對旣有理論的挑戰及新的分析進路的提出", 『中國社會科學』, 2010年 第1期 참조.

보편성을 가지고 있다.

인류가 문명에 진입한 지표는 국가의 생성이다. 국가가 생겨난 이후, 국가는 강제성을 가지고 개인을 초월한 역량을 만들어 내었다. 그러나 내재적인 사회 수요와 인류를 행복하게 만들 수 있는 국가의 역량이 있을 때 비로소 국가는 지속될 수 있다. 반대로, 사회적 수요가 외부에 있거나 국가의 역량이 얼마나 강대한지를 확인하고자 하는 횡포가 만연할 경우 국가는 지속되기 어렵다.

인류 사회는 끊임없이 변화되는 과정이다. 변화된 사회가 적응가능한 거버넌스를 이행할 때 사회의 질서 있는 발전이 추진될 수 있다. 일말의 변화도 없는 사회에는 그에 상응하는 거버넌스 모델 역시 없다. 각기 다른 상황에 적합한 사회 발전을 추진할 수 있는 거버넌스만이 비로소 사람들의 기대를 충족시킬 수 있다.

'중국의 길'에 내재된 역사적 저력 가운데 긍정적인 요소는 '중국의 길'의 연속성을 증대시키고 '중국의 길'이 역사적 자신감을 가질 수 있도록 한다. 그러나 자신감을 가졌다고 해서 스스로에 대한 성찰을 잊어서는 안 된다. '중국의 길'에 내재된 역사적 저력에는 부정적인 요인도 많이 축적되어 있다는 사실을 봐야 한다. 이러한 요인은 새로운 역사적 조건에서 강력하게 다시 나타나거나 부활한다. 예를 들어, 제도적 점성, 관료의 타성, 권력의 임의성 등은 언제든 건강한 조직을 잠식하고 이를 악화시킴으로써 '중국의 길'이 예측할 수 없는 경로로 나아가게 할 가능성이 있다. '문명의 교체'라는 측면에서 볼 때, 두 가지 문명의 우수한 요인이 중복되어 나타나지 않고 오히려 좋지 않은 요인들이 중첩되어 나타날 가능성도 있다. '국운의 번영과 쇠퇴'적인 측면에서 볼 때, 중국 역사에서 각 세대별로 나타났던 정치적 쇠퇴율을 극복할 필요가 있다. 이 역시 '중국의 길'에 대한 자신감을 얻을 수 있지만 동시에 불신을 얻을 가능성도 있다. 이는 전 세계가 '중국의 길'에 대해 논쟁하는 상황을 초래하는 원인이 될 수 있다. 우리는 '중국의 길'에 내재된 역사적 연속성 가운데 긍정적인 요인을 인정하는 동시에, 부정적인 요인을 중시하고 이를 혁신성으로 극복해야 한다.

위대한 '중국의 길'은 아직 시작 단계에 불과하며, 그 끝이 어딘지 알 수 없다. 그러나 '중국의 길'에 형성된 거대한 연속성을 기반으로 끊임없이 혁신함으로써 새로운 미래를 개척해야 한다. 중국의 주요 발전노선은 '지속적인 개혁'으로, 최종적으로는 '중국의 길'을 형성하는 것이다. 반면, '주기적인 변동'은 부차적인 노선으로, 설사 아직 끝나지 않은 길고 긴 과정일지라도 최종적으로는 '지속적인 개혁'이라는 주요노선을 대체할 수 있을 것이다.

중국 현대화의 길(1949-2014)

후안강(胡鞍鋼, 칭화대학)

중국의 현대화는 사회 전 영역의 모든 요소가 현대화되는 과정이다. 중국의 지도자들은 현대화의 과정에서 점진적인 심화와 변화의 과정을 겪었다. 단일 요소에서 제반 요소에 이르기까지 현대화의 함의와 정의도 끊임없이 조정되고 정비되었다. 국가의 생명주기 이론은 이러한 현대화 과정을 이해하는 데 좋은 이론적 시각일 수 있다. 중국의 현대화 과정도 경제와 빈곤, 기초시설, 산업발전, 도시화, 건강, 과학기술 등에서 놀랄 만한 성과를 거뒀으며, 향후에도 중국의 현대화는 국제사회는 물론 인류 사회에 큰 공헌을 하게 될 것이다.

1949년 중국 인민정치협상회의는 〈공동강령(共同綱領)〉을 제정하면서 중화인민공화국의 중앙인민정부위원회도 함께 구성하였다. 마오쩌둥(毛澤東)은 중화인민공화국의 수립을 공식 선포하는 자리에서 "지금부터 중국의 역사가 새로운 시대에 접어들었다"[1]고 하였다. 그는 "경제건설의 고조가 도래하면 문화건설의 고조도 필연적으로 나타날 것"이라 전망하면서, "중국인이 야만적으로 인식되는 시대는 이미 지나갔고 고도의 문화를 갖춘 민족으로서 세계 가운데 우뚝 설 것"[2]이라 하였다. 중국이 현대화의 시대에 진입했음을 알리는 공식적인 표지였다고 할 수 있는데, 그러나 이는 서구에 비해 몇백 년이나 뒤쳐진 것이었고, 일본의 메이지 유신보다도 70-80년 늦은 것이었다. 중국의 공업화와 현대화는 어디서부터 시작해야 했을까? 어떻게 해야 그들을 따라잡을 수 있었을까? 중국이 현대화의 추격자 및 혁신자가 될 가능성은 또 얼마나 있었을까?

오늘날 사회주의 중국은 더 현대화되고 더 강대한, 그리고 더 개방적인 모습으로 국제사회 가운데 우뚝 서 있다. 지난 과정을 돌아보면, 1949년 이후의 중국이 위대한 신시기를 개척해 왔음을 깨닫게 된다. 그것은 중국의 공업화 및 현대화의 시간이었고, 중국 사회주의의 시간이었으며, 중화민족의 위대한 부흥을 실현해 가는 시간이었다.

1949년 이후 신중국의 주제는 줄곧 사회주의 현대화의 실현이었다. 그리고 이는 역대 중국 지도자들이 모두 갈망했던 거대 목표였다. 동시에 그들은 시종일관 몇 가지 기본 문제를 풀기 위해 애써야 했다. 현대화가 무엇인가? 어떤 역사의 시점에서 공업화와 현대화가 시작되는가? 중국 사회주의 현대화는 구체적으로 어떤 모습이어야 하는가? 사회주의 현대화의 전략 목표를 어떻게 그려야 하는가? 어떻게 해야 서로 다른 단계에서 사회주의 현대화의 전략 목표를

· · · · · · · · · · · · · · · ·

1 毛澤東, "中國人民大團結萬歲(1949年9月30日)", 『毛澤東文集(第5卷)』(北京: 人民出版社, 1996), 347쪽.

2 毛澤東, "中國人從此站起來了(1949年9月21日)", 『毛澤東文集(第5卷)』(北京: 人民出版社, 1996), 345쪽.

실현할 수 있는가?

물론 중국의 지도자들이 이 문제들을 단번에 인식할 수 있었던 것은 아니다. 또한 그들이 처음부터 철저하고 전면적으로 이 문제들과 씨름할 수 있었던 것도 아니다. 끊임없는 실천과 인식, 그리고 끊임없는 재실천과 재인식의 반복 과정이 있었고, 정확과 착오, 성공과 실패, 순조로움과 곡절이 교차되는 과정을 겪은 이후에야 비로소 가능했다. 끊임없는 개척과 혁신 속에서 중국 특색의 사회주의 현대화의 길이 형성될 수 있었다.

이 글은 주로 중국 현대화의 길을 논의하고자 한다. 특히 몇 가지 부분에 주목할 것인데, 우선 현대화의 정의와 함의를 다룰 것이고, 두 번째로 중국의 지도자들이 중국 현대화의 길을 어떻게 인식하였는지 설명할 것이다. 세 번째 부분은 중국 현대화의 역사적 변천과 단계를 다룰 것이고, 네 번째 부분은 세 가지 지표를 통해 중국 현대화의 수준을 측정하고자 한다. 다섯 번째 부분은 중국의 길이 지니는 세 가지 장점을 제시할 것이고, 여섯 번째 부분은 중국 현대화가 세계 발전에 끼친 영향을 살펴볼 것이다. 마지막으로 일곱 번째 부분은 중국 현대화의 길을 낙오자 및 실패자에서 후발주자 및 추격자, 그리고 성공자와 공헌자로 나아가는 그 과정으로 개괄해보고자 한다.

1. 현대화의 정의와 함의

전 세계적인 현대화의 발전 과정을 살펴보면, 영국이 첫 번째 산업혁명을 주도한 이후 두 가지 서로 다른 경제성장 방식이 형성되었다고 할 수 있다. 첫 번째는 현대화를 선도한 경우인데, 혹자는 이를 기술 선도국, 혹은 과학기술 선도국의 성장 방식이라고 부른다. 경제학에서는 일반적으로 '내생형 성장(endogenous growth)'이라고 하는데, 기술 진보가 주로 외부가 아닌 내부에서 이뤄지고, 1인당 평균 소득이나 1인당 GDP 성장률도 1% 이상의 '현대적인 경제성장'을 나타내는 것을 가리킨다. 두 번째 방식은 상대적으로 현대화가 뒤처진 경우이다. 이를 보통 추격형 성장(catch-up growth)이라고 부르는데, 성장을 촉진하는 기술이 주로 외부에서 비롯되는 경우이다.[3] 중국 역시 현대화가 상대적으로 뒤처진 국가였다고 할 수 있으며, 최근에 와서야 현대화를 따라잡는 모습을 보이고 있다.

현대화는 과연 무엇을 가리키는 말일까? 중국의 사회주의 현대화는 어떻게 출현하고 발전했으며, 그리고 또 어떻게 변해가고 있는 것일까? 현대화가 뒤처졌던 국가였기에, 그리고 이제 새롭게 따라잡으려는 국가이기에 중국은 어떤 점에서 기존의 현대화 방식과는 다른 모습을 보여주고 있을까? 나아가 중국이 서구의 현대화를 따라잡는 것은 과연 가능할까? 이러한 질문들은 모두 현대화의 기본 이론이나 중국 현대화의 기본적인 실천들과 밀접한 연관성을 가지고 있다.

공업화에 대한 장베이강(張培剛, 1949; 1991)[4]의 정의를 따르자면, 현대화는 "사회 전 영역에서 현대적 요소 및 조합 방식이 저급에서 고급으로 끊임없이 변모해가는 일련의 획기적인 변혁 과정"[5]이라고 할 수 있다. 중국의 현대화 실천은 전 세계에서 가장 많은 인구의 국가가 가장 성공적으로 현대화를 이룬 사례라고 할 수 있으며, 서구 현대화의 경험을 넘어설 수 있는 풍부한 현실적 함의를 지닌다고 할 수 있다. 그 현대화의 함의는 구체적으로 무엇인가? 그리고 이것은 중국 현대화에 어떠한 시사적이고 계발적인 의미를 던져주는가? 이 글은 대체로 다섯 가지 차원에서 이점을 정리해보고자 한다.

첫째, 현대화는 역사적 개념이며 발전적인 개념이다. 현대화는 고정된 개념이 아니며 불변의 개념도 아니다. 현대화에 대한 사람들의 실천과 인식은 얼마

. . . .

3 Jeffrey D. Sachs, 『The Age of Sustainable Development』(NY: Columbia University Press, 2015).
4 1949년 장베이강은 '공업화'를 "일련의 핵심 생산 함수가 연속적으로 변화를 겪는 과정"이라고 정의한 바 있다(張培剛, 『農業與工業化: 農業國工業化問題初探』(武漢: 華中工學院出版社, 1984), 70쪽). 나중에 그는 '공업화'를 다시 "국민경제 중 일련의 핵심 생산 함수(혹은 생산 요소의 조합 방식)이 연속적으로 저급에서 고급으로 변해가는 혁신(변혁)적 과정"이라고 정의하였다(張培剛, "農業國工業化問題", 『發展經濟學通論(第1卷)』(長沙: 湖南出版社, 1991, 190쪽). 이는 공업화 이론에 대한 중국학자의 최초 공헌이라고 할 수 있다.
5 胡鞍鋼, 『中國道路與中國夢想』(杭州: 浙江人民出版社, 2013).

든지 변화할 수 있고, 따라서 현대화의 개념은 끊임없이 풍부해지고 보완되며 수정된다. 현대화에서 고정된 모델이나 유일한 방식을 가정하는 것은 일종의 착오이며, 이를 서구화와 동일시하는 것도 잘못이다. 서로 다른 국가는 얼마든지 서로 다른 방식의 현대화를 추진할 수 있다. 예컨대 중국 현대화의 길은 서구 현대화의 모방이나 단순 복제가 아니다. 그것은 단지 참조와 학습의 대상일 뿐, 여전히 혁신하고 넘어서야 할 대상에 불과하다.

둘째, 현대화는 사회 전 영역에 걸친 현대화이다. 여기에는 다시 두 가지 함의가 담겨 있는데, 우선 현대화는 경제 현대화에 그치는 것이 아니다. 물론 그것이 매우 중요한 기초인 것은 사실이지만, 그럼에도 현대화는 사회 현대화와 정치 현대화, 문화 현대화, 인간의 현대화, 생태문명건설 등을 모두 포함한다. 나아가 국방과 군대 현대화도 함께 거론될 수 있다. 따라서 '현대화'를 '단수'로 취급해서는 안 되며, 경제 현대화와 동일시해서도 곤란하다. '다위일체(多位一體)'의 복수 개념으로 바라볼 때 현대화에 대한 이해가 비로소 깊어질 수 있다. 다음으로 현대화는 일부에만 국한된 현대화가 아니다. 그것은 전체 인구의 현대화이며, 도시와 농촌의 현대화이고, 연해 지역과 중서부 지역의 현대화이기도 하다. 또한 한족 지역의 현대화이면서 소수민족 지역의 현대화이다. 그런 점에서 중국의 현대화는 사회주의 현대화로 이해되어야 한다. 교육제도나 문화제도, 사회보장제도, 기본정치제도, 민주선거제도 모두가 전체 인구를 포괄하여야 하고, 그들이 언제든 참여하고 받아들이며 향유할 수 있어야 한다.

셋째로 현대화는 현대 요소 및 그 조합 방식이다. 여기에는 토지와 자원, 에너지, 자본, 노동, 교육, 과학, 기술, 문화, 정보, 지식, 제도, 법률 등의 현대적 요소가 모두 포함된다. 나아가 각종 현대적 요소들의 조합 방식도 여기서 거론되어야 하는데, 서로 다른 요소들은 각자 자기만의 독특한 조합 방식을 가지고 있다. 어떤 요소의 조합 방식은 시장 기제를 활용하는 것이 더 합리적일 수 있지만, 다른 어떤 요소의 조합 방식은 정부 기제를 활용하는 것이 더 효율적일 수 있다. 물론 어떤 경우에는 두 가지 이상의 서로 다른 기제가 혼용되거나 사회 협력 기제를 통해 형성되는 것이 좋다.

넷째, 현대화는 연속성을 갖고 축적되는 일련의 발전과 건설의 과정이다. 저급에서 중급으로, 그리고 다시 고급으로 나아가면서 양적 변화는 부분적인 질적 변화로 이어지고, 최종적으로 그 성격은 완전히 다른 것으로 변하게 된다. 즉 현대화의 발전은 단계적 특성과 질적 변화의 성격을 내재하고 있는 것이다. 가령 과거 30년 동안 중국은 절대 빈곤에서 벗어나 먹고사는 문제를 해결하고자 하였고,[6] 이제는 샤오캉(小康)을 넘어 전면적인 샤오캉 사회의 건설로 향해가고 있다.[7] 따라서 현대화 역시 끊임없이 축적되는 과정의 다름 아니다. 어떠한 파괴나 중단도 일어나지 않도록 주의하여야 하고, "느린 것을 걱정할 것이 아니라 머물러 있을까, 그리고 중단될까 걱정"하여야 한다. 그런 점에서 현대화의 수준은 시간 함수와 관련되어 있다.

마지막 다섯 번째는 현대화가 전방위적인 변혁의 과정이라는 점이다. 여기에는 관념의 변혁이나 경제체제의 변혁, 사회체제의 변혁, 문화체제의 변혁 등이 모두 포함된다. 결국 현대화는 기본적으로 현대 국가 제도의 건설과 체제 개혁을 의미한다.

중국의 현대화는 이러한 다섯 가지 부분에서 구체화되고 있으며, 자신의 논리에 따라 끊임없이 발생과 발전, 변화, 약진, 그리고 축적을 경험하고 있다. 이러한 현대화의 정의와 함의 속에서 중국 현대화를 인식하고 분석해야 한다.

2. 중국의 지도자들은 현대화를 어떻게 인식하였나?

신중국 성립 이후 중국의 지도자들은 언제나 사회주의 공업화 및 현

. . . .

6 1992년 당의 14대 보고는 11억 인민의 먹고 사는 문제가 기본적으로 해결되었고, 점차 샤오캉 수준을 향해 가고 있다고 지적하였다. 江澤民, "加快改革開放和現代化建設步伐, 奪取有中國特色社會主義事業的更大勝利-在中國共産黨第十四次全國代表大會上的報告",

7 2002년 당의 16대 보고는 인민 생활의 전체적인 수준이 샤오캉에 도달했다고 언급하면서도, 그 샤오캉의 수준이 여전히 낮은 단계이고 부분적이며 불균형적이라고 지적하였다. 나아가 2020년까지 10여 억 인구의 더 높은 샤오캉 사회를 전면 건설하는 데 온 힘을 집중시켜야 한다고 밝혔다. 江澤民, "全面建設小康社會, 開創中國特色社會主義事業新局面-在中國共産黨第十六次全國代表大會上的報告(2002年11月18日)".

대화가 장기적인 목표라고 말해 왔고, 그것이 '부민강국(富民强國)'을 만드는 첩경이라고 주장하였다. 그렇다면 그들은 중국의 현대화를 어떻게 인식하였을까? 그리고 그들은 중국 현대화의 목표를 어떻게 설계하였을까? 중국 현대화에 대한 그들의 인식은 '실천-인식-재실천-재인식'의 반복 과정이었고, 필연왕국에서 자유왕국으로 나아가는 순환적인 인식의 과정이었다. 60여 년에 걸친 역사 속에 이 과정이 고스란히 담겨 있다.

1953년 당 중앙은 국가 공업화의 목표를 제시하면서 "과도 시기 당의 총 노선과 총 임무는 장시간에 걸친 점진적인 방식으로 국가의 사회주의 공업화를 이룩하고 농업과 수공업, 그리고 자본주의 상공업에 대한 사회주의 개조를 실현하는 것"이라 규정하였다. "지금의 비사회주의 공업을 사회주의 공업으로 바꾸고, 이를 통해 사회주의 공업이 우리나라 국민경제 발전의 초석이 되게끔 한다는 것"[8]이다. 이후 전개되었던 국가 공업화는 첫 번째 5개년 계획의 주요 목표가 초과달성 되는 것으로 이어졌다. 물론 당시 당 중앙이 참조했던 공업화 방식은 소련의 국가 공업화였다.[9]

1956년 당의 8대 〈당장(黨章)〉에 처음으로 '네 가지 현대화'가 등장하였는데, 여기서 거론된 것은 현대화된 공업과 농업, 교통운수업, 그리고 국방이었다.[10] 이 네 가지는 당의 8대 노선이기도 했다. 마오쩌둥(毛澤東)은 8대 예비 회의에서 50년, 혹은 60년의 시간이 지나기 전에 미국을 넘어서겠다는 목표를 제시하기

· · · · · · · · · · · · · · · ·

8 中共中央宣傳部, "爲動員一切力量把我國建設成爲一個偉大的社會主義國家而鬪爭-關於黨在過渡時期總路線的學習和宣傳提綱(1953年12月)", 『建國以來重要文獻選編(第四冊)』(北京: 中央文獻出版社, 2011), 602-603쪽.

9 "소련이 과거 걸었던 길(국가 공업화)이 바로 우리가 오늘 배워야 할 모범이다." 中共中央宣傳部, "爲動員一切力量把我國建設成爲一個偉大的社會主義國家而鬪爭-關於黨在過渡時期總路線的學習和宣傳提綱(1953年12月)", 『建國以來重要文獻選編(第四冊)』(北京: 中央文獻出版社, 2011), 607쪽.

10 당의 8대가 통과시킨 〈당장〉은 중국공산당의 임무에 대해 다음과 같은 내용을 제시하고 있다. "계획적으로 국민경제를 발전시키고 가능한 빨리 국가 공업화를 실현하며 체계적이고 점진적으로 국민경제의 기술 개조를 진행하여 중국이 더 강한 현대화 공업, 현대화 농업, 현대화 교통운수업, 그리고 현대화 국방을 갖춰야 한다." "中國共産黨章程(1956年9月26日)".

도 하였지만,[11] 2년 후 그는 경솔하게 '대약진'을 일으켰고, 이로 인해 중국의 현대화 과정이 매우 심각한 좌절을 경험하기도 하였다.

1964년 말, 3기 전국인대 1차 회의가 다시 '네 가지 현대화'를 제기하였다. 여기서 거론되었던 것은 농업과 공업, 국방, 과학기술의 현대화를 20세기 내에 전면적으로 실현하겠다는 것이었는데,[12] 1년 남짓한 시간이 지났을 때 마오쩌둥은 '문화대혁명'을 일으켰고, 이로 인해 '네 가지 현대화'의 구상은 다시 심각한 좌절을 맛보게 되었다.

1975년 1월, 4기 전국인대 1차 회의가 다시 '네 가지 현대화' 목표를 제기하였지만,[13] 같은 해 11월 마오쩌둥이 덩샤오핑(鄧小平)을 상대로 '우경번안풍(右傾飜案風)에 대한 반격'을 주도하면서 이 역시 일시적으로나마 좌초되고 말았다. 그럼에도 현대화의 실현이 언제나 중국 공산당의 주제이자 목표로 제시되었던 것은 부인하기 어렵다.

1977년에 있었던 당의 11대는 '네 가지 현대화'의 목표를 다시 〈당장〉에 삽입하였다.[14]

개혁개방 이후 중국의 지도자들은 한편으로 중국의 상황을 다시 인식하면서 다른 한편으로는 '대외 진출[走出去]'에 나섰다. 그들은 20세기 말에 '네 가지 현대화'의 목표가 실현되는 것은 불가능하다고 판단하게 되었고, 중국의 상황

· · · · · · · · · · · · · ·

11 마오쩌둥은 다음과 같이 말하였다. "미국은 건국한 지 180년 밖에 안 된 국가인데, 그들이 생산한 철강은 60년 전에도 400만 톤에 불과했다. 우리가 그들보다 60년 정도 뒤져 있는 셈인데, 50년, 혹은 60년 후에 우리는 그들을 넘어서야 한다. 이는 일종의 책임에 가깝다. 우리에게 이렇게 많은 사람이 있고, 이렇게 넓은 땅이 있으며, 자원도 이렇게 풍부한데, 게다가 사회주의의 장점도 가지고 있는데, 이러한 환경에도 불구하고 50년, 혹은 60년이 지났을 때 미국을 따라잡지 못한다면 우리는 도대체 뭐라고 할 수 있겠는가? 지구 호적을 파야 할지도 모른다. 따라서 미국을 넘어서는 것은 가능할 뿐 아니라 반드시 해야 하는 일이다."『毛澤東文集(第7卷)』(北京: 人民出版社, 1999), 89쪽.

12 周恩來, "發展國民經濟的主要任務(1964年12月21日)", 『周恩來選集(下卷)』(北京: 人民出版社, 1984), 439쪽.

13 周恩來, "向四個現代化的宏偉目標進展(1975年1月13日)", 『周恩來選集(下卷)』(北京: 人民出版社, 1984), 479쪽.

14 "금세기 내 당은 전국의 각 민족과 인민을 이끌어 우리나라를 농업과 공업, 국방, 과학기술 방면에서 현대화를 이룬 사회주의 강국이 되게끔 해야 한다." "中國共産黨章程(1977年8月18日)".

에 부합하는 현대화 목표와 청사진이 절실하다는 것을 인식하게 되었다. 1978년 12월, 당의 11기 3중전회의 핵심 의제는 중국공산당의 업무 중심을 사회주의 현대화의 건설로 옮기는 것이었다. 이와 함께 당의 8대 노선을 다시 주창하면서 개혁개방을 위한 시동을 걸었다.

1982년 당의 12대 〈당장〉은 '네 가지 현대화'의 실현을 현 단계에서의 핵심 임무라 규정하면서[15] 기존의 '금세기 말'이라는 표현을 삭제하였다. 나아가 당의 12대 보고는 20세기 말의 투쟁 목표를 소개하는 가운데 전국 농공업의 총생산을 두 배로 증가시켜야 한다고 주장하였다. 중국의 국민소득 총액과 주요 농공업 생산의 수준을 세계 수위로 끌어올리고, 국민 경제의 전체적인 현대화 과정을 추진해 도시 및 농촌 주민의 소득 증대와 인민의 물질적 풍요를 실현해야 한다는 것이었다.[16] 덩샤오핑은 개막식에서 "우리의 길을 걸어가면서 중국 특색의 사회주의를 건설"해야 한다고 주장한 바 있다.[17]

1987년 당의 13대 보고는 중국이 1950년대 생산수단 사유제의 사회주의 개조에서 시작해 기본적인 사회주의의 현대화까지 나아가려면 최소한 100년의 시간이 필요하고, 이를 사회주의 초급단계로 규정해야 한다고 밝혔다. 이와 함께 그 보고는 경제 건설의 전략을 3단계로 제시하였는데, 중등 소득 국가가 추격의 목표였고 기본적인 현대화의 실현이 그 핵심이었다.[18]

. . . .

15 12대 당장은 다음과 같이 제시하고 있다. "현 단계에서 중국공산당의 총임무는 전국 각 민족과 인민의 단결을 도모해 자력갱생과 고군분투를 실현하고, 이를 토대로 공업과 농업, 국방, 과학기술의 현대화를 이루어 우리나라를 고도문명과 고도민주의 사회주의 국가로 만드는 것이다." "中國共産黨章程(1982年9月6日)".

16 胡耀邦, "全面開創社會主義現代化建設的新局面-在中國共産黨第十二次全國代表大會上的報告(1982年9月8日)".

17 鄧小平, "中國共産黨第十二次全國代表大會開幕詞(1982年9月1日)", 『鄧小平文選(第3卷)』(北京: 人民出版社, 1993), 3쪽.

18 당의 13대 보고는 다음과 같이 말하고 있다. "우리나라의 경제건설의 전략적인 안배는 3단계라고 할 수 있다. 첫 번째 단계는 GDP를 1980년의 두 배로 끌어올려 인민의 먹고 사는 문제를 해결하는 것이다. 그런데 이는 현재 기본적으로 실현되었다고 할 수 있다. 두 번째 단계는 금세기 말 GDP를 다시 두 배로 끌어올려 인민의 생활수준이 샤오캉에 이르는 것이다. 마지막 세 번째 단계는 다음 세기 중반까지 1인당 GDP를 중등 소득 국가의 수준으로 끌어올려 인민의 삶이 비교적 여유로워지는 것이다. 이것이 기본적인 현대화인데, 이 기초 위에서 계속해서 앞을 향해 나아가야 한다." 趙紫陽, "沿着有中國特色的社會主義道路前進-在中國共産黨第十三次全

1992년의 14대와 1997년의 15대는 중국 지도자들의 현대화가 여전히 경제 현대화의 수준에 머물러 있었고 경제건설 위주의 사회주의 현대화에 치중했음을 보여준다. 그러나 21세기 이후 중국 현대화의 실천이 전 세계적인 현대화와 맞물리면서 중국 현대화에 대한 지도자들의 인식은 부단히 제고되었고, 그 결과 '오위일체(五位一體)'라는 현대화의 밑그림이 점진적으로 만들어졌다.

2002년 당의 16대가 수정한 〈당장〉에는 새로운 현대화의 목표가 담겨 있다. "새로운 세기 경제 및 사회 발전의 전략은 초보적인 샤오캉을 공고히 하고 발전시켜, 공산당 창립 100주년이 되는 시점에 10여 억 인구가 모두 높은 수준의 샤오캉을 향유할 수 있게 하고, 건국 100주년이 되는 시점에 1인당 GDP 생산이 중등 수준의 국가 반열에 올라서는 것이다. 이것이 기본적인 현대화의 실현으로 간주될 수 있다."[19] 동시에 당의 16대 보고는 경제 건설과 경제 체제 개혁, 정치 건설과 정치 체제 개혁, 문화 건설과 문화체제 개혁을 현대화의 '삼위일체(三位一體)' 그림으로 제시하였다.[20]

2007년 당의 17대는 경제건설과 정치건설, 문화건설, 사회건설의 '사위일체(四位一體)'의 그림을 제시하였고[21], 2012년에 있었던 18대는 기존 네 가지 건설에 생태문명 건설을 추가하여 '오위일체'의 그림을 제시하였다.[22] 나아가 18대 〈당장〉의 수정안은 현대화의 목표가 "부강과 민주, 문명, 조화의 사회주의 현대화 국가"라고 규정하였다.[23]

2013년 당의 18기 3중전회는 "전면적인 개혁 심화의 총 목표가 중국 특색 사

. . . .

國代表大會上的報告(1987年10月25日)".

19 "中國共産黨章程(2002年11月14日)".

20 江澤民, "全面建設小康社會, 開創中國特色社會主義事業新局面－在中國共産黨第十六次全國代表大會上的報告(2002年11月8日)".

21 "中國共産黨第十七次全國代表大會關於十六屆中央委員會報告的決議(2007年10月21日)".

22 胡錦濤, "堅定不移沿着中國特色社會主義道路前進爲全面建成小康社會而奮鬪－在中國共産黨第十八次全國代表大會上的報告(2012年11月8日)".

23 "사회주의 초급단계에서 중국공산당의 기본 노선은 전국의 각 민족과 인민을 단결 및 인도하여 경제건설을 중심으로 네 가지 기본 원칙과 개혁개방의 견지 속에 자력갱생과 고군분투를 통해 우리나라를 부강과 민주, 문명, 조화의 사회주의 현대화 국가가 되도록 애쓰는 것이다." "中國共産黨章程(2012年11月14日)".

회주의 제도의 정비와 발전에 있다"고 규정하면서, "국가 거버넌스 체계와 거버넌스 능력의 현대화를 추진해야" 한다고 주장하였다.[24]

이상에서 알 수 있듯이 당 중앙은 21세기 전반기(2000-2050)를 거치면서 중국 사회주의 현대화에 대한 기본적인 구상을 이미 마쳤다. 중국의 현대화는 기본적으로 두 가지 맥락에서 진행될 것인데, 하나는 국가 현대화의 건설이다. 국가 공업화와 '네 가지 현대화'가 샤오캉 수준 및 샤오캉 사회로 바뀌고, 다시 '오위일체'로 제시되면서 중국의 현대화 영역은 갈수록 전면적이고 협조적인 양상을 띠고 있다. 두 번째 맥락은 국가 거버넌스의 현대화이다. 신중국의 현대 국가 제도 건설은 개혁개방 이후 현대적인 국가 제도의 건설과 개혁, 정비로 바뀌었고, 그리고 다시 국가 거버넌스 체계와 거버넌스 능력의 현대화로 변화하였다. 이 두 맥락은 서로 이어질 뿐 아니라 서로 영향을 주면서 중국 특색의 현대화 길을 구성하는 밑거름이 되고 있다.

그렇다면 중국 현대화의 청사진을 어느 순간 단번에 완성된 것으로 간주해서는 안 된다. 여러 차례에 걸친 인식과 조정, 그리고 60년(1953년 이후)의 실천과 탐색, 혁신이 있고 나서야 비로소 형성될 수 있었다고 봐야 한다. 경제 현대화에서 전면 현대화로 건너가고, 다시 전면 협조의 현대화로 나아가면서 중국은 21세기에 들어 자신의 현대화 방식을 찾을 수 있었다. 그런 점에서 중국의 '오위일체' 현대화는 경제 현대화나 물질 현대화를 표지로 삼는 서구식 현대화를 넘어섰다고 할 수 있으며, 저개발 국가들이 전면 현대화를 혁신하고 추진하는 데 의미 있는 경험을 제공했다고 할 수 있다.[25] 중국 현대화의 함의와 목표는 중국 현대화의 기본 특징이나 역사적 과정에서 찾는 것이 바람직할 것이다.

. . . .

24 "中共中央關於全面深化改革若干重大問題的決定(2013年11月12日)".

25 胡鞍鋼, 『中國道路與中國夢想』(杭州: 浙江人民出版社, 2013), 89-90쪽.

3. 중국 현대화의 역사적 변천과 단계

필자는 중국현대화의 과정을 분석할 때 국가 발전의 생명 주기 이론을 적극 활용하고자 한다. 국가 발전의 생명 주기를 '4 단계'로 나누고, 이를 바탕으로 중국 현대화의 이론적 틀을 세우려는 것이다.[26]

세계는 하나의 국가로 구성된 것도 아니고 하나의 국가가 주도하거나 통치하는 것도 아니다. 여러 국가가 존재할 뿐 아니라 상품 경쟁과 유사한 국가 간 경쟁이 나타난다. 따라서 두 개 국가 간 발전과 경쟁이 야기하는 '4단계 설명'이 유효할 수 있다. 여기서 세로 좌표는 한 나라의 경제력이나 종합 국력이 전 세계에서 차지하는 비중을 의미하는데, A국과 B국 사이의 경쟁 결과를 이를 통해 확인할 수 있다.

그림 1 국가 발전의 생명 주기 '4단계'

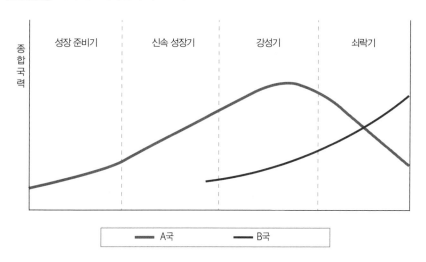

(자료: 胡鞍鋼, "國家生命週期與中國崛起", 『教學與硏究』, 2006年 第1期, 7-17쪽.)

. . . .

26 胡鞍鋼, "國家生命周期與中國崛起", 『敎學與硏究』, 2006年 第1期, 7-17쪽.

중국 발전의 생명 주기는 크게 두 시기로 나뉠 수 있다. 첫 번째 시기는 전통 농업국가의 쇠퇴기이다. 19세기 중엽 중국은 서구 현대화의 도전에 직면하였고, 이후 중국의 발전 궤도를 바꾸면서 중국 사회의 모습도 그에 따라 바뀌게 되었다. 마오쩌둥이 지적했던 것처럼, 자본주의의 침입은 두 가지 결과를 수반하였는데, 하나는 중국이 점차 반식민·반봉건의 사회로 변해갔다는 것이고, 다른 하나는 중국 사회의 내부에 엄청난 구조적 변화가 일어났다는 것이다. 외국 자본주의의 영향 속에서 중국의 경제 및 사회는 근본적인 해체 과정을 겪었다. 한편으로는 자급자족의 경제 기초와 도시 수공업 및 농촌 가내수공업이 파괴되었고, 다른 한편으로는 중국 내 도시와 농촌 간의 상품 경제가 비약적인 발전을 이루게 되었다. 결국 현대화의 요소가 자본주의 유입의 부산물이었다고 볼 수 있다.[27] 이 시기 청(淸) 왕조는 일개 왕조 국가로서도 쇠퇴기에 진입하였을 뿐 아니라 농경 문명의 고대 국가로서도 쇠퇴기에 진입하였다.

1840년 중국은 폐쇄적이고 경직된 국가였을 뿐 아니라 계속해서 늙어가는 '낡은 제국'[28]에 지나지 않았다. 당시 중국은 중국 GDP의 1/3에 불과했던 영국에 패했을 뿐 아니라(1990년 국제 달러 가격 기준), 세계 경제에서 중국 GDP가 차지하는 비중도 급격히 떨어졌다. 1870년에는 중국의 GDP 비중이 이전의 절반 수준인 17%로 줄어들게 된다. 신해(辛亥)혁명으로 청 왕조가 무너졌던 1913년에는 그 비중이 전 세계의 1/10(8.8%)로 줄어든다. 북양(北洋)정부와 민국(民國)정부도 중국의 급격한 쇠퇴를 막지는 못했는데, 1929년 중국 GDP의 비중은 7.4%로 줄어들었다. 1950년 중국 GDP의 비중은 4.5%까지 떨어졌고,[29] 이는 중국 역사상 가장 낮은 수준이었다. 나아가 당시 중국은 전 세계에서 가장 가난한 국가

. . . .

27 毛澤東, "中國革命與中國共産黨(1939年12月)", 『毛澤東選集(第2卷)』(北京: 人民出版社, 1991), 626-627쪽.

28 마오쩌둥은 과거에 중국을 '낡은 제국(老大帝國)'이자 '동아시아 환자(東亞病夫)'라고 말한 적 있다. "경제는 낙후된 데다가 문화도 낙후되고 위생에도 주의하지 않는다. 운동도 안 되고 수영도 안 되며, 여성은 전족을 하고 남성은 변발을 한다. 게다가 태감도 있다." 毛澤東, "增强黨的團結, 繼承黨的傳統(1956年8月30日)", 『毛澤東文集(第7卷)』(北京: 人民出版社, 1999), 87쪽.

29 Angus Maddison, *Historical Statistics of the World Economy: 1-2008 AD*.

중 하나였는데, 1인당 GDP가 448달러에 불과했다. 1820년의 600달러를 기억한다면 이 수치가 얼마나 낮은 것인지 짐작할 수 있다.[30] 1950년 중국의 발전량(현대화 요소)은 미국의 1.2%에 불과했다. 중국은 그야말로 아무것도 없는 가난한 나라 중 하나에 지나지 않았다.

두 번째 시기는 1949년 이후 중국이 새로운 국가 발전의 생명 주기를 시작한 이후이다. 현대적인 경제와 현대적인 국가 제도를 마련하면서 중국은 국가 발전의 생명 주기에서 그 첫 번째 단계에 진입할 수 있었고, 성장을 준비하는 단계를 맞이할 수 있었다.

중화인민공화국의 성립과 함께 중국은 높은 수준의 통일과 독립, 그리고 자주의 현대 국가를 이룩하게 되었다.[31] 중국공산당이 이끄는 인민정부는 낙후한 중국의 현실 위에서 공업화와 도시화, 현대화를 대대적으로 추진하였고, 이를 통해 진정한 의미의 현대적 경제성장 시기를 맞이할 수 있었다. 1인당 소득이나 1인당 GDP도 이 시기에 접어들면서 매년 1% 이상의 성장률을 보였다. 나아가 중국은 사회주의 발전의 길을 선택하게 되는데, 세계 제일의 사회주의 국가로서 그 제도적 장점을 활용해 자신의 역량을 집중시키는 데 주력하였다. 물론 '대약진'이나 '문화대혁명'과 같은 심각한 좌절을 겪기도 하였지만, 1970년대 말이 되면 중국은 공업화를 위한 원시 축적을 완성하게 되었고, 비교적 독립적이고 완전한 형태의 공업 체계와 국민 경제 체계, 그리고 과학기술 체계를 건립하게 되었다. 또한 다양한 사회사업을 추진하였는데, 중등 및 초등 교육을 보급시켜 문맹 및 반(半)문맹을 일소하였고, 의료 지원 및 농촌 지역의 협력 의료 제도도 실시하였다. 교육과 건강 등의 인류 발전 지표에서 명확한 진전이 이뤄졌던 것이다.

이러한 성과들은 중국이 개혁개방 시기 국가 발전의 두 번째 생명 주기를 맞이하는 데 중요한 물적 및 인적 기초가 되었다. 물론 사회주의 현대화 경로를

. . . .

30 Angus Maddison, *Historical Statistics of the World Economy: 1-2008 AD*.

31 R · R · 帕爾默, 喬 · 科爾頓, 勞埃德 · 克萊默, 『現代世界史-至1870年(第10版)』(北京: 世界圖書出版公司, 2010), 8쪽.

모색한다는 관점에서 이해한다면, 이 단계는 여전히 실험과 탐색, 경험 축적의 단계라고 할 수 있다. 1978년 이후 중국은 국가 발전 생명 주기의 두 번째 단계, 곧 빠른 경제성장 단계에 진입하였다. 중국은 지금도 여전히 이 단계에 머물러 있으며, 사회주의 현대화의 방향으로 그 발전을 거듭하고 있다.

　'중국의 길'을 하나의 과정으로 본다면, 중국은 60여 년의 현대화 발전 과정을 거치면서 엄청난 경제적, 사회적 변화를 경험하였다고 볼 수 있다. 우선 세계적으로 유명한 '기근의 나라'가 세계 제일의 농업 생산국으로 올라섰다. 1949년 신중국이 성립되었을 때, 전국의 단위 곡물 생산량은 1,035kg에 불과하였고, 1인당 곡물 점유량도 210kg에 지나지 않았다. 신중국 성립이후 1960년대 초반까지 중국은 곡물 수출국이었는데, 1960년대 이후에는 수입이 수출보다 많게 되었다. 1970년대 말 개혁개방과 함께 수입 곡물이 차지하는 비중은 갈수록 줄어들었는데, 1978~1984년에는 그 비중이 3.2%이었지만 1985~1990년에는 1.2%가 되었고, 1991~1995년에는 0.4%가 되었다. 현재 중국은 세계에서 곡물 생산량은 물론, 주요 경제작물, 농축산품, 농업 부가가치가 가장 높은 국가이다. 19가지 주요 농산품 중 12개 품목을 세계에서 중국이 가장 많이 생산하고 있다. 세계 제2의 생산량과 세계 제3의 생산량을 보이는 품목도 각각 중국은 2종과 4종을 가지고 있다.

　또한 중국은 세계적인 공업 후진국에서 세계적인 공업 강국으로 올라섰다. 신중국이 성립되었을 때 당시 중국의 공업 기초는 매우 빈약한 편이었다. 1861년 양무운동이 시작된 이후 1949년 신중국이 성립될 때까지 중국 공업의 누계 고정자산은 100억 위안(1952년의 가격)에 불과하였고, 1인당 고정자산도 20여 위안에 지나지 않았다. 공업의 순 생산액은 45억 위안이었으며, 국민 소득에서 공업 생산이 차지는 비중도 12.6%에 불과하였다. 공업 총생산도 대단히 낮은 편이었다. 공업 생산 규모가 가장 컸던 1936년과 비교해보면, 철강 생산의 경우 미국은 중국의 117배에 달했고, 발전량도 중국의 39배나 되었다. 공업 부문도 보잘것없는 수준이었다. 채광업과 방직업, 그리고 간단한 가공업만 존재했는데, 대부분의 공업 상품이 독자 생산이 불가능한 상황이었고, 대부분 수입에 의존하고 있었다. 그러나 현재 중국은 세계적인 공업 강국으로 올라섰다. 중국은 39

개 대분류 공업과 191개의 중분류 공업, 그리고 525개의 소분류 공업을 보유하고 있다. UN의 공업 발전 자료에 따르면 22개 국제 대분류 공업 중에서 중국 제조업이 1위를 차지하는 업종은 7개에 달한다. 3위 안에 드는 업종도 15개이다. 2007년 중국의 제조업은 172개 업종에서 세계 1위를 기록하고 있다. 2010년 전 세계 제조업 생산에서 중국 제조업이 차지하는 비중은 19.8%이었는데, 이는 미국의 19.4%를 넘어선 수치였다.[32]

중국은 인프라 설비가 부족한 국가였지만, 지금은 세계적으로 현대화된 인프라 설비를 갖춘 국가라고 할 수 있다. 1949년 중국의 도로는 8.07만km에 불과했고, 그중 포장도로는 40%에 불과했다. 철도는 2.18만km이었는데, 대부분이 증기 기관차를 위한 것이었다. 당시 비행기는 12대에 불과했고, 12개의 단거리 항로만 존재했다. 공항도 소형 비행기의 이착륙만 가능했고, 그 규모도 30여 곳에 지나지 않았다. 그러나 2014년 중국의 철도 거리는 11.18만km로 늘어났고, 이는 러시아보다 높은 세계 제2의 규모이다. 고속 철도는 16,726km인데, 이는 세계 제1의 수치로서 전 세계 고속철도 규모의 절반을 차지한다. 도로도 446.39만km로 늘어나 세계 제2의 순위에 올라섰다. 그중 고속도로가 11.19만km로 미국(9.2만km)을 넘어 세계 1위를 기록 중이다. 중국 내 선박 항로의 거리는 12.63만km로 세계 1위이고,[33] 중국의 항구 컨테이너 출입 규모는 8년 연속으로 세계 1위이다. 2014년에는 중국의 여섯 개 항구가 출입 규모 면에서 세계 10위 안에 들었는데(닝보-저우산 항이 1위, 상하이항이 2위, 톈진항이 4위, 광저우항이 6위, 칭다오항이 8위, 다롄항이 10위), 그중 다섯 개 항구가 컨테이너 출입 규모에서 세계 10위 안에 든다(상하이항이 1위, 닝보-저우산항이 5위, 칭다오항이 7위, 광저우항이 8위, 톈진항이 10위).

건국 초기 중국의 통신 설비와 통신 방식, 그리고 통신 수단은 대단히 낙후되어 있었다. 그러나 신중국 성립 이후 60년의 시간이 지나면서 중국의 종합적인 통신 능력이 빠르게 향상되었다. 네트워크 규모나 기술 수준, 서비스 수준 모두 비약적인 발전을 거듭했다. 도시와 농촌을 연결할 수 있게 되었고, 전국 각지를

....

32 미국 경제자문기구 글로벌 인사이트의 보고, 2011년 3월14일.
33 中國國家統計局, 『中國統計摘要2015』(北京: 中國統計出版社, 2015), 126쪽.

아우를 수 있게 되었으며, 세계와 중국을 이어줄 수 있게 되었다. 현대식 우편 네트워크가 만들어졌는데, 그 규모만 놓고 보자면 세계 최대이다. 광섬유와 디지털 마이크로 송전, 인공위성, 이동통신, 데이터 통신 등도 구축되어 있다. 전화 네트워크의 규모도 세계 1위이며, 전화 및 인터넷 사용 가구도 세계 수준에 올라서 있다. 중국은 세계에서 가장 큰 규모의 정보화 사회이고, 세계 최대의 ICT 기술 생산국 · 소비국 · 수출국이다.

중국은 세계 최대의 전통 농촌 사회에서 세계 최대의 현대화된 도시 사회로 변모하였다. 1949년 중국에는 132개의 도시만 있었고, 그 인구도 3,949만 명에 지나지 않았다. 이는 전체 인구의 7.3%에 해당하는 수치였다. 100만 이상의 도시도 10군데에 지나지 않았고, 그 비중 역시 7.6%로 낮은 수준이었다. 2011년 중국의 도시는 657개로 늘어났고, 인구 400만 이상의 도시도 14곳으로 늘어났다. 인구 200~400만 도시도 31곳으로 늘어났고, 100~200만 인구의 도시는 82개, 50~100만 인구의 도시는 114개, 20~50만 인구의 도시는 150개, 20만 이하 인구의 도시는 266개가 되었다. 2014년 중국의 도시 인구는 7.49억 명으로 집계되는데,[34] 이는 미국 총인구(2013년 수치)의 2.39배에 해당하는 수치이다. 도시 인프라 설비도 큰 폭으로 개선되었는데, 2013년 도시 지역 상하수도 보급률은 97.6%를 기록했고, 가스 보급률은 94.3%, 하수처리율(2014년)은 90.2%, 도시 지역 녹지율은 35.9%였다. 현재 중국은 도시화 전략을 적극 추진 중인데, 이를 통해 환발해(環渤海) 지역과 주삼각(珠三角) 지역, 그리고 장삼각(長三角) 지역에 세계적인 도시군을 형성하려 한다.

중국은 또한 '문맹 대국'에서 '인력자원의 강국'으로 변화하였다. 1949년 당시 대학 재학생의 수는 11.65만 명에 불과했고 일반 중등학교의 재학생도 127만 명의 수준이었다. 80%에 달하는 인구가 문맹이거나 반(半) 문맹의 상황이었다. 1912~1948년에 대학 졸업생의 누계는 21만 명이었고,[35] 평균 교육 연수도 1.0년 정도였다. 1949년 고등교육을 받은 인구의 규모는 18.5만 명이었는데, 이

. . . .

34 中國國家統計局, 『中國統計摘要2015』(北京: 中國統計出版社, 2015), 16쪽.

35 中國國家統計局, 『新中國五十年(1949-1999)』(北京: 中國統計出版社, 1999), 9쪽.

는 전체 인구의 0.034%에 해당하는 수치였다. 그러나 2010년 중국의 성인 식자율은 96%를 넘어섰고, 15세 이상 인구의 평균 교육 연한도 10년 이상으로 늘어났다. 1949년과 비교해 보면, 이는 10배 이상 늘어난 수치이다. 세계 평균(7.76년)보다도 한참 높다. 2014년 일반 고등교육 기관의 재학생 수는 2547.7만 명으로 세계 1위이며, 고등교육(18-22세) 재학생의 비중도 37.5%에 달한다.[36] 2014년 현재 전문대 이상의 고등교육을 받은 인구는 총 1.5억 명으로, 이는 1949년의 810배에 달하는 높은 수치이다.

의료 방면에서도 중국은 '동아시아의 허약국가'에서 '건강한 국가'로 거듭났다. 1949년 이전 중국의 기대 수명은 35세 정도였는데, 이는 세계 평균 기대 수명(49세)보다 한참 낮은 것이었다. 1950년 중국의 영아 사망률은 200‰이었고, 이는 당시 저개발 국가의 평균 수치(175‰)보다 높은 것이었다. 건국 초기 중국의 마약 중독자는 2,000만 명에 달하였는데, 이는 전체 인구의 3.7%가 마약 중독자였다는 것을 의미한다. 그러나 신중국 성립 이후 첫 번째 보건 혁명이 빠르게 진행되면서 심각한 전염병과 기생충병이 기본적으로 통제·퇴치되었다. 도시 및 농촌 인민의 기본 의료 체계를 만들어 의료 서비스를 보편적인 공공재의 차원에서 인민 군중에게 제공할 수 있게 되었고, 그에 따라 2014년 중국의 기대 수명은 76세로 늘어났다. 2013년 영아 사망률은 9.5‰까지 떨어졌고, 5세이하 아동의 사망률도 12.0‰ 아래로 내려갔다. 임산부의 사망률도 10만 명 당 23.2명으로 줄어든 상황이다. 이러한 지표들은 모두 일반 개발도상국보다 좋은 편이며, 여타 선진국들과 비교해도 결코 떨어지지 않는다. 중국의 주요 전염병 발병률은 이미 세계 및 여타 개발도상국보다 낮은 수치를 보이고 있다.

그리고 중국은 '가난한 인구 대국'에서 '샤오캉 사회'로 변화하고 있다. 1949년 신중국이 성립되었을 때, 중국은 세계에서 가장 인구가 많고 가장 가난한 국가 중 하나였다. 도시 주민의 1인당 가처분 소득이 100위안에 미치지 못했고, 농촌 주민의 1인당 순수입이 44위안에 불과했다. 필자의 추산으로는 당시 도

....

36 中國國家統計局, 『中國統計摘要 2015』(北京: 中國統計出版社, 2015), 156쪽.

시 주민의 엥겔 지수가 70%이상이었고, 농촌 주민의 엥겔 지수는 80%이상이었다. 그러나 2014년 중국의 1인당 GDP는 7,380달러로 올라섰고, 이는 214개 국가 중 96위에 해당하는 수치였다.[37] 엥겔 지수 역시 계속 하락하고 있는데, 도시 주민의 엥겔 지수는 2014년 30.0%까지 떨어졌고, 농촌 주민의 엥겔 지수도 33.6% 아래로 떨어졌다.[38] 2012년 도시 및 농촌 주민의 주택 면적은 각각 32.9 m^2와 37.1m^2이었다.[39] 인류발전지수(HDI) 역시 1950년의 0.125에서 1980년의 0.456으로 상승하였고, 2013년에는 다시 0.719로 올라갔다. 이는 세계 187개 국가 및 지역 중 91위에 해당한다고 순위이다. 중국은 과거 40년 동안 가장 큰 폭으로 발전한 국가로 평가받고 있다.

　　과학기술 측면에서도 중국은 '공백의 국가'에서 '세계적인 혁신의 국가'로 나아가고 있다. 건국 초 중국에는 전문적인 연구 기관이 30여 곳에 불과하였다. 과학기술 인원도 5만 명을 넘지 않았다. 이는 전체 취업자 중 0.028%에 불과한 수치였는데, 그렇다면 결국 과학연구에 매진했던 실질적인 인구는 채 500명도 되지 않았던 셈이다. 그러나 2011년 중국의 과학기술 인력자원은 5,800만 명으로 늘어났다. 이는 1949년보다 1,160배 이상 늘어난 것이다. 특히 대학 본과 및 그 이상의 학력을 갖춘 인력이 2,000만 명을 상회한다. 미국의 1,700만 명을 떠올려보면 이 인력이 얼마나 많은 지를 짐작할 수 있다. 2014년 중국의 연구 및 개발 종사 인력(풀타임 환산)은 393.7만 명이었는데,[40] 이는 미국(140만 명, 2000-2006년 자료)이나 유럽(129.81만 명, 2000-2006년 자료), 그리고 일본(78.05만 명, 2000-2006년 자료)보다 많은 수치였다. 중국은 이미 세계 2위의 지식 생산국으로 올라섰는데, 발명특허 신청이 가장 많은 국가일 뿐 아니라 국제 발명특허 신청이 세 번째로 많은 국가이고, 첨단 기술 상품의 수출이 가장 많은 국가이기도 하다.

　　폐쇄와 반(半)폐쇄의 사회가 전면 개방의 사회로 변한 것도 중국의 빠른 성

. . . .

37 세계은행 데이터베이스, http://data.worldbank.org.cn/

38 中國國家統計局, 『中國統計摘要2015』(北京: 中國統計出版社, 2015), 58쪽.

39 中國國家統計局, 『中國統計摘要2015』(北京: 中國統計出版社, 2015), 60쪽.

40 中國國家統計局, 『中國統計摘要2015』(北京: 中國統計出版社, 2015), 150쪽.

장기를 잘 반영해 준다. 1950년 중국의 화물 수출입액은 11억 달러였는데, 이는 전 세계 무역액의 0.9%에 지나지 않는 것이었고, 미국의 5.5%, 그리고 서독의 23.4%에 해당하는 것이었다. 1978년 중국의 화물 수출입액은 211억 달러로 늘어났지만, 세계 무역액에서 차지하는 비중은 여전히 0.8%에 불과했다. 이는 미국의 6.4%, 그리고 서독의 8%에 해당하는 것이었다. 그러나 2014년 중국은 세계에서 가장 큰 무역 국가가 되었다. 수출은 전 세계 수출의 12.37%를 차지하면서 1위를 기록 중이고, 수입은 전 세계 수입의 10.30%로 2위를 기록 중이다.[41] 중국은 현재 세계 제1의 대화물 수출입국(1978년 당시 29위)이며, 세계 5위의 서비스 수출 국가이자 세계 2위의 서비스 수입 국가이다. 관광 소득은 세계 5위에 해당한다. 또한 1979년부터 2014년까지 외국인 직접 투자의 누적 총액은 15,133억 달러에 이르고,[42] 실질 외자 사용의 누계 총액도 세계 제2에 해당한다.

요컨대 신중국 성립 이후 60년 동안 진행된 중국의 현대화 과정은 역사적인 대변환이라 부르기에 손색이 없다. '아무것도 없고' '크기만 한', '낡은 제국'의 전통 농업 경제와 사회, 그리고 국가가 날로 현대화되는 경제, 날로 현대화되는 사회, 날로 강해지는 사회주의 국가로 변모해 온 것이다.

4. 중국 현대화의 네 가지 평가 지표

어떻게 중국 현대화의 과정을 가늠해 볼 수 있을까? 어떠한 지표로 중국 현대화의 과정을 평가해야 비교적 정확하다고 말할 수 있을까? 나아가 중국의 현대화 과정은 다른 대국, 예컨대 미국의 그것과 어떠한 유사성 및 차이점을 보인다고 할 수 있을까? 여기서 두 가지 서로 다른 지표를 생각해 볼 수 있는데, 하나는 국가 간 현대화 정도를 비교할 수 있는 지표로서, 총량 지표가 그

. . . .

41 세계무역기구 데이터베이스의 자료. 中國國家統計局, 『中國統計摘要2015』(北京: 中國統計出版社, 2015), 176쪽.

42 中國國家統計局, 『中國統計摘要2015』(北京: 中國統計出版社, 2015), 96쪽.

대표적인 예이다. 다른 하나는 국가 간 현대화 수준을 비교할 수 있는 지표인데, 일반적으로 1인당 평균 지표가 이 맥락에서 사용될 수 있다. 필자는 미중 양국 간의 총량을 비교하기 위해 다음의 네 가지 지표를 사용하고자 한다.

첫 번째 지표는 경제성장과 관련된 GDP 지표이다. 이는 한 나라의 경제 총생산을 가늠하는 지표로서 해당 국가의 경제 활동으로 산출된 최종 상품 및 노동의 가치를 뜻한다. GDP는 20세기 최대 발명 중 하나라고 할 수 있는데, 전세계는 이를 통해 국민경제를 추산할 수 있는 체계를 갖출 수 있게 되었고, 한 나라와 전 세계의 물질적 자산 및 국가 경제력을 처음으로 평가할 수 있게 되었다.

두 번째 지표는 현대화 요소와 관련된 발전량이다. 발전량은 한 나라의 현대화 수준을 가늠할 수 있는 실물 지표라고 할 수 있는데, 지금까지 이뤄낸 가장 큰 공업 혁명의 발명이라 할 수 있으며 세계가 보편적으로 응용하고 있는 현대적 기술이라고 할 수 있다. 여기서 필자는 발전량이 없으면 현대화도 어렵다고 가정한다.[43] 발전량이 있어야 현대화가 비로소 가능하다는 뜻인데, 한 나라뿐 아니라 한 가정도 그 상황은 비슷하다고 할 수 있다.

세 번째 지표는 과학기술의 발전 수준을 나타내는 지표인데, 발명특허 신청 규모나 특허 취득 규모 등이 여기에 속한다. 이 지표를 통해 한 국가가 현대화 과정에서 성취한 과학기술의 혁신 능력을 평가할 수 있으며, 인류 발전 및 인민 생활에 어떠한 영향을 주고 있는지 예상할 수 있다.

마지막 네 번째 지표는 국제 시장에서 경쟁 능력을 살펴볼 수 있는 지표이다. 수출액 등을 그 지표로 활용할 수 있는데, 한 국가의 국제 시장 경쟁력이 어느 정도인지를 이 지표를 통해 확인할 수 있고, 그 국가가 전 세계 무역 증가에서 얼마나 많은 공헌을 하고 있는지를 살펴볼 수 있다.

필자는 다른 국가들과의 비교를 통해 중국의 현대화 수준을 살펴보고자 하

. . . .

43 국제에너지기구의 평가에 따르면, 전 세계 20%가 넘는 인구가 전력 부족을 경험하고 있으며, 그들 중 대부분이 사하라 사막 이남의 아프리카와 인도, 그리고 아시아 지역 개발도상국의 농촌에 분포되어 있다.

기 때문에 여기서 사용될 각종 지표는 절대치가 아니라 상대치이다. 즉 미국이 세계에서 가장 발달한 강대국이라 전제하고, 그 전제를 기초로 미국을 100%로 가정하여 그에 대한 중국의 상대적이고 동태적인 값을 살펴보려는 것이다. 분석의 편의를 위해 이 글은 가장 간단한 네 가지 지표를 주로 활용하고자 하는데, 첫 번째는 GDP(PPP, 1990년도 달러 기준)로서 장기간의 역사를 비교하기에 가장 좋은 지표라 할 수 있다. 여기서는 단기적인 다른 국가와의 비교에도 활용하고자 한다. 두 번째 지표는 수출액이고, 세 번째 지표는 발전량이며, 네 번째 지표는 발명특허의 신청 규모이다. 마지막 세 개 지표는 실물지표에 속하는 것으로 장기 비교뿐 아니라 단기 비교에 모두 유용하다.

표 1 미국 대비 중국의 주요 지표 수준(1950-2014)

연도	GDP (PPP, 1990년도 달러)[a]	GDP (PPP, 현 달러)[b]	GDP (환율법, 현 달러)[c]	수출액 (현 달러 기준)[d]	발전량[f]	발명특허 신청수[e]
1950	16.8			14.7	1.2	
1960	21.6		11.4	9.2(1961)	6.8	
1970	20.7		8.5	5.3	6.7	
1980	24.6		6.6	8.0	12.1	
1990	36.6	19.1	6.0	15.8	19.5	5.9
2000	41.0	35.1	11.6	31.9	34.0	17.5
2010	104.1	81.0	39.6	123.4	97.2	79.8
2012	117.1	91.0	50.7	132.4	116.0	120.3
2013	123.5	96.2	55.0	140.0	126.5	144
2014	126.6	103.5	59.5	144.3	131.5	

자료 출처

a. 1950-2008년 자료: Angus Maddison: Historical Statistics of the World Economy: 1-2008 AD ; 2010-2014년 자료는 저자 계산.

b. 1990-2014년 자료: World Bank, World Development Indicator 2015 ; IMF: World Economic Outlook, p.149, Apr 2015.

c. 1960-2014년 자료: World Bank, World Development Indicator 2015.

d. 상품 수출액 수치: 1950년 系安格斯·麥迪森著, 『世界經濟二百年回顧(中文版)』(北京: 改革出版社, 1997), 162-163쪽; 1960-2014년 수치는 화물 수출액, 系世界貿易組織和世界銀行數据庫, http://data.worldbank.org.cn/.

f. 발전량 수치: 1950-1985년 자료는 『新帕爾格雷夫世界歷史統計』; 1990-2014년 자료: BP Statistical Review of World Energy 2015.

e. 세계지적재산권조직(WIPO) 데이터베이스, 2014.

GDP 지표(구매력 평가 기준, 1990년도 달러 가치)에 따르면 미국에 비해 중국은 선하락, 후 상승의 변화를 나타낸다. 1900년부터 1950년까지는 지속적인 하락의 시기로서 69.8%의 수치가 16.8%로 떨어진 것을 확인할 수 있다. 그러나 1950년 이후에는 상승 국면으로 돌아서 1980년이 되면 24.6%까지 늘어나고,[44] 1980년 이후에는 그 상승폭이 커져 2010년에는 미국을 넘어선 126.6%를 기록하게 된다(〈표1〉 참조).

1950년 이후에는 중국의 GDP 순위도 꾸준히 상승하였다. 1950년 중국 GDP의 순위는 미국과 소련, 영국, 독일의 뒤를 이은 5위였지만, 1961년 일본의 GDP가 중국을 추월하면서 6위로 내려앉았고, 1966년 다시 그 순위가 영국과 동일한 5위에 올라섰다. 1967년 중국의 GDP 순위는 다시 6위로 내려앉았고, 1970년에는 미국과 소련, 일본, 독일의 다음에 자리하게 되었다. 1982년 중국의 GDP는 독일을 넘어 세계 4위를 기록하였고, 1990년에는 러시아, 그리고 1992년에는 일본을 넘어 세계 2위에 올랐다. 2010년에는 중국의 GDP가 미국마저 넘어섰다.

GDP(구매력 평가 기준, 현 달러 가치) 지표에 따르면, 1990년 중국의 GDP(PPP, 현 달러 가치)는 미국의 19.1%였지만, 2014년에는 103.5%를 기록하면서 미국을 넘어섰다(〈표1〉 참조). GDP 환율법(현 달러 가치)으로 살펴보자면, 1990년 중국은 미국의 6.0% 수준이었지만, 2014년에는 그 수치가 59.5%로 상승하였다(〈표1〉 참조). 이러한 증가세라면 이 지표에서도 중국은 2020년을 전후해 미국을 넘어설 것으로 전망된다. 아마도 이것이 미국을 넘어섰다는 마지막 핵심 지표가 될 것이다.

발전량을 살펴보면, 중국의 현대화 요소는 부단히 증가해 왔고, 그 전체 규모 역시 이미 미국을 넘어섰다고 할 수 있다. 1900년 중국의 발전량은 미국 발전량의 0.01%에 불과하였는데, 이는 미국의 발전량이 중국보다 1만 배 많았음을 의미하는 것이다. 당시 중국에는 어떠한 현대화 요소도 존재하지 않았다고 해도 과언이 아니다. 반세기가 지난 1950년에도 중국의 발전량은 미국의 1.2%에

....

44 Angus Maddison, *Historical Statistics of the World Economy: 1-2008 AD*.

불과하였고, 따라서 중국의 현대화는 그때에도 '아무것도 없는' 상황이었다. 미국과 비교해 보면 중국의 현대화 요소는 1/83에 불과한 수준이었다. 마오쩌둥 시대의 공업화와 현대화를 거치면서 중국의 발전량은 1980년 미국의 12.1%로 상승하였다. 이 수치는 1950년에 비해 10배가량 늘어난 것이었으며, 미국과의 격차도 8.26배가량 줄어든 것이었다. 1980년 이후 중국의 발전량은 계속 상승하였는데, 2000년에는 그 수준이 34%까지 도달하였고, 2011년에는 미국을 따라잡게 되었다. 2014년 현재 중국의 발전량은 미국의 131.5%를 나타내고 있다.

세계 발전량에서 중국이 차지하는 비중도 꾸준히 늘어났다. 1950년 그 비중은 0.48%에 불과하였지만, 1980년에는 영국을 넘어섰고, 1986년에는 독일을, 1994년에 러시아를, 그리고 1995년에 일본을 넘어섰다. 2011년에는 중국의 발전량이 미국을 넘어섰고, 2014년에는 세계 발전량에서 중국이 차지하는 비중이 24.0%까지 상승하였다(〈그림2〉 참조). 중국의 현대화 요소가 이미 미국을 넘어섰다고 해도 과언이 아니다.

65년 전, 중국은 전력 생산을 거의 하지 못하는 국가였다. 전력을 사용하는 인구의 비율도 매우 낮은 편이었다. 그런데 60여 년의 시간이 지난 지금 중국은 전 인구가 전력을 사용할 수 있게 되었다고 할 수 있다. 에너지와 관련된 '125' 규획에 따르면, 2015년을 전후해 모든 행정 단위에 통신이 보급되고 모든 주민이 전기를 사용할 수 있게 된다.[45] 이는 현대화 요소가 중국 인민의 전반적인 삶에 큰 영향을 미칠 수 있게 되었음을 뜻한다. 중국은 많은 개발도상국 중에서도 가장 먼저 이 목표를 실현하게 되었다.[46]

. . . .

45 "能源發展'十二五'規划(2013년1월1일)".

46 세계은행의 평가에 따르면, 현재 전 세계적으로 12억 명의 인구가 전기를 사용하지 못하고 있으며, 이는 세계 인구(70.9억)의 17%에 해당한다. 인도는 전기를 사용하지 못하는 인구가 가장 많은 국가인데, 3.062억 명이 전기를 사용할 수 없다(이는 전기를 사용하지 못하는 전체 인구의 1/4에 해당하며, 인도 총 인구의 1/4에 해당한다). 나이지리아는 8,240만 명, 방글라데시 6,640만 명, 이디오피아 6,390만 명, 콩고 5,590만 명, 탄자니아 3,820만 명, 케냐 3,120만 명, 수단 3,090만 명, 우간다 2,850만 명, 미얀마 2,460만 명, 모잠비크 1,990만 명, 아프가니스탄 1,850만 명, 북한 1,900만 명, 마다가스카르 1,780만 명, 필리핀 1,560만 명, 파키스탄 1,500만 명 등이다.

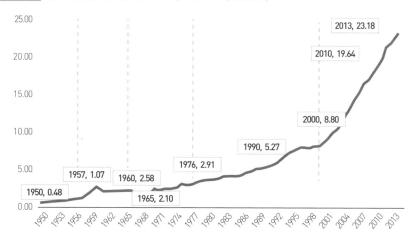

그림 2 중국 발전량의 비중 변화 추이(1950-2013, 단위: %)

자료: 1950-1992년 자료는 『新帕爾格雷大世界歷史統計』, 1992-2013년 자료는 BP Statistical Review of World Energy 2014, 2020-2030의 자료는 저자 추산.

발명특허의 상황을 살펴보면, 중국은 이미 미국과의 격차가 크게 줄었다. 2013년 중국은 세계에서 가장 많이 발명특허를 신청한 국가로 자리하였으며, 두 번째로 많은 발명특허 취득 국가로 올라섰다.

세계 각국이 발명특허 법규를 마련한 시기를 고려한다면, 중국은 상대적으로 후발주자라고 할 수 있다.[47] 가장 빨리 특허 법규를 마련한 영국에 비해 200년 가까이 뒤진 것이다. 그러나 동시에 매우 성공적인 추격자이자 추월자라고 할 수 있다. 1624년 영국이 「독점법」을 제정하였고, 1790년 미국이 특허법을 만들었으며, 1791년과 1877년, 그리고 1899년 프랑스와 독일, 일본이 각각 특허법을 제정하였다. 1968년 일본의 발명특허 신청은 미국을 넘어섰고, 1978년에는 「특허협력조약」이 실시되었다.

. . . .

47 1898년 5월 청 정부는 중국 역사상 처음으로 특허 관련 법규를 반포하였다. 〈공예 진흥 장려 장정(振興工藝給奬章程)〉이 그것인데, 이 장정의 규정에 의하면 발명의 성격에 따라 50년, 30년, 그리고 10년의 특허권을 부여한다. 그러나 그 실질은 독점권과 같은 것이어서 현대적인 특허권과는 차이가 있다. 장정은 반포된 지 두 달 만에 무산되었다. 1912년 중화민국 정부는 〈공예품 장려 임시 장정(奬勵工藝品暫行章程)〉을 반포하였고, 1944년 국민당 정부가 〈특허법(專利法)〉을 반포하였다. 이에 대해서는 국가지적재산권 홈페이지에 게재되어 있는 〈중국 특허 사화(中國專利史話 · 之二)〉를 참조할 것.

중국은 줄곧 기술발명특허에서 취약한 모습을 보여 왔다. 1912년부터 1944년까지 32년 동안 특허 비준을 획득한 사례는 692건에 불과하였고[48], 1985년 4월 1일에서야 중국은 특허법을 실시할 수 있게 되었다. 이는 중국이 근대적인 지적재산권 제도의 후발자였음을 의미하며, 또한 발명특허에서 취약한 국가였음을 의미한다. 이후 중국은 발명특허에서 추격자이자 추월자로 그 모습을 새로이 하였다. 1993년 중국의 발명특허 신청 규모가 프랑스를 넘어섰고, 1998년에는 영국을 넘어섰으며, 2001년에는 독일을, 2010년에는 일본을, 그리고 2011년에는 미국을 넘어섰다. 1985년 중국의 발명특허 신청 규모는 미국의 7.4% 정도였지만 2000년이 되면 그 수치가 17.5%까지 늘어났고, 이후 그 추격 속도가 빨라져 2011년에는 미국을 넘어섰다. 2013년 중국의 발명특허 신청 규모는 미국의 1.44배에 달한다(〈표1〉 참조).

　1950년 중국의 수출액은 세계 수출액에서 1.7%를 차지하고 있었다. 이 수치는 1977년이 되면 0.69%까지 떨어지는데, 이는 중국 역사상 가장 낮은 수치였다. 1978년 중국의 수출액은 세계 28위였고, 이후 큰 폭의 상승세를 기록하게 된다. 2000년 중국의 수출액 비중은 3.83%까지 상승하였고, 2009년에는 9.51%까지 올라가 세계 제1의 수출 대국이 되었다. 2014년 현재 중국의 수출액 비중은 12.37%까지 올라갔다.

　1950년 중국의 수출액은 미국의 14.7%에 불과하였다. 그리고 1970년이 되면 그 수치가 5.3%까지 낮아진다. 1978년 미국의 6.8%였던 중국의 화물 수출액은 2001년 36.5%까지 늘어났고, 중국이 WTO에 가입한 이후에는 그 규모가 더 빨리 늘어나 2014년 현재 미국의 144.3%에 달하고 있다. 중국의 화물 무역 규모는 이미 미국의 1.067배이다. 1913년 미국이 영국을 대신해 세계 1위의 자리에 올랐던 역사의 기록이 중국을 통해 다시 재현되고 있는 것이다.

　미국을 기준으로 살펴본 중국의 주요 지표 변화는 중국이 현대화의 낙오자에서 추격자로, 그리고 추월자로 변모해 가는 모습을 잘 보여주고 있다. 국가

. . . .

48 〈중국 특허 사화(中國專利史話 · 之二)〉, 국가지식재산권 홈페이지, 2005년 7월 14일.

발전의 생명주기 이론에 비춰보자면 중국은 초보적인 성장기(1949-1977)를 거쳐 급속 성장기(1978-)에 도달하였다고 할 수 있다. 지금도 그 시기는 아직 종료된 것이 아니다.

네 가지 핵심 지표를 중심으로 중국의 현대화 수준을 미국과 비교해 보면, 중국은 초보적인 추격 및 급속 추격을 거쳐 현재 추월의 단계로 나아가고 있다. 물론 중국의 1인당 주요 지표는 모두 미국보다 현저히 떨어진다. 그러나 중국은 비교적 짧은 시간 안에 미국이 200년에 걸쳐 이룩한 공업화 및 현대화 과정을 실현하고 있는 것 또한 사실이라고 할 수 있다.

한 가지 더 지적해야 할 점은 총량 차원에서만 보면 중국이 미국을 추격한 것이 사실이지만, 중국의 1인당 지표들은 여전히 미국과 상당한 차이를 보이고 있으며, 이 차이를 줄이는 데에는 여전히 매우 많은 시간이 필요하다는 점이다. 이는 중국이 미국을 쫓아가려면 두 가지 과정이 필요하다는 것을 의미하는데, 하나는 주요 총량 지표에서 미국을 우선 추월하는 것이다. 중국은 이

표 2 미국 대비 중국의 주요 1인당 지표 변화 추이(1950-2014)

년도	1인당 GDP (PPP, 1990년 달러)[a]	1인당 발명특허 신청량 (건)[b]	1인당 화물 수출액 (달러)[c]	1인당 발전량 (킬로와트시)[d]
1950	4.7			0.3
1960	5.8		2.6(1961)	1.4
1970	5.2		1.3	1.5
1980	5.7	1.7(1985)	1.9	2.7
1990	8.1	1.3	3.5	4.1
2000	11.7	3.9	7.1	7.6
2010	25.6	18.5	28.5	20.7
2014	29.4	33.5(2013)	32.6	30.6

자료 출처:

a. 1950-2008년도 수치 출처: Angus Maddison: Historical Statistics of the World Economy: 1-2008 AD ; 2010-2014년도 수치는 저자 계산.

b. 수치 출처: 세계지적재산권조직(WIPO) 데이터베이스, 2014.

c. 상품수출액 수치: 1950년 系安格斯·麥迪森著『世界經濟二百年回顧(中文版)』(北京: 改革出版社, 1997), 162-163쪽 ; 1960-2014年數据爲貨物出口額, 系世界貿易組織和世界銀行數据庫, http://data.worldbank.org.cn/.

d. 자료 출처: 발전량 수치 1950-1985년 자료 『新帕爾格雷夫世界歷史統計』; 1990-2014年來自: BP Statistical Review of World Energy 2015.

를 위해 대략 60여 년의 시간(1949~2014)을 사용했다. 다른 하나의 과정은 1인당 지표에서 미국을 쫓아가는 것이다. 아마도 이를 위해서는 몇 십 년의 시간이 더 필요할 것으로 보이는데, 지금부터 중국은 새로운 추격의 단계에 진입했다고 볼 수 있다.

5. 중국의 길: 3대 요인과 장점

'아무것도 없었던' 중국이 세계적인 사회주의 현대화 강국으로 거듭날 수 있었던 것은 무엇 때문이었을까? 이에 대해 마오쩌둥은 먼 미래를 내다보는 통찰력을 보여준 바 있다. 1954년 그는 제1기 전국인대 제1차 회의의 개막식에서 "높은 수준의 현대적 문명과 공업화를 이룬 위대한 국가를 건설하겠다"고 장기 목표를 제시하였다. 나아가 이 목표를 실현하기 위해 그는 기본적인 제도적 구상을 밝혔는데, "우리(중국) 사업을 이끌고 나갈 수 있는 핵심 역량은 중국공산당"이라는 것이었다.[49] 지금 돌이켜보면 후자가 없었다면 전자도 없었을 것임이 분명하다. 후자가 중국 사회주의 현대화의 중임을 짊어졌을 뿐 아니라 중화민족의 위대한 부흥이라는 중임도 책임졌던 것이다. 그리고 가장 중요한 것은 혁신을 통해 중국의 길을 마련하였다는 데 있다.

중국의 가장 큰 혁신은 '중국의 길', 곧 중국 특색의 사회주의 현대화의 길에서 찾아야 한다. 개혁 초기 중국의 지도자들은 "우리가 이룩한 성취는 위대한 것이었고 이 위대한 성취가 잘못되었다고 보아서는 안 된다"고 하였다. 나아가 그들은 "우리가 걸어 온 길이 결코 평탄하지 않았다"는 것도 분명히 하였다. "비교적 편하게 발전을 이룬 경우도 있었지만, 심각한 좌절을 맛보기도 했다. 중국 인민이 기울인 각고의 노력을 생각해 보면, 그리고 사회주의 제도가 갖고

---

49 毛澤東, "爲建設一個偉大的社會主義國家而奮鬪", 『毛澤東文集(第6卷)』(北京: 人民出版社, 1999), 350쪽.

있는 장점을 생각해 보면, 우리가 이룬 성취는 여전히 부족하다."[50] 그런데 중국 지도자들은 그 좌절과 실패 속에서도 사회주의의 정치적 방향을 포기하지 않았고 중국의 개혁 목표가 여전히 사회주의의 길을 견지하는 것임을 명확히 하였다. 물론 그들이 말하는 사회주의는 기존의 소련식 사회주의와는 완전히 다른 것이었다. 개혁이 시작되면서 중국의 지도자들은 자각적으로 '중국의 길', 곧 중국 특색의 사회주의 현대화 길이라는 목표를 강조하였다. 1979년 4월, 리셴녠(李先念)은 중앙공작회의에서 우리의 현대화가 결국 어떤 방식인지가 매우 중요하다고 지적하였다. 그는 중앙정치국과 국무원을 대표해 다음과 같은 대답을 내놓은 바 있다. "우리는 반드시 우리나라의 현실상황에서 출발해야 하고, 사회주의 제도 아래에서 현대화를 실현하는 중국식 길을 걸어가야 한다."[51]

이것이 '중국의 길'에 대한 최초의 표현이다. 세 가지 기본 요소가 확인되는데, 하나는 현대화 요소로서 당시에는 '네 가지 현대화'로 지칭되었다. 다른 하나는 사회주의 요소인데, 이는 사회주의 기본 정치제도와 경제제도를 가리키는 것이고, 마오쩌둥 시기부터 줄곧 강조되었던 것이다. 마지막 하나는 중국 문화의 요소인데, 이는 중국의 역사와 전통에 기초해야 한다는 것이다.

'중국의 길'이 갖는 3대 요소. (1) 현대화 요소를 부단히 증가시키고, 최대한 생산과 자산을 확대하며, 토지와 자원, 에너지, 자본, 노동, 교육, 과학, 기술, 문화, 정보, 지식, 제도, 법률 등 모든 현대적 요소를 최대한 이용하는 것이다. 선진국이 이미 갖춰놓은 현대적 요소를 중국도 갖추고 그 수준을 높여야 하지만, 선진국이 갖추지 못한 현대적 요소도 중국은 끊임없이 혁신해 갈 필요가 있다.

(2) 사회주의 요소를 부단히 증가시켜야 한다. 공동 발전과 공동 향유, 공동 부유를 실현하기 위해서는 사회주의 제도가 갖는 정치적 장점을 활용해야 하고, 자본주의 현대화 과정이 장기적으로 해결하지 못하고 있는 경제 위기와 금

. . . .

50 葉劍英, "在慶祝中華人民共和國成立三十周年大會上的講話(1979年9月29日)", 『十一届三中全會以來歷次黨大會, 中央全會報告公報決議決定』(北京: 中國方正出版社, 2008), 52쪽.

51 李先念, "在中央工作會議上的講話(1979年4月5日)", 『李先念文選(1935-1988)』(北京: 人民出版社, 1989), 356쪽, 358쪽.

융 위기, 빈부 격차의 심각한 문제를 해결해 가야 한다.

(3) 중국 문화의 요소를 부단히 증가시켜야 한다. 중국 특색의 이상 사회를 건설하는 것은 중요한 혁신이 필요한데, 예컨대 샤오캉 사회와 조화 사회, 학습형 사회, 안정되고 즐거운 사회, 평화발전의 길, 조화세계의 구축 등이 여기에 속한다.

중국 현대화의 길에서 만약 첫 번째 요인이 미국과 기본적으로 동일하다고 한다면, 두 번째와 세 번째 요인은 미국과 매우 다른 지점이라고 할 수 있다. 그런 점에서 중국의 길은 독특하며, 따라서 독특한 장점을 지니고 있다.

중국의 길이 갖는 세 가지 장점. (1) 후발 주자의 장점. 추격형 경제성장을 내보이는 후발 국가들은 내생형 경제성장의 국가보다 더 빠른 성장 속도를 보이기 마련이다. 가령 앞서 경제성장을 이룬 국가들이 만약 1~2%대의 1인당 GDP 성장률을 기록하면 후발 국가들은 그들을 얼마든지 따라잡을 수 있다. 그 속도 역시 매우 빠르다.[52] 중국은 가장 성공적인 추격자라고 할 수 있는데, 중국이 비록 1950년 1인당 GDP(PPP)가 448달러에 머물렀지만, 그 당시에도(1950~1957) 중국의 연평균 GDP 성장률은 9.2%에 달하였고 세계 GDP에서 중국이 차지하는 비중도 4.6%에서 5.5%로 상승하였다.[53] 개혁개방이 시작된 1978년에도 중국의 1인당 GDP는 978달러에 불과했지만, 30여 년의 경제성장 단계를 거치면서 중국의 경장 성장률은 10%선을 꾸준히 유지하였고, 이로 인해 미국과의 격차를 크게 줄일 수 있었다. 분명한 사실은 중국이 대외개방을 통해 적극적인 외자 유치에 나섰고 해외 선진 기술의 유입에도 심혈을 기울여 후발 주자가 갖는 장점을 십분 발휘하였다는 점이다. 현재 중국과 세계 간의 기술 격차가 줄어들고 중국 사회가 성장을 거듭하면서 중국은 두 가지 서로 다른 선택지를 받아두고 있다. 하나는 향후에도 기존의 추격형 전략을 고수하는 것이었는데, 기술 학습과 구매를 통해 선진국을 학습 · 복제하고, 경로의존성에 근거해 스스로를 한

· · · · · · · · · · · · · · · · ·

52 Jeffrey D. Sachs, 『The Age of Sustainable Development』(NY: Columbia University Press, 2015).

53 Angus Maddison, Historical Statistics of the World Economy: 1-2008 AD.

정지으면서 남이 하는 대로 그대로 따라하는 것이다. 다른 하나는 혁신을 동력으로 삼는 전략인데, 선진 기술을 배우는 동시에 혁신을 유도 및 집성, 시스템화 하면서 자율성을 제고하는 것이다. 이를 통해 학습자에서 추월자로 변화하고, 모방자에서 혁신자로 변화하며, 추종자에서 선도자로 변화하고, 제조자에서 창조자로 변화하며, 기술 학습자에서 기술 전파자로 변화할 수 있다. 가장 중요한 것은 선진국의 현대화 모델을 학습도 하지만 넘어설 수도 있다는 점이다. 그들의 경험을 흡수하는 동시에 그들에게 부족한 부분을 사전에 방지해야 한다. 더 높고 더 새롭고 더 환경 친화적이어야 한다는 전제 위에서 녹색 공업화와 도시화, 현대화를 이뤄야 하고, 현대화의 추격자에서 현대화 혁신자이자 선도자, 경험 제공자로 그 위상을 새로이 해야 한다.

(2) 사회주의의 장점. 현대화의 차원에서 중국은 후진국에 불과했고 아무것도 없는 상황에서 발전을 꾀해야 하는 국가였다. 그에 따라 중국은 두 가지 서로 다른 길에서 하나를 선택할 필요가 있었는데, 하나는 서구 국가의 경험을 모방하여 자본주의의 길을 걷는 것이었다. 즉 동방 국가가 서방 국가가 될 수 있고, 나아가 선진국이 될 수 있다는 희망을 갖는 것이었다. 그런데 이는 20세기 초 중국이 여러 차례에 걸쳐 시도했던 선택 중 하나였음을 기억해야 한다. 당시 서구의 선생님들은 중국이라는 학생을 무시하였고, 중국이 진정으로 현대화에 나서는 데 큰 도움을 주지 못했다. 1913년 중국의 발전량은 미국의 0.26%이었는데, 이 수치는 1950년에 겨우 1.2%만 기록했을 뿐이다. 세계 GDP에서 중국이 차지하는 비중은 1913년에 8.8%였는데, 1950년이 되면 그 수치는 4.6%로 떨어졌다. 1인당 GDP도 그 상황은 비슷하였는데, 1913년 중국의 1인당 GDP는 552달러였고 1950년에 이 수치는 448달러가 되었다.[54] 다른 하나의 선택은 특색의 길을 가는 것이었다. 특별한 제도를 마련하고 특별한 정치적 장치를 만들어 미국을 대표로 하는 서구 국가를 쫓아가는 것이다. 바로 이 맥락에서 중국의 지도자들이 사회주의의 길을 선택하게 되었고 사회주의 제도의 혁신을 강조하게 되었다. 역사적 경험은 이 선택이 합리적이고 실천 가능한 것이었으며, 매

· · · · · · · · · · · · · · · ·

54 Angus Maddison, Historical Statistics of the World Economy: 1-2008 AD.

우 독특한 것이었음을 보여준다. 중국 현대화의 길은 자본주의 길의 복제가 아니라 사회주의 길의 혁신이다. 바로 이것이 다른 선진국과 가장 크게 다른 점이라고 할 수 있다. 나아가 중국이 세계적인 경제 기적을 이뤄낼 수 있었던 이유도 바로 여기서 찾아져야 한다. 제프리 삭스가 말했던 것처럼, 고금을 통틀어 중국처럼 빠른 경제 성장을 이룩한 사례를 찾아보기 힘들다. 어떤 차원에서 살펴보아도 중국의 경제성장은 첫손에 꼽지 않을 수 없다. 13억 인구의 중국에 어떠한 중요한 사건이 발생하게 되면 세계를 긴장시키지 않을 수 없다. 1978년 이후 중국은 인류 역사상 가장 빨리 성장한 경제체로 자리하였고, 이 시기 중국의 연평균 GDP는 10%에 달한다.[55]

(3) 중국 문화의 장점. 중국은 5,000년의 문화적 전통을 지니고 있고, 중국 특유의 풍부한 역사적 · 문화적 자원을 보유하고 있다. 중국의 현대화는 이러한 문화적 자원을 활용할 뿐 아니라 더 개방적이고 더 포용적인 태도로 세계의 다른 문화에 대한 학습과 참고, 그 교류와 융합에 나서면서 중국 특색의 현대화를 더 효과적으로 일궈가고 있다.[56]

중국의 길은 전체 노선과 구체적인 노선으로 구성된다. 이른바 전체 노선이라 함은 중국 특색의 사회주의 현대화의 길이다. 그렇다면 중국 특색의 사회주의 현대화 길이 가리키는 것은 무엇인가? 후진타오(胡錦濤)가 중국공산당 90주년 경축 행사에서 말했던 것처럼, 중국 특색의 사회주의 길은 사회주의 현대화를 실현하기 위해 반드시 지켜야 할 규율이며, 전 인민의 아름다운 생활을 만들기 위해서 반드시 지켜야 할 규율이다.[57] 이 전제 위에서 2012년 11월 8일 후진

· · · · · · · · · · · · · · · ·

55 Jeffrey D. Sachs, 『The Age of Sustainable Development』(NY: Columbia University Press, 2015).

56 시진핑은 2013년 3월 17일 제12기 전국인대 제1차 회의 폐막식의 연설에서 중화민족은 비범한 창조력의 민족이고, 우리가 위대한 중화문명을 창조했으며, 또한 계속해서 중국의 상황에 적합한 발전 경로를 개척하고 나아갈 것이라 언급하였다. 또한 전국 각 민족은 중국 특색 사회주의에 대한 이론적 자신감과 방법적 자신감, 제도적 자신감을 가져야 하며, 정확한 중국의 길을 따라 흔들림 없이 나아가야 한다고 하였다.

57 후진타오 동지는 '중국 특색 사회주의의 길'을 다음과 같이 정리하였다. "중국공산당의 영도 아래에서 중국의 기본적인 현실에 입각해 경제건설을 중심으로 네 가지 기본 원칙을 견지하고 개혁개방을 견지하여 사회생산력을 해방 및 발전시키면서 사회주의 제도를 공고히 하고 정비한

타오는 당의 18대 보고에서 다음과 같은 설명을 내놓은 바 있다. "중국 특색의 사회주의 길은 중국공산당의 지도 아래 국가의 기본적인 환경에 기초하는 것이다. 경제건설을 중심으로 4항 기본원칙을 견지하고, 개혁개방을 유지하며, 사회생산력을 해방 및 발전시킨다. 나아가 사회주의 시장경제, 사회주의 민주정치, 사회주의 선진문화, 사회주의 조화사회, 사회주의 생태문명을 건설하며, 인간의 전면적인 발전을 촉진하고, 전 인민의 공동부유를 점차 실현하며, 부강하고 민주적인, 그리고 문명과 조화의 사회주의 현대화 국가를 건설하는 것이다."[58]

여기에 '오위일체'의 현대화 요소가 잘 드러나 있고, 사회주의 요소와 중국문화 요소도 명확히 드러나 있다. 특히 추가된 세 구절에 주의해야 하는데, "사회주의 생태문명을 건설하고, 인간의 전면적인 발전을 촉진하며, 전 인민의 공동부유를 점차 실현한다"는 부분이다. 중국의 길이 이 부분을 통해 더 분명하고 더 전면적으로 제시되고 있는 것이다. 나아가 중국의 길은 3단계로 제시될 수 있는데, '선부론'의 단계(1978-2001), '공동 부유'의 단계(2002-2030), '전체 인민의 공동 부유' 단계(2030-)가 그것이다.

이와 달리 구체적인 노선은 중국 특색의 농업 현대화의 길[59]이라든지 중국 특

· · · · · · · · · · · · · · · ·

다. 사회주의 시장경제를 건설하고 사회주의 민주정치를 건설하며 사회주의 선진문화와 사회주의 조화사회를 건설해 부강과 민주, 문명과 조화의 사회주의 현대화 국가를 건설하는 것이다." 胡錦濤, "在慶祝中國共產黨成立90周年大會上的講話(2011年7月1日)".

58 밑줄 친 부분이 새롭게 추가된 내용이다. 胡錦濤, "堅定不移沿着中國特色社會主義道路前進－爲全面建成小康社會而奮鬪—在中國共產黨第十八次全國代表大會上的報告(2012年11月8日)".

59 후진타오 동지는 다음과 같이 지적하였다. "중국 특색 농업 현대화의 길을 가는 것은 세계 농업 발전의 보편적인 규율을 따르고 우리나라의 기본적인 상황을 고려하는 데 따른 필연적인 선택이다. 또한 도시와 농촌의 균형 발전과 공업화와 도시화의 협력 추진에 따른 필연적인 요구이며, 사회주의 신농촌 건설과 지속가능한 농업 발전 촉진의 필연적인 경로이다." "농촌의 개혁 및 발전에 대한 전체적인 생각은 사회주의 신농촌 건설을 전략적인 임무로 삼고, 중국 특색 농업현대화의 길을 기본적인 방향으로 삼으며, 도농 경제사회 발전의 일체화를 기본적인 요구로 삼는 것이다. 이 바탕 위에 공업이 농업을 부양하고 도시가 농촌을 지원하며 많이 주고 적게 취하는 방침을 견지하면서 농촌 경제와 사회가 양질과 쾌속의 발전으로 이루도록 해야 한다." 『新華社(北京)』, 2009年1月24日.

색의 신형 공업화의 길,[60] 중국 특색의 신형 도시화의 길,[61] 중국 특색의 자주 혁신,[62] 중국 특색의 사회주의 민주정치 발전의 길,[63] 사회주의 생태문명의 길,[64] 중

· · · · · · · · · · · · · · · ·

60 당의 16대 보고는 다음과 같이 지적하고 있다. "신형 공업화의 길을 가기 위하여 과학기술 진흥 전력과 지속가능성의 발전 전략을 힘껏 추진해야 한다. 공업화의 실현은 우리나라 현대화 여정에서 여전히 어려운 역사적 임무라고 할 수 있다. 정보화는 우리나라가 공업화와 현대화를 실현하기 위해 서둘러야하는 필연적인 선택이다. 정보화로 공업화를 선도하고 공업화로 정보화를 촉진하여 높은 과학기술과 좋은 경제효율, 낮은 에너지 소모, 적은 환경오염, 충분한 인력자원의 신형 공업화 길을 가야 한다." 江澤民, "全面建設小康社會, 開創中國特色社會主義事業新局面(2003年11月)"을 참조. 후진타오 동지는 과학발전이라는 이 주제를 확고히 하려면 경제발전 방식의 변환을 중심에 놓고서 공업화의 객관 규율을 따르고 시장의 수요 변화에 적응하며 과학 기술진보의 새로운 추세에 근거해 구조 최적화와 선진 기술, 안전과 청결, 높은 부가가치, 취업률 상승의 현대적인 산업 체계를 적극 발전시켜야 한다고 지적하였다. 나아가 공업 발전의 질과 효율을 제고하고 공업 대국의 공업 강국 변신에 주력하여 전면적인 샤오캉 사회 건설과 사회주의 현대화의 추진을 위한 튼튼한 물적 기초를 마련해야 한다고도 하였다. 胡錦濤, "在中共中央政治局就堅持走中國特色新型工業化道路和推進經濟結構戰略性調整進行第三十三次集體學習時的講話(2012年5月29日)" 참조.

61 "중국 특색 사회주의의 위대한 기치를 높이 드는 것은 덩샤오핑 이론과 '삼개대표' 중요사상, 과학발전관을 지도 이념으로 삼아 도시화의 전면적인 질적 제고를 중심에 두면서 도시화 발전 방식의 전환을 서두르고 사람의 도시화를 핵심으로 삼아 질서 있게 농업 인구의 도시 시민화를 추진하는 것이다. 도시군을 중심으로 대 · 중 · 소 도시와 소성진의 협조 발전을 추진하고, 종합적인 수용 능력을 바탕으로 도시의 지속적인 발전 가능성을 높이며, 체제 혁신을 통해 개혁이 도시화의 발전 잠재력을 극대화할 수 있도록 해야 한다. 사람을 근본으로 삼으면서 네 가지 변화의 동시 추진, 구조 최적화, 생태문명, 문화전승의 중국 특색 신형 도시화의 길을 가고 경제구조의 업그레이드와 사회 조화의 진보를 추진하여 전면적인 샤오캉 사회의 건설과 사회주의 현대화의 추진, 중화민족 대부흥의 중국몽을 실현하기 위한 튼튼한 기초를 만들어야 한다." 〈國家新型城鎮化規劃(2014-2020年)〉 참조.

62 후진타오 동지는 과학발전관을 깊이 있게 관철시키고, 과학교육 진흥의 국가 전략과 인재강국 전략, 지속가능한 발전 전략을 더욱 잘 실시하며, 자주 혁신과 중점 초월, 발전 유지, 미래 선도의 지도 방침을 견지해야 한다고 지적한 바 있다. 자주 혁신 능력의 강화를 과학기술 발전의 전략적 시작점이자 산업구조 재편과 발전방식 전환의 핵심 고리로 삼아야 한다는 것이다. 혁신형 국가 건설을 미래를 향한 중요한 전략적 선택으로 삼아서 더 자각적이고 더 확고하게 중국 특색 자주 혁신의 길을 가야 한다고 역설한 바 있다. 胡錦濤, "在中國科學院第十四次院士大會, 中國工程院第九次院士大會開幕式上的講話(2008年6月23日)" 참조.

63 시진핑은 아래와 같이 지적한 바 있다. "중국에서 사회주의 민주정치를 발전시키고 인민이 주인이 되도록 하며 국가의 정치 생활에 활력을 불어넣으면서 안정과 질서를 유지하려면 당의 영도와 인민의 주인 됨, 그리고 법에 따른 국가 통치가 유기적으로 통일되어야 한다. 인민대표대회 제도는 당의 영도와 인민의 주인 됨, 법에 따른 국가 통치를 견지하기 위한 근본적인 제도적 장치이다. 인민대표대회 제도를 견지하고 정비해가기 위해서는 중국공산당의 흔들림 없는 영도를 견지할 필요가 있으며, 인민의 주인 됨을 보장하고 발전시킬 필요가 있고, 의법치국의 전면적인 추진과 민주집중제의 견지가 필요하다." 習近平, "慶祝全國人民代表大會成立60周年大會上的講話", 『新華社(北京)』, 9月5日 전문.

64 시진핑은 생태문명 건설을 추진하려면 당의 18대 정신을 전면적으로 관철시킬 필요가 있다고

국 특색의 군민 융합 발전의 길[65] 등을 가리킨다. 이에 대해 당 중앙은 따로 총 결의 입장을 내놓은 바 있다. 전체 노선이 구체적인 노선을 결정하고, 구체적인 노선이 전체 노선을 반영해 준다. 그들 사이에는 상호적인 관련성과 의존성, 그리고 영향 관계가 존재한다.

6. 중국 현대화의 세계적인 공헌

1956년 마오쩌둥은 다음과 같은 전망을 내놓은 바 있다. "다시 45년의 시간이 지나 21세기의 2001년이 되면, 중국의 모습은 더 크게 변해 있을 것이다. 중국은 사회주의 공업 강국으로 변해 있을 것이다. 중국은 그래야만 한다. 중국은 960만km²의 토지와 6억 인구를 가진 국가이다. 중국은 인류 발전을 위해 큰 공헌을 해야 한다."[66] 60년의 시간이 지난 지금, 우리는 마오쩌둥의 이 전망을 끊임없이 검증하고 있다.

중국의 현대화는 그 참여 및 영향 차원에서 가장 규모가 큰 현대화라고 할 수 있다. 신중국이 성립되었을 때, 중국은 세계에서 농촌 인구가 가장 많고 빈곤 인구가 가장 많으며 문맹 인구가 가장 많은 국가 중 하나였다. 중국의 현대화 자체가 세계 발전에 큰 공헌이기도 하지만, 다른 한편으로는 다양한 스필오

· · · · · · · · · · · · · · · ·

지적하였다. "덩샤오핑 이론과 '삼개대표' 중요 사상, 과학발전관을 지도 이념으로 삼아 자연 존중과 자연 순응, 자연 보호의 생태문명 이념을 수립하고, 자원 절약과 환경보호의 기본 국책을 견지하며, 절약 우선과 보호 우선, 자연 회복에 초점을 맞춘 방침을 견지해야 한다. 생태 관념의 수립과 생태 제도의 정비, 생태 안보의 수호 및 생태 환경의 최적화에 주력하고 자원 절약과 환경보호에 걸맞은 공간 배치와 산업 구조, 생산 방식 및 생활 방식을 만들어가야 한다." 習近平, "在中共中央政治局大力推進生態文明建設第六次集體學習時上的講話(2013年5月24日)" 참조.

65 후진타오는 경제 건설과 국방 건설을 함께 종합적으로 추진해야 한다고 말한 바 있다. "중국 특색의 군민 융합 발전의 길을 가고, 전면적인 샤오캉 사회 건설의 과정에서 부국과 강군의 통일을 실현해야 한다." 胡錦濤, "在慶祝中國共産黨成立90周年大會上的講話(2011年7月1日)" 참조.

66 毛澤東, "紀念孫中山先生(1956年11月12日)", 『毛澤東文集(第7卷)』(北京: 人民出版社, 1996), 156쪽.

버 효과를 불러왔다. 이를 간략히 '중국의 공헌'이라고 부를 수 있을 듯한데, 어떤 부분들은 양적으로 계산할 수 있지만 다른 어떤 부분들은 양적으로 계산하기가 어렵다. 이를 위해 필자는 비교적 객관적이고 공평한 자세로 그 평가를 진행보고자 한다.

개혁개방 이후 중국은 세계 경제성장과 빈곤 퇴치, 무역 성장의 차원에서 엄청난 공헌을 하였다. 먼저 중국은 세계 빈곤 퇴치에 중요한 공헌을 하였다. 1981년 중국은 세계에서 인구가 가장 많은 국가였고, 동시에 절대 빈곤 인구가 가장 많은 국가였다. 세계은행은 1인당 1일 평균 1.25달러 미만으로 살아가는 인구를 빈곤 인구로 규정하고 있는데,[67] 1981년 중국은 대략 8.35억의 빈곤 인구가 있었고 그 비율은 84.0%에 달하였다. 이는 전 세계 절대 빈곤 인구의 43.6%에 해당하는 수치였다. 2010년, 중국의 빈곤 인구는 1.571억 명으로 줄었고, 그 비율 역시 11.8%로 내려갔다. 전 세계 절대 빈곤 인구에서 중국이 차지하는 비중도 12.9%로 내려갔다. 같은 시기 전 세계 절대 빈곤 인구는 6.984억 명이 줄어 1981년의 19.134억 명에서 2010년의 12.15억 명으로 내려갔다. 전 세계 절대 빈곤 인구의 감소에서 중국이 차지한 비중은 97.1%이다.[68]

두 번째로 세계 경제성장에서 중국은 갈수록 많은 공헌을 하고 있다. 세계은행의 자료에 따르면, 1993년부터 2007년까지 구매력 평가 기준으로 전 세계 경제성장의 19.50%를 중국이 담당했다. 이는 미국의 15.71%보다 훨씬 높은 수치이다. 환율법에 따라 계산하면, 전 세계 경제성장의 9.90%가 중국에서 비롯된 것이고, 이는 미국의 23.93%보다는 낮은 수치이다. 2007년부터 2012년까지 세계 경제성장에서 중국이 담당한 부분은 구매력 평가 기준으로는 26.46%, 환율법 계산으로는 31.73%이다.[69] 이는 미국의 13.32%와 10.20%를 뛰어넘는 수치

. . . .

67 세계은행 데이터베이스(http://data.worldbank.org.cn/) 참조.

68 추산은 Chen, Shaohua & Ravallion, Martin, 2008. "The developing world is poorer than we thought , but no less successful in the fight against poverty." Policy Research Working Paper Series 4703, The World Bank. http://econ.worldbank.org/povcalnet; World Bank and IMF, Global Monitoring Report 2001: Improving the olds of Achieving the MDGs ; The World Bank. http://econ.worldbank.org/povcalNet 등 참조.

69 1978-2007년 자료는 World Development Indicator 2013을 참조, 2007-2012년 자료는 IMF

이다. 중국의 빠른 경제성장이 전 세계 경제에서 제일의 '동력'으로 역할 했던 것이다.

마지막으로 중국은 세계 무역의 확대에도 많은 기여를 해왔다. 1993~2000년까지 중국은 세계 수출입 무역에서 2.73%의 성장을 담당했고, 같은 시기 미국은 14.72%의 성장을 담당하였다. 그런데 2000~2007년까지 중국은 세계 수출입 무역에서 10.05%의 성장을 책임진 반면, 같은 시기 미국은 7.99%만을 담당하였다. 2007년부터 2011년까지 세계 무역 성장에서 중국이 보여준 공헌도는 19.48%이었지만, 미국은 7.31%에 불과하였다. 특히 강조되어야 할 것은 1913년 이후 미국은 세계 제1의 수출입 국가였지만, 100년이 지난 2013년에는 중국이 그 자리를 대신해 세계 제1의 무역 대국으로 자리하고 있다는 점이다. 세계 무역 성장에서 중국의 역할은 갈수록 커져갈 것이고, 그 추세는 몇 십 년, 혹은 그 이상 지속될 것이다.

중국은 향후 세계 발전을 위해 세 가지 측면에서 중요한 기여를 할 수 있다. 우선 과학기술의 공헌을 지적할 수 있다. 세계지적재산권조직(WEPO)의 자료에 따르면, 2000년부터 2012년까지 전 세계 발명특허 신청에서 중국이 차지하는 비중은 3.8%에서 27.8%로 증가하였다. 같은 기간 미국의 비중은 22.4%에서 23.1%로 소폭 상승하는 데 그쳤다. 그런데 같은 기간 세계 발명특허 신청 규모의 성장에서 중국이 기여한 부분은 61.95%인 반면, 미국은 25.46%에 불과하다. 2013년 중국은 세계국제특허(PCT) 신청 규모 면에서 3위에 올라섰으며, 미국과 일본 만이 중국의 앞에 있을 뿐이다. 중국은 미국과 일본을 넘어 세계 최다의 PCT를 신청할 수 있는 잠재력을 보유하고 있다. 국제학술잡지에 발표된 중국의 학술논문 수는 미국에 이어 두 번째로 많으며(2013년), 그 격차 역시 빠르게 줄어들고 있다. 머지않아 중국은 미국을 추월해 국제학술지에 가장 많은 학술논문을 발표하는 국가가 될 것이다. 21세기 전반기에 중국은 세계 최대의 과학기술 혁신 국가로 자리할 것이고, 세계 과학기술 발전을 위해 더 많은 기여를

....

의 데이터를 참조.

하게 될 것이다.

두 번째로 문화적 공헌을 생각할 수 있다. 중국은 5,000년의 문명 역사를 가지고 있으며, 이는 중국 문화의 현대화에 있어 소중한 자원으로 활용되고 있다. 옛 중국의 문화는 비교가 불가할 정도로 독특하며, 그 정신적 핵심은 화합의 사상이라고 할 수 있다. 여기에 바로 중국 문화의 유전자 정보가 자리해 있다. 중국 문화는 끊임없이 혁신을 통해 발전을 이룰 수 있고, 끊임없이 역사의 진보를 향해 나아갈 수 있으며, 끊임없이 인류 발전을 위해 사상적 지혜를 제공해 줄 수 있다. 외부 세계에 긍정적인 영향을 끼칠 수 있으며, 유일무이한 생명력과 혁신능력을 보장해 주는 근본적인 동력이 될 수 있다. 민족과 민족, 국가와 국가의 서로 다른 문화가 부딪힐 때, 화합의 사상은 구동존이(求同存異)를 중시하고 상호 존중을 강조하며, 공생과 포용을 제시한다. 세계와 국가 간의 관계를 처리할 때, 화합의 사상은 '득도다조(得道多助)', 즉 도에 맞으면 돕는 이가 많다는 점을 강조하고, 이웃 국가 간의 화목과 호혜 및 공영을 중시하며, 조화의 원칙에 입각해 문제를 해결하고자 한다. 패권주의나 강권정치를 반대하고, 국가 간 평등을 견지하며, 개별 국가가 자주적으로 발전 방식을 선택할 수 있어야 한다고 주장한다. 따라서 '중국의 길' 자체가 매우 독특하고 효과적인 발전 방식이 될 수 있으며, 중국 문화도 세계 문명의 생태 가운데 한 요소로 자리할 수 있고, 세계 각국이 다양한 모순을 해결하는 데 참고할 수 있는 사상 및 이념, 철학이 될 수 있다. 전 지구적으로 긍정적인 영향을 줄 수 있는 여지가 얼마든지 있는 것이다.[70]

마지막 세 번째는 녹색 공헌이다. 18세기 이후 북반구의 국가들이 주도한 자본주의는 전대미문의 발전을 이루었던 것이 사실이지만, 동시에 불공정과 불평등의 세계 체제를 형성했고, 이전에는 없었던 생태 위기도 초래하였다. 인류의 미래는 중국과 같은 후발 국가들이 녹색 발전의 새로운 길을 만들어낼 수 있는가에 달려 있다고 해도 과언이 아니다. 중국은 21세기로 접어들면서 인류의 장

· · · · · · · · · · · · · · · ·

70 胡鞍鋼·劉韜, "民族偉大復興的本質是文化復興-兼論當代中國文化的獨特性", 『人民論壇·學術前沿』, 2012年 第14期, 6-12쪽.

기 발전과 관련된 중요한 역사적 사명을 자처하고 있다. 녹색 발전의 길을 만들어 가고, 녹색 공업 혁명을 추진하며, 녹색 현대화를 실현하려는 것이다. 공동으로 녹색 세계를 건설해 인류 발전을 위한 녹색 공헌을 이뤄낼 수 있다. 중국은 향후 녹색 성장을 주도해 세계 녹색 경제 역사에서 찾아보기 힘든 '황금 성장기'를 마련할 수 있으며, 전 세계 녹색 무역을 이끌어 세계에서 가장 큰 녹색 제조 국가로 자리할 수도 있고, 전 지구적인 녹색 거버넌스에 적극 참여해 세계적인 녹색 발전의 선도국이 될 수 있다.

더 중요한 것은 중국의 현대화가 북반구 중심, 서구 표준, 미국 패권의 기본 구조를 무너뜨릴 수 있다는 점이다. 첫째, 중국의 현대화가 저개발 국가의 발전을 유도할 수 있다. 중국의 현대화를 통해 200년 간 지속되어 온 남북 간 격차가 줄어들면서 모든 국가들이 함께 발전하는 새로운 구조가 만들어졌고, 이는 저개발 국가들의 주요 경제 지표 총합이 다른 북반구 국가의 총합보다 세계 경제에서 더 많은 비중을 차지하는 데에서 드러난다. 둘째, 중국의 현대화 길이 저개발 국가들이 자기들의 현실에 부합하는 발전 경로를 찾는 데 새로운 경험과 참고 사항을 제공해줄 수 있다. 이로 인해 2차 대전 이후 보편적으로 형성되었던 정치적 합의, 곧 저개발 국가들은 서구 선진국의 경험을 본뜨고 이식해야 한다는 생각에서 벗어나 더 다양한 발전 경로, 더 다양한 국가 제도, 더 다양한 문명 문화를 상상할 수 있다. 셋째, 중국은 미국을 추월해 세계 강국으로 자리하면서 오랫동안 계속 되었던 패권주의 강권정치의 세계 구조가 점차 변해가고 있다. 세계는 더 평등하고 더 신뢰적이며 더 균형적이고 더 평화롭고 안전한 방향으로 나아가려 한다.

중국의 현대화가 아직 완성된 것은 아니지만, 이미 그 긍정적인 영향 및 효과가 분명히 나타나고 있으며, 이를 통해 중국이 인류 발전을 위해 할 수 있는 부분을 조금 더 명확하게 확인할 수 있다.

7. 나가며: 낙오자 및 추격자에서 성공자 및 공헌자로

1949년 이전의 세계 현대화 과정을 살펴보면, 중국은 줄곧 주변에 머물렀고, 낙오자이자 피해자, 실패자로 자리하였다.[71] 세계 경제에서 중국이 차지하는 비중은 지속적으로 하락하였으며, 미국과의 격차도 큰 폭으로 확대되었다.

1949년 이후 중국은 처음으로 현대화의 길로 나아갔다. 현대적인 경제성장도 나타났고, 1인당 GDP도 연평균 1.0%를 넘어섰다. 중국은 현대화의 추격자로 스스로를 인식하면서 현대화의 실현을 가장 핵심적인 국가 목표로 제시하였다. 지금까지의 중국 현대화 과정(1949-2014)만 놓고 보자면, 중국의 현대화는 빠른 성장과 비약적인 발전을 이뤘다고 할 수 있다. 세계 경제에서 중국이 차지하는 비중은 꾸준히 상승하였고, 미국과의 격차도 큰 폭으로 줄어들었다. 많은 부분에서 중국은 이미 미국을 추월했다고 볼 수 있다. 추격자에서 추월자로 그 위상이 바뀐 것이다.

현대 세계사를 조망해 보면 신중국은 세계 현대화의 성공자라고 감히 부를 수 있다. 역사가 조엘 콜튼(Joel Colton)과 로이드 크레이머(Lloyd Kramer)가 말했던 것처럼, 중국은 20세기 마지막 몇 십 년 동안 경제 발전을 통해 현대화의 빛나는 귀감이 되었다. 중국은 의심의 여지없이 현대 세계 역사에서 매우 중요한 국가 중 하나이다.[72]

중국 현대화의 성공으로 세계 발전과 인류의 진보는 큰 도움을 받을 수 있게 되었고, 중국은 인류 발전을 위해 큰 공헌을 할 수 있게 되었다. 바꿔서 말하자면, 세계 발전과 인류 진보가 중국의 현대화에 좋은 기회가 되어준 것이다.

. . . .

71 질베르트 로즈만 등은 "19세기 중국 당권파들이 주변 세계의 변화에 대해 일종의 방관자적 태도를 가지고 있었다"고 지적하면서, "중국 정부는 현대화 국가를 건설하는 데 부패와 무능을 보여주었다"고 언급하였다. "비록 20세기 초 중국은 과학과 기술 발전을 통해 경제성장과 사회 통합을 이루려는 개혁을 시도하였지만, 결국은 실패하고 말았다." 吉爾伯特・羅玆曼主編, 國家社會科學基金"比較現代化"課題譯, 『中國的現代化』(南京: 江蘇人民出版社, 1988).

72 R・R・帕爾默, 喬・科爾頓, 勞埃德・克萊默著, 孫福生等譯, 『現代世界史—至1870年(第10版)』(北京: 世界圖書出版公司, 2010), 8-9쪽.

'중국의 길'은 전면적인 사회주의 현대화의 실현을 위해 반드시 지켜야 할 규율이며, 또한 중화민족의 위대한 부흥을 위해 반드시 지켜야 할 규율이다. 중국 특색의 사회주의 길을 견지할 때 중화민족의 위대한 부흥을 이뤄낼 인민의 주체성이 보장될 수 있고, 민족 부흥의 성과가 중국의 전체 인민에게 골고루 돌아갈 수 있다. 중국 특색의 사회주의 길을 견지할 때 중국 현실에 부합하는 중국의 정치 제도를 마련할 수 있으며, 서구 제도와 경쟁하면서 상대적 장점을 발휘해 국가의 현대화를 안정적으로 추진할 수 있다.

중국 현대화의 길은 역사적으로 매우 독특할 뿐 아니라 세계 어디에서도 찾아볼 수 없는 특수성을 갖고 있다. 서구의 길을 가면서 그들의 뒤에 서서 한 걸음씩 쫓아갔던 것이 아니고, 서구의 국가 제도를 그대로 옮겨와 그들의 '지휘봉'에 맞춰 움직였던 것도 아니다. 새로운 방식을 만들고, 자신의 길을 개척하며, 자신의 제도를 마련하고, 자신의 운명을 자신의 손에 쥘 수 있었기 때문에 선진국(특히 미국)을 추격할 수 있었고, 심지어 추월도 말할 수 있게 되었다.

'중국의 길'은 끊임없이 '마오쩌둥의 전망'[73]과 '덩샤오핑의 전망'[74]을 검증해가고 있다. 이것이 '중국의 길'이 '서구의 길'보다 우위에 서 있는 이유이다. 시진핑(習近平) 주석이 말했던 것처럼, "우리가 우리의 길을 갈 때 비할 데 없는 광활한 무대를 갖게 되고 비할 데 없는 심오한 역사적 자산을 축적하게 되며, 비

. . . .

73 마오쩌둥은 1962년 7천인 대회에서 자본주의는 몇 백 년을 거쳐 발전하였다고 지적한 바 있는데, 중세라 할 수 있는 16세기를 고려하지 않는다면 지금까지 이미 360여 년의 시간이 흘렀다는 것이다. 그러면서는 그는 "우리나라에서 견실한 사회주의 경제를 건설하려면 100여 년의 시간이 필요하다"고 주장하였다. 또한 그는 "자본주의와 비교해 사회주의는 여러 가지 장점을 가지고 있기 때문에 우리나라의 경제 발전이 자본주의 국가보다 빠를 것"이라 하였다. "300여 년에 걸쳐 튼튼한 자본주의 경제를 건설하였다면, 우리나라는 50년에서 100년의 시간으로 튼튼한 사회주의 경제를 건설할 것이다. 여기에 무슨 잘못된 것이 있는가?"『毛澤東文集(第8卷)』(北京: 人民出版社, 1999), 301-302쪽 참조.

74 덩샤오핑은 1987년 외빈과의 대화에서 다음과 같이 지적한 바 있다. "우리가 지금 하려는 것은 개혁을 통해 생산력을 발전시키면서 사회주의의 길을 견지하는 것이다. 우리의 실천으로 사회주의의 우월성을 증명하려는 것이다. 2대나 3대, 혹은 4대에 걸친다 할지라도 이 목표를 실현해야 한다. 그때가 되면 우리는 사실을 가지고 당당하게 사회주의가 자본주의보다 우월하다고 말할 것이다."『鄧小平文選(第3卷)』(北京: 人民出版社, 1993), 256쪽.

할 데 없는 강력한 발전 의지를 갖게 된다."[75]

75 習近平, "在紀念毛澤東同志誕辰120周年座談會上的講話(2013年12月26日)" 참조.

'중국의 길'의 철학적 특징에 대한 시론

푸싱주(浦興祖, 푸단대학)

이 글은 사회주의의 길, 과학사회주의의 길, 중국 특색의 과학사회주의의 길이라는 특징을
지닌 중국의 길에 대한 이론상의 탐색이다. 더 나아가 중국의 길이 지닌 제반 특징의 효과
적인 매칭으로 중국의 기적이 창조되었단 점을 설명하였다. 마지막으로 중국의 길을 완전
하게 하는 데 견지해야 할 것들을 지적하였다.

중국의 길을 연구하는 데 있어서 먼저 연구 토론 대상의 특징을 정확하게 파악해야 한다. 본문은 먼저 '사회주의의 길', '과학사회주의의 길', '중국 특색의 (과학)사회주의의 길'이라는 특징을 지니고 있는 중국의 길에 대해 심도 있게 이론적인 탐색을 하였다. 이어서 이런 특징들과 효과적인 중국 기적의 창조 및 지속적인 중국의 길에 대한 견지와의 관계를 논술하였다. 그리고 심도 있는 연구 토론이 필요한 약간의 이론 문제를 제기하였다.

중국의 길의 특징에 대해서는 이미 학계에서 연구가 있었다. 그러나 필자의 생각에는 이미 개괄한 '특징'은 마치 '실사추구의 사상노선'처럼 사실은 성공적으로 개척한 '중국의 길'의 원인이지 결코 원래 가지고 있는 특징이라고 말하기는 어렵다.[1] 또 몇몇 '중국 모델'이라고 개괄된 '특징'은,[2] 비록 '중국의 길'의 특징이라고 볼 수는 있으나 더 충분한 논증이 필요하다.

1. '중국의 길'의 '(과학)사회주의 길'로서의 공통 특징

현재 사람들이 토론하는 '중국의 길'은 중국공산당 제18기 건국대표대회 보고에서 말한 '중국 특색 사회주의의 길'(실현 방법)이다. 이것과 중국 특색 사회주의 이론체계(행동 지침), 중국 특색 사회주의제도(근본 보장)는 세개의 병렬 평행 개념이다. 이 점은 아주 분명하다.

중국의 길에 대한 개념을 두 가지로 나누는 관점이 있다. 광의의 중국의 길은 중국 특색 사회주의의 길, 중국 특색 사회주의 이론체계, 중국 특색 사회주의 제도 이 세가지의 총칭이다. 협의의 '중국의 길'은 중국의 길을 구성한 형태 중의 구체적인 과정이 되는 중국 특색 사회주의의 실현 방법이다.[3] 물론 '중국의

· · · · · · · · · · · · · · ·

1 劉應傑, "中國道路和中國經驗的十大特征", 『中國道路我們爲什麼自信』(北京: 學習出版社, 2014), 97쪽.
2 張維爲, "中國模式和中國話語的世界意義", 『中國道路我們爲什麼自信』(北京: 學習出版社, 2014), 210쪽.
3 陳晋, "關於中國道路的幾個認識", 『中國道路我們爲什麼自信』(北京: 學習出版社, 2014), 27쪽.

길'의 함의와 이론체계, 제도와의 관계는 개인적인 학술 관점을 표현한 것이니 크게 비난할 바는 못 된다.

단지 필자가 학술적인 시각에서 보기에 이런 이분법은 가치가 없다고 여겨진다. 이는 원래 분명했던 개념을 복잡하게 할 뿐만 아니라 심지어 개념 사용 측면에서 혼란만 일으킨다. 상술한 이분법의 필자는 다음과 같이 서술하였는데, 즉 "당의 18차 보고는 '중국의 길'의 과정과 이론, 제도가 실천으로 통합되고 있다는 것"이다.[4] 이는 학술적인 문제가 아니고 중국공산당 18차 대회 보고 원문에 대한 잘못된 이해로, 마치 18차 대회 보고 또한 포함하고 있는 과정과 이론체계, 제도가 내재된 3가지 총칭의 광의의 '중국의 길' 개념으로 사용되는 것으로 착각하는 것 같다. 사실은 그렇지 않다.[5] 앞에서 말한 바와 같이 18차 대회에서 보고는 중국 특색 사회주의 이론 체계와 중국 특색 사회주의 제도가 서로 병렬된 의미에서 사용하는 '중국 특색 사회주의의 길'이라는 개념이다.

'중국의 길'은 또한 중국 특색 사회주의의 길로 사회주의의 과정이다. 그리고 사회주의는 근대에 〈유토피아〉, 〈선 시티(Sun City)〉가 최초로 제기한 일종의 이상사회를 추구하는 사상으로 자본이 주의가 됨으로 인해 양극화된 자본주의에 대한 직접적인 부정이다.

필자가 깨달은 바에 의하면 그 의의와 특징은 사회 전체가 중심이 되는 것으로 평등하고 정의로운 사회를 추구하여 전체 사회 구성원이 공통으로 행복을 추구하자는 주장이다. 따라서 사회주의 길이 되는 중국의 길은 당연히 사회주의의 일반적인 특징인 정의 평등을 추구하는 사회, 공통의 행복을 추구하는 사회라는 특징을 구비해야 한다.

우리가 알고 있듯이 역사의 변천에 따라 사회주의는 공상사회주의, 과학사회주의, 민주사회주의 등등 여러 유파로 나뉘었다. 마르크스주의가 지도사상인

· · · · · · · · · · · · · · · ·

4 陳晉, "關於中國道路的幾個認識", 28쪽.

5 '실천으로 통일되어 있다'에 관해서 당 18대 보고 원문은 다음과 같다. "중국 특색의 사회주의 길은 경로 실현이고 중국 특색의 사회주의 이론 체계는 행동 지침이며 중국 특색의 사회주의 제도는 근본적인 보장이다. 삼자는 중국 특색의 사회주의의 위대한 실천으로 통일되어 있다." "이는 '길', '이론 체계', '제도'가 병렬적으로 실천으로 통일되어 있다는 것을 의미한다."

중국공산당은 '사회주의만이 중국을 구할 수 있다', '중국 특색의 사회주의의 길을 견지하라'를 표명하고 있는데, 여기에서 '사회주의'는 다른 '사회주의'가 아니고 마르크스와 엥겔스가 창립한 '과학사회주의'이다. 예를 들면 중공 18차 대회에서 "중국 특색의 사회주의는 과학사회주의의 기본원칙을 견지했고 시대 조건에 따라 선명한 중국의 특색을 부여했다"라고 밝혔다.[6] 이렇게 중국의 길은 또 중국 과학사회주의의 길로 귀결될 수 있고 또한 필연적으로 과학사회주의가 주장하는 생산수단 공유제라는 특징을 실행해야 한다.

왜냐하면 과학사회주의 이론 논리에 의하면 생산수단 공유제만이 비로소 전체 사회를 주의로 하는 사회주의를 사용하여 자본이 주의가 되는 자본주의를 대신할 수 있고 그래야 비로소 양극화를 피하여 점진적으로 평등하고 정의롭고 공통의 행복을 추구하는 사회를 실현할 수 있기 때문이다. 이를 버리고는 소위 사회주의, 소위 정의평등 사회는 모두 공상으로 흐를 수 있다.

이 점을 고려해서 개혁개방을 주장한 덩샤오핑은 반복하여 "중국공산당이 반드시 견지해야 하는 사회주의는 아주 중요한 두 가지가 있다. 하나는 공유제를 주체로 하는 것이고 또 하나는 양극화를 하지 않는 것이다. 혹은 하나는 공유제 경제가 시종일관 주요한 위치를 차지하는 것이고 하나는 경제발전이 다 같이 부유해지는 길로 가는 것이고 양극화는 피해야 한다"고 말했다.[7]

(적어도 주체가 되는 제도인) 생산수단 공유제는 인민이 공동 재산과 공동 이익과 공동 의지를 가지는 것이다. 그리고 하나의 통일된 정당이 그를 대표해야 한다. 그래서 중국 과학사회주의의 길은 반드시 중국공산당이 영도하고 집권하는 특징을 구비해야 한다.

상술한 생산수단 공유제의 특징은 경제의 하부구조 범위에 속하고 '일당 영도와 집권'이란 특징은 정치의 상부구조 범위에 속한다. 필자가 보기에 이 두 가지 특징의 겸비는 경제 하부구조와 정치 상부구조의 통일이다. 이는 다음에

. . . .

6 胡錦濤, 『堅定不移沿著中國特色社會主義道路前進, 爲全面建成小康社念而奮鬥』(北京: 人民出版社, 2012), 13쪽.
7 『鄧小平文選(第三卷)』(北京: 人民出版社, 1993), 138쪽, 149쪽.

속해야 한다. '중국의 길'을 포함한 모든 과학사회주의의 길은 자본주의의 길과는 달라야 하고 기타 사회주의의 길이 구비해야 하는 공통의 특징과도 달라야 한다.

유물사관에 의하면 하부구조는 상부구조를 결정하는데, 생산수단 소유제는 하부구조에서 가장 중요한 요소이다. 따라서 공유제가 주체가 되는 것은 중국 과학사회주의 길의 가장 본질적인 특징이어야 한다. 그러나 유물사관도 '정치는 경제의 집중적인 표현이다', '정치는 하부구조에 대한 반작용적인 성격을 지니고 있다'는 것을 강조한다. 일정한 조건하에서 정치의 반작용은 심지어 결정적인 요소가 되기도 한다. 필자의 이해에 의하면 '당의 영도는 중국 특색 사회주의의 가장 본질적인 특징이다'라는 논단은 유물사관의 정치 반작용의 원리에 관해 제기한 데 기인하는 것이다.

2. 전통 '(과학)사회주의'와 다른 '중국의 길'의 독창적인 특징

신중국 초기의 실천 경험과 교훈을 고려해서 마오쩌둥을 대표로 하는 중국공산당은 20세기 50년대 중엽 '소련 모델'의 영향을 벗어나 자국 상황에 부합하는 험난한 탐색을 시작했다. 많은 좌절을 경험한 후 특히 10여 년 간의 문화혁명 후, 덩샤오핑을 대표로하는 중국공산당은 '중국 특색의 사회주의 건설'을 명확하게 제기했고,[8] 마침내 사회주의 초기 단계에 적합한 중국 특색의 사회주의 길을 개창하였다. 이 과정에서 지속적인 개혁개방 과정 중 단순한 공유제가 점차 공유제가 주체가 되어 여러 종류의 경제가 공통으로 발전하는 방향으로 나아갔다. 또 단순하게 노동에 따라 분배하던 것이 점점 노동이 주체가 되고 여러 종류의 생산요소가 분배에 참여하는 형태로 나아갔다. 또 계획경제가 점차 사회주의 시장경제로 나아갔다. 이들은 '중국의 길' 즉 '중국 특색 사회주의 길'이 '소련 모델' 영향 하의 전통적인 '과학사회주의 길'과는 다른 하부구

. . . .

8 『鄧小平文選(第三卷)』(北京: 人民出版社, 1993), 3쪽.

조 내에서의 3대 특징(혹은 특색)임을 어렵지 않게 알 수 있다.[9]

중국공산당이 영도 집권하는 동시에 인민대표대회제도, 다당연합과 정치협상제도, 소수민족자치구 제도를 견지했고 기층 군중 자치 제도를 확립했으며 '한 나라에 두 가지 정치제도'라는 구상을 제기하여 특별행정구 제도를 창조적으로 추진했다. 이들 또한 중국의 길, 즉 중국 특색 사회주의 길이 '소련 모델'의 영향 하의 전통적인 '과학사회주의 길'과는 다른 상부구조 범위 내에서의 중요한 특징(특색)이다.

이른바 중국의 길, 중국 특색 사회주의 길은 과학사회주의 길의 공통적인 특징을 구비하고 있다는 전제 하에 중국 상황에 적합한 독창적인 특징(중국 특색)을 구비하고 있다. 이런 독창적인 특징(중국 특색)이 중국의 길이 자본주의 노선과 다른 점이고 또 소련 모델의 영향 하의 전통적인 과학사회주의 길과 다른 점이다. 심지어 중국 특색은 주로 전통적인 사회주의 길과의 비교로 존재한다고도 할 수 있다. 어떤 이는 중국 특색 사회주의 길은 단지 자본주의 노선과의 비교로 생긴 결과이고 그 과정에서 과학사회주의 길의 공통적인 특징이 나타났을 뿐이며 중국 독창적인 특징(중국 특색)을 지닌 것이라고는 할 수 없다고도 한다.

특징(특색)을 관찰 분석하는 것은 비교 식별과 분리할 수 없다. 중요한 것은 어떤 차원에서 관찰해야 하는지를 분명하게 해야 한다는 것이다. 자본주의와 노선을 달리 하는 사회주의 길과 공유하고 있는 특징을 관찰할지, 아니면 기타 과학사회주의 길과 다른 '중국의 길'의 특징(특색)을 관찰할지를 분명하게 해야 한다. 다른 차원의 관찰과 분석은 반드시 비교 식별할 다른 참고 체계를 제대로 찾아야 한다. 이런 방법론 문제는 소홀히 할 수 없는 것이다.

. . . .

9 특징(特征), 특색(特色), 특점(特點)은 매우 비슷한 개념이다. 어떤 때는 심지어 호환되어 사용되기도 한다. 일례로, 바이두(百度) 백과사전에서는 '특색'의 개념을 "사물이 소위 표현하는 독특한 색채, 풍격"으로 해석한다. 또한 '특징'은 "하나의 사물이 다른 사물과 다른 것"으로 해석하고 있다.

3. '중국의 길' 특징에 대한 효과적인 매칭이 '중국 기적'을 창조

중국의 길은 앞서 말한 여러 가지 중요한 특징으로 구성되었다. 몇 몇 서방 사람도 이 과정의 특징에 주목했으나 단지 그 중 두 가지 즉 시장경제 와 일당집권에만 주목했다. 그들은 자유경쟁 시장경제는 복수 정당이 자유경쟁에 의해 돌아가며 집권하는 것과 서로 매칭된다고 생각한다. 이는 바로 서방 현대화 과정으로 혹은 '서양 모델', '워싱턴 컨센서스'라고도 부른다. 심지어 어떤 이는 단언하길 인류 발전모델의 '역사적 종결'이라고도 한다. 혹은 고도로 권력이 집중된 계획경제는 고도로 집중된 권력의 일당 집권과 서로 매칭된다고도한다. 이는 바로 소련의 현대화 과정으로 '소련 모델'이라고 부른다. 소련 모델은 놀라운 효과를 거두었으나 복잡한 원인으로 인해 최종적으로는 역사무대에서 사라졌다.

서방의 어떤 이들이 이해하지 못하는 것은 중국에서 자유경쟁 시장경제 체제가 어떻게 고도로 권력이 집중된 일당 집권과 공존할 수 있느냐는 것이다. 또한 어떻게 수십 년 내에 세계적으로 주목받는 '중국 기적'을 만들어낼 수 있느냐는 것이다. 필자가 판단하기에 중국 기적의 출현은 '중국의 길'의 특징과 효과적으로 매칭되는 것이 중요하다.

우선 개혁개방 이후의 중국은 줄곧 공유제가 주체가 되어야 한다고 강조해왔다. 서방은 중국의 시장경제와 일당 집권과의 관계에 더 주목하여 중국 시장경제가 '사회주의 시장경제'라는 점을 소홀히 하였다. 소위 '사회주의 시장경제'는 결코 자원 배치 방식의 시장경제가 성(姓)이 '자원(資)'이고 성(姓)이 '사회(社)'인 분야를 말하는 것이 아니고 성(姓)이 '자원(資)', '사회(社)'가 아닌 시장경제와 성(姓)이 '사회(社)'인 생산수단 '공유제를 주체'로 하는 것과 서로 결합하는 것임을 밝혔다. 이는 (공유제를 주체로 하는)생산수단 소유제가 자원배치 방식보다 더 심층적으로 중국공산당 일당 영도와 집권을 결정했다. 이는 (경제 토대인)하부구조와 (정치)상부구조에서 가장 중요한 두 가지 특징이 효과적으로 매칭된 것이다. 더 나아가 중국공산당은 일당 영도와 집권이라는 권위 기능과 장점을 발휘하여 전체 국면을 거머쥐고 각 부분을 통솔하여 개혁개방을 주도하고 서로 걸고넘어지는 것을 힘껏 피하였다.

동시에 인민대표대회 제도, 다당연합과 정치협상 제도 등을 통해 전면적으로 민의를 수렴함으로써 당과 국가 정책 결정의 민주화와 과학화를 확보하였다. 또한 앞서 말한 두 가지 '공유제가 주체가 되어 여러 경제 종류가 함께 발전하는 것, 노동에 의한 분배를 주체로 하여 여러 생산요소가 분배에 참여하는 것' 및 사회주의 경제체제에 내재된 경제 활력을 불러일으켜 발전 속도와 민생 개선을 확보하였다.

이로 인해 얻은 현저한 효과는 중국공산당이 민심을 안정시키고 사회를 통합하며 대세를 컨트롤하는 데에 도움을 주어 전체의 질서를 관리 가능케 하여 현대화로 이끌었다는 사실이다. 이는 '일당'이라는 중요한 특징과 기타 여러 가지 특징과의 효과적인 매칭에서 나온 것이다.

정리하자면, 공유제를 주체로 하고 중국공산당의 권위와 효율을 사용하여 여러 방면으로 민의를 수렴하고 시장경제의 활력을 일으켜 발전과 민생을 확보하고 이로 인해 민심을 안정시키고 사회 통합을 이루어 대세를 컨트롤하여 현대화로 이끈다는 것이다. '중국의 길'은 바로 이렇게 여러가지 특징과의 효과적인 매칭으로 '중국 기적'을 만들어낸 것이다.

이른바 '효과적인 매칭', '중국 기적'은 전반적인 면에서 말한 것이다. 구체적으로 말하면 '중국의 길'을 만들고 견지한 수십 년은 거대한 성과와 고귀한 대가, 다양한 문제가 있었다. 오직 실사구시의 관점으로 걸어온 궤적을 보고서야 이성적으로 경험을 총결하고 이로운 부분을 발전시키고 폐단을 제거하여 다시 일어나 더 발전적으로 '중국의 길' 위를 행진할 수 있다.

4. '중국의 길' 특징의 견지와 개선

지금 말하는 '중국의 길'은 과학사회주의 길이 되는 공통적인 특징을 가지고 있고 중국 상황에 기반을 둔 독창성의 특징(특색)이 있다. 하부구조의 특징을 구비하고 있고 또한 상층구조 범위의 특징도 가지고 있다. 이 특징들을 떠나는 것은 이 노선을 이탈하는 것이다. '중국의 길'을 견지하려면 이 노선의 제반 특징을 고수하고 개선하는 데 의지해야 한다. 여기에서 사고할 만한 두 가지 문제를 제기하겠다.

(1) '공유제를 주체'로 하는 특징을 어떻게 굳건하게 지켜내고 개선할 것인가?

중국공산당은 18차 전국대표대회와 제18기 3중전회에서 여전히 '공유제 주체 지위 견지'를 강조했다. 그러나 최근 영향력 있는 출판물이 "오늘날 중국은 비공유제 경제 성분이 전체 경제에서 차지하는 비율이 이미 70%에 달한다"는 사실을 확인했다.[10] 그럼 '70%에 근접'한 현상을 어떻게 보아야 하나? 이는 현실 사회에서 공유제가 이미 주체가 되지 않고 있음을 의미하는 것이 아닌가? 반대로 사유경제가 이미 분명하게 주체의 지위를 차지하고 있는 것이 아닌가? 그럼, 소위 '중국 특색의 과학사회주의 길'이 현실에서 이미 '중국 특색의 자본주의 노선'이 된 것은 아닌가?

사실 어떤 사람은 '국유경제 주도'가 '공유제 주체'를 대신할 것이라고 주장했다. 만약 단지 국유경제 주도라면 그럼 건국 초기의 신민주주의사회와 무슨 차이가 있나? 알다시피 신민주주의사회에서도 국영경제가 주도 지위를 차지했다. 그러나 단지 사회주의사회를 향해 가는 과도기일 뿐이었다. 질로 보면 신민주주의사회는 아직 과학사회주의 사회가 아니었다. 또한 만약 '국유경제 주도'를 실행하는 것만을 보면 지금 몇몇 자본주의가 발달한 국가의 '국유경제 주도' 현상과 또 무슨 차이가 있는가? 어떤 이는 서방국가의 국유경제가 주도의 위치를 차지하는 것은 중국의 국유경제 주도와 같이 말할 수 없다고 한다. 이유는 그들은 자본주의 국가이고 중국은 사회주의 국가로서 소위 '국유경제'의 '국(국가)'이 다르다는 것이다. 문제는 국가의 성질은 무엇이 결정하냐는 것이다. 유물사관은 근본적인 의미에서 경제기초 특히 소유제 성질이 국가의 성질을 결정한다고 강조한다. 이 논리는 이미 진부하지 않은가?

....

10 鄢一龍 等, 『大道之行: 中國共産黨與中國社會主義』(北京: 中國人民大學出版社, 2015), 44쪽.

맞다. 국유자본과 비공적 자본은 서로 참여하여 혼합소유제 경제를 형성했다. 그러나 모든 상황에서 혼합경제가 늘 공유제를 주체로 하는 형식인가? 필자가 이해하기로는 그것은 마땅히 '수량(體量, mass)에서 주요한 비율(비중)을 차지하는 것'을 의미해야 한다. 만약 '수량'을 강조하는 것이 아니라면 그것은 '주도'와 무슨 차이가 있나? 물론 '수량'이 어떤 요소를 포함하고 있는지는 연구가 더 필요하다. 어떤 이는 더 심층적으로 다음을 제기했다. 덩샤오핑이 추진한 '고양이 이론'에 의하면 공유제를 주체로 하는 것과 사유제를 주체로 하는 것 중 도대체 어느 것이 '쥐를 잡는 것'에 더 유리한지, 중국 경제사회 발전에 더 유리한지 정확히 식별해야 한다는 것이다. 만약에 사유제를 주체로 하는 것이 쥐를 잡는 것에 더 유리하다면 왜 계속해서 공유제를 주체로 하는 것을 견지해야 하는가? 만약에 공유제를 주체로 하는 것이 쥐를 잡는 데 확실히 유리하다면 '비공유제 경제성분이 전체 경제에서 차지하는 비율이 70%에 근접한다'는 것을 어떻게 보아야 하는가? 혹자는 말하길 '비공유제 경제성분이 전체 경제에서 차지하는 비율이 70%에 근접한' 상황 하에서 어떻게 계속해서 공유제를 주체로 하는 것을 보장하겠는가?

중국의 길을 견지하는 문제를 토론할 때 상술한 어려운 점을 피할 수 없다. 하물며 학술연구에서는 직면해야 할 문제이지 회피할 문제가 아니다. 경제학계의 대답과 지적을 기대한다. 정치학 연구자인 필자는 다른 문제에 대해 대답하려고 한다. 어떤 이는 설령 공유제가 주체가 아닐지라도 단지 중국공산당 일당의 영도와 집권이라면 중국은 과학사회주의의 길에 있다고 말한다. 이에 대한 본인의 관점은 다음과 같다. 오늘날 중국공산당 일당의 영도와 집권인 하부구조는 공유제를 주체로 하는 것이라고 말할 수 있다. 상부구조는 반드시 하부구조에 적응해야 한다고 유물사관은 알려주고 있다. "하부구조의 변경에 따라 방대한 상부구조도 느리거나 빠르게 변혁이 발생한다."[11] 만약 이 기본 원리를 부인할 수 없다면 일단 '공유제를 주체'로 하는 기초가 와해되면 중국공산당 일당

. . . .

11 『馬克思恩格斯選集(第2卷)』(北京: 人民出版社, 1972), 83쪽.

의 영도와 집권이 모래 위의 누각이 되어 조만간 무너질 것이라는 것을 인정해야 한다. 이는 주관적인 바람으로 변경되지 않는다.

(2) 중국공산당 일당 영도와 집권이라는 특징을 어떻게 굳건하게 지켜내고 개선할 것인가?

공유제가 주체의 지위를 차지하고 있기만 하면 중국공산당 일당의 영도와 집권이라는 중요한 특징은 반드시 견지되고 우세를 발휘해야 한다. 또한 위험을 피하기 위해 개선도 필요하다. 일당 영도와 집권 상황에서 중국공산당은 실질적인 결정권을 지니고 있다. 정확한 정책결정은 '역량을 집중하여 큰 일을 해내어' 기적을 만들고 민중을 풍요롭게 할 수 있다. 이것이 바로 이점이다. 잘못된 정책결정 특히 '파괴적인' 잘못은 '역량을 집중하여 큰 잘못을 저질러' '대약진', '인민공사', '문화혁명' 등과 같은 결과를 일으킬 수 있다. 이것이 바로 위험이다.

장점을 발휘하고 위험을 피하기 위해서는 반드시 중국공산당의 정책결정이 정확해야 한다. 첫째, 당은 당을 관리해야 하고 엄격하게 당을 통치해야 한다. 당은 시종일관 '인민을 위한 봉사'라는 취지를 견지해야 한다. 민중노선 교육과 실천 활동의 성과를 공고히 하고 확대하여 인민군중과의 혈육 관계를 늘 유지해야 한다. 모두 인민을 위하고 모두 인민에게 의지하여 전면적이고 시기 적절하게 민의를 이해하고 분석 통합하여 정책결정의 민주화와 과학화를 견지해야 한다.

둘째, 당내 민주를 확실하게 강화해야 한다. 특히 각급 영도간부는 과감히 책임을 지고 대담하게 행동해야 하고 또 민주와 법치의 테두리에서 일을 하고 개인의 권력과 집단지도와의 관계를 잘 처리해야 한다.

셋째, 국가 통치의 현대화 요구에 의해 정치체제 개혁을 심화해야 한다. '무엇이 당의 영도와 집권인지, 어떻게 당의 영도와 집권을 실현해야 하는지'를 정확하게 이해하여 당이 '전체 국면을 독점하여 각 분야를 대신하는 것'이 아니라 '전체 국면을 장악하여 각 분야와의 협조'를 유지해야 한다. 당의 영도제도와 인민대표제도, 다당연합제도, 정치협력제도 등 제도 간 관계를 합리적으로 처리하는 것은 인민민주의 각 주체로 하여금 형식상 권력(권리)을 가지게 할 뿐만 아니라 인민 이익을 대표한다는 전제하에 진정으로 법에 의거하여 직책을 수행할 수 있게 한다. 이는 다각도에서 각종 방식으로 정책결정의 정확성이라는 '관문 하나를 더' 보장할 수 있는 것이다.

'중국의 길'의 약간의 중대 문제에 관한 학술 분석

빠오신젠(包心鑒, 지난대학)

길의 문제는 근본적인 문제이고 첫 번째 문제이다. 당의 18대 이래, 중국의 길에 관한 연구가 비록 성과가 풍부하다 해도 여러 기본적인 문제는 여전히 규명과 분석을 기다리고 있다, 게다가 중국의 길의 학술적 함의를 발견하고 학술적 표현을 규범화하는 일이 놓여져 있다. 이러한 문제는 주로 중국의 길이 언제 탄생했고, 그 논리적 기점과 실천의 기점은 무엇인지? 중국의 길과 과학사회주의 학설은 어떤 관계인지, 어떻게 현실 계승과 초월을 유기적으로 결합시킬 것인지, 중국의 길의 내적 함의와 요소는 어떻게 자리를 잡을 수 있는지, 무엇이 중국의 길의 본질이고 참뜻인지, 중국의 길과 중국 모델은 같은지 혹은 다른지, 어떻게 과학적이고 냉정하게 소위 말하는 중국 모델을 볼 수 있는지, 오직 학술적인 차원에서 이들 문제에 대한 깊이 있는 분석과 규명만이 비로소 중국의 길의 연구를 부단히 깊이 있게 할 수 있으며, 정확한 인식과 과학적인 인지를 통해서 부단히 중국의 길의 전진 방향을 이끌어갈 수 있다.

이 글의 기본 관점은 중국의 길의 탄생, '기원'과 '기점'의 구별, 중국의 길의 '논리 기점'은 덩샤오핑이 열어 놓은 마르크스주의 중국화의 두 번째의 역사적 비약이다. 중국의 길의 '실천 기점'은 신시기의 개혁개방이다. 중국의 길은 이미 마르크스와 엥겔스 과학사회주의 학술의 전승이며 일종의 근본적인 입장과 과학적인 방법의 전승이다. 또한 마르크스 엥겔스 과학사회주의 학설의 초월이며 일종의 시대의 새로운 변화를 중시하고 새로운 발전 실천을 초월하는 것이다. 중국의 길의 본질적인 집중 표현은 중국의 길이 평화발전 시대의 사회주의 발전의 길이라는 것에 있다. 즉 사회주의 초급단계의 사회주의 발전의 길이며, 이는 또한 인민 주체라는 사회주의 발전의 길을 견지하는 것이고, 경제, 정치, 문화, 사회, 생태문명을 전면적으로 추진하는 사회주의 발전의 길이다. 그리고 독립자주와 개방과 포용의 상호 통일을 이루는 사회주의 발전의 길이다. 중국의 길은 '중국 모델'이 아니다. 소위 말하는 '중국 모델'은 중국의 길에 관한 일종의 오독이며 오도이고 중국의 길의 본질과 참뜻과 유리된 가짜 명제이기 때문에 제창되고 선전되어서는 안 된다.

길의 문제는 근본적인 문제이고 첫 번째 문제이다. 길의 선택은 국가의 전도, 민족의 명운, 인민의 행복과 관계된다. 현 세계의 각종 유형의 발전의 길의 탐색과 선택 가운데, 특히 이행기 국가 발전의 길의 탐색과 선택 중에서 중국 특색의 사회주의 길(이하 중국의 길)은 의심할 여지없이 가장 전형적이고 가장 항구적인 가치와 의의를 가진다. 중국의 길의 성공적인 개척과 부단한 확장은 중국 인민의 아름다운 생활, 사회주의 중국의 현대화 목표, 중화민족의 위대한 부흥을 위해 광명의 길을 만들어냈을 뿐만 아니라 세계 인류의 빈곤과 기아 탈출, 전쟁과 혼란의 제거, 공평과 공정을 추구하는 데 참고할 만한 가치가 있는 경험을 제공했다. 동시에 중화민족이 시대의 조류에 순응하고 세계 문명에 녹아들어가고 한층 높은 수준의 문명을 건설하는 데 잘 통하고 공고한 교량이었다. 중국의 길은 이론적으로 당연히 당대 사회주의연구 내지 인문사회과학 각 학과 연구가 집적된 중요한 연구대상이다. 당의 18대 이래 중국의 길에 관한 연구는 비록 성과가 풍부하고 영향력이 한없이 넓고 멀지만 연구영역은 여전히 확대와 연구심도의 진일보한 발굴이 요구된다. 그 가운데 적지 않은 여러 기본적인 학술문제는 여전히 진일보한 규명을 기다리고 있고 심지어 여전히 진일보한 분석을 필요로 한다.

이러한 문제들은 다음과 같은 문제들을 포함하고 있다. 즉, 중국의 길은 도대체 언제 탄생했는지, 그것의 논리 기점과 실천 기점은 무엇인지, 중국의 길은 과학사회주의 기본 원리와 기본 원칙을 어떻게 계승하고 발전시키고 전승과 초월의 유기적인 통일을 어떻게 실현하는지, 중국의 길은 어떻게 경로의존성을 돌파하고 새로운 역사 조건에서의 전통문화의 창조적인 계승과 혁신적인 발전을 실현하는지, 또한 중국의 길의 선택과 확장을 위하여 어떻게 문화 기초를 굳건히 하고 문화 내적 함의를 증진할 것인지, 중국의 길의 내적 함의와 요소는 도대체 어떻게 자리를 잡는지, 어떻게 중국의 길의 본질과 참뜻을 과학적으로 보여주는지, 중국의 길과 '중국 모델'은 같은지, 어떻게 과학적이고 냉정하게 중국 모델을 대하고 한층 지혜롭게 중국의 길의 세계적인 의미를 한층 더 지혜롭게 드러낼지 등이다.

문제는 시대의 메아리이고 이론 심화의 동력이다. 이러한 문제는 중국의 길의 학술적인 내적 함의의 발굴, 학술적인 시야의 확장, 학술적인 함량 심화의 기본 학술문제들이다. 오로지 이러한 문제들을 깊이 있게 분석하고 규명하는 것이 중국의 길의 연구를 부단히 심화하고 길에 대한 자신감과 자각을 훨씬 더 이성적으로 높여서 중국의 길이 점점 더 넓게 뻗어나갈 수 있게 한다.

1. 중국의 길에 관한 '기원'과 '기점'

　　　　중국의 길은 도대체 언제 만들어진 것인가? 이 문제에 대한 사람들의 인식은 일치하지 않고 있다. 이 문제에 대한 학술계의 연구 또한 같지 않을 뿐만 아니라 심지어 현저한 차이를 보이는 관점이 존재한다. 게다기 이러한 문제들에 대한 인식 또한 정확한가? 그리고 과학적인 근거를 갖추고 있는가? 심지어 전체 국면에서 중요한가? 그것은 역사 원형을 존중하는 '발생학'적인 의미를 갖추고 있을 뿐만 아니라 직접적으로 중국의 길에 대한 본질, 내적 함의 특정한 과학적인 자리와 학술적인 표현 그리고 중국의 길의 과학적인 인식과 이론적인 자각을 어떻게 진일보하게 확장하는가에 연결되어 있다. 따라서 이것은 중국의 길의 연구 중 가운데 학술의 '근본 문제'와 닿아 있다.

　이러한 기본 문제에 대한 깊이 있는 연구와 정확한 대답은 추호의 의심도 없이 반드시 당의 18대의 과학적 결론과 시진핑의 중요한 발언을 기본적인 근거로 삼아야 한다.

　당의 18대 보고는 중국의 길에 대해서 과학적이고 정제된 논술이었다. 18대 보고 제2 부분인 '중국 특색 사회주의의 새로운 승리를 쟁취하자'는 중국의 길의 간단명료한 논술의 대강이라고 말할 수 있다. 이 부분은 비록 4,000자에도 미치지 못하지만 우리 당의 중국의 길에 관한 형성 역사, 과학적인 내적 함의 기본 특징, 전진 목표와 기본 요구를 고도로 응축하고 있으며 중국의 길의 역사 경험, 실천 탐색과 발전 방향이 정제되고 농축된 것이며, 우리가 중국의 길의 연구를 심화하는 근본적인 지침이며 주요 흐름이다. 18대 보고는 "중국의 길은 당의 명맥, 국가의 전도, 민족의 명운, 인민의 행복과 관련되어 있다"는 것을 고도로 중시하고, 당의 역대 중앙 영도집단이 중국의 길의 선택과 개혁 위에서 각자 특수한 공헌을 체계적으로 총화한 것이다. 즉, 마오쩌둥을 핵심으로 하는 당의 제1세대 중앙 영도집단은 '새로운 역사 시기 중국 특색의 사회주의를 열기 위하여 보배롭고 진귀한 경험, 이론적인 준비, 물질적인 기초를 제공했다.' 덩샤오핑을 핵심으로 하는 제2세대 중앙 영도집단은 '중국 특색의 사회주의를 건설하는 일련의 기본문제에 과학적으로 답을 했으며, 중국 특색의 사회주의를 성공적으로 열었다.' 장쩌민을 핵심으로 하는 제3세대 중앙 영도집단은 당의 기본 이론과 기본 노선을 견지하고 '중국 특색의 사회주의를 21세기로 성공적으로 추진했다.' 후진타오를 총서기로 하는 당 중앙은 '새로운 역사의 시작점에서 중국 특색의 사회주의를 성공적으로 견지하고 발전시켰다.'

이러한 과학적인 회고와 간명한 총결을 통해서, 당의 18대는 아래와 같은 명확한 결론을 내렸다. 즉, "개혁개방 30여 년 동안 일관되고 연속적인 탐색에서 우리는 중국 특색의 사회주의의 위대한 기치를 흔들림 없이 높이 치켜들고, 폐쇄적이고 경직된 옛 길을 가지 않았으며, 또한 기치를 쉽게 바꾸는 그릇된 길로도 가지 않았다." 오히려 '중국 특색의 사회주의의 길'로 성공적으로 나아갔다.[1]

당의 18대 이래, 시진핑은 중국의 길 문제와 관련하여 일련의 중요한 연설을 했다. 이러한 연설은 내적인 함의가 풍부하고, 심오한 뜻을 담고 있으며, 일관되게 18대 보고의 관련 논술을 진일보하게 심화하고 확장했다. 그 가운데 가장 중요하고, 가장 전형적인 지도 의의는 바로 아래에서 말하는 삼단 논술이다.

중국 특색의 사회주의의 길은 "과학사회주의 이론 논리와 중국 사회발전 역사 논리의 변증법적인 통일이며, 중국 대지에 뿌리를 내리고, 중국인민의 염원을 반영하고, 중국이 시대 발전과 진보 요구의 과학사회주의에 적응하고, 전면적인 소강사회를 건설하고, 사회주의 현대화를 한층 빠르게 추진하고, 중화민족의 위대한 부흥을 실현하는 데 반드시 거쳐야 하는 길이다."[2]

. . . .

1 『中國共産黨第十八次全國代表大會報告』(北京: 人民出版社, 2012), 10-12쪽.
2 習近平, "2013年1月5日在新進中央委員會的委員, 候補委員學習貫徹黨的十八大精神研討班上的講話", 『習近平關於實現中華民族偉大復興的中國夢論述摘編』(北京: 中央文獻出版社, 2013),

"중국 특색의 사회주의의 길은 쉽지 않다. 그것은 개혁개방 30여 년의 위대한 실천 과정에서 나온 것이며, 중화인민공화국 성립 60여 년의 지속적인 탐색 과정에서 나온 것이며, 근대 이후 170여 년 동안 중화민족 발전 역정이 심각하게 총화된 과정에서 나온 것이고, 중화민족 5천여 년의 유구한 문명의 전승 과정에서 나온 것으로 깊고 두터운 역사의 심연과 광범위한 현실 기초를 갖추고 있다."[3]

"개혁개방 30여 년 동안 우리는 인류 역사상 이제까지 그 누구도 해본 적이 없는 발전의 성과를 만들어냈으며 정확한 길이 근본적인 원인이라는 사실을 내놓았다. 현재 가장 관건적인 것은 흔들림 없이 이 길을 가는 것이며 시대와 더불어 이 길을 확장해 나가는 것이고, 중국 특색의 사회주의를 점점 더 넓게 추동하는 것이다."[4]

18대 보고 관련 논술과 시진핑의 관련 중요 연설을 연계시키면 완벽하고 정확하게 이해할 수 있으며 우리는 아래와 같은 결론을 어렵지 않게 낼 수 있다. 즉, 중국의 길의 탄생에 관해서, 반드시 그 '기원'과 '기점'의 구별이 있다. 소위 말하는 '기원', 즉 중국 인민의 위대한 투쟁, 중화민족의 유구한 역사 특히 마오쩌둥을 대표로 하는 중국공산당 당원의 중국 혁명과 건설의 길에 대한 험난한 탐색은 중국의 길의 형성을 위해서 실천의 근원을 열었고, 이론의 근원을 제공했다. 마오쩌둥 사상은 중국공산당이 마르크스주의 중국화에 노력한 첫 번째 역사적 도약의 위대한 성과이다. 이러한 역사적인 도약은 주로 제국주의 전쟁과 프롤레타리아 혁명의 깊은 발전의 시대적인 조건에서 그리고 사회 실천 중에서 진행된 것이다. 이러한 도약이 이른바 해결하려 한 핵심 문제는 바로 반식민지 반봉건의 중국이 어떠한 혁명을 진행하고, 혁명이라는 이 근본 문제를 어떻게 진행할 것인가이다. 중국 특색의 신민주주의혁명의 길을 성공적으로 열었

....

26쪽.

3 習近平, "2013年3月17日在第十二屆全國人民代表大會第一次會議上的講話", 『習近平談治國理政』(北京: 外文出版社, 2014), 39-40쪽.

4 習近平, "2013年6月25日在十八屆中央政治局第七次集體學習時的講話", 『習近平關於實現中華民族偉大複興的中國夢論述摘編』(北京: 中央文獻出版社, 2013), 28쪽.

으며, 사회주의 건설의 길에 대한 탐색을 초보적으로 전개했다.

그러나 시대와 역사의 제약 때문에, 마오쩌둥 사상 중에는 중국 특색의 사회주의의 길에 대한 사상 이론이 명확히 형성되지 못했다. 즉, 마오쩌둥을 대표로 하는 당의 제1세대 중앙 영도집단의 고단한 탐색은 중국 특색의 사회주의 길의 '기원'이 되었다. 그러나 '기원'이 '기점'은 아니다. 중국의 길의 기점은 '논리 기점'과 '실천 기점' 두 차원을 포함한다. 이 두 차원은 덩샤오핑을 핵심으로 하는 당의 제2세대 중앙 영도집단이 성공적으로 열어놓은 것이다.

중국의 길의 '논리 기점'은 덩샤오핑이 열어놓은 마르크스주의 중국화의 제2차 역사적 도약이다. 이러한 도약은 세계 구조에 중대한 변화를 일으켰다. 이는 평화발전의 시대적인 주제가 나날이 형성되고 깊이 발전하는 시대 조건에서 그리고 사회 실천 중에 진행된 것이다. 이러한 역사적인 도약이 해결하려는 가장 중요한 핵심 문제는 평화와 발전의 시대 조건에서, 사회주의 초급단계의 중국에서 도대체 어떠한 사회주의를 건설하고, 사회주의를 어떻게 건설해야 하는지이다.

이러한 역사적인 도약의 선명한 특색은 바로 '자신의 길을 가는 것'을 강조한다. 이는 현실의 사회실천을 마르크스주의의 보편적인 진리와 우리나라의 구체적인 실제 상황을 상호 결합하는 '결합'의 지점이다. 이러한 역사적 비약이 만들어낸 기초성, 구조성의 위대한 성과는 바로 덩샤오핑 이론이다. 덩샤오핑 이론은 사회주의 본질을 강렬하게 드러냈고, 사회주의 초급단계의 기본노선을 과학적으로 확립했으며, 자신의 길을 가고 중국 특색의 사회주의를 건설하겠다는 것을 명확히 제출했고, 중국 특색의 사회주의 건설의 일련의 기본 문제를 체계적으로 대답했고, 중국의 길의 성공적인 활로를 개척하기위해서 견실한 이론 기초를 다졌고, 직접적인 이론 지도와 이론의 근거를 제공했다. 중국의 길 형성의 '논리 기점'으로부터 우리는 완전하게 다음과 같은 결론을 얻을 수 있다. 즉, 중국의 길은 마오쩌둥에서 뿌리를 두고, 덩샤오핑에서 시작되고 성공했다. 덩샤오핑은 중국 특색의 사회주의 길의 주요 개창자라고 할만하다.

중국의 길의 '실천 기점'은 바로 당의 11기 3중전회로 상징되는 새로운 시기 개혁개방이다. 마르크스는 "모든 사회생활은 본질상 실천적이다"라고 말했다.[5] 엥겔스는 "사회주의가 과학이기 위해서는 반드시 그것을 현실의 기초 위에 두어야 한다"고 말했다.[6] 중국의 길은 과학사회주의 이론 논리와 당대 중국 사회 발전의 역사 논리의 유기적인 통일이다. '이론 논리'와 '역사 논리'의 유기적인 통일을 실현하는 과정에서, 새로운 시기 개혁개방 실천이 없어서는 안 되는 '실천 기점' 역할을 발휘했다. 사회주의를 하기 위해서는 반드시 마르크스주의 기본 원리를 견지하고, 과학사회주의의 기본 원칙을 견지해야 한다.

무엇이 마르크스주의이고, 무엇이 사회주의인가? 수년 동안 우리는 이 문제에 대해서 완전하게 분명히 하지 못했다. 오히려 '서책(本本)'에서 출발하여, 추상적인 원칙에서 출발하여, 심지어 여러 철지난 관점에서 출발하여 사회주의의 교훈을 건설했다. 역사 경험을 깊이 있게 총결하여 개혁개방 초기 덩샤오핑이 선명하게 지적했다. 즉, "수년간 마르크스주의, 사회주의 문제에 대한 이해 문제가 존재하고 있다, 진정한 마르크스 레닌주의자는 반드시 현재의 상황에 근거해서 마르크스주의를 인식하고, 계승하고 발전시켜야 한다."[7] 덩샤오핑은 다음과 같이 강조한다.

"우리는 마르크스주의를 견지하고 사회주의 길을 견지해야 한다. 그러나 마르크스주의는 반드시 중국의 실제와 서로 결합한 마르크스주의여야 하고 사회주의는 반드시 중국 실제와 결합한 중국 특색의 사회주의여야 한다."[8] 새로운 시기의 개혁개방은 바로 '무엇이 마르크스주의인가, 무엇이 사회주의인가'를 분명하게 하는 배경에서 시작된 것이다. 11기 3중전회가 개혁개방이라는 역사적 임무를 제안한 것은, 우리 당이 인민을 이끌고 조금도 주저하지 않고 개혁개방의 길로 나선 것은, 근본적인 역사의 원인 차원에서 말하자면, 바로 '무엇이 마르크스주의인지, 무엇이 사회주의인지'를 분명하게 하고자 한 절박한 요구이다.

. . . .

5 『馬克思恩格斯選集(第1卷)』(北京: 人民出版社, 1995), 56쪽.
6 『馬克思恩格斯選集(第3卷)』(北京: 人民出版社, 2012), 789쪽.
7 『鄧小平文選(第3卷)』(北京: 人民出版社, 1993), 291-292쪽.
8 『鄧小平文選(第3卷)』(北京: 人民出版社, 1993), 63쪽.

바로 짧은 몇 년 간의 초보적인 개혁개방 실천을 통해서 우리는 사회주의의 가장 중요한 원칙이 바로 생산력의 해방이고 생산력의 발전이며 전체 인민의 공동부유를 실현하는 것임을 분명히 인식했으며 또한 중국의 최대 실제는 바로 중국이 여전히 사회주의 초급단계에 머물러 있다는 점이다. 게다가 과학사회주의의 이론 논리와 역사 논리의 유기적 결합을 효과적으로 실현했으며 국가의 부강, 민족의 진흥, 인민의 행복으로 향하는 중국 특색의 사회주의 길을 성공적으로 선택했다.

개혁개방도 부단히 중국의 길을 확장한 강대한 동력이다. 중국 특색의 사회주의는 이제까지 그 누구도 해본 적이 없고 또한 모방할 만한 성공적인 모델도 없다. 따라서 이 길의 부단한 확장은 순풍에 돛단 듯 순조롭게 진행되는 것도 아니며 어려움과 곡절이 많고 또한 논쟁과 갈등을 수반한다. 성씨가 '사(社會主義)'인가 아니면 성씨가 '자(資本主義)'인가, 성씨가 '공(公有制)'인가 아니면 '사(私有制)'인가, 계획경제인가 아니면 시장경제인가 등등 중대한 많은 문제들에서 중국의 길은 수차례 문제제기를 받았다. 모호한 인식을 어떻게 분명하게 밝히고, 사람들의 생각을 어떻게 통일시킬 것인지, 중국의 길을 어떻게 부단히 앞으로 개척해 나갈 것인지? 우리 당은 계속해서 험난한 시련에 직면해 있다.

전진하는 길 위에서의 중대한 문제에 답을 해야 하고, 중국의 길에 대한 사람들의 우려를 분명하게 일소해야 하고, 중국 특색의 사회주의를 부단히 앞으로 전진해가야 하며, 그 뿌리는 바로 계속해서 개혁개방이라는 이 중요한 법보(法寶)로 귀결된다고 할 수 있다. 시진핑이 18기 3중전회에서 〈중공중앙의 전면심화개혁의 약간의 중요 문제에 관한 결정(中共中央關於全面深化改革若干重大問題的決定)〉 설명에서, 특별히 "사회주의를 견지하지 않고, 개혁개방을 견지하지 않고, 경제발전을 견지하지 않고, 인민생활을 개선하지 않으면 죽음의 길일 뿐이다"라는 덩샤오핑의 1992년 남순강화(南方談話)의 한 구절을 인용했다.

이것을 인용한 의미는 매우 깊고 장대하다. 시진핑은 계속해서 "되돌아 보면, 우리는 덩샤오핑의 이 말에 대해서 매우 깊은 이해를 가지고 있다. 그래서 우리는 사회주의만이 비로소 중국을 구할 수 있고, 개혁개방만이 비로소 중국을 발전시키고 사회주의를 발전시키고 마르크스주의를 발전시킬 수 있다고 말할 수 있다"⁹라고 말하고 있다.

실천은 진리를 검증하는 유일한 기준이다. 35년 동안의 개혁개방의 실천, 35년 동안의 역사적인 변화가 이를 웅변하고 있고 증명하고 있다. 개혁개방이 없었다면 중국 특색의 사회주의의 길 선택도 없었다. 또한 개혁개방이 없었다면 중국 특색의 사회주의의 길의 확장도 없었다. 우리는 흔들림 없이 중국 특색의 사회주의의 길을 견지해야 하고, '두 개의 백년'의 분투 목표와 중화민족의 위대한 부흥이라는 중국의 꿈을 실현해야 한다. 폐쇄적이고 경직된 낡은 길을 갈 수 없으며, 또한 기치를 쉽게 바꾸고 그릇된 길로 가서도 안 된다. 반드시 흔들림 없이 개혁개방의 바른 길로 가야 한다.

2. 중국의 길에 관한 '전승'과 '초월'

중국 특색의 사회주의는 사회주의일 뿐 기타 다른 무슨 주의가 아니다. 추호도 의심이 있어서는 안 된다. 중국의 길의 선택과 확장은 반드시 과학사회주의 학설로 이끌어져야 한다. 이 점 또한 추호의 의심이 있어서는 안 된다. 종종 괴이한 과학사회주의를 이용한 인식과 학설로 중국의 길을 해석하는 경우가 있다. 예컨대 중국 특색의 사회주의를 '민주사회주의', '자본사회주의', '권귀사회주의' 등으로 해석하는데 이는 중국의 길의 본질을 필연적으로 왜곡하는 것이고 사람의 인식을 혼란하게 만드는 것이다. 중국의 길을 견지한다는 것은 반드시 과학사회주의의 기본 원리와 기본 원칙을 이용하여 이 길을 인도하고 확장하는 것이어야 한다. 이 점은 어떠한 때에도 절대로 흔들려서는 안되는 것이다.

문제의 관건은 우리가 반드시 어떠한 기본 원리와 기본 원칙으로 중국의 길을 해석하느냐에 있다. 어떤 학자들은 시대의 새로운 변화와 실천의 새로운 발

....

9 習近平, "關於《中共中央關於全面深化改革若幹重大問題的決定》的說明", 『人民日報』, 2013年 11月16日.

전에서 벗어나서 고리타분한 사회주의에 관한 여러 논술과 결론에 의거하여, 심지어 자유자본주의 시대나 제국주의 시대에 형성되어 이미 때가 지나버린 구닥다리 논점에 기초하여 중국의 길을 억지로 끼워 맞춰서 오해하게 하거나 사람들을 곤혹스럽게 한다. 예컨대, 전통 공유제 이론을 이용하여 시장경제개혁을 묻기도 하고, 또한 이를 기초로 시장화 길이 사회주의를 벗어나는 길이라고 단정하기도 한다. 그리고 전통 계급투쟁 학설과 프롤레타리아독재 이론을 차용하여 우리나라 현 단계 사회구조의 새로운 변화를 분석하여 이를 기초로 우리나라가 새로운 착취 계급과 자본가 계급이 출현했다고 인식한다.

이와 같은 여러 종류의 연구방법과 연구결과는 의심할 여지없이 현재 성과 있게 개혁하여 전진해 나가는 중국의 길에 대해서 의혹이나 부정인식을 만들어낸다. 이는 시대적 요구와 실천적 발전에 역행하는 것이다. 이는 중국의 길 연구 과정에서 '전승(傳承)'과 '초월(超越)'의 관계를 반드시 좋게 처리해야 한다는 중요한 원칙의 문제를 제기한다. 즉, 중국의 길은 마르크스 · 엥겔스의 과학사회주의 학설에 대한 전승이며 또한 근본적 입장과 과학 방법상의 전승이다. 중국의 길은 또한 마르크스 · 엥겔스 과학사회주의 학설의 초월이며 시대의 새로운 변화를 중시하고 새로운 발전을 실천하는 것의 초월이기도 하다. 우리가 '전승'과 '초월'의 관계를 과학적으로 잘 처리하고, 전승 가운데 초월을 견지하고, 초월 가운데 전승을 견지해야만 비로소 중국의 길의 본질과 참뜻을 깊이 있게 드러낼 수 있고, 중국의 길의 방향과 경로를 효과적으로 견지할 수 있으며, 과학사회주의 학설의 중국의 길에 대한 향도와 지도 역할을 충분히 발휘할 수 있다.

170여 년 전 마르크스와 엥겔스는 프롤레타리아 계급과 노동대중의 해방 요구와 행복 추구를 근본적인 방향으로 명확히 지적한 과학사회주의 학설을 만들었다. 150여 년 동안 과학사회주의 학설은 전 세계에 근본적으로 영향을 주었고 전 세계를 흔들어놓았다. 세계 각국의 프롤레타리아 계급이 사회주의 운동을 전개하고 자본주의 제도를 뒤집고 사회주의 길을 탐색하는 데 근본적이고 예리한 사상의 무기가 되었다. 그러나 마르크스 · 엥겔스의 과학사회주의 학설을 성과 있고 지속가능한 사회주의 실천으로 바꾸는 일은 절대로 가볍거나 쉽게 할 수 있는 일이 아니다. 파리코뮌의 장거(壯擧)와 실패, 소비에트 정권의 성공과 멸망, 세계 사회주의 진영의 형성과 해체, 우리나라 사회주의 건설 과정 중의 경험과 교훈 등 세계 각국 프롤레타리아 계급과 노동대중의 과학사회주의의 실천과 탐색 과정에서 세계 각국 프롤레타리아 계급과 노동대중은 과학사회주의의 고단한 실천과 힘겨운 탐색에 대해서 승리의 희열을 나누기도 하고 때로는 실패의 고통을 짊어지기도 했다. 세계 각국의 사회주의 실천과 탐색 과정에서 오직 중국 특색의 사회주의의 길만이 가장 활력이 있었으며 또한 가장 성과가 있었다.

왜 새로운 시기의 중국공산당만이 위에서 말한 국제공산주의 운동의 각종 교훈을 피해서 성공적으로 인민해방 실현에 유리하고 인민 복지를 증진하는 데 유리한 중국의 길을 열 수 있었는가? 그 근본적인 비밀은 바로 우리 당이 전승과 초월의 관계를 과학적으로 처리했고 중국의 길을 선택하고 개창하는 원칙과 방법을 정확하게 확립했기 때문이다.

과학사회주의는 근본적인 의미에서는 일종의 운동이다. 마르크스와 엥겔스는 "우리가 말하는 소위 공산주의라는 것은 현존 상태를 없애버리는 일종의 현실 운동"이라고 명확히 언급했다.[10] 그래서 과학사회주의 학설은 바로 '프롤레타리아 계급 운동의 조건, 과정과 일반 결과'에 관한 학설이다.[11] 프롤레타리아 계급과 노동대중이 자신의 해방을 도모하기 위한 운동의 과정은 바로 혁명과 길의 건설 과정을 부단히 탐색하고 개혁하는 것이다. 따라서 프롤레타리아 혁명 승리 이후 어떠한 사회주의 건설의 길을 갈 것인가가 사회주의국가 집권당이 직면하는 가장 중대한 과제가 된다. 이에 대해서 마르크스 · 엥겔스의 과학사회주의 학설은 그 기본 방향과 기본 원칙을 제시했다. 그러나 구체적인 답을 내놓지는 않았다. 레닌과 스탈린의 소련 사회주의 운동은 성공적인 경험을 체득했다. 그러나 또한 수많은 교훈도 함께 노출했다. 소련의 길은 개별 국가들이 그대로 답습할 만한 통일적인 모델이 아니다. 혁명 승리 이후 어떠한 현대화의

. . . .

10 『馬克思恩格斯文集(第1卷)』(北京: 人民出版社, 2009), 39쪽.

11 『馬克思恩格斯文集(第2卷)』)北京: 人民出版社, 2009), 44쪽.

길을 갈 것인가라는 문제에서 우리 당도 지난 시기 고통스런 선택을 한 적이 있다. 영국과 미국 모델을 그대로 답습했다면 자본이 확장된 서방 현대화의 길로 갔을 것이다. 만약 소련 모델을 그대로 모방했다면 고도로 집중된 동방식 현대화의 길로 갔을 것이다. 그리고 자본주의 세계와 완전히 대치했다면 자아 봉쇄의 현대화의 길로 갔을 것이다. 이와 같은 탐색, 실험은 최종적으로 실패로 돌아갔고, 유독 중국 특색의 사회주의 길만이 중국을 진정으로 부강하고 민주적이며 문명으로 조화로운 현대화의 길로 이끌었다.

중국의 길은 과학사회주의의 원리와 원칙에 대해서 답습하는 것이 아니며 또한 전통 사회주의 이념과 길로의 회귀도 아니다. 다른 나라 발전의 길과 모델의 모방은 더더욱 아니다. 바로 중국공산당이 전국 각 민족과 인민을 이끌고 독립 자주적으로 창조한 것이다. 중국의 국정에 적합하고 또한 시대를 반영하는 특색을 가지고 있고 사회주의 공통의 정체성을 체현하면서도 중국 특색의 개성이 두드러지게 나타나는 혁신적인 길이다. 마치 시진핑이 "이 길은 오는 게 쉽지 않았다. 그것은 개혁개방 30여 년 동안의 위대한 실천에서 나온 것이고, 중화인민공화국 성립 60여 년 동안 지속적인 탐색에서 나온 것이고, 근대화 이래 170여 년 동안 중화민족 발전 과정의 깊이 있는 총화에서 나온 것이고, 중화민족 5천여 년 동안의 유구한 문명의 전승 과정에서 나온 것으로 깊이 있고 두터운 역사의 연원과 광범위한 현실 기초를 가지고 있다"고 심도 깊게 지적한 것과 같다.[12]

개혁개방 이래 우리나라 현대화 건설이 이뤄낸 세계를 놀라게 한 성과, 인민 생활수준의 부단한 제고, 관건은 바로 우리 당이 중국 특색의 사회주의라는 위대한 기치를 높이 들고 폐쇄적이고 경직된 옛길로 가지 않고, 기치를 고쳐서 잘못된 길로 가지 않고, 중국 특색의 사회주의 길을 흔들림 없이 굳건하게 선택하고 개척했다. 역사와 현실이 반복적으로 우리에게 경고하고 있다. 중국의 길이 흔들려서는 안 되고, 길에 대한 자신감을 가지고, 나태하지 않고, 앞서 나

. . . .

12 習近平, 『談治國理政』(北京: 外文出版社, 2014), 39-40쪽.

가는 길 위에서 만나게 되는 모든 문제와 도전에 힘 있게 맞서 나가서 당대 중국의 모든 개혁과 발전의 가장 중요한 관건을 성공적으로 추진할 것을 요구하고 있다.

중국의 길의 과학사회주의에 대한 전승과 초월은 먼저, 길의 정확한 방향과 정확한 노선을 선택하고 개척하는 것으로 표현된다. 길의 선택과 확장은 먼저 방향의 교정(校正)이 있다. 방향이 정확하고 탄탄대로여야 한다. 방향이 왜곡되면 가시덤불이 무성하게 된다. 중국의 길의 선택은 당의 실사구시를 다시 회복하고 확립하는 것이 사상 노선의 전제가 되고 기점이 되어야 한다는 사실이다. 이러한 회복과 확립은 역사에 대한 간단한 복구가 아니고 선명한 시대의 색채와 혁신의 특색을 갖는 것이다. 이것은 바로 '사상해방'과 '실사구시'를 유기적으로 융합시켜 한 몸이 되게 하는 것이다. 이것은 중국 실체에서 출발하여 마르크스주의의 기본 원리와 중국 실제를 상호 결합하는 근본적인 방향을 창조적으로 바로잡는 것이다. 이를 통해서 과학사회주의의 '이론 논리'와 당대 중국 사회 발전의 '역사 논리'를 유기적으로 통일시킨다고 말할 수 있다.

20세기 50년대, 우리 당은 실천 과정에서 '소련 모델'의 폐단을 조금씩 발견했다. 이 때문에 마오쩌둥은 일찍이 사회주의를 추구하는 데 있어서 완전하게 소련식을 그대로 답습하는 것이 공식이 아닐 수 있고, 소련의 경험을 교조적으로 학습할 수 없다는 점을 명확히 지적했다. 이러한 정확한 사상의 지도 아래, 우리 당은 사회주의 건설의 길에 대해서 초보적인 탐색을 진행하여 정확한 지도 방침을 형성했다. 그러나 안타깝게도 이러한 탐색이 아직 장기간 견지되지 못하고 있다. 탄생과 좌절에는 여러 방면의 원인이 있는데 그 가운데 가장 근본적인 원인은 바로 과학사회주의의 기본 원칙과 중국의 실제를 상호 결합하는 논리의 출발점과 근본 방향을 잘 선택하지 못했다는 사실이다. 이것이 사회주의의 이념적 기대와 현실적 상황 간의 강렬한 차이를 야기했고, 구체적이고 현실적인 조건이 사회주의 추진을 더욱 빠르게 하는 노선과 정책에서 이탈하고 심지어 무엇이 사회주의인지, 어떻게 사회주의를 건설해야 하는지에 대한 근본 문제에서 당혹스럽게 어리둥절함에 빠져들게 했다.

역사 교훈을 종합하면, 덩샤오핑은 매우 중요한 사상을 제기했다. 즉 당의 실사구시 사상 노선을 다시 복원시켜서 어떠한 현대화의 길을 가야 하는지에 대한 문제를 해결했다. 먼저, 반드시 사상을 해방하여 경직된 관념의 속박과 틀에 박힌 구속을 타파하고 모든 것을 실제에서 출발하여 중국의 실제 상황에 근거하여 사회주의를 건설해야 한다.

바로 경직된 관념과 틀에 박힌 속박을 돌파하기 위하여, 실천을 '결합'하는 논리적 출발점을 견지하고, 우리 당은 세계 구조의 새로운 변화에 대해서 정확한 판단을 내려 평화 발전의 길이 현 시대의 과학적 결론임을 내놓아야 한다. 또한 우리나라의 사회주의가 처한 역사적 위상에 대해서 정확한 판단을 내려, 우리나라가 여전히 장기간 사회주의 초급단계에 처해 있다는 과학적 결론을 내놓아야 한다. 이 두 가지 '정확한 판단'과 '과학적 결론'은 중국의 길을 선택하는 데 두 개의 이론 기반이 된다. 실천이 이를 증명하고 있다. 관건은 모든 것을 중국의 실제 상황에서 출발하는 데 있다. 사회주의 기본원칙을 견지하고, 또한 평화발전의 시대적인 요구와 사회주의 초급단계의 중국적 실제 상황에 근거하여 선명한 시대적인 특징과 중국 특색을 부여한 것이다.

과학사회주의의 전승과 초월에 대한 중국의 길은 또한 중국의 길의 발전을 확립하는 데 있어서의 주제와 목표를 돋보이게 드러냈다.

중국의 길을 추진하는 생각과 꾸준한 탐색 과정에서 덩샤오핑은 선견지명이 있는 위대한 구상을 내놓았다. 그것은 바로, '중국식 현대화'이다. '중국식 현대화'는 이미 중국의 길의 주제와 목표가 되었다. 이 목표를 둘러싸고, 덩샤오핑은 '삼보주(三步走)'라는 발전전략을 제안했다. 특히 창조적으로 '소강사회' 건설의 현대화 강령을 창조적으로 제정했고, '중국식 현대화'의 웅장한 청사진을 그려냈고, 중화민족이 위대한 부흥의 길로 나아가는 원대한 포부와 기개를 보여주었다.

당의 16대는 제2보 전략과 우리나라의 소강상태를 실사구시적으로 분석한 기초 위에서, 중대한 전략 목표를 명확하게 제기했다. 그것은 바로 '본 세기 초 20년, 역량을 집중하여, 10여억 명의 인구에 혜택이 미치는 한층 높은 수준의 소강사회를 전면적으로 건설하는 것'이다. '전면소강사회건설'은 덩샤오핑의 '삼보주' 전략과 '소강사회' 사상에 대한 중대한 풍부함이며 발전이다. 그것은

'중국식 현대화'의 특별한 내적 함의와 실현 절차를 진일보하게 구체화했다. 당의 17대는 우리나라 현대화 건설이 직면한 새로운 상황을 깊이 있게 분석하고, '향후 5년이 전면소강사회건설의 관건적인 시기가 될 것'임을 명확하게 제기하고, 중화민족이 위대한 부흥의 길로 나아가는 과정에서의 전면소강사회건설의 역사적인 방위와 중대한 의미를 진일보하게 보여주었다.

당의 18대는 과거 5년 동안의 전면소강사회건설의 성과와 경험의 깊이 있는 총화, 그리고 현 국내외 정세의 깊이 있는 분석 기초 위에서, 중국공산당 창당 100년이 되는 때에 전면소강사회건설을 이루고, 신중국 건립 100년이 되는 때에 부강하고 민주적이며 문명적이고 조화로운 사회주의 현대화 국가를 건설한다는 '두 개 백년'의 웅대한 목표를 제시했고, '전면소강사회건설'의 전략적 목표와 임무를 명확하게 확립했다. '전면건설(全面建設)'에서 '전면건성(全面建成)'으로 겨우 한 글자만 바뀌었지만 이는 우리 당이 중국의 길 방면의 굳센 의지와 자신감을 깊이 있고 분명하게 표현한 것이며 또한 중국의 길의 실천 과정에서 부단히 확장된 정도(程度)와 심도(深度)를 매우 강력하게 반영한 것이다. 전면소강사회건설의 분투 목표는 중국 특색의 사회주의 길을 위해서 한층 강렬한 내적 함의와 훨씬 실제적인 임무를 부여했다.

당의 18대 이후, 시진핑을 총서기로 하는 당 중앙은 과학사회주의 이론 논리와 중국 사회발전의 역사 논리를 유기적으로 통일하는 것을 견지하고, 이론과 실천의 부단한 탐색을 통해서 전면소강사회건설과 전면심화개혁, 전면의법치국, 전면적인 엄격한 당 통치의 전략 구도와 전략 사상을 점차 형성해 왔다. '4개 전면(四個全面)'의 전략 사상은 개혁개방 이래 당의 역대 중앙 영도집단의 중국의 길에 관한 이론 탐색의 성과를 창조적으로 견지하고 발전시켰으며, 기존 이론의 전승을 체현했으며, 또한 기존 인식의 초월을 충분히 드러냈다. '4개 전면'은 내적 논리와 연계된 총체적인 개념이다. 즉 전면 소강사회 건설은 전략 목표이다. 중화민족의 위대한 부흥이라는 중국의 꿈을 실현하는 관건적인 한 걸음이며, 당대 중국 경제사회 현대화의 새로운 경지를 개척한 것이다. 또한 전면심화개혁은 전략의 동력이다. 국가 거버넌스 체계와 거버넌스 능력 현대화를 추동하는 반드시 가야 하는 길이며, 당대 중국 제도 현대화의 새로운 경지를 개척한 것이다. 전면의법치국은 전략 조치이며 치국이정을 최적화하는 기본 방식이고 사회주의 민주와 법치 국가를 건설하는 근본적인 경로이고 당대 중국 법치 현대화의 새로운 경지를 개척한 것이다. 전면적인 엄격한 당 통치는 전략 보증이며 당내 정치 생태의 최적화이고, 당 건설 과학화 수준의 전면적인 제고이고, 당이 인민을 영도하여 전면소강사회를 건설하고, 사회주의 현대화를 추진하고, 중화민족의 위대한 부흥이라는 중국의 꿈을 실현하는 관건적인 요소이며 당대 중국 집권당 건설 현대화의 새로운 경지를 개척한 것이다. 이 네가지 '전면'은 중국의 길이 계속해서 개척하고 전진해 나가는 위대한 실천과 유기적으로 통일되어 있고, 과학사회주의 학설에 대한 생동감 있는 전승과 초월이다.

3. 중국의 길에 관한 '본질'과 '참뜻'

중국의 길은 도대체 어떠한 발전의 길인가? 그것은 어떠한 본질적인 특징을 가지고 있는가? 어떻게 이것의 본질을 꿰차고 이해해서 이 길을 부단히 개척하고 앞으로 나아가게 할 것인가? 이것은 중국의 길에 관한 연구에서 분명하게 분석해야 하는 중대한 학술 문제이다. 여러 연구는 중국의 길이 만들어진 시대적 배경과 실천적 기반과 유리되어 있고, 중국의 길의 이론 혁신과 실천 지향과 배치되어 중국의 길에 대한 많은 파편화되고 평범한 해석을 내놓고 있다. 심지어 여러 실천과 증명은 이미 시간이 지나버린 이론과 방법으로 이루어진 중국 특색의 사회주의에 중국의 길을 더하여 중국의 길의 본질을 모호하게 하고 중국의 길의 참뜻을 삭제하기도 하고 중국의 길과 방향을 왜곡했다. 이러한 현상은 중국의 길에 관한 본질, 게다가 학술 차원에서 진일보한 깊은 탐색과 연구를 필요로 한다.

본질은 사물 규율에 대한 추상과 게시(揭示)이다. 어떤 사물도 그 안에 내재적인 규율을 가지고 있다. 자연계의 발전은 일종의 규율이 지배하는 현상이며 규율이 자발적으로 발생하고 작용하는 과정이다. 사회의 변혁과 발전은 바로 일종의 사람의 주관적인 능동적 역할을 통해서 자각적으로 규율을 탐색하고 규율을 순환하고, 규율을 운용하는 과정이다. 엥겔스는 "역사 진보는 내재적인 일반 규율의 지배를 받는 것"이며, "역사 사건은 흡사 늘 동일하게 우연성에 의해 지배 받는 것이다. 그러나 표면적으로는 우연성이 역할을 발현하는 지점이다. 이러한 우연성은 늘 내부적으로 가려져 있는 규율 지배를 받는 것이고 문제는 단지 이러한 규율을 발견하는 데 있다"고 말했다.[13] 사람들은 사회발전의 본질과 참뜻에 대해 자각적으로 파악하고 자유롭게 컨트롤한다. 근본적인 의미에서 말하면 규율에 대한 인식과 운용이다. 바로 엥겔스가 말한 것처럼 "자유는 자연의 규율을 벗어나 환상 속에 있는 것이 아니라 독립적이며, 이러한 규율의 인식에 있다. 그러므로 계획적으로 자연의 규율을 일정한 목적에 복무할 수 있도록 해야 한다"[14]는 점이다.

중국의 지속적인 30여 년의 개혁개방이 가져온 경제사회의 심각한 변혁과 발전의 진보는 바로 이러한 일종의 '표면적으로는 우연성이 역할을 한 것'이고 실제적으로는 '내부에 감춰진 규율이 지배적인 역할을 한' 과정이다. 개혁개방의 위대한 실천의 설계자, 영도자와 주요 추동자로서 중국공산당의 근본적인 임무는 바로 개혁개방의 실천 경험을 깊이 있게 총화하여 '이러한 규율을 잘 발견하는 것'이며, 한층 자각적으로 이러한 규율을 순환시키고 이러한 규율을 능동적으로 운용하는 것이며, 훨씬 자각적으로 중국 특색의 사회주의를 부단히 앞으로 밀고 나가는 것이다. 당의 18대는 전 당에 중국 특색 사회주의의 '경로 자신(道路自信), 이론 자신(理論自信), 제도 자신(制度自信)'을 요구했다. 이러한 자신은 맹목적인 자만이 아니고, 현실에만 안주하는 것도 아니며, 더욱이 지나치게 잘난 척하는 것도 아니다. 자신은 반드시 규율에 대한 깊은 인식과 정통한 이해의 기초 위에서 건립되어야 한다.

사물 본질에 대한 연구는 '무엇인가'라는 문제를 해결한다. 중국의 길을 분명히 한다는 것의 본질은 바로 중국의 길이 도대체 어떠한 발전의 길인가에 대한 답을 찾는 데 역점을 두어야 한다. 이것은 바로 중국의 길의 역사적 지위 그리

. . . .

13 『馬克思恩格斯選集(第4卷)』(北京: 人民出版社, 1995), 247쪽.

14 『馬克思恩格斯選集(第4卷)』(北京: 人民出版社, 1995), 55쪽.

고 중국의 길의 가치 위상과도 관련되어 있다.

중국의 길은 "과학사회주의 이론 논리와 중국 사회주의 역사 논리의 변증법적 통일이고, 중국 대지에 뿌리를 내리고, 중국 인민의 염원을 반영하고, 중국과 시대 발전과 진보의 요구에 적응하는 과학사회주의이며, 전면소강사회건설, 사회주의 현대화의 빠른 추진, 중화민족의 위대한 부흥을 실현하는 반드시 가야 하는 길"[15]이다. 중국의 길을 연구하고 드러내는 본질에서 가장 중요한 것은 바로 시대 배경, 현실 기초, 역사 지위, 인민 주체, 발전 목표 등 기본 요소를 파악하는 것이다.

먼저, 중국의 길은 평화와 발전 시대의 사회주의 발전의 길이다.

어떠한 사회 모두 일정한 역사 시대의 산물이다. 그래서 어떠한 사회 형태를 연구하고 인식하는 것은 모두 이러한 사회 형태의 특정한 시대 조건과 유리되어 만들어질 수 없다. 시대의 본질과 시대의 특징과 단절되는 것이 바로 될 수 없으며 그것이 바로 역사유심주의(歷史唯心主義)로 빠져드는 것이다. 바로 엥겔스는 "우리는 단지 우리의 시대적 조건에서만 인식할 수 있을 뿐이고 이러한 조건들이 어떤 정도에 이르게 되면 우리의 인식 또한 어떤 정도에 이르게 된다"[16]고 말했다. 중대한 변혁 시대의 산물로서 사회주의 특히 시대의 변화와의 밀접한 상호 관계는 시대 변화의 본질과 특징을 정확하게 판단하고 시대 발전의 주요 의제와 추세를 파악하는 것이다. 이것이 바로 사회주의 본질을 인식하고 파악하는 중요한 전제이며 또한 혁명과 건설의 길을 정확히 탐색하고 여는 중요한 전제이다.

마르크스와 엥겔스는 자유자본주의시대 자유경쟁의 특징에 근거하여, 자본과 고용 노동관계의 실제적 본질을 깊게 분석했고 자산계급과 무산계급이라는 이 사회의 주요 모순의 성질과 추세를 깊이 있게 통찰했고, 무산계급의 사회 지위와 역사적 사명을 깊이 있게 보여주었으며, 과학사회주의 학설을 만들어냈

15 習近平, "2013年1月5日在新進中央委員會委員,候補委員學習貫徹十八大精神研討班上的講話", 『習近平關於實現中華民族偉大復興的中國夢論述摘編』(北京: 中央文獻出版社, 2013), 26쪽.
16 『馬克思恩格斯全集(第20卷)』(北京: 人民出版社, 1972), 585쪽.

고, 사회주의를 공상(空想)에서 과학(科學)으로 변모시켰다. 마르크스와 엥겔스 학설을 운용하여, 레닌은 자유자본주의가 고도화하여 독점자본주의, 즉 제국주의 단계로 변화하는 새로운 특징과 변화를 깊게 분석했다. 또한 전쟁과 혁명 시대의 주요 아젠다와 시대 배경을 깊이 있게 드러내 보였다. 즉 제국주의가 자본주의 발전 단계의 최고 단계이며 제국주의가 바로 전쟁이고 제국주의 전쟁은 반드시 무산계급 혁명을 야기하고 제국주의 통치의 취약성 위에서 사회주의가 일국 혹은 다수 국가에서 먼저 정권을 탈취하고 승리한다는 기본 규율을 드러내 보였다. 또한 이를 기반으로 레닌주의 학설을 만들어냈으며 무산계급 혁명 승리의 길을 열었고 사회주의를 이론에서 현실로 변화시켰다.

시대 변화를 어떻게 분석할 것인가? 시대의 의제를 파악하여 중국 혁명과 건설의 길을 탐색하는 이 근본적인 문제에서 마오쩌둥은 이미 거대한 성공과 성숙한 경험을 획득했고 또한 심각하고 무거운 곡절과 깊이 있고 각인된 교훈을 경험했다. 민주혁명 시기, 마오쩌둥은 레닌주의 학설을 계승하고 마르크스주의 기본 원리를 운용하여 제2차 세계대전이 가져온 세계 정세의 새로운 변화를 분석하고, 전쟁과 혁명이라는 이 시대의 새로운 발전을 확실하게 파악했으며, 당과 인민을 영도하여 중국 혁명이라는 승리의 길에 성공적으로 나아갔다. 그러나 혁명 승리 이후 사회주의 건설 시기, 특히 세계 정세가 이미 중대한 변화를 보인 새로운 역사 조건에서 마오쩌둥의 시대 의제에 대한 인식은 아직 시대의 흐름과 조응하지 못하고 여전히 '전쟁과 혁명'이라는 사유를 통해서 세계를 관찰하고 국내를 통치했으며 '무산계급 독재 하 계속 혁명'이라는 잘못된 길을 선택했다. 이로써 우리나라 사회주의는 중대한 곡절을 겪었다.

바로 긍정적인 역사 경험과 부정적인 역사 경험을 깊이 있게 들어간 기초 위에서 덩샤오핑을 대표로 하는 중국공산당원은 시대를 잘 살피고(審時度勢), 시대와 더불어 함께 나아가고(與時俱進) 세계 정세의 변화에 대해서 깊은 분석에 들어갔고, 시대적인 의제에 대한 새로운 내적 함의를 깊이 있게 다듬어서 '평화와 발전'이라는 시대적인 의제의 과학적인 판단을 점차 만들어냈다. 이러한 새로운 판단은 중국의 길에 대한 형성과 개척에 전제적(前提性) 성격의 중요한 의의를 갖고 있다. 이는 바로 '평화와 발전'이라는 시대적 의제에 근거하고 있기 때문에, 우리 당은 인민을 영도하여 '전쟁과 혁명'의 사유로부터 '평화와 발전'이라는 사유로의 전환을 성공적으로 실현했으며, 당과 국가의 사업 중심을 경제건설로 돌리고 개혁개방의 역사적 정책결정을 실행하여 자신의 길을 가고, 중국 특색의 사회주의 건설이라는 근본 방향을 확립했다. 바로 '평화와 발전'의 넓은 안목과 시대적인 시각으로 세계를 인식하고 큰 틀(大局)을 파악했기 때문에 우리 당은 중국 특색의 사회주의에 과한 일련의 새로운 관점, 새로운 논리적 판단, 새로운 사고를 형성해서 중국 특색의 사회주의 길을 성공적으로 개척하고 확대했다.

역사의 진보는 시대 의제에 대한 판단과 중요성이 사회주의 길의 선택과 본질적인 범주 획정에 직접 관련되어 있다는 것을 웅변하고 있다. 중국 특색의 사회주의는 평화와 발전 시대의 사회주의이지 제국주의와 무산계급 혁명 시대의 사회주의가 아니고 자유자본주의 시대의 사회주의도 아니다. 따라서 전통 사회주의와 많은 부분에서 서로 다른 본질적인 특징을 가지고 있다. 그러므로 중국 특색의 사회주의가 완전히 전통적 사회주의와 동등하다고 간단히 말할 수 없다. 이것이 바로 우리가 중국의 길의 본질을 심각하게 인식하고 있고 과학적으로 파악하고 있는 기본 시각이다.

둘째, 중국의 길은 사회주의 초급단계의 사회주의 발전의 길이다.

어떠한 사회 형태 모두 초급단계에서 고급단계, 미성숙 단계에서 비교적 성숙한 단계로의 순환 과정이고 점진적인 상승의 과정이다. 따라서 마르크스는 "사회발전은 일종의 자연 역사 과정이고 이러한 과정은 서로 다른 순서에 따라 서로 다른 역사 시대에 서로 다른 단계를 통해서 앞으로 발전해 간다"[17] 고 말했다. 사회발전의 '서로 다른 단계'를 깊이 있게 드러내 보이는 것은 사회발전 규율을 깊이 인식하고 파악하는 중요한 전제이다. 사회주의 사회 또한 일종의 '서로 다른 단계를 통해서' 앞으로 나아가는 '자연 역사 과정'이다. 사회주의가 처한 역사 지위에 대한 판단이 정확한지는 사회주의 본질에 대한 지위가 과학

．．．．．．．．．．．．．．．．
17 『馬克思恩格斯全集(第23卷)』(北京: 人民出版社, 1972), 784쪽.

적인지와 관련되어 있고 또한 길의 선택이 효과적으로 갈 만한 것인지와 직접 관련되어 있다.

마르크스와 엥겔스는 유럽 자본주의 사회의 실천에 근거하여 미래 사회주의 발전 단계에 대해서 대략적으로 예측했다. 즉 사회주의 사회를 공산주의 사회의 '첫 번째 단계'로 위치 시키고 사회주의 사회를 잠시 거쳐 가는 과도 단계로 설정했다. 레닌은 소련 사회주의를 실천하는 과정에서 비록 사회주의 혁명과 건설의 복잡성과 어려움을 인식하고 있었지만 시간이 매우 짧았기 때문에 사회주의가 도대체 몇 단계를 거쳐서 비로소 공산주의 사회로 이행하는지에 대한 명확한 판단을 내리지 못했다. 사회주의 발전 단계 문제에 있어서 스탈린은 이론적인 공헌을 했지만 중대한 착오도 범했다. 이것은 바로 사회주의 기본제도의 건립을 사회주의 건설로 인식하고 급하게 공산주의로 넘어가는 과도기로 인식했기 때문이다. 이러한 '단계 초월(超階段)'의 실수와 착오는 기타 사회주의 국가 내지 모든 국제공산주의 운동에 엄중한 영향과 심각한 폐해를 초래했다.

우리 당의 사회주의 발전 단계에 대한 인식 또한 곡절의 과정을 겪었다. 지난 세기 50년대, 우리나라 건설의 길을 탐색하는 과정에서 비록 마오쩌둥 또한 일찍이 우리나라의 사회주의가 아직 '저발전' 단계에 처해 있다고 말했지만 유감스러운 것은 이러한 정확한 인식 또한 매우 많은 지지를 얻지 못하고 공통된 인식을 형성하지도 못했다는 점이다. 매우 오랜 시간 동안 우리는 소련이 기도했던 '단계를 초월한' 사회주의 건설의 착오를 되풀이했다. 국제공산주의운동과 우리나라 사회주의의 긍정적인 역사와 부정적인 역사 경험을 종합해서 개혁개방이라는 새로운 시기에 들어서 우리 당은 '우리나라는 여전히 그리고 장기간 사회주의 초급 단계에 처해 있다'는 과학적인 판단을 명확하게 제기했다. 또한 이러한 기본적인 국정에 의거하여 '하나의 중심, 두 개 기본점'이라는 기본 노선을 제정했다. 거듭 밝히자면, 우리가 건설하려는 사회주의는 초급단계의 사회주의이고 반드시 모든 것은 사회주의 초급단계의 실제에서 출발해야 한다. 사회주의 초급 단계론은 중국 특색의 사회주의 길의 개척과 확장에 기초적인 중대한 의미를 갖고 있다. 또한 중국 국정(國情)에 부합하는 초급단계의 사회주의, 바로 이것은 중국의 길의 본질에 대한 가장 정확하고 가장 통찰력 있는 게

시판이기도 하다.

　　바로 우리 당이 시종일관 사회주의 초급단계라는 이 과학적인 위상을 견지하고 있어서 결과적으로 규율에 부합하는 중국의 길을 부단히 개척하며 앞으로 나아갈 수 있었다. 당의 18대는 사회주의 초급단계와 중국의 길의 본질 관계에 대해서 진일보한 규율성 시사점을 만들어냈다. "중국 특색의 사회주의 건설이 항상 기본으로 삼는 것은 사회주의 초급단계"라는 점을 명확하게 언급했다. 또한 "우리는 우리나라가 여전히 그리고 장기간 사회주의 초급단계에 처해 있다는 기본 국정은 변화가 없고 국민의 나날이 증대하는 물질문화 수요와 낙후된 사회 생산 간의 모순, 즉 사회모순이 변하지 않고 있고 우리나라는 세계 최대의 발전도상국 국가라는 국제적인 지위 또한 변화가 없다는 것"[18]을 매우 분명하게 인식해야 한다. 이 세가지 '변하지 않는 것'이 바로 우리들의 과학적 인식이며 장기간 견지해야 하는 것이고 부단히 개선해 나가야 하는 중국의 길의 근본적인 원칙이다. 실천이 우리들에게 분명하게 드러내 보였다. 중국의 길의 부단한 확대 과정에서 어떠한 상황에서도 모두 사회주의 초급단계라는 이 최대의 국정(國情)을 확실하게 파악해왔으며, 어떠한 방면의 개혁과 발전을 추진하더라도 모두 사회주의 초급단계라는 이 최대의 실제적인 현실에 기반해 왔다. 스스로 보잘것없다고 함부로 하지 않고 자존감이 크다고도 하지 않고 견실하고 견고하게 중국 특색의 사회주의의 새로운 승리를 쟁취해 왔다.

　　셋째, 중국의 길은 인민주체의 사회주의 발전의 길을 견지하는 것이다.

　　인민주체 지위를 견지하는 것은 인간 해방의 길을 도모하는 것이고 인간의 전면적인 발전을 실현하는 것이며 이는 또한 과학사회주의의 본질과 정수이다. 과학사회주의 학설은 본질적인 의미에서는 곧 인간 해방과 인간 발전의 학설이다. 『공산당 선언』이 높이 평가받는 것은 인간 해방과 전면적 발전으로부터 사회주의 본질과 목표에 대한 과학적인 정의를 내렸다는 점이다. 즉 사회주의는 바로 "개개인의 자유 발전이 모든 인간의 자유 발전의 조건"이라는 이러한 '하

· · · · · · · · · · · · · · · ·

18 『在中國共産黨第十八次全國代表大會上的報告』(北京: 人民出版社, 2012), 13쪽, 16쪽.

나의 연합체'를 만들어내는 것이다.[19]

인간 해방과 자유의 전면적인 발전을 본질과 목표로 해서 사회주의 장기 발전 과정에서 시종일관 반드시 인민주체를 견지해야 하고 반드시 사람이 근본(以人爲本)인 자신의 핵심 가치 이념을 견지해야 한다. 사람을 근본으로 하는 것은 '신을 근본으로(以神爲本)', '물질을 근본으로(以物爲本)' 그리고 '권력을 근본으로(以權爲本)' 하는 가치관의 근본적인 부정이다. 이러한 가치관의 근본적인 부정은 사회주의에 전면적이며 새로운 가치 의미를 부여한다. 사실상, 사람을 근본으로 한다는 것은 사회주의만 독자적으로 가지고 있는 가치 품질과 가치 추구는 아니며 인류사회 발전 역사에서 보편적으로 가지고 있는 가치 의미이다. 중국 고대 시대, 식자(識者)는 매우 일찍이 '백성이 나라의 근본(民爲邦本)'이라는 사상을 제기했으며, 많은 정명(精明)한 통치 계급 또한 이미 사람을 근본으로 수진제가치국평천하의 가치를 추구했다. 근대 서방 자산계급의 인문주의 사조는 인도주의 기치를 더욱 고양하고, '인권'과 '민주'를 핵심 가치로 삼았다. 당연히, 중국 고대의 사람을 근본으로 하는 관념이든 아니면 서방 자산계급의 인본주의 사조 든 본질에서는 모두 사회 현실에서 이탈하는 추상적인 인성론이며 오직 마르크스주의의 인간의 해방과 인간의 자유의 전면적인 발전에 대한 사상만이 사람을 근본으로 하는 진정한 의미의 과학적인 그리고 운용성(操作性)과 지속성을 가진 내적 함의를 부여하고 있다. 따라서 사람을 근본으로 하는 것이 완전하게 사회주의의 전체 이론과 실천으로 녹아들 수 있어야 하며 사회주의의 가장 본질적인 규정이 되어야 한다.

인민주체 지위를 견지하는 것은 중국의 길의 가장 본질적인 특징이며 또한 가장 근본적인 요청이다. 시진핑은 중국 특색의 사회주의의가 근본적으로 도달하는 것은 '중국 인민 스스로 선택한 길'이며 '인민의 아름답고 좋은 생활을 창조하는 반드시 가야 하는 길'이라고 반복적으로 강조하고 있다.[20] 당의

. . . .

19 『馬克思恩格斯選集(第1卷)』(北京: 人民出版社, 1995), 294쪽.

20 『習近平關於實現中華民族偉大複興的中國夢論述摘編』(北京: 中央文獻出版社, 2013), 22쪽, 27쪽.

18대는 중국 특색의 사회주의의 새로운 승리를 쟁취하기 위해서 '반드시 확실하게 파악해야 하는' 8가지 '기본 요구'를 제기했다. 그 가운데 하나가 바로 '반드시 인민주체 지위 견지'이다. 18대 이후, 시진핑을 총서기로 하는 당 중앙은 인민의 아름답고 좋은 생활에 대한 열망을 분투 목표로, 전국 각 민족과 인민에 대한 책임을 중대한 정치적 책무로, 사회 공평과 정의 촉진 그리고 인민 복지 증진을 전면심화개혁의 출발점과 지향점으로, 인민을 의법치국의 전면 추진의 주체와 역량의 원천으로, 권력 제약 강화와 단호한 반부패 활동을 인민 이익에 대한 근본적인 보루로 제시했다. 이러한 일련의 치국이정의 중대한 조치 그리고 실제적인 효과는 중국 특색의 사회주의의 밝은 앞길을 힘 있게 확장시켰으며 이로써 중국의 길의 본질을 생동감 있고 유력하게 드러내 보였다.

넷째, 중국의 길은 경제, 정치, 문화, 사회, 생태문명을 전면적으로 추진하는 사회주의 발전의 길이다

중국 특색의 사회주의 건설 사업은 도대체 어떤 기본적인 요소로 구성되어 있는가? 어떤 방면에 역점을 두고 추진해야 하는가? 이것은 중국의 길의 본질과 전체 국면을 어떻게 이해할 것인가라는 중대 문제와 직접 관련되어 있다. 이 본질 문제에서 우리 당은 인식이 부단히 심화하는 과정을 경험했고 또한 실천과 탐색 과정에서 부단히 규율 탐색과 본질 현시(揭示)의 과정을 진행해 왔다. 물질문명과 정신문명의 '두개 문명'을 동시에 중시하는 전략으로부터 경제건설, 정치건설, 문화건설 등 '삼대 건설'을 총체적으로 추진했으며, 물질문명, 정치문명, 정신문명 등 '삼대 문명'의 상호 협조로부터 사회건설과 사회조화를 고도로 중시했으며, 경제, 정치, 문화, 사회 등 '사위 일체' 전략을 깊게 실천하고, 경제, 정치, 문화, 사회, 생태의 '오위 일체'의 전체 구도를 명확히 제기했다. 이를 통해서 우리 당의 중국의 길의 본질과 규율 인식에 대한 부단한 심화를 깊이 있게 반영했다. 당의 18대의 오위 일체의 총체적인 구도에 관한 체계적인 논술과 전략적인 배치는 중국 특색의 사회주의 규율 탐색에 관한 가장 새로운 성과이다. 이로써 우리는 중국의 본질에 대한 이해를 한층 과학화하고 전면화할 수 있게 되었다.

중국 특색의 사회주의 경제발전의 길, 중국 특색의 사회주의 정치발전의 길, 중국 특색의 사회주의 문화발전의 길, 중국 특색의 사회주의 사회발전의 길, 중국 특색의 사회주의 생태문명의 길 등 5대 기본 길을 포함한 중국의 길은 이 5개 방면 발전의 길의 유기적인 통일이다. 중국 특색의 사회주의 경제발전의 길은 바로 사회주의 시장경제의 길이다. 이 길의 과학적 의미와 기본 특징은 공유제 주체, 다종 소유제의 경제 공동 발전을 견지하는 것이다. 중국 특색의 사회주의 정치발전의 길은 바로 인민이 주인 되는 것을 실현하고 인민민주와 권리를 보장하는 길이다. 이 길의 과학적 의미와 기본 특징은 당의 영도, 인민의 주인됨, 의법치국의 유기적인 통일을 견지하는 것이다. 중국 특색의 사회주의 문화발전의 길은 바로 사회주의 선진문화를 발전시키는 길이다. 이 길의 과학적 의미와 기본 특징은 현대화되고 세계를 향하고 미래지향적이며 민족적이고 과학적이며 대중적인 사회주의 문화를 발전시키는 것이다. 중국 특색의 사회주의 사회건설의 길은 바로 사회의 조화로운 발전의 길이다. 이 길의 과학적 의미와 기본 특징은 사회 조화를 위해 서로 책임을 다하고 조화로운 사회를 함께 누리는 것이다. 중국 특색의 사회주의 생태문명의 길은 바로 아름다운 중국을 건설하고 중화민족의 영원한 발전을 실현하는 길이다. 이 길의 과학적 의미와 기본 특징은 인간과 자연의 관계, 인간과 환경의 관계를 실제적으로 잘 처리하고, 자원 절약형 그리고 환경 우호형 사회를 힘 있게 건설하는 것이다. 이러한 5대 기본 방향 외에 중국의 길은 또한 신형 공업화의 길, 신형 도시화의 길, 농업 현대화의 길, 현대 정보화의 길 등 일련의 구체적인 발전의 길을 포함하고 있다. 이러한 여러 기본적인 길과 구체적인 길은 상호 연계되어 있고 상호 협조적이며 총체적으로 추진되어 중국의 길이 점점 넓어지고 있다.

다섯째, 중국의 길은 독립 자주와 개방 포용이 서로 통일된 사회주의 발전의 길이다.

중국 특색의 사회주의가 전통 사회주의를 초월한 독특한 지점은 바로 독립 자주의 기본 방침을 견지하고 대외개방의 기본 국책을 견지하고 날카로운 시대적인 식견과 넓은 세계적 시야를 통해서 인류문명의 성과와 각국의 성공 경험을 적극적으로 본보기로 삼고 흡수하여 그것을 자신의 문명 수준을 높이는 중요한 자원으로 변화시켰다는 점이다. 바로 이러한 자주적인 선택, 자주적인 혁신과 대외개방 그리고 다른 국가의 장점을 흡수하여 통일시킨 발전 이념과 발전 전략이 중국의 길의 왕성한 생명력과 광활한 발전 전망을 부여했다.

　중국의 길의 형성과 확장은 먼저 중국공산당이 전국 각 민족과 인민을 영도한 자주적인 선택과 자주적인 혁신의 산물이다. 동시에 인류 문명의 성과와 각국 성공 경험의 결정체를 적극적으로 받아들이고 흡수한 것이다. 부단히 진행된 중국의 길의 탐색 과정에서 우리 당은 인민을 영도하여 시대적인 시야와 광범위한 안목으로 세계를 관찰해 왔고 시대와 더불어 함께 나아간다는 이론적 품격과 실천적 품격으로 국제 사무와 글로벌 경쟁에 참여해 왔다. 또한 적극적으로 학습하고 본보기로 삼는 과정에서 인류 사회 발전의 규율을 끊임없이 탐색하고 파악했으며 세계 구조 변화의 대 추세와 시대 발전의 큰 흐름을 파악했다. 그리하여 중국이 진정으로 세계에 편입해 들어가도록 이끌었으며 중국 특색의 사회주의의 대외 포용성과 국제 경쟁력을 끊임없이 높였다. 또한 개방과 포용 과정에서 끊임없이 자신을 완선하고 자신을 발전시키고 자신을 강건하게 만들었다. 이러한 고유의 품격이 바로 세계 사회주의 운동이 바닥에 놓여 있고, 각국 사회주의가 엄준한 도전과 딜레마에 직면한 역사적 조건에서, 오직 중국의 길만이 생기발랄하고 앞을 향해 나아가고 발전했던 중요한 원인이었다.

　역사적 경험을 총괄하는 기초 위에서 당의 18대는 평화발전과 포용발전의 전략 사상을 한층 선명하게 견지했다. 18대 보고는 평화와 발전의 시대적 주제와 대발전과 대변혁 그리고 대 조정의 세계 구조 변화에 직면하여 우리는 반드시 시종일관 흔들림 없이 평화발전의 길을 가고 세계 문명의 다양성과 발전의 길의 다양화를 존중하고 훨씬 자각적으로 중국의 발전을 세계 문명의 조류에 융합시키고 국제관계에서 평등과 상호 신뢰, 포용과 귀감, 협력과 공영의 정신을 홍양했다고 분명하게 언급했다.[21] 18대 이후, 시진핑을 총서기로 하는 당 중앙은 '다채롭고 평등하며 포용'의 세계 문명 이념을 견지했으며 '친성혜용(親誠惠容)'의 주변 외교 전략을 견지했고, '일대일로(一帶一路)'의 신형 전략 구조를 실시하고, 신형대국관계 건설을 힘 있게 추동하고 발전도상국가와의 단결과 협력을 힘 있게 강화했으며 중국의 길의 부단한 확대를 위해서 더욱 최적화된 외부 조건과 국제 환경을 만들어냈다. 이는 또한 더욱 개방적이고 포용적인 발전 이념과 발전의 실천 과정에서 중국의 길이 점점 많은 국가와 인민에게 인정을 받고 거대한 시대적 가치와 세계적 의의를 더욱 드러낸 것이다.

이상 다섯 가지 측면은 서로 다른 각도에서 중국의 길의 본질적 특징을 보여주었다. 이러한 본질적인 특징은 중국 특색의 사회주의 규율을 진일보하게 구체화시켰으며 또한 우리가 중국 특색의 사회주의 참뜻을 확실하게 파악하고, 중국 특색의 사회주의 사업을 추진하는 내재 논리의 근거이기도 하다.

4. 중국의 길과 '중국 모델'에 대하여

이후 한동안, 국내외 여러 사람들이 소위 '중국 모델'을 띄우고 있고 심지어 시진핑 총서기의 당중앙 치국이정(治國理政) 중대 전략을 '신권위주의'의 '중국판'이라고 말한다. 이는 국내외에 작지 않은 부정적 영향을 만들어냈다. 이것은 이미 첨예한 실천적 화제이며 또한 민감한 이론문제이다. 현재 중국은 이미 '중국 모델'을 만들어냈는가? '중국 모델'과 '중국의 길'은 무슨 관계인가? 중국 특색의 사회주의는 이종의 모델화(模式化)된 사회구조인가 아니면 일종의 동태화(動態化)된 발전 과정인가? 모든 이러한 류의 문제의 토론과 논쟁은 직접 어떻게 과학적으로 사회주의, 특히 중국 특색의 사회주의라는 이 기본 문제를 인식하는가에 연결되어 있고, 또한 새로운 역사 조건에서 중국의 길의 기본 입장과 기본 방향을 어떻게 진일보하게 개척할 것인가와 관련되어 있다. 따

. . . .

21 『在中國共産黨第十八次全國代表大會上的報告』(北京: 人民出版社, 2012), 47쪽.

라서 이 문제에 대한 새로운 해석과 명료한 분석이 필요하다.

과학사회주의 학설을 만들 당시 엥겔스는 바로 "사회주의가 과학으로 된 이래 사람들이 그것을 과학으로 봐주기를 요구했다. 이는 바로 사람들이 그것을 연구해야 함을 요구한 것이다."[22]라고 명확하게 지적했다. 과학적 태도로 사회주의를 인식하는 것은 사회주의의 기본 전제를 견지하고 발전시키는 것이다. 우리나라 개혁개방 30여 년의 역정이 바로 '무엇이 사회주의인지, 사회주의 과정을 어떻게 건설할지'에 대한 끊임없는 탐색과 답을 찾는 과정이었다. 이는 바로 무엇이 사회주의인지, 어떻게 사회주의를 건설할 것인지 문제를 인식하고 부단히 분석하고 심화하는 과정에서 우리 당은 인민을 이끌고 중국 특색의 사회주의 길을 성공적으로 개척해 왔다. 현재 이러한 길이 비록 이미 날로 개선되고 있지만 중국 특색의 사회주의는 여전히 실천 중에 있고, 중국의 길에 대한 인식도 여전히 실천 과정에서 부단히 심화의 필요성이 있고, 심지어 우리의 수많은 이론과 방법은 아직 실천 과정에서의 검토와 진일보된 개선을 필요로 한다. '무엇이 중국 특색의 사회주의인가, 중국 특색의 사회주의를 어떻게 건설할 것인가'에 대한 부단한 탐색과 회답은 '무엇이 사회주의인가, 사회주의를 어떻게 건설할 것인가'를 부단히 탐색하고 답을 모색하는 것에 대한 진일보한 확장과 연장이며, 새로운 역사의 출발점에서 중국의 길을 개척해 가는 중요한 전제이기도 하다. 이런 의미에서, '중국 모델'에 관한 토론과 논쟁은 '무엇이 중국 특색의 사회주의인가, 중국 특색의 사회주의를 어떻게 건설할 것인가'를 진일보하게 탐색하고 그 답을 구하는 중요한 접점이기도 하다.

필자는 소위 '중국 모델'이 중국의 길에 관한 일종의 오독(誤讀)과 오도(誤導) 혹은 중국의 길의 본질과 참뜻과는 동떨어진 명제이기 때문에 제창(提倡)이나 선전에 적합하지 않다고 생각한다. 그 이유는 다음과 같다.

첫째, 우리나라는 여전히 사회주의 초급단계에 처해 있다. 우리가 건설하려는 것은 '초급단계의 사회주의'이다.[23] 비록 30여 년의 개혁과 발전을 통해서,

....

22 『中國共産黨第十八次全國代表大會報告』(北京: 人民出版社, 2012), 10-12쪽.
23 『鄧小平文選(第3卷)』(北京: 人民出版社, 1993), 252쪽.

여러 방면에서 비약적인 진보가 있었다. 그러나 사회주의 초급단계라는 이 기본적인 국정은 변하지 않았고 인민의 나날이 증가하는 물질문화의 수요와 낙후된 사회주의 생산 간의 모순, 즉 사회주의 주요 모순은 기본적으로 변하지 않았다. 우리나라는 여전히 세계에서 가장 큰 발전도상국이라는 속성과 지위는 변하지 않았다. 이 세 가지 '변하지 않은 것'이 현 중국이 모종의 모델화의 뭔가를 만들어낼 수 없다는 것을 결정한다. 또한 몇몇 현행 제도, 체제와 방법을 소위 '중국 모델'이라고 개괄하는 것을 불가능하다. 그것은 단지 맹목적인 자만 심지어 현실에 안주하는 것을 초래할 뿐이고 사회주의 초급단계의 개혁과 발전을 깊이 있게 추진하는 데 백해무익할 뿐이다.

둘째, '모델'이라 불리기 위해서는 최소한 두 가지 기본 속성, 즉 응고성(凝固性)과 복제 가능성(可複制性)을 구비해야 한다. 그러나 현재 진행 중인 중국 특색의 사회주의는 이 두 가지 기본 속성을 갖추지 못하고 있으며 또한 갖춰서도 안 된다. 중국 특색의 사회주의는 끊임없는 개혁과 발전의 실천 중에 요구되는 점점 자기완성(自我完善)의 과정을 걸어야 하기 때문이다. 엥겔스는 초기에 이미 "소위 말하는 '사회주의 사회'는 하나의 불변의 것이 아니며 반드시 다른 사회제도와 마찬가지로 그것이 간주하는 것은 항상 변화하고 개혁하는 사회"[24]라고 말했다. 사회주의 사회는 매우 긴 역사적 과정이며 '늘 변화와 개혁'이 필요하기 때문에 겨우 몇 십 년의 역사를 가진 중국 특색의 사회주의가 어떻게 이미 정형화된 모델이라고 말할 수 있겠는가? 레닌은 "모든 민족이 모두 사회주의로 향하는 것은 피할 수 없는 일이지만 모든 민족의 가는 길이 모두 완전하게 같을 수는 없고, 민주의 이런저런 형식에서, 그리고 프롤레타리아 독재의 이런저런 형태에서, 사회생활 각 방면의 사회주의 개조의 속도에서, 모든 민족은 모두 자신의 특징을 가질 수 있다"[25]고 언급했다. 국제공산주의운동의 긍정적이고 또한 부정적인 경험이 이를 깊이 있게 설명하고 있다. 즉 사회주의는 절대로 정형화된 모델이 될 수 없으며 일국의 경험이 모델로서 도처에 복제될 수 없다. 반

. . . .

24 『馬克思恩格斯選集(第4卷)』(北京: 人民出版社, 1995), 693쪽.

25 『列寧選集(第2卷)』(北京: 人民出版社, 1995), 777쪽.

드시 과학사회주의 기본 원칙 지도하에서 각국 국정에 부합하는 독특하게 창조되는 것이다. 나날이 다극화와 다원화로 향하는 현 세계에서 일체의 사회제도와 체제는 모두 각자의 특수성을 가지고 있고, 다른 나라에 수출되거나 복제 되어서는 안 된다. 선명한 시대적 특징과 중국의 특색을 갖춘 중국의 길은 어떠한 이유로도 정형화된 일종의 경직된 모델로서 다른 나라에 수출되고 복제되는 것을 원치 않는다.

셋째, 국제공산주의 운동사에서 이른바 '소련 모델'의 제안과 대외 수출 그리고 복제 때문에 각국 사회주의에 심각하고 중대한 영향 내지 재난성 결과를 가져왔다. 이 교훈은 영원히 기억해야 할 가치가 있다.

지난 세기 50년대, '소련 모델'을 모방했기 때문에 우리나라 사회주의 건설은 수많은 우여곡절을 겪었고 심지어 심각하고 중대한 폐해를 남겼다. '중국 특색의 사회주의', 이 과학적 명제의 형성과 제안은 많은 부분에서 '소련 모델'에 대한 부정과 반성의 결과이다. 앞서 경험을 거울삼아 후대의 귀감으로 삼아야 한다. '소련 모델'이 이미 역사의 옛 흔적이 된 오늘날 우리는 왜 여전히 속박되고, 소위 말하는 '중국 모델'에 연연해하고 또한 그것을 추진하려고 하는가?

넷째, 훨씬 엄중한 것은 바로 국내외 여러 사람들이 소위 '중국 모델'을 띄우는 데는 심각한 배경과 목적이 있다는 것이다. 2004년, 미국학자 라모(Joshua Cooper Ramo)가 중국 발전에 관한 연구보고서에서 처음으로 '중국 모델', '베이징 컨센서스' 등 개념을 제시한 이후 많은 반향을 불러일으켰다. '중국 모델'이 회자된 것은 2008년 세계금융위기 이후이다. 2008년 이후, '중국 모델'은 신속하게 퍼져나갔으며 핫 이슈가 되었다. 여기에는 여전히 무시할 수 없는 두 가지 배경과 목적이 있다. 하나는, 중국이 전국적인 힘을 모아 원추안(汶川) 대지진을 극복하고, 성공적으로 베이징 올림픽을 개최하고, 전 세계 금융위기를 막아낸 성과와 방법을 고도 집권의 계획경제로 실행했다는 점이다. 여러 사람들은 이러한 성취와 방법을 소위 말하는 '중국 모델'로 개괄했으며, 추호의 의심 없이 시장경제개혁의 의구심과 부정의 기조를 가져왔다는 점이다. 두 번째로, '중국 위협론', '중국 책임론'에서 '중국 모델론'까지 서방 사회의 이러한 일련의 행태에 모종의 불량한 동기가 개입되어 있다는 사실이다. 이상의 배경과 목적, 거기에 더해서 국내 이론계 일부 사람들은 편협한 이해(望文生義)와 맹목적인 추종(盲目跟風)으로 '중국 모델'의 선전 효과를 만들어내고 전파했으며, 종종 시대의 요구와 중국의 길과 본질적으로 배치되는 좋지 않은 결과를 만들어냈다. 심지어 일부 사람들은 시진핑의 치국이정(治國理政)의 신사상, 신전략, 신조치를 '신권위주의'의 '중국판'이라고 말하기도 하는데 이것은 곧 행동과 목적이 상반된(南轅北轍) 황당무계한 말일 뿐이다.

학문적으로 중국의 길과 '중국 모델'의 구별을 분명히 하고, '중국 모델'의 목소리를 약화시키고 중국의 길이라는 공통된 인식을 강화하는 것은 현재 중국의 국제사회에 대한 영향력을 약화시키는 것이 아니며, 오히려 현재 중국의 국제적인 우호 이미지를 적극적으로 높이는 것이고, 중국의 길의 현재적 가치와 의의를 충분히 해석하는 것이다. 왜냐하면 현 세계 각국의 경쟁과 비교는 본질적으로는 바로 길 선택의 경쟁과 비교이기 때문이다. 길은 국가의 앞길과 직결되고 인민의 명운과도 직결된다. 어떠한 이데올로기를 신봉하든, 어떠한 사회제도를 실행하는 국가이든 오직 발전의 길은 본국의 국정에 부합하고 본국 대다수 사람들의 이익에 부합하는 것을 선택해야 한다. 그래야만 반드시 경제적 번영과 정치적 안정, 인민의 행복과 장기간의 태평성대를 실현할 수 있다. 이와 반대로 현실에 안주하고 소위 말하는 '모델'의 제조에만 열을 올린다면 자승자박에 빠지는 것이며, 그 길 또한 점점 좁아질 것이고, 결국 국가와 사회가 생기와 활력을 잃게 되고, 인민 또한 내재적 동력을 잃게 될 것이다. 이것이 바로 영원히 기억해야 할 가치가 있는 역사적인 교훈이다.

중국의 길의 국제 차원

신시기 중국 외교사상, 전략과 실천의 탐색과 혁신

양제몐(楊潔勉, 상하이국제문제연구원)

신시기 중국의 외교는 전통을 계승하는 동시에 탐색과 혁신 역량을 강화해 왔다. 즉 다중 속성의 대국외교사상, 시대와 함께 나아가는 전략 사고와 적극적이고 진취적인 외교 실천을 체현했다. 시진핑(習近平)을 총서기로 하는 영도집단은 중국 특색의 외교사상과 전략건설을 추진하여 중국의 대국외교 실천을 풍부하게 했으며 중국 외교의 책략과 발전 방향을 이끌어왔다. 그러나 중국이 나아가는 길은 늘 순탄할 수만은 없으며 중국은 외교이론, 전략, 실천에 있어서 시종일관 빈틈없는 고도의 경계심이 필요하며 중대한 과오를 범해서는 안 된다. 앞으로의 중국 외교는 이론 건설 방면에서 한층 체계적이어야 하며, 전략 사고 방면에서 더욱 치밀함이 요구되고, 정책 조치 방면에서 훨씬 주도면밀해야 하며, 여론 방면에서 더욱 앞서가야 하고, 외교 업무 성과에서 훨씬 큰 성취를 이뤄야 한다.

당의 18대 이래(본문에서는 '신시기'로 부름) 중국 외교는 시진핑을 총서기로 하는 당중앙의 지도 하에 전통을 계승하는 동시에 탐색과 혁신의 힘을 강화해왔다. 사회주의, 발전도상국 그리고 세계 '3중성(三重性)'이라는 대국외교사상, 시대와 함께 전진하고 포용하고 서로 거울로 삼고, 협력하고 상생하는 그리고 협력하되 동맹을 맺지 않는 전략 사고를 체현하고, 적극적으로 대응하고 주동적인 외교 실천을 체현해 왔다. 신시기 중국 외교 사상, 전략과 정책은 중국 특색 외교이론과 실천의 구성 요소이다. 기회와 창조적인 조건 그리고 도전에 응대하는 과정에서 끊임없이 충실히 하고 발전시키고 완선시키는 것이 필요하다. 그리하여 '두 개의 백년' 분투 목표, '중국의 꿈' 그리고 세계의 평화, 발전, 협력, 상생의 실현을 위해 훨씬 큰 공헌을 해야 한다.

1. 역사적 배경과 시대적 요구

지금 세계는 전례 없는 중대변화를 겪고 있다. 추이리루(崔立如)연구원의 정의에 따르면, 중대변화란 "세계 장기 발전 변화가 가져온 중대한 결과를 가리키는 것뿐만 아니라 그 과정 가운데 출현한 역사적인 전환점 혹은 급격한 변화를 강조하는 것"이다.[1] 현재, 세계화 시대의 전환과 아시아 형세의 변화는 중국이 직면하고 있는 외부의 새로운 환경이고, 국내 개혁과 사회 발전이 전환기에 접어들고 있는 것은 중국이 반드시 대응해야 하는 내부의 새로운 도전이다. 국내외 정세의 급속한 발전은 중국 외교가 전통을 계승하는 기초 위에서 탐색과 혁신의 능력을 더욱 강화해야 함을 요구한다.

(1) 중국 발전의 필요성

중국 외교는 먼저 국내정치, 경제, 사회, 문화 등 측면의 발전 수요에 복무해야 한다. 개혁개방 30여 년 동안 중국의 종합국력은 끊임없이 증가했고, 정치와

---

1 崔立如, "國際格局轉變與中國外交轉型", 『國際關系研究』, 2014年 第4期, 3쪽.

경제 체제는 지속적으로 발전했으며, 사회여론 환경은 거대한 변화를 만들어냈다. 또한 중국 외교의 내적 함의와 외연은 부단히 확대되었으며 국가 내정과 외교가 상호 연동하고 서로 떼어 놓을 수 없는 관계를 형성했다. 국내 환경의 다원화·다양화는 중국 외교사상이 더욱 완전해질 것을 요구하고 있고, 외교 전략은 시대와 함께 나아가고, 외교 실천은 더욱 성숙해지고 있다. 중국 외교가 전면적으로 현대화를 실현할 것을 요구하고 있고, 국내 이해와 지지의 기초가 부단히 충실해지기를 요구하고 있다. 결론적으로, 중국 외교는 오직 끊임없이 혁신해야 비로소 국가의 핵심 이익과 중대 이익을 훨씬 잘 수호할 수 있고, 중화민족의 위대한 부흥이라는 민심과 민의를 훨씬 더 많이 체현할 수 있고, 양호한 외부환경을 더욱 효과적으로 창조할 수 있으며, 국가의 경제와 사회발전을 더욱 힘있게 추진할 수 있다.

(2) 아시아 발전의 필요성

중국은 아시아 지역의 주요 대국이기 때문에 중국 외교는 반드시 아시아의 발전에 더욱 큰 공헌을 해야 한다. 19세기 말에서 20세기 초 이래로 아시아 국가는 민족각성, 국가독립, 정치경제 발전이라는 세 가지 단계를 경험했다. 이 과정에서 역사 전진을 추진하는 영수 인물과 시대를 이끌어 나가는 사상이 수없이 많이 출현했다. 인도에는 간디, 베트남에는 호치민(胡志明)과 호치민사상이 있고, 싱가포르에는 리광야오(李光耀)와 리광야오사상이 있고, 말레이시아에는 마하티르(Mahathir)와 마하티르주의 등이 있다. 중국에서는 마오쩌둥(毛澤東), 덩샤오핑(鄧小平), 장쩌민(江澤民)과 후진타오(胡錦濤) 등 영도 집단들이 중국식 마르크스주의를 구현하고 중국 특색의 사회주의 이론체계를 건립, 발전시켜왔다. 아시아 지역 전체적으로는 2차 세계대전 이후 중국이 순차적으로 제안한 '평화공존 5원칙', '아시아 가치관', '아세안 합의'와 '상하이 정신' 등은 모두 역사의 검증을 거쳐서 아시아에서 세계로 국제사회가 인정하고 공감하는 방향으로 나아갔다. 오늘날 아시아는 이미 세계경제발전의 주요 동력이 되었다. 지역 대국과 지역 자족의 정치와 전략적 역할은 점점 증대하고 있다. 그러나 일부 아시아 국가에는 시대를 거스르는 우익적 사조와 극단주의 사조가 출현하고 있어 아시아 특색의 외교사상과 실천이 더욱 요구된다. 현재, 아시아는 경제사회 발전에 특별히 초점을 맞추어 각종 경제협력 메커니즘의 통합, 안보 관념의 혁신, 안보의 새로운 프레임 건설 등이 필요하다. '일대일로(一帶一路)' 건설 강화, 각종 지역 내외 우려 상황 퇴치, 아시아의 평화로운 발전을 만들어가는 새로운 환경이 요구된다.

(3) 발전도상국가 발전의 필요성

발전도상국은 현재 국제관계 체제 내에서 대다수를 차지하고 있으며 현 국제관계 민주화의 주요 동력이다. 20세기 50년대의 아시아-아프리카 회의, 반둥(Bandung)정신, '비동맹운동', '77국가 그룹' 등 모두 국제정치와 경제 영역에서 적극적인 역사적인 역할을 발휘했다.

21세기에 진입한 이래로 많은 발전도상국들은 공정하고 합리적인 새로운 국제질서 건립을 계속 호소하고 있다. 전략적 피동 국면을 바꾸고 전략적 주동성을 강화하고 당대 세계 발전에 부합하는 발전의 길을 적극적으로 도모하고 있으며, 각종 전통과 비전통, 지역과 글로벌 도전에 잘 대응하고 있다. 그러나 발전도상국은 현재까지 전체로서 내생적이며 전면적인 외교이론체계, 공동으로 일치된 전략적 목표, 상호 호응하는 정책 조치 그리고 그 몸짓에 상응하는 발언권과 규칙 제정권을 갖추지 못하고 있다. 다수의 발전도상국은 소프트파워를 키워야 하며, 중국 등 발전 대국이 외교이론 구축, 전략 책략과 정책규획 등 방면에서 한층 더 큰 역할을 발휘할 것을 기대하고 있다.

(4) 세계 발전의 필요성

당의 18대 보고는 세계 다극화, 경제 글로벌화의 심화 발전, 문화 다양화, 사회 정보화의 지속적인 추진을 제안했다.[2] 상술한 '4화(四化)'는 세계 발전 추세를 전면적으로 언급했다. 또한 '4화'는 긍정적인 에너지를 배가하고, 협력과 상

. . . .

2 "十八大報告(全文)", 『新華網』, http://www.xj.xinhuanet.com/2012-11/19/c_113722546_11. htm, 2015年1月4日.

생을 실현하고, 새로운 사상의 수립, 새로운 전략의 제정, 새로운 정책의 실시를 담고 있다. 현재 각종 세계문제와 국제관계에 관한 건의와 계획 중 중국이 제창한 일련의 이론과 실천은 국제사회의 주목을 받고 있다. 비록 그 동기는 다르지만 발전국가와 발전도상 국가들은 모두 중국이 국제사회에서 더 큰 역할과 의무를 다하며, 경제와 물질 측면에서부터 사상문화 측면에 이르기까지 이론전략과 여론 선도 측면에서 광범위한 역할을 요구하고 있다. 이와 동시에 중국은 세계 평화, 발전, 협력, 상생을 위해 공헌해야 하고, 세계적 의의를 갖는 이론 연구에 천착하고, 글로벌 의식과 대국 책임감을 강화하고, 국제체계가 더욱 공정하고 합리적인 방향으로 발전할 수 있도록 하는 자율성을 추동해야 한다.

2. 중국 외교사상의 혁신과 발전

신시기의 중국 외교는 마오쩌둥, 덩샤오핑, 장쩌민, 후진타오의 외교사상을 계승하고, 중국과 외국의 우수한 문화전통을 발전시켰으며 또한 세계 각국의 외교 사상을 거울로 삼고 있다. 그러나 현재 내외 경제, 정치, 외교, 과학기술과 사회 환경의 급속한 변화 그리고 중국의 다중적인 국제 정체성의 심화와 발전에 따라 중국 외교는 새로운 수많은 도전과 임무에 직면하고 있으며 탐색과 혁신이 현 중국 외교사상 건설의 중점이 되고 있다.

(1) 사회주의 중국 외교사상 건설

서구가 여전히 국제사회 외교사상을 주도하고 있는 오늘날, 동아시아 사회주의 대국의 특색을 가지고 있는 외교사상의 건설은 중국공산당의 지도 하의 사회주의 중국에게는 특히 중요하다.

1) 내적 함의가 점점 풍부해지고 있는 사회주의 중국 외교사상

2년 동안 전면심화개혁, 거버넌스 체계와 능력 건설 그리고 의법치국(依法治國)의 추진은 중국 특색의 사회주의 건설의 이론과 실천을 풍부하게 했을 뿐 아니라 중국 외교사상에 새로운 의미를 불어넣었고, 국내개혁과 국제발전의 연동성, 국내정치와 국제정치의 일치성을 강화했다. 쑤창허(蘇長和) 교수는 이번 지도부 집단은 외교 물질 기초를 강화하는 동시에 "사상기초건설을 중시하고 중국 인민의 자신감을 강화하고, 자강·자립·자신의 자세로 국제교류에 참여하여 독립자주적인 외교활동에 대한 사상적 기반을 제공했다"[3]고 말했다. 이밖에, 서아시아 북아프리카에 두드러지게 나타나고 있는 극단주의와 테러리즘에 직면하여 중국 외교사상은 경로, 이론, 제도와 가치관의 자신감을 강화함으로써 더욱 당의 외교 지도와 국가 전체의 안보를 중시했다. 이것들은 모두 국제정세가 변화무쌍한 시대에서 사회주의국가 외교에 새로운 사상과 이론이 축적된 경험을 제공했다.

2) 평화공존 5원칙의 새로운 의미를 부여한 사회주의 중국

평화공존 5원칙은 중국 외교에 매우 중요한 초석이다. 《중화인민공화국헌법》에는 "중국은 독립자주의 외교정책을 견지하고, 주권과 영토의 상호존중, 상호 불가침, 상호 내정 불간섭, 호혜평등, 평화공존 등 5원칙을 견지한다"고 적시하고 있다. 사회주의 중국 초창기에 중국과 인도, 미얀마는 평화공존 5원칙을 함께 제창했고 신중국 외교에 있어 도의적 지지를 얻어냈다. 탈냉전 초기에 평화공존 5원칙은 사회주의 중국이 미국 등 서방의 충격을 방지할 수 있는 외교 원칙의 방파제가 되었다. 오늘날 사회주의 중국은 평화공존 5원칙을 해석함에 있어 "주권평등, 공동안보, 공동발전, 상생협력, 상호포용과 공평정의"을 제시하여 사회주의 중국에 끊임없이 강대해지는 자신감과 진취의식을 한층 더 체현했다. 또한 "새로운 정세에서 어떻게 이 5원칙을 발전·확대시킬 수 있는지를 탐색하고, 신형대국관계 건립을 추동하고, 상생협력의 아름다운 세계를 공동으로 건설할 것인가"[4]에 최선을 다하고 있다.

. . . .

3 蘇長和, "習近平外交理念'四觀'", 『人民論壇』, 2014年 第6期, 28-30쪽.
4 "習近平在和平共處五項原則發表60周年紀念大會上的講話(全文)", 『新華網』, http://news.xinhuanet.com/world /2014-06/28/c_1111364206. htm, 2015年1月3日.

3) 비서방 선택의 새로운 길을 확대한 사회주의 중국 외교사상

국내건설이 성과를 거두고 국제지위가 나날이 높아지는 상황에서 중국 사회주의 발전의 길은 새로운 시대적 의미를 갖는다. 국제사회에 서방의 길과 다른 선택을 제공했고 다원화 세계에 사회주의 신사상과 새로운 실천을 제공했다. 냉전 종식 초기에 비해서 신시기 중국 외교사상은 더욱 사회주의적 요소를 중시하고 있다. 합리적이며 당당하게 국제사회에 '중국의 꿈', '새로운 의리관(新義利觀)', '국제관계 민주화' 등의 이념을 제시하여 세계 여러 나라 국정에 부합하는 '업그레이드 버전'의 발전의 길을 선택할 수 있도록 공헌하고 있다.

(2) 발전도상 대국의 외교사상 건설

중국은 발전도상 대국으로서 그 정치와 외교 기초는 발전 중인 세계에 뿌리를 두고 있다. 중국과 다수의 발전도상 국가들은 외교사상 방면에서 의기투합하며, 중국의 외교사상은 각 단계에서 발전도상국의 사상과 그 방향에 있어 저마다의 필요한 의미로 체현되었다.

1) 아시아 발전도상국가의 외교사상 체현

아시아는 발전도상국들이 집중된 지역으로, 중국 외교사상은 아시아 발전도상국들의 현저한 특징을 담고 있다. 오늘날의 아시아 발전도상국 외교사상은 지역협력 방면에서 집중적으로 나타나고 있다. 아시아 지역과 각 국가들은 지역 협력을 통하여 정치, 외교, 경제와 문화 방면에서 모두가 영향력을 발휘하고 있다. 중국은 아시아 발전도상 국가들의 첫 번째 임무는 발전이며 군비경쟁이 아니라고 인식하고 있다. 이에 중국은 "아시아 사람이 아시아 일을 관리한다"는 사상을 제안했다. 중국은 무역 · 금융 협력, 호연호통(互聯互通), 아시아 가치관 · 의식 건설 등의 영역에서 아시아 발전도상국가의 외교사상의 집중 체현에 노력하고 있다. 따라서 매우 큰 축적 효과와 지도 의미를 가지고 있다. 중국이 제창하는 '아시아의 꿈(亞洲夢)'과 '아시아 · 태평양 꿈(亞太夢)'은 최대한도로 아시아 공동발전 방향을 포용하고 있다.

2) 세계 발전도상 국가의 외교사상 체현

냉전시기, 많은 발전도상국들은 '비동맹' 외교사상을 형성했고, 공정하고 합리적인 국제질서라는 외교 목표를 세웠다. 탈냉전 이후부터 발전도상국들은 지역 '연합자강(聯合自强)' 외교사상을 형성했다. 이것은 국제 체계와 질서 개편과 발전 중에 점차 체현되었다. 중국은 발전도상국들과 함께 호흡하고 운명을 함께 하며 중국-아세안 협력 체계, 중-아프리카 협력 포럼, 중-아랍 협력 포럼, 중국-남태평양제도 포럼, 중-라틴아메리카협력 포럼 등 발전도상국 지역협력 기제를 만들어냈다. 경제와 정치적 고려에 기초하여 중국은 발전도상국의 속성을 견지하고 외교사상 속에서 발전도상국 간의 협력을 강조하고 이들 국가들이 원하는 것을 반영하였다. 이것은 시대와 함께 전진하고 단·장기적 이익을 동시에 고려하는 외교사상이며 시대의 조류에 맞게 새로운 사상과 내용을 반영한 것이다.

3) 발전도상 대국의 외교사상 체현

브릭스 국가들을 대표로 하는 발전도상국들은 세계무대에서 현대 국제관계의 중요한 발전을 만들어가고 있다. 2009년 6월 중국, 러시아, 인도, 파키스탄 등 4개 국가 지도자들은 러시아에서 첫 회담을 개최하여 '브릭스 4개국' 협력 시스템을 공식 추동했다. 2010년 12월 남아공이 여기에 가입하면서 '브릭스 4개국'은 정식으로 '브릭스'로 명칭이 변경되면서 형태가 점차 완전해지고 협력 내용은 보다 구체화되는 등 국제 영향력이 점덤 더 확대되었다. 이 점을 고려하여 중앙외사공작회의(中央外事工作會議)는 발전도상국들이 중국의 '대국관계' 발전에 차지하는 역할을 강조했으며 이것이 중국과 다른 발전도상국들의 전진 방향과 경로에 새로운 표지이며 새로운 시대 의미를 부여한 것임을 명확히 했다. 중국의 발전도상국 외교사상은 기타 발전도상국의 목소리를 대표하고 있다. 브라질 상파울루 FAAP 대학 국제관계학 마커스 교수에 따르면 중국을 포함한 발전도상 대국들은 한층 더 세계 경제와 정치에 참여하고 있다. 발전도상 대국은 서방 선진국들이 주도하는 세계의 흐름을 바꾸고 발전도상국들이 더욱 큰 목소리를 낼 수 있도록 하는 중요한 역할

을 지니고 있다.[5]

(3) 글로벌 대국외교사상의 건설

2008년 이후로 중국은 세계가 인정하는 글로벌 대국이 되었고 중국의 글로벌 대국 외교사상의 건설은 더욱 절실하고 중요해졌다.

1) 대국외교의 사상 패러다임 수립

과거에는 중국의 종합 국력과 세계 영향력이 상당히 제한적이어서 세계무대의 변방에 있었다. 따라서 '저비용, 저위험, 고수익'의 외교사상을 체현하고 있었다. 그러나 국제 지위와 역할이 변함에 따라 중국은 중국 특색의 대국외교사상을 구축하고 있다. 시진핑 총서기는 외교철학사상 방면에 있어 "화합을 귀하게 여기고(和爲貴)" "나라가 강대해도 전쟁을 좋아하면 반드시 망한다(國雖大, 好戰必亡)"는 평화사상을 견지했다. 외교이익 측면에서는 "먼저 남을 위해 하지만 자신의 것이 쌓이고, 먼저 남에게 주지만 자신의 것이 더 많아진다(旣以爲人, 己愈有, 旣以與人, 己愈多)"는 대국 외교의 도량을 견지했다. 외교이념 방면에서는 대국의 눈으로 천하를 보고, 천하에 대응하고, 천하를 기획하며, 훨씬 많은 국제적 책임과 의무를 가지고 '발전하는 쾌속열차에 동승'하고 각국이 여기에 '무임승차'한다는 새로운 이론을 제시했다.

2) 당대 대국의 외교이론 구축 중시

근현대 국제관계에서 서방국가들은 강대국 외교이론을 500년 주도해 왔다. 전통 강대국 외교이론의 대부분은 강대국 게임이론, 지정학적 군사전략, 육상과 해상권을 둘러싸고 승자 독식의 측면에 집중되어 있는 등 서구 가치관과 이익을 위해 존재해 왔다. 시진핑 총서기는 "전례가 없지만, 후자들이 할 수 있다(前無古人, 後啓來者)"는 정신으로 지도원칙, 전략사상, 정책계획 등을 세워 앞을

· · · · · · · · · · · · · ·

5 "巴西學者說發展中大國應攜手共建國際新秩序", 『國際日報』, 2014年11月5日, http://www.chinesetoday.com/zh/article/943428, 2015年1月3日.

150

내다볼 수 있는 대국 외교이론 틀을 구축했다. 중국은 '중국의 꿈'과 '아시아태평양의 꿈'의 이상 추구 과정에서 중·러 간 '전략적 선도(戰略引領)', 중·미 간 '신형대국관계', '발전도상 대국', '운명공동체' 등 새로운 이념을 제시했다. 이는 전환기 국제관계의 내적 함의와 중국의 지위 재규정 등 방면에서 중국 특색의 대국 외교의 이론 틀과 이데올로기를 구축한 것이다.

3) 중국의 대국외교사상을 상세히 설명

정보화 시대의 외교는 강력한 홍보에 의탁할 필요성이 요구된다. 중국은 대국외교를 실행하는 데 있어서 홍보를 더욱 중시하며 주동적으로 선전 활동을 전개해 나가고 있다. 2년여간 중국은 각종 외교 자리에서 중국의 대국외교사상을 상세히 설명해 왔다. 시진핑 총서기는 "대국외교사상을 한층 더 잘 다듬고 설명하고, 대외 선전의 플랫폼과 장치를 더욱 확대해 나가고, 현재의 중국 가치관념을 국제 교류와 전파 방면으로 확장해내고, '중국의 꿈'의 선전과 설명을 잘 전파하여 현재의 중국 가치관과 밀접하게 결합시켜 나가야 한다"[6]고 언급했다. 중국 대국외교사상은 중국문화와 사상을 심층적으로 전파하는 역할을 하고 있으며, 중국 외교사상의 깊이와 폭을 더하고 있고, 국제사회의 훨씬 더 많은 동의와 인정을 받고 있다.

3. 중국 외교전략의 시대적 특징

현 시대의 화두는 평화, 발전, 협력, 상생이다. 중국 외교전략은 이를 위해서 정세를 분석하고, 목표를 확정하며, 경로를 기획하고, 수단을 활용하고, 조건을 창출하고, 도전에 대응하는 등 이 시대의 특징을 특별히 중시하고 있다.

・・・・・・・・・・・・・・・・

6 習近平: "建設社會主義文化强國著力提高國家文化軟實力", 『新華網』, http://news.xinhuanet.com/politics/2013-12/31/c_118788013.htm, 2015年1月3日.

(1) 시대와 더불어 전진하는 전략지도사상

2008년 중국은 'G20'에 참여하는 주요 국가 가운데 하나가 되었다. 2010년에는 세계 제2의 경제대국이 되었다. 2014년에는 구매력 평가 기준 경제 총량이 미국을 뛰어넘어 세계 1위가 되었다. 이는 중국이 세계 사무와 외교 무대에서 더욱 큰 역할을 발휘하게 되는 예전에는 없었던 기회이다. 그러나 동시에 중국은 국제사회에서 주요한 관심 대상이 되었고, 특히 아시아 지역에서 전략적인 관심 대상이 되었다. 이것은 또한 중국에게는 전에 없던 도전이기도 하다. 중국공산당 18대 이후 시진핑 총서기는 반복해서 새로운 정세에는 전략 사유를 강화하고, 전략적 신념을 갖추며, 전략적 투자를 늘려야 한다고 강조해 왔다. 일련의 중대한 국가 사무와 외교활동 가운데 시진핑 주석은 여러 방면에서 중국 현재 국제 전략사상의 연원, 레이아웃과 원칙과 지침에 관하여 상세히 설명했고 국제 총체적인 안보전략사상과 총체적 외교전략사상을 제시했다. 중국은 때에 따라 움직이고, 추세에 따라 행동하며, 기세에 따라 상승하고 있다. 향후 10년 내지 훨씬 장기 시기에 중국은 국가별, 지역별, 분야별 전략을 총합하고, 시대와 더불어 전진하는 지속적인 혁신 전략 사상으로 중국 외교가 시대의 흐름에 순응할 수 있도록 지도하며 시대 발전을 추동할 것이다.

(2) 서로 포용하고 협력 상생하는 새로운 내적 함의

끊임없이 발전하는 신흥 대국으로서 중국이 추구하는 '중국의 꿈'과 '두 개의 백년' 분투 목표에서 책임은 무겁고 갈 길은 멀다. 단결할 수 있는 모든 것을 단결시킬 수 있는 일체의 가능한 모든 역량이 요구된다. 상호포용과 상생협력은 중국 외교의 외교전략 목표이자 전략경로이다. 전략목표에 있어서 중국은 '세계문명 다양성과 발전 경로의 다양화', '인류 운명공동체 의식'을 존중해야 한다. 전략경로에 있어서 중국은 '서로를 거울로 삼고, 장점을 취하고 단점을 보완'하며 '자국의 이익을 추구할 때 타국의 합리적 관심을 동시에 고려하고' '자국의 발전을 강구하는 동안에도 각국의 공동 발전을 촉진'시켜야 한다.[7]

....

7 "十八大報告(全文)", 『新華網』, 2012年 11月 19日.

152

(3) 충실하고 혁신적인 전략동반자관계

　다양한 형태의 동반자관계 발전은 중국 외교에서 중요한 전략적 의의를 지닌다. 1993년, 중국과 브라질은 전략동반자관계를 맺었는데, 중국이 관계가 중요한 국가와 전략동반자관계를 맺는 길을 열게 되었다. 20년간 중국의 전략협력관계는 끊임없이 깊은 발전을 향해, 지금은 이미 '전면적 전략동반자관계'와 '전면적 우호협력동반자관계'로 상징되는 '업그레이드 버전' 단계로 접어들었다. 지난 2년간 중국과 12개국은 '전면적 전략동반자관계'로 올라섰다.[8] 쌍방은 세계와 지역의 질서 구축 방면에서 조화와 협력을 논의하고 있다. 어떤 전략협력관계의 경우에는 안보와 군사적 내용까지도 포함하고 있다. 이 밖에 중국은 8개국과의 관계를 '전면적 우호협력 동반자관계'로 격상했다.[9] 중국은 적극적으로 글로벌 동반자관계 네트워크를 만들고 있다. 전 세계 67국, 5개 지역과 72개 서로 다른 형식의 동반자관계를 맺었다. 협력은 하되 동맹은 맺지 않는다는 이른바 전면적인 새로운 실천으로 중국 특색의 대국외교이론을 설파하고 있다.[10] 시진핑 총서기는 중앙외사공작회의에서 "발전의 기회와 공간을 보호해야 하는데, 광범위한 경제무역기술의 상호협력을 통해서 융합적 상호협력 네트워크를 적극적으로 형성해야 한다. 비동맹 원칙을 견지하는 전제에서 광범위하게 벗을 사귀어 글로벌 시대 동반자관계 네트워크를 널리 형성해야 한다"[11]고 언급했다. 지금 정세의 발전에 따라 중국은 글로벌 영역 협력과 민간 협력 등을 추진해야 한다. 중국은 상생 협력 네트워크, 동반자관계 네트워크에서 각 영역과 민간 협

---

8 멕시코(2013년 6월), 백러시아(2013년 7월), 인도네시아(2013년 10월), 말레이시아(2013년 10월), 알제리(2014년 2월), 독일(2014년 3월), 베네수엘라(2014년 7월), 아르헨티나(2014년 7월), 몽골(2014년 8월), 오스트레일리아(2014년 11월), 뉴질랜드(2014년 11월), 이집트(2014년 12월).

9 콩고공화국(2013년 3월), 탄자니아(2013년 3월), 케냐(2013년 8월), 키르기스스탄(2013년 9월), 투르크메니스탄(2013년 9월), 불가리아(2014년 1월), 네덜란드(2014년 3월), 몰디브(2014년 9월).

10 "外交部部長王毅在外交部2015年新年招待會上的致辭", 『外交部網站』, http://www. fmprc. gov. cn/mfa_chn/zyxw_602251/t1218447. shtml, 2015年1月3日.

11 "中央外事工作會議在京擧行", 『人民網』, http://politics.people.com.cn/n/2014/1130/c1024-26118788. html, 2015年1月3日.

력 건설에 있어서 국가 글로벌 전략을 긴밀히 연계하고 건설적 상호작용을 형성하고 긍정적인 협력 효과를 만들어내고 국제체계 틀 안에서 관련 국가, 지역과의 협력과 상생을 더욱 강화해야 한다.

4. 중국 외교 실천의 새로운 특징

시진핑은 총서기로 하는 당중앙은 외교실천 과정에서 대세를 장악하고, 공도(公道)를 주재하고, 평등하게 사람을 상대하고, 친서민적인 실천의 우수한 전통을 계승하고 동시에 새로운 정세에서 아래와 같은 특징을 만들어냈다.

(1) 동태적 계승과 실무적 조정

중국 외교는 매우 강한 연속성을 가지고 있다. 이번 지도부는 새로운 정세에서 동태적 계승을 견지하고 있다. 최근 국제 정세와 주변 정세의 새로운 발전에 직면하여 중국은 연속 2년 동안 주변국을 모두 방문하였으며 전면적으로 '주변국을 동반자로, 주변국과 선린관계'의 우호선린 정책을 추진하고 있다. 우크라이나, 크림 반도 위기 이후, 중국은 러시아와 미국 관계가 나날이 대립하는 정세에서 적절한 시기에 중·러·미 삼국 관계를 조정하고 지역 평화와 안정을 유지하기 위해서 노력했다. 중미관계의 난점을 처리할 때에는 '내선(內線)과 외선(外線)'을 종합하는 것으로, 중미관계가 건설적으로 상호작용을 하도록 했으며, 기후변화와 금융무역 협력으로 중미관계가 전면적으로 안정성을 유지할 수 있게 했다. 중일관계에서는 2년간의 원칙과 관련된 투쟁을 통해서 베이징에서 개최된 아시아태평양 경제협력체(APEC)의 개최지 장점을 십분 활용하여 '4개항 합의' 달성을 통해 중일관계 부분 전환을 실현했다. 남중국해 분쟁에 있어서도 '두 트랙' 외교와 필리핀, 베트남에 대한 중점 대응으로 남중국해 정세를 안정화시켰다.

(2) 바텀 라인의 명확화와 언행의 실천

외교는 일종의 예술이다. 때로는 모호함이, 때로는 분명함이 필요하다. 중국은 외교적 난점과 쟁점을 처리할 때 문제를 공개 석상에 내놓는 입장을 견지하고, 이해관계와 도리를 분명히 하여 외교적 약속과 외교적 경고 모두 신뢰 있게 하여 중국 외교의 신뢰성, 집행력과 예측 가능성을 증가시켰다. 진찬롱(金燦榮) 교수는 중국은 대외석상에서 여러 차례 '바텀라인' 원칙을 강조했다. 이것은 중국이 자신의 이익을 확실히 하고 평화발전의 전제조건을 명확히 하겠다는 결심을 보여주는 것이다. 예를 들어 시진핑 주석, 리커창 총리는 여러 국가 간 협력을 강조한 동시에 "중국도 자신의 핵심이익을 포기하지 않을 것이며, 핵심이익은 교환할 수 없는 바텀라인 원칙"이라고 강조했다.[12] 평화발전 문제에서, 중국은 관련 당사국 모두가 평화발전의 길로 나아가야 한다고 강조한다. 중미 신형 대국관계 건설에서 중국은 이미 노력의 방향을 언급했고, 지켜야 하는 바텀라인을 언급했다. 국제사회는 지난 2년간 중국 외교의 "말은 반드시 신뢰를 가져야 하며, 행동은 반드시 결과를 내야 한다"는 것에 대해서 한층 깊이 있게 인식했다.

(3) 정상 외교의 새로운 풍격

2년간 시진핑 주석과 리커창 총리는 참신한 자세로 국제무대에 등장하여 외교업무에 많은 시간과 노력을 기울였다. 시진핑 주석과 리커창 총리는 각국의 외빈을 대하고 아시아, 유럽, 아메리카 대륙, 아프리카와 오세아니아 등 수십 개 국가들과 많은 중요한 다자 회의에 참석했다. 특히 2014년 5월과 11월 중국이 주최하는 아시아 정상회의와 APEC회의에서는 개최국의 외교사무 주최 능력과 진행 능력을 발휘함으로써 세계 문제에서 중국의 발언권과 규칙 제정권을 한층 더 끌어올렸다. 중국 국가 지도자의 친서민 정책, 자연스럽고 소박하며 온화한 외교 이미지는 국제사회의 광범위한 호평을 얻었다. 또한 중국의 지속적 발전

---

12 金燦榮,王浩, "十八大以來中國外交的新理念和新特點", 『湖北大學學報(哲學社會科學版)』, 2014年 第5期, 29쪽.

에 더욱 큰 자신감을 더하게 되었다.[13] 뿐만 아니라 주석의 부인과 총리의 부인은 그 특수한 지위와 역할을 다해 중국 외교에 색을 더했고 중국 외교 소프트파워의 중요한 측면을 보여주었다.

(4) 원칙을 말하고 정의(情義)를 중시함

미국과 서방국가 외교가 실리를 중시하고 도의를 가볍게 여기는 것과 달리 중국 외교는 원칙과 정의를 중시한다. 서방국가들이 지속적으로 짐바브웨를 제재하는 배경에 중국은 양국의 전통적 우의를 더욱 중시했다. 2014년 8월 25일 시진핑 주석은 짐바브웨의 로버트 무가베 대통령의 방문 당시 양국의 전통과 우의를 높이 평가하였으며 무가베 대통령이 양국관계 발전에 중요한 공헌을 했다고 강조했다.[14] 중국과 루마니아는 함께 사회주의 진영에 속해 있었던 관계로 훗날 각국은 본국의 국정에 맞는 발전경로를 선택했다. 외교는 국가 간의 관계지만 개인의 감정요소를 배제할 수는 없다. 시진핑 주석은 국가 관계와 개인 감정은 하나로 융합되어야 한다고 강조한다. 2014년 9월 2일 시진핑 주석은 폰타 루마니아 총리와의 회견에서 "중국-루마니아 관계에 있어서 우리는 '우의'를 먼저 생각한다. 나이가 적지도 않은 나는 어린 시절부터 오랜 시간동안 일찍이 중·루 우호관계의 영향을 받아왔다. 당시 루마니아의 우수한 영화는 중국 집집마다 모두 알고 있었다. 양국은 언제나 상호 존중하며, 진심으로 사람을 대하며 우환과 재난을 같이 하여 양국 우호관계의 나무는 가지가 무성하고 풍성한 열매를 맺어왔다"[15]고 언급했다. 유사한 예는 매우 많은데, 모두 중국 외교의 원칙과 정의를 체현하고 있으며 이것이 바로 중국 외교가 국제사회에서 나날이 호평을 받은 주요한 이유라고 할 수 있다.

· · · · · · · · · · · · · · · ·

13 張淸敏, "理解十八大以來的中國外交", 『外交評論』, 2014年 第2期, 15-16쪽.

14 習近平, "我們永遠不會忘記曾經風雨同舟,相互理解和支持的老朋友", 『新華網』, http://news. xinhuanet. com/politics/2014-08/25/c_1112221964. htm, 2015年1月4日.

15 "習近平會見羅馬尼亞總理蓬塔", 『新華網』, http://news. xinhuanet. com/politics/2014-09/02/c_1112332651. htm, 2015年1月4日.

5. 맺는 말

시진핑 동지를 총서기로 하는 지도부는 중국 특색의 외교사상과 전략건설을 온 힘을 기울여 추진하고 있고, 중국 대국외교 실천을 풍부히 했으며 중국 외교의 책략과 발전방향을 이끌어 왔다. 중국이 가는 길이 늘 순탄한 것은 아니며 중국은 외교이론, 전략, 실천에 있어 시종일관 고도로 경계하고 있어 중대한 과오를 범할 수 없다는 것이라는 점을 역사 경험이 우리에게 말하고 있다. 따라서 중국의 향후 외교사상, 전략, 실천 또한 정세 발전과 임무 변화에 따라 지속적으로 발전할 것이다. 이론 건설 측면에서는 더욱 체계를 강화하고, 다양한 새로운 개념, 이념과 사상의 내재적이며 상호 논리적인 관계를 강화하고, 전략 사유 방면에서는 더욱 세밀함을 강화하고, 전략 목표 · 조건과 바텀 라인의 종합적 균형을 더욱 강화해야 한다. 정책 조치 방면에서는 주도면밀함과 양자, 다자 간 상호 소통 관계를 더욱 발전시켜야 한다. 여론을 이끌어 가는 차원에서는 훨씬 앞서가는 것이 필요하고 대내외 선전의 계획성과 추진 역량을 더욱 강화해야 한다.

중국의 평화발전 노선
: 문화 기반, 전략 방향과 실천적 의의

샤오시(肖晞, 지린대학 행정학원)

중국이 시종일관 평화발전의 노선을 걸어 온 이유는, 중국 정부와 인민이 시대의 흐름과 자신의 근본적인 이익에 근거하여 추구한 전략적 선택이기 때문이다. 평화발전은 1970~1980년대 덩샤오핑이 최초로 제시한 중국 정부의 시대적 주제에 대한 전략적 판단이다. 중국의 근본이익, 국가의 성질, 정치제도와 기본적인 국내 정세 등에 의거하여 중국은 침략과 확장의 노선을 추구하지 않기로 결정했다. 또한 중국의 역사적 · 문화적 전통, 발전 현황 및 세계적인 발전 추세가 인도하는 방향에 따라 중국은 평화로운 발전을 모색했다. 평화발전 노선의 전통 문화적인 근원인 '화(和)'는 중국문화에서 처음부터 끝까지 한결같아야 한다는 도리(道)이자 인문정신을 발현하는 생명의 도리(道)이다. '이화위귀(以和爲貴)', '화이부동(和而不同)', '천인합일(天人合一)'은 '화'에 내재된 중요한 세 가지 측면이 잘 표현되어 있다. 중국이 평화발전 노선을 채택한 이래로, 탐구하고 시행하는 과정에서 비교적 완벽한 이론적 틀을 확립하였다. 국가의 장기적인 발전전략인 평화발전 노선은 중국의 국가 정세와 시대적인 특성에 부합하는 발전노선으로, 중국과 세계의 평화 및 발전을 위해 커다란 공헌을 하였다.

중국이 시종일관 평화발전의 노선을 걸어 온 이유는, 중국 정부와 인민이 시대의 흐름과 자신의 근본적인 이익에 근거하여 추구한 전략적 선택이기 때문이다. 역사의 발전 과정에서 알 수 있듯, 중국의 성패를 결정하는 중요한 요인(만약 가장 중요한 조건이 아니더라도)은 전 세계 주요 정치적 흐름의 발전 향방을 중국인들이 전면적으로 인식하고 이해하는지, 세계 정치의 흐름을 합리적으로 판단하는지, 각 계층에 어떠한 영향을 미치며 어떠한 상호관계가 있는지에 있다. 개혁개방 이후, 지난 30여 년 동안의 경험과 교훈을 기반으로, 오랜 기간 동안의 관찰과 생각을 거쳐 중국의 지도자들은 '평화'와 '발전'이라는 두 가지 주제를 제시했다. 즉 복잡한 세계정치 흐름이 상호 영향을 미치는 가운데, '평화'와 '발전'은 점차 세계 대다수의 국가와 인민들이 추구하는 세계 정치발전의 주요 발전방향으로 자리 잡았다.[1] 당의 제16대 이래로, 중앙 지도부는 국내외 정세를 총괄하여 조화로운 사회 건설 추진, 평화발전 노선 견지, 상호이익과 윈윈의 개방전략 견지를 새로운 시대를 맞이하는 중국 대외전략의 3대 핵심전략으로 확정하였다.[2] 실제로도, 국가의 장기적인 발전전략으로서, 평화발전 노선은 중국의 국가 정세와 시대적 특색에 부합하는 발전노선이며 중국과 세계의 평화 및 발전에 탁월한 공헌을 하였음이 증명되었다. 중국 인민들은 자기가 하기 싫은 것을 남에게 강요하지 말라는 정신을 받들고 있다. 중국은 '국강필패론(國强必覇論, 국가가 강성하면 반드시 패권을 추구한다는 논리)'을 인정하지 않는다. 중국인의 몸에는 패권을 차지하겠다는 유전자도, 병력을 남용하여 전쟁을 일삼는 유전자도 존재하지 않는다. 중국은 확고부동한 자세로 평화발전의 노선을 걸을 것이며, 이는 중국에, 아시아에 그리고 전 세계에 유익하다. 어떠한 힘도 중국의 평화발전 노선을 흔들지 못할 것이다.[3]

. . . .

1 牛軍, "論中華人民共和國對外關係之經線", 『外交評論』, 2010年 第3期, 59-73쪽.

2 王逸舟, 譚秀英 主編, 『中國外交六十年(1949-2009)』(北京: 中國社會科學出版社, 2009), 44-45쪽.

3 習近平, "弘揚和平共處五項原則 建設合作共贏美好世界-在和平共處五項原則發表60周年記念大會上的講話", http://news.xinhuanet.com/world/2014-06/28/c_1111364206.htm.

1. 중국의 평화발전 노선 제안

평화발전은 지난 1970~1980년대, 덩샤오핑(鄧小平)이 '시대적 주제'에 대한 전략적 판단을 하면서 처음으로 제기되었다. 1977년, 덩샤오핑은 전쟁의 발발을 지연시킬 수 있다고 언급하였고, 1982년에는 "전쟁을 야기하는 요인이 증가하였으나 전쟁을 제약하는 요인 역시 증가하였다"고 언급하였다. 1985년 3월 4일, 덩샤오핑은 일본 대표단과의 접견에서 "현재 세계에서 가장 큰 문제는 전 세계를 둘러싼 전략 문제로, 하나는 평화 문제이고 다른 하나는 경제 문제 혹은 발전 문제"라고 지적하였다.[4] 평화와 발전을 제시한 것은, 중국이 국제사회에 진입하고 국제질서에 전면적으로 참여하기 위한 전략적 발상이었다. 21세기 초, 냉전 후 국제 정세의 변화와 국제질서의 조정에 따라 다극화 및 경제 글로벌화 추세가 끊임없이 발전하였고, 평화 추구, 협력 도모, 발전 추진이 전 세계 각국 인민들의 공통된 목표가 되었다. 양호한 국제 환경은 중국에 중요한 전략적 기회를 제공하였으나 패권주의와 강권정치는 여전히 존재하였다. 또한 전 인류의 생존과 발전을 위협하는 전 지구적인 문제들이 부상하면서 세계의 평화와 발전을 제약하였다. 중국이 개혁개방을 시행한 이래로, 종합적인 국력이 급격히 제고되면서 전 세계 경제 발전을 위한 원동력이 되었지만 동시에 국제사회의 광범위한 관심을 불러일으켰다. 중국의 발전 의도, 속도, 규모 등에 대한 의혹은 '중국위협론', '중국붕괴론' 등 부정적인 여론을 생성하였고, 일부 서방국가들과 주변국들은 중국이 침략과 확장 등 폭력적인 수단을 통해 국가의 이익을 실현하고 세계의 패권을 차지할 가능성에 대해 언급하기 시작했다. 이는 중국의 국가 이미지와 국제적 지위에 심각한 영향을 미쳤고, 중국이 발전하는 과정에서 제약요인이 되었다. 중국의 근본적인 이익, 국가의 성격, 정치 제도와 기본적인 국가정책에 의거, 중국은 침략과 확장의 노선을 결코 걷지 않을 것이다. 중국의 역사와 전통, 문화, 발전 현황 및 오늘날 사회의 발전 추세는 중국의 발전 노선에 평화롭게 발전해야만 한다는 방향을 제시하였다.

. . . .

4 『鄧小平文選(第三卷)』(北京: 人民出版社, 1993), 105쪽.

평화발전 노선의 제기 및 확립은, "중국 특색의 사회주의 노선에 대한 과학적인 함의를 표현한 것이자 공산당과 국가의 대내외 방침이 일관적이라는 분명한 신호"이다.[5] "오늘날 국제체계의 평화적인 전환과 중국의 평화발전 노선이 병행되는 것은 얻기 힘든 전략적 기회이다. 또한 국제체계의 전환에 참여하고 국내체제의 혁신을 가속화하는 것이 평화발전 노선의 양대 조건이다."[6] 평화발전 노선은 이러한 배경에, 국내외 형세 변화에 의거하여 국가의 전략을 조정하고 심화시킨 것으로, 세계를 향한 우렁찬 응답이자 장엄한 선언이다. 뿐만 아니라 중국의 향후 발전 방향이자 노선을 표명한 것이다. 이 노선의 형성은 이론적 프레임을 구축하고 구체적인 개념을 확정 및 제시한 동시에 실제로도 세계가 놀랄 만한 성과를 실현하였다.

2003년 11월에 개최된 보아오 아시아 포럼(Boao Asia Forum)에서 중공 중앙당교 상무부교장이자 중국개혁개방포럼의 이사장인 정비젠(鄭必堅)은 『중국의 새로운 평화부상 노선과 아시아의 미래』를 주제로 한 연설에서 최초로 중국의 평화로운 부상을 제기하였다. 정비젠은 "근대 이후 대국들의 패권 경쟁 역사는 반복되어 왔다. 하나의 대국이 부상하면 국제 정세와 세계질서에 급격한 변동이 나타났고, 심지어 전쟁이 발발하였다. 여기에서 가장 중요한 원인은 이들이 침략전쟁을 통해 대외확장 노선을 추구했다는 것이다. 그러나 이러한 노선은 결국 실패했다. 우리의 선택은 단지 부상하기 위해 노력하고, 평화적인 부상을 해야 한다는 것이다. 다시 말해, 평화로운 국제환경에서 스스로를 발전시키고, 중국의 발전을 통해 세계 평화를 수호해야 한다"고 언급하였다.[7] 이를 시작으로, 중국 학계와 정계인사들은 중국의 부상이라는 거대한 과제에 대한 체계적인 연구를 시작하였고, 정치, 경제, 문화, 사회 등에서 중국의 발전노선을 위한 견실한 이론적 기반을 구축하였다.

5 鄭必堅, 『思考的歷程-關於中國和平發展道路的由來, 根據, 內涵和前景』(北京: 中共中央黨校出版社, 2006), 1-2쪽.
6 黃仁偉, "國際體系轉型與中國和平發展道路", 『毛澤東鄧小平理論研究』, 2006年 第5期, 5-13쪽.
7 鄭必堅, "中國和平蹶起新道路與亞洲的未來", 『學習時報』, 2003年11月24日, 第1版.

2003년 12월, 후진타오(胡錦濤)는 마오쩌둥(毛澤東) 탄생 110주년 기념행사에서 "다극화와 경제글로벌화 추세가 끊임없이 발전되고 변화무쌍해지는 국제정세에 직면하여, 우리는 세계평화 수호, 공동발전 추진이라는 외교정책 기조를 시종일관 견지해야 한다. 냉정한 관찰, 침착한 대응 방법, 상호존중과 구동존이(求同存異)의 정신을 유지하며, 세계 각국의 인민들과 함께 국제관계 민주화와 발전모델의 다양화를 도모해야 한다. 다양한 형태의 패권주의와 강권정치, 모든 테러활동을 반대하는 동시에, 공정하고 합리적인 새로운 국제정치경제 질서의 확립은 물론 인류의 평화와 발전을 위한 숭고한 사업을 함께 추진해야 한다"고 언급하였다.[8] 2004년 4월 24일, 후진타오는 보아오 아시아 포럼 개막식에서 "중국의 발전, 아시아의 기회"라는 제목으로 연설하였다. 후진타오는 공식적으로 중국은 평화발전 노선으로 나아갈 것이며 "중국의 발전은 아시아와 떨어질 수 없고, 아시아의 번영에는 중국이 필요하다. 중국은 평화발전 노선을 견지하고 평화, 발전, 협력의 기치를 기반으로, 아시아 각국과 함께 아시아 부흥을 위한 새로운 국면을 창출할 것이며 인류의 평화와 발전이라는 숭고한 사업에 더욱 큰 공헌을 할 수 있도록 노력할 것"이라고 강조하였다.[9] 2005년 3월 5일, 원자바오(溫家寶) 총리는 정부사업보고에서 중국의 향후 발전 과정에서 평화발전 노선이 얼마나 중요한지에 대해 강조하며 중국은 "굳건한 자세로 평화발전 노선을 추구해야 하고 자주적이며 독립적인 평화외교정책을 시행해야 한다. 상호 호혜적인 개방 전략을 시행하는 동시에, 세계 각국과 함께 인류문명의 진보 추진, 각국 인민의 복지 증진, 공동의 평화와 번영을 지속할 수 있는 조화로운 세계 건설 등을 위해 노력해야 한다"고 언급하였다.[10] 이를 기점으로 중국정부는 '평화굴기'를 '평화발전'으로 수정하고, 평화발전 노선을 향후 국가발전

. . . .

8 "胡錦濤總書記在紀念毛澤東同志誕辰一百一十周年大會上的中要講話". http://www.gmw.cn
   /01gmrb/2004-04/25/content_17425.htm.

9 胡錦濤, "中國的發展, 亞洲的機遇". http://www.gmw.cn/01gmrb/2004-04/25/content_
   17425.htm.

10 溫家寶, "2005年政府工作報告-2005年3月5日在第十屆全國人民代表大會第三次會議上" http://
    www.gov.cn/test/2006-02/16/content_201218.htm.

의 중요한 전략으로 채택하였다.

2005년 12월 22일, 중국 국무원 신문판공실은 『중국의 평화발전 노선』 백서를 발표하며 평화발전 노선에 대해 상세하게 설명하였다. 본 백서에는 "평화발전은 중국의 현대화 건설을 위해 반드시 거쳐야 할 길이다", "자신의 발전을 통해 세계의 평화와 발전을 촉진한다", "자신의 역량과 개혁적 혁신을 통해 발전을 실현한다", "각국과 상호호혜, 윈윈, 공동발전을 실현한다", "지속적인 평화와 공동의 번영을 위한 조화로운 사회를 건설한다" 등 다섯 가지 사안에 대한 설명을 통해 평화발전 노선을 추구하는 중국 정부와 인민들의 결심을 더욱 공고히 했다.[11] 2006년 8월 개최된 중앙외사공작회의에서도 중국은 "평화, 발전, 협력의 기치를 기반으로 평화발전 노선으로 나아가야 한다. 세계평화 수호를 통해 자신을 발전시키고, 자신을 발전시킴으로써 세계평화를 촉진해야 한다. 세계 각국과 평화로운 공존, 상호호혜, 윈윈 등을 강화해야만 비로소 중국의 발전에 더욱 양호한 외부환경을 창조할 수 있을 뿐만 아니라 지속적인 발전을 실현할 수 있다"는 의견이 제시되었다.[12] 이후, 2006년 10월 개최되는 중공 제16차 3중 전회에서는 『사회주의 조화사회 건설의 몇 가지 중대한 문제에 관한 역사적 결정』을 통해 평화발전 노선에 대한 설명과 해석을 확대했다. 이와 같이, 평화발전 노선은 중국의 발전방향과 노선에 관한 중대한 전략적 결정이 되었다.[13]

2007년 10월, 후진타오는 17대 결과보고에서, "중국은 시종일관 변하지 않고 평화발전 노선을 추구할 것이다. 이는 중국 정부와 인민들이 시대적 발전 추세와 자신의 근본적인 이익에 의거하여 채택한 전략적 선택이다. 중화민족은 평화를 사랑하는 민족으로, 세계평화를 수호하는 굳건한 역량이다. 중국은 다양

· · · · · · · · · · · · · · · ·

11 中華人民共和國國務院新聞辦公室, 『中國的和平發展道路(白皮書)』. http://news.xinhuanet. com/politics/2005-12/22/content_3954937.htm.
12 "堅持和平發展道路 推動建設和諧世界". http://news.xinhuanet.com/politics/2006-08/23/ content _4999339.htm.
13 〈中共中央關於建設社會主義和諧社會若干重大問題的歷史性決定〉. http://cpc.people.com. cn/GB/64093/64094/4932424.html.

한 형태의 패권주의와 강권정치에 반대하며 영원히 패권을 추구하지도, 확장을 시도하지도 않을 것"임을 강조하였다.[14] 2010년 발간된 『중국의 국방』백서에서 국방정책에 관해, "중국의 발전노선, 근본적인 임무, 대외 정책과 역사적 문화와 전통은 중국이 필연적으로 방어적인 국방정책을 시행하도록 결정했다. 중국은 흔들림 없이 평화발전 노선으로 나아갈 것이다. 대내적으로는 사회주의 조화사회 건설을 위해 노력하고, 대외적으로는 평화와 번영을 지속할 수 있는 조화로운 세계 건설을 추진할 것"이라고 설명하였다.[15] 2011년 9월 6일, 국무원 신문판공실은 『중국의 평화발전』백서를 발표하고 평화발전의 노선 개척, 총체적 목표, 대외방침 등을 명시하고 평화발전이 역사적으로 필연적인 선택임을 밝히는 동시에 중국 평화발전이 가지는 세계적 의의에 대해 설명하였다.[16] 2012년 11월 8일, 18대 전국인대 결과보고에서 "중국은 시종일관 변하지 않고 평화발전 노선을 추구하는 동시에 독립적이고 자주적인 평화외교정책을 견지할 것이다. 중국은 다양한 형태의 패권주의와 강권정치에 반대하며 영원히 패권을 추구하지도, 확장을 시도하지도 않을 것"이라고 재차 강조하였다.[17] 2013년 3월, 시진핑은 취임 후 처음으로 러시아를 방문하였다. 방러 기간 중 모스크바국제관계학원에 개최된 강연회에서 시진핑은 "근대 이래로, 중국 인민은 100여 년 동안 외세 침략과 내부 동란 등의 고난을 겪어왔다. 따라서 평화의 고귀함을 깊이 이해하고 있으며 가장 필요한 것은 평화로운 환경에서 국가를 건설하고 인민 생활을 개선하는 것임을 인식하고 있다. 중국은 흔들림 없이 평화발전 노선을 추구할 것이며 개방적인 발전, 협력적인 발전, 원원의 발전을 추진하기 위해 노력하는 동시에 각국이 함께 평화발전 노선을 추구하자고 호소할 것"이라

. . . .

14 〈胡錦濤總書記在黨的十七大上的報告〉. http://news.xinhuanet.com/newscenter/2007-10/24/content_6938568.htm.

15 中華人民共和國國務院新聞辦公室, 『2010年中國的國防(白皮書)』. http://www.gov.cn/jrzg/2011-03/31/content_1835289.htm

16 中華人民共和國國務院新聞辦公室, 『中國的和平發展道路(白皮書)』. http://news. xinhuanet.com/politics/2011-09/06/c_121982103.htm.

17 胡錦濤, 『堅定不移沿着中國特色社會主義道路前進爲全面建成小康社會而奮斗-在中國共産黨第十八次全國代表大會上的報告(2012年11月8日)』(北京: 人民出版社, 2012), 48쪽.

고 밝혔다.[18] 2014년 3월 5일, 리커창(李克强) 총리는 정부사업보고에서 "중국 인민들은 평화를 사랑하며 발전을 갈망한다. 중국의 현대화 건설에는 장기적으로 안정적인 국제환경이 필요하다. 우리는 평화, 발전, 협력, 원윈의 기치를 지속적으로 내걸고 흔들림 없이 평화발전의 노선을 추구할 것이며 상호호혜, 원윈의 개방전략을 추진할 것"이라고 강조하였다.[19]

중국이 평화발전 노선을 채택한 것은 중국 국내의 정치, 경제, 사회 등 각 방면에서 이루어진 개혁의 결과이다. 동시에 평화와 발전이라는 시대적 주제와 끊임없이 변화되는 국제정세에서 비롯되었다. 중국이 평화발전 노선을 채택한 이래로, 탐구하고 시행하는 과정에서 비교적 완벽한 이론적 틀을 확립하였다. 뿐만 아니라 국가의 장기적인 발전전략으로서 중국과 세계의 평화 및 발전을 위해 커다란 공헌을 하였다.

2. 중국 평화발전 노선의 문화적 기반

중국이 제기한 평화발전 노선은 오천여 년 중화민족의 역사문화를 기반으로 한다. 중화민족은 인류역사상 가장 찬란한 중국 문화를 창조했으며 강대한 생명력을 갖춘 전통문화를 형성하였다. 중국의 전통문화는 유구한 역사를 가지고 있을 뿐만 아니라 넓고 심오하다. 이 중, '화(和)'는 중국문화에서 처음부터 끝까지 한결같아야 한다는 도리(道)이자 인문정신을 발현하는 생명의 도리(道)이다. '화'는 보편적으로 인정되는, 일반적인 원리이자 법칙이요, 사고의 자유를 창출하는 이념적 가치이다. 천지만물의 생성, 인간과 자연, 인간과 사회 및 인간과 인간의 관계는 물론 정치, 경제, 제도, 윤리, 도덕, 가치관, 이념구조, 심미(審美)적 감정 등은 모두 '화' 혹은 '화합(和合)'의 정신을 관통하고 있

· · · · · · · · · · · · · · ·

18 "習近平在莫斯科國際關係學院的講話". http://news.xinhuanet.com/world/2013-03/24/c_124495576.htm.

19 〈李克强總理在第十二屆全國人民代表大會第二次會議上的政府工作報告〉. http://www.chinanews.com/gn/2014/03-05/5912684.shtml.

다.[20] '화'는 갑골문자 중에서도 자주 발견된다.[21] '화'는 두 개 혹은 두 개 이상의 각기 다른 요소를 융합한다는 의미로, 풍부하고 깊이 있는 의미를 내재하고 있다. 진(秦)나라 시기의 유가, 도가, 묵가, 관가, 법가 모두 '화'를 중시했다. 유가와 묵가에서는 자애로움이 '화'라고 강조했고, 도가에서는 동일함이 '화'라고 강조했다. 관가에서는 기르고 보살피는 '화'를 중시했고, 법가에서는 주종(主從)의 '화'를 중시했다.[22] 따라서 중화민족의 전통문화에서 유교, 불교, 도교 등 3대 철학이 오랜 동안 공통으로 가진, 상통하는 핵심 가치관이 바로 '화'라고 할 수 있다. 유교의 핵심인 '인'과 '화'는 인간과 인간이 함께 지내는 도리를 중시하는 것이다. 불교에서 말하는 윤회를 풀어보면, 결국 충돌적인 방식으로 해결하는 것보다 '화'를 중시한 것이다. 또한 도교의 '무위이치(無爲而治, 자연에 순응하여 아무것도 하지 않아도 천하가 저절로 잘 다스려진다)'나 인간과 자연의 조화로운 공존 역시 '화'에서 출발한다. 중화민족이 유구한 역사를 가질 수 있었던 이유가 바로 '화'를 중시했고 '화합'을 통해 다양함을 포용했기 때문이다.[23] '이화위귀(以和爲貴, '화'를 중시)', '화이부동(和而不同, 화합하지만 같지는 않다)', '천인합일(天人合一, 하늘과 사람은 하나)'은 '화'에 내재된 중요한 세 가지 측면이 잘 표현되어 있다.

구체적으로 보면, 첫째, '이화위기(以和爲貴)'. 유가에서는 "예로서 행동하면 온 세상을 조화롭게 만든다(禮之用, 和爲貴)"(『論語 · 學而』)[24]고 강조한다. 예의 추진과 응용에서 조화를 중시해야 한다는 의미이다. 공자는 "관대함으로 백성들이 상처받는 것을 방지하고 엄정함으로 백성의 태만함을 바로잡아야 하는 것이니, 정치는 이렇게 조화를 이루는 것(寬以濟猛, 猛以濟寬, 政是以和)"(『春秋左傳校注 · 昭公二十年』)[25]이라고 주장하였다. 맹자는 당시 제후들의 연이은 패권전쟁에 대해 "하늘의 때는 땅의 이로움만 못하고 땅의 이로움은 사람의 화합만 못하다(天時

20 張立文, 『和合學(上卷)』(北京: 中國人民大學出版社, 2006), 276쪽.
21 Ibid. 375-376쪽.
22 Ibid. 276-280쪽.
23 黃仁韋, "通過'中國學'更好地認識中國", 『社會觀察』, 2010年 第12期, 6쪽.
24 『論語』(長春: 吉林大學校出版社, 1999), 18쪽.
25 陳戌國, 『春秋左傳校注(下冊)』(長沙: 岳麓書社, 2006), 1022쪽.

不如地利, 地利不如人和)"(『孟子 · 公孫醜下』)[26]는 관점을 내세웠다. '천시(天時)', '지리 (地利)', '인화(人和)'는 전쟁의 승패를 결정짓는 중요한 요인이지만, '인화'를 가 장 먼저 제시한 이유는 '인화'가 가장 중요하고 결정적인 역할을 하는 요인이기 때문이다. 순자는 "만물은 모두 화의 기운에 의해 생성된다(萬物各得其和以生)" (『荀子 · 天論』)[27]고 인식하였다. 즉 '화이생생(和以生生, '화'를 통해 번성)'의 사상을 널 리 알리며 '화'를 만물이 끊임없이 성장하고 새롭게 바뀌게 하는 근거라고 강조 하였다. 어떠한 사물도 '화'가 없거나 '화'가 아니면 새로운 생명이나 새로운 사 물을 생산하지 못한다는 의미이다. 동중서(董仲舒)는 "'화'는 하늘과 땅의 중간 이요 음과 양이 균등한 것이다. 그 기운이 가장 좋아 사물이 생겨나게 한다. 만 약 화를 택하면 만천하로부터 존경받을 수 있다(和者, 天地之正也, 陰陽之平也, 其氣 最良, 物之所生也. 誠擇其和者, 以爲大得天下之奉也)"(『春秋繁露 陰陽義 · 循天之道』)[28]고 밝 혔다. 즉 동중서는 '화'를 세상에서 가장 보편적인 원칙으로 간주하였다. 중국 인민들이 평화를 사랑하고 평화공존 5대 원칙을 견지하며 평화발전 노선을 추 구하는 이유는 중국의 전통문화에서 '이화위귀' 사상의 영향을 깊이 받았기 때 문이다.

둘째, '화이부동(和而不同)', '화'는 화목, 평화를 중시한다. 그렇다고 해서 차이 나 갈등을 제거함을 의미하지는 않는다. 오히려 차이와 갈등을 인정한다는 전 제에, 협력, 평화, 조화를 추구한다. 중국 역사에는 유명한 '화동지변(和同之辨, 사 물의 모순, 대립 요인의 다양성과 단일성에 관한 논쟁)'이 있다. 『국어 · 정어(國語 · 鄭語)』에 는 서주(西周) 말, '화동'에 관한 사백(史伯)의 관점이 기록되어 있다.[29] 사백은 각 기 다른 사물이 조화롭게 통일되는 것을 '화'라고 인식했으며 동일한 사물이 단 순히 '화'를 통해 하나가 되는 것을 '동(同)'으로 인식했다. 다시 말해, 각기 다른 요인이 유기적인 결합을 통해 다양성을 통일한 상태에서 비로소 조화로운 효과

26 『孟子』(長春: 吉林大學校出版社, 1999), 64쪽.

27 『荀子』(上海: 上海古籍出版社, 1989), 96쪽.

28 『春秋繁露 · 陰陽義』(上海: 上海古籍出版社, 1989), 92쪽.

29 張立文, 『和合學(上卷)』(北京: 中國人民大學出版社, 2006).

를 받을 수 있고, 만약 동일한 사물이 중첩되어 쌓여 있으면 그 결과는 양의 증가일 뿐, 본질적인 변화가 될 수 없는 바, 새로운 사물을 생성할 수도 없을 뿐만 아니라 더욱 발전할 수 없다는 것이다. 『좌전(左傳)』에도 안영(晏嬰)과 제경공(濟景公)이 나눈 '화'와 '동'의 구별에 관한 대화가 기록되어 있다.[30] 안영은 '화'를 탕을 끓이거나 음악을 연주하는 것과 비교했다. 즉 탕을 끓일 때 각종 재료가 조화롭게 섞여야 비로소 훌륭한 탕이 나올 수 있고, 음악을 연주할 때 각기 다른 선율이 조화를 이뤄야 비로소 아름다운 음악이 연주된다는 의미이다. 안영은 이를 주군과 신하의 관계에 비유하며 '상호 조화(相濟)', '상호 협력(相成)' 등의 사상을 활용하였다. 이는 '화'가 가진 내재적 의미를 더욱 풍성하게 한 것이다.

공자는 이러한 '화'를 중시하는 사상을 계승하였다. 공자는 "군자는 사람들과 화합하지만 부화뇌동하지 않는 반면, 소인은 부화뇌동하지만 사람들과 화합하지 못한다(君子和而不同, 小人同而不和)"(『論語 · 子路』)고 말했다.[31] '화'와 '동'을 선택하는 것을 '군자'와 '소인'의 기준으로 삼으며 화를 중시하는 태도를 보였다. '화이부동' 사상은 중국 외교이념과 시행의 중요한 원천이 되었다. 중국은 자주적이고 독립적인 평화외교정책을 견지해 왔다. 또한 다른 국가의 이익을 존중하는 동시에 '구동존이(求同存異)'의 태도로 상호이익과 원원을 추구해 왔다.

셋째, '천인합일(天人合一)'. '천인합일'은 인간과 자연의 조화, 협조, 화합을 주장하며 사람은 자연을 이해해야 한다고 강조한다. 자연의 법칙에 대한 이해, 인간과 자연의 혼연일체는 중국 전통문화에 내재된 조화의 정신이 구체적으로 나타난 것이다. 동시에, '천인합일'은 중화민족이 인간관계, 심지어 국가 간 관계에서 주장하고 추구하는 조화의 정신을 응집한 것이다. '천인합일'의 사상은 점차 진화되어 왔다. 일찍이 진(秦)나라 시기에 그 개념이 나타났지만 북송(北宋)의 저명한 철학자인 장재(張載)에 의해 명확한 명제로 확립되었다.[32] 춘추시기, 정

30 Ibid.
31 『論語』(長春: 吉林大學校出版社, 1999), 115쪽.
32 方克立 主編, 『中國文化槪論』(北京: 北京師範大學出版社, 1994), 377-380쪽.

(鄭)나라의 대부(大夫) 자산(子産)은 "예란 하늘의 떳떳한 이치이자 대지의 올바른 법도요, 인간의 행하는 길이며 세상의 보편타당한 의리이니 모든 사람이 실천해야 할 기준(夫禮, 天之經也, 地之義也, 民之行也, 天地之經, 而民實則之)"(『春秋左傳校注·昭公二十五年』)이라고 말했다.[33] 자산은 '예'를 하늘의 이치, 대지의 법도는 자연계의 필연적인 법칙으로 규정하며, 인간은 반드시 '예'로써 행동해야 한다고 인식하였다. 이는 자연의 법칙과 인간의 본성이 연계되면서 나타난 것이자 하늘과 인간이 소통하고, 통일된 법칙에 의해 운용된다는 사상이 반영된 것이다. 전국시기, 맹자는 "자기의 마음을 다하면 자신의 성품을 알고, 자신의 성품을 알면 하늘을 알게 된다(盡其心者, 知其性也, 知其性則知天矣)"(『孟子·盡心上』)라고 했다.[34] 맹자는 자연의 법칙과 인간의 본성을 연계하며 이 두 가지가 서로 통한다고 인식하였다. 한나라에 이르러 '천인합일' 사상은 동중서의 '천인감응설(天人感應說)'로 발전하였다. 동중서는 음양오행설을 유가 사상에 도입하고 "인간의 신체는 하늘과 같다(人副天數)"는 학설을 제시하였다. 그는 "사람의 신체와 자연계의 흐름은 유사하며 하늘에도 음양이 있듯 사람에게도 음양이 있는 바, 하늘과 인간은 하나"라고 주장하였다.(『春秋繁露 陰陽義』)[35] 송나라 시기, '천인합일' 사상은 사회문화의 흐름을 주도하는 사상으로 자리 잡았다. 장재는 중국 역사에서 최초로 '천인합일'의 명제를 명확하게 제시하였다. 그는 세계의 근본은 태허(太虛)의 기(氣)이고, 인간과 만물은 모두 기(氣)로 구성되어 있기 때문에 기(氣)는 하늘과 인간이 하나가 되는 기반이라고 인식하였다. 또한 '천인합일'은 인간이 추구해야 하는 최고의 경지이며 인생의 가장 큰 목표는 하늘과의 조화임을 강조하였다.[36] '천인합일'은 인간과 자연의 통일, 도덕적 이성과 자연적 이성의 조화를 구체적으로 나타낸 사상으로, 현대에 이르러 그 안에 내재된 인간과 자연, 인간과 인간, 인간과 사회, 나아가 국가 사이에서의 통일과 조화 등의 이념

. . . .

33 陳成國, 『春秋左傳校注(下冊)』(長沙: 岳麓書社, 2006), 1058쪽.

34 『孟子』(長春: 吉林大學校出版社, 1999), 207쪽.

35 『春秋繁露 · 陰陽義』(上海: 上海古籍出版社, 1989), 71쪽.

36 方克立 主編, 『中國文化概論』(北京: 北京師範大學出版社, 1994), 379쪽.

이 더욱 강조되고 있다.

위잉스(余英時)는 중국 전통의 사회이론을 분석할 때에는 두 가지 기본 요소를 반드시 주의 깊게 살펴야 한다고 밝혔다. 하나는 자각 능력을 가진 개인이고, 다른 하나는 자연관계를 기반으로 형성된 '가정(家)', '종족(族)', '국가(國)', '세계(天下)'이다. '가정', '종족', '국가', '세계'는 모두 '가정(家)'에서 확대된 것이다. 중국인들은 각 층차의 사회집단은 모두 '가정'과 같이 자연관계를 기반으로 형성되었다고 인식한다. 결국 모두 '한 가족'이기 때문에 조화롭게 지내는 것은 당연한 도리라고 생각한다. 중국의 사회관에 따르면, 자연관계를 묶고 있는 핵심적인 가치관인 '화(和)', '균(均)', '안(安)' 등은 '상도(常道)'요, 충돌과 갈등은 '변도(變道)'이다.[37] 즉 '화'는 중국전통문화의 인문정신이자 가치이념으로, 중국의 평화발전 노선의 확립에 중요한 영향을 미쳤다고 할 수 있다.

평화발전은 중국의 '화' 사상이라는 옥토에서 자라난 커다란 성과로, 중국의 전통문화를 더욱 빛내고 발전시켰다. 유가는 '이화위귀'를 주장하며, 일을 처리하는 방식에서 "자신이 하기 싫은 것은 남에게도 강요하지 말라(己所不欲, 勿施於人)"(『論語 · 顏淵』)[38]는 원칙을 기반으로 "내가 일어서고 싶으면 남도 일어서게 해주고, 내가 이루고 싶다면 남도 이루게 하라(己欲立而立人, 己欲達而達人)"(『論語 · 雝也』)[39]고 요구하고 있다. 중국이 평화발전 노선을 추구하는 것은, 다른 나라를 침범하거나 세계를 정복하고 패권을 도모하는 것이 아니다. 중국은 스스로 나라를 세우고 다른 나라도 자신들의 국가를 세워야 스스로가 세운 국가들이 비로소 지속될 수 있다고 인식한다. 이러한 인식이 바로 중국의 전통문화에서 나타난 '화' 사상이다.

· · · · · · · · · · · · · · · ·

37 余英時, 『中國傳統思想的現代詮釋』(南京: 江蘇人民出版社, 2003), 20쪽.
38 『論語』(長春: 吉林大學校出版社, 1999), 100쪽.
39 Ibid. 58쪽.

3. 중국 평화발전 노선의 내적 함의

구체적인 어휘의 개념으로 볼 때, 평화발전 노선의 내적 함의는 매우 풍부하다. 이중, '평화'는 두 가지 함의를 가지고 있다. 하나는 국내평화, 즉 국가 내부의 안정과 질서를 의미하고, 다른 하나는 국제평화, 즉 국가, 지역 간에 충돌과 전쟁이 발생하지 않는, 적어도 대규모 세계전쟁이 발생하지 않는 상태를 의미한다. 국내평화와 국제평화는 매우 긴밀하게 연계되어 있다. '발전'은 사물의 크기가 크게 변한다거나 복잡하게 변하는 것, 혹은 고급스럽게 변하는 것을 의미한다. 사회의 발전 노선으로 볼 때, 발전은 빈곤에서 탈피하여 부강해짐에 따라 국가의 종합적인 국력과 국제적 영향력이 급속하게 제고되는 것을 의미한다.[40] '평화발전 노선'은 '평화'와 '발전'의 중요한 이치가 결합되고 심화된 것이자 평화와 발전이라는 시대적 주제가 결합한 것이다.

『중국의 평화발전 노선』백서에는 평화발전 노선의 명확한 정의와 전반적인 설명이 담겨 있다. 백서에는 "기본적으로 평화로운 국제환경을 조성하여 스스로 발전할 뿐만 아니라 자신의 발전을 통해 세계평화를 촉진한다", "자신의 역량과 혁신에 의거하여 발전을 실현하고 동시에 대외개방의 시행을 견지한다", "경제 글로벌화의 발전 추세에 순응하며 세계 각국과의 상호호혜, 윈윈과 공동발전을 실현하기 위해 노력한다", "평화, 발전, 협력을 견지하고, 지속적인 평화와 공동 번영을 위한 조화로운 세계를 건설하기 위해 노력한다" 등의 내용이 포함되어 있다.[41] 『중국의 평화발전』백서에는 더욱 명확한 내용이 담겨 있다. 더욱 거시적으로 세계 역사적인 시각으로 볼 때, 평화발전 노선은 "세계평화 수호를 통해 스스로 발전하고, 자신의 발전을 통해 세계평화를 수호한다", "자신의 역량과 혁신에 의거하여 발전을 실현하는 동시에 대외개방의 시행을 견지하며 각국의 장점을 수용한다", "경제 글로벌화의 발전 추세에 순응하며 각국과

. . . .

40 熊飛, 『論中國和平發展道路』, 南昌大學 2007年 碩士學位論文.

41 中華人民共和國國務院新聞辦公室, 『中國的和平發展道路(白皮書)』. http://news.xinhuanet. com/politics/2005-12/22/content_3954937.htm.

상호호혜, 윈윈과 공동발전을 도모한다", "국제사회와 함께 노력하여 지속적인 평화와 공동 번영을 위한 조화로운 세계의 건설을 추진한다", "이 노선의 가장 두드러진 특징은 과학발전, 자주발전, 개방발전, 공동번영, 협력발전, 공동발전이다. 조화로운 사회 건설을 추진하는 동시에 자주적이고 독립적인 평화외교정책을 견지한다. 상호신뢰, 상호호혜, 평등, 협력의 신안보관을 제창하며 국제적인 책임에 적극적으로 임한다. 선린우호의 지역협력관을 이행한다" 등으로 귀결된다.[42] 평화발전 노선은 중국 정부와 인민들이 선택하고 견지해야 하는 발전방향과 발전노선이자 중국 특색의 사회주의가 구체적으로 나타난 것이다. 또한 중국의 발전 과정에서 마르크스주의가 구체적으로 응용된 것이며 심오한 내적 함의를 가지고 있는 것이라고 할 수 있다.

첫째, 평화발전 노선은 중국 특색의 사회주의에 대한 본질적인 요구이자 서방의 자본주의국가와 전통적인 사회주의국가의 발전노선과 차이가 있다. 덩샤오핑 이론은 중국 특색의 사회주의를 견지하는 것을 '사회 생산력의 끊임없는 발전'과 '평화 제창'을 본질적인 특성으로 인식하였다. 사회 생산력의 발전과 인민 생활의 보장을 위해서는 평화로운 국내외 환경이 매우 중요하다. 평화발전 노선은 국가와 세계, 평화와 발전이라는 두 가지 각기 다른 범주가 구체적으로 교차하는 것이자 자국의 이익과 세계 각국의 이익이 상호 결합된 전략노선이다. 이는 중국의 전통적인 사상 문화에 내재된 심오한 기반들이 구체적으로 나타난 것이며 동시에 중국 특색 사회주의의 우월성이 확연히 드러난 것이라고 할 수 있다. 덩샤오핑은 '평화 촉진'과 '전쟁 억지'를 중국의 국가정책 기조로 확립한 동시에, 중국 특색 사회주의 건설 사업의 전 과정에서 평화발전의 이념이 관철될 것을 주문하였다. 이는 역사적으로 서방의 자본주의국가 및 전통적인 사회주의국가의 발전 노선과 차이가 있다. 평화발전 노선의 견지는 영원히 패권을 추구하지 않는 것이며 강권정치를 시행하지도 않는다는 의미이다. 이와 함께 자신의 역량이 강대해지는 과정에서 다른 국가의 이익을 희생시키지 않으

. . . .

42 中華人民共和國國務院新聞辦公室, 『中國的和平發展(白皮書)』, http://news.xinhuanet.com/ politics/2011-09/06/c_121982103_2.htm.

며 세계의 전반적인 평화와 발전을 주요한 임무 중 하나로 인식했다는 의미이
기도 하다.[43] 평화발전 노선은 서방의 자본주의국가와 전통적인 사회주의국가
들이 무력과 전쟁을 기반으로 부상한 발전노선을 지양하며 자신의 발전과 평화
로운 방법을 통해 공정하고 합리적인 국제정치경제의 신질서 확립을 추구하는
것이다.

둘째, 평화발전 노선은 전략적으로 개혁개방이 구체적으로 나타난 것이자 평
화공존 5대 원칙과 평화발전의 시대적 배경이 더욱 심화된 것이다. 제11기 3중
전회 이래로, 개혁개방은 중국과 세계를 긴밀하게 연계하는 계기가 되었다. 중
국은 자국의 국가정세와 시대적 특성에 적합한 평화발전의 새로운 노선으로 나
아갔다. 평화공존 5대 원칙은 신중국 성립 이후부터 일관되게 관철된 외교방침
으로, 중국이 대외관계를 처리하는 기본적인 원칙이기도 하다. 평화발전 노선
과 평화공존 5대 원칙은 유사한 역사·문화적 기반과 이념적 배경을 가지고 있
다. 중국의 국력이 강대해지면서 국제적 지위 역시 제고되었다. 중국은 평화공
존 5대 원칙의 견지를 기반으로 더욱 능동적이고 적극적이며 책임감 있는 태도
로 글로벌 문제에 참여했다. 평화발전 노선은 중국이 자국의 발전과 세계의 발
전을 긴밀하게 결합한 노선으로, 자국의 인민 이외에도 다른 국가의 인민들의
근본적인 이익까지도 중시하였다. 따라서 평화발전 노선은 평화공존 5대 원칙
이 새로운 시대에 부합하게 발전한 것이자 심화된 것으로, 최종적인 목표가 평
화로 발전을 촉진하고, 발전 가운데 평화를 추구한다는 점에서 평화공존 5대
원칙과 일맥상통한다고 할 수 있다.

셋째, 평화발전 노선은 평화로운 방식을 통해 자신의 발전을 실현하는 동시
에 자신의 발전을 통해 세계 각국의 공동 발전을 촉진하는 노선이다. 중국의 발

. . . .

43 중국의 국력이 강성해짐에 따라 국제사회에서는 중국의 평화외교가 임시방편적인 계책인지, 장
기적인 전략방침인지에 대한 논쟁과 우려를 나타냄. 그러나 중국이 평화발전 노선을 제기할 좋
은 시기를 맞이하며 중국의 국가발전 전략, 안보 전략, 오늘날 시대적 요구와 글로벌 발전 추세
등에 의거한, 중국이 반드시 나아가야 할 평화적인 외교 전략을 결정하고 이를 전 세계에 표명
한 것이라고 할 수 있음. 宮力 等, 『和平爲上: 中國對外戰略的歷史與現實』(北京: 九州出版社,
2007), 363-365쪽 참조.

전은 세계와 떨어질 수 없고, 세계의 발전 역시 마찬가지로 중국과 떨어질 수 없다. 중국의 평화발전이 가지는 의의는 자국의 역량 제고뿐만 아니라 아태지역, 나아가 전 세계의 평화 발전에 유익하다는 점이다. 평화발전 노선은 경제 글로벌화의 배경에 대외개방 견지, 광범위한 협력 전개를 제창하며 최종적으로는 상호 이익과 원윈을 실현하는 데 그 목적이 있다. "중국 평화발전 노선의 근본적인 특징은 경제 글로벌화와 밀접하게 연계되어 발전하는 과정에서, 그리고 국제사회와의 상호 이익과 원윈을 실현하는 과정에서 중국 특색의 사회주의를 자주적이고 독립적으로 건설한다는 점이다."[44] 중국은 전 세계가 전반적으로 평화롭고 안정적인 시기를 충분히 활용하여 스스로를 발전시키고, 자신의 발전 목표를 실현해야 한다. 동시에 국제체제로의 진입 및 그 안에서의 역할을 수행함으로써 세계 각국의 공동 발전을 위해 공헌해야 한다.

넷째, 평화발전 노선의 주요 경로는 국가의 실질적 역량 제고이다. 국가의 실력이 제고되어야만 진정한 세계적인 대국으로 발돋움할 수 있을 뿐만 아니라 대국으로서의 책임을 감당할 수 있다. 이는 상대적으로 길고 긴 과정이 필요하다. 중국의 평화발전 노선은 일반적으로 수 세대, 수십 세대에 걸쳐 지속적으로 노력해야만 비로소 완성될 수 있는, 중국 특색의 사회주의 건설 과정에서 반드시 지향해야 할 발전 노선을 의미한다. 특히 1970년대 말 시행된 개혁개방을 시작으로 21세기 중반까지 기본적인 현대화를 실현해야 하는 과정을 의미한다. 다시 말해 개발도상국에서 중견 선진국으로의 역사적인 도약을 이룩해야 하는 시기인 바, 평화로운 부상을 기반으로 나아가야 하는 근본적인 노선을 의미한다. 평화발전 노선의 근본적인 목표는 이 70여 년의 시간 내에 13~15억에 이르는 중국인들의 생존, 발전, 교육 등과 관련된 문제를 해결하는 것이다. 그러나 가장 핵심적인 목표는 21세기 초, 전 세계의 다양한 문명이 교차하는 상황에서 중국의 자주적이고 혁신적인 정신을 더욱 발전시키며 중화문명의 부흥을 실현

44 鄭必堅, 『思考的歷程-關於中國和平發展道路的由來, 根據, 內涵和前景』(北京: 中共中央黨校出版社, 2006), 291쪽.

하는 데 있다.[45] 중국의 평화발전은 장기적인 과정이다. 이는 대국이 평화적인 부상을 한 전례가 없을 뿐만 아니라 중국의 평화발전을 위해 시급하게 해결해야 하는 국내외적인 문제들이 존재하기 때문이다. 중국 정부와 인민의 입장에서 보면, 평화발전은 전략적 노선인 동시에, 장기적으로 추구해야 하는 발전 목표이기도 하다.

다섯째, 평화발전 노선은 평화적인 발전, 개방적인 발전, 협력적인 발전을 지향한다. 대외개방은 중국이 시작한 평화발전 노선의 본질적인 특징이다. 대외개방은 중국이 전 세계와 함께 풀어가야 할 핵심적인 전략노선으로, 실질적으로 중국과 전 세계의 긍정적인 상호작용을 촉진한다.[46] 평화발전 노선은 개혁개방 전략이 구현된 노선으로, 대외개방은 중국의 발전에 유익한 기회로 작용한다. 중국의 최근 발전은 개방 수준이 더욱 높아졌기 때문이라고 할 수 있다. 개방적인 발전을 견지해야만 비로소 중국과 세계의 공동 번영을 촉진할 수 있다. 평화발전 노선은 중국이 전 세계 각국과의 우호적인 협력을 통해 상호이익, 윈윈을 실현하고 전 세계의 번영과 발전을 촉진하도록 요구하고 있다. 평화발전 노선은 자주독립, 자력갱생이 핵심이다. 중국은 자신의 역량과 제도적 혁신에 의거하여 발전하고 평화공존 5대 원칙과 개혁개방이라는 기본적인 국가정책을 견지하며 전 세계 각국과 평등한 협력을 추진함으로써 상호이익, 윈윈을 실현해야 한다.

4. 중국 평화발전 노선의 방향

평화발전 노선은 중국이 자국의 근본적인 이익은 물론 평화와 발전이라는 시대적인 추세를 기반으로 채택한 전략적 선택이다. 평화발전은 중국 특색 사회주의 이론체계의 중요한 구성 요인이자 중국 정부와 인민들이 선택한

· · · · · · · · · · · · · · ·

45 Ibid. 147쪽, 291-292쪽.
46 門洪華, 『開放與國家戰略體系』(北京: 人民出版社 2008), 서론.

발전방향 및 발전노선이다. 더욱이 중화민족 전체가 장기적으로 희망하고 부지런히 탐구한 목표이기도 하다. 제11기 3중전회부터 지금까지, 덩샤오핑부터, 장쩌민, 후진타오, 시진핑에 이르기까지 한결같이 이어지고 대대로 추진되어 온 노선, 변화무쌍한 정세에서도 공산당과 국가의 지도를 기반으로 평화로운 국제환경 조성을 통해 스스로 발전하려는 노력, 자국의 발전을 통해 세계 평화를 수호하고 촉진하겠다는 결심, 이러한 과정에서 누적된 풍부한 경험 등이 기반이 되면서 전 세계 근대사에서 출현했던 수많은 강대국들에게 나타나지 않은 혁신적이고 독특한 노선이 바로 중국의 평화발전 노선이다.[47]

2005년, 후진타오는 중국이 평화발전 노선으로 나아가는 원인에 대해 상세하게 설명하였다. 그는 중국이 평화발전 노선을 견지하는 이유로 중국 발전의 현실적 요구가 있을 뿐만 아니라 중국 발전의 역사적 근원도 있기 때문이라고 밝혔다. 첫째, 중국이 평화발전 노선을 견지하는 것은 중국 역사문화의 전통에 기인한 필연적인 선택이다. 중화민족은 지금까지 이웃 국가들과 신뢰를 지키며 화목을 유지하고 평화를 숭상해 왔다. 이는 중화민족의 문화가 지금까지 '화'를 중시하는 이념을 강조한 것이다. 중화민족 5천여 년의 역사를 돌이켜보면, 중국 인민들은 대외적인 교류에서 항상 '선린우호'와 '화이부동'을 강조해 왔다. 신중국 성립 이후, 중국은 자주적이고 독립적인 평화외교정책을 견지해 왔고, 평화공존 5대 원칙을 기반으로 세계 각국과 우호적인 협력을 견지해 왔다. 세계 각국들과 화목하게 공존하면서 세계평화의 수호와 공동 발전의 촉진을 위한 힘을 보태왔다. 둘째, 중국이 평화발전 노선을 견지하는 것은 오늘날 전 세계적인 발전 추세에 기인한 필연적인 선택이다. 평화 추구, 발전 촉진, 협력 도모는 전 세계 인민들의 공통적인 염원이자 저지할 수 없는 역사적 추세이다. 중국 외교정책의 기조는 세계평화의 수호와 공동발전의 촉진이다. 중국은 흔들림 없이 평화, 발전, 협력의 기치를 내걸고 평화발전의 노선을 추구해 왔다. 동시에 세계 각국의 인민들과 함께 인류의 평화와 발전이라는 숭고한 사업을 함께 추진해

....

47 鄭必堅, 『思考的歷程-關於中國和平發展道路的由來, 根據, 內涵和前景』(北京: 中共中央黨校出版社, 2006), 2-3쪽.

176

왔다.[48]

중국의 평화발전은 중국의 역사문화에 뿌리를 두고 있으며 중국의 발전 과정에서 실천되어 왔다. 뿐만 아니라 중국의 기본적인 국가 정세에 입각하여 세계의 협력 추세에 순응하며 중국의 국가적 의지를 결집함으로써 실현되었다. 다이빙궈(戴秉國) 전 국무위원은 평화발전 노선이라는 전략적 선택의 방향성에 대해 다음과 같이 설명하였다. "첫째, 중국의 평화발전은 원천 없는 물이나 뿌리 없는 나무와 같은 것이 아니라 심오한 역사 · 문화적 근원이 있다. 둘째, 중국의 평화발전 노선은 소수 사람들의 탁상공론에 의해 만들어진 것이 아니라 신중국 성립 이후 60여 년, 특히 개혁개방의 시행 과정에서 점차 연구되고 형성된 것이다. 셋째, 중국의 평화발전 노선은 임시방편적인 계책이나 시기를 기다리는 책략이 아니라 기본적인 국가 정세에 입각하여 성심성의를 다해 스스로 인식하고 원했던 발전전략이다. 넷째, 중국의 평화발전 노선은 외국인들의 기만을 불러일으키는 것이 아니라 오늘날 세계적인 추세를 냉정하게 분석하고 과학적으로 판단함으로써 도출한, 세계적 추세에 부합하는 이성적인 선택이다. 다섯째, 중국이 평화발전 노선을 추구한다고 공개적으로 표명한 것은 입에 발린 공허한 외침이 아니라 굳건한 정치적, 정책적, 전략적 기반을 갖춘 언행이 일치한 선언이다. 여섯째, 평화발전 노선에 대한 중국의 탐구와 시행이 정점에 이른 것이 아니다. 영원히 멈추지 않을 것이며 탐구하고 개선하는 과정이 지속될 것이다. 일곱째, 중국의 평화발전 노선은 중국만의 일이 아니라 국제사회가 이해하고 지지하며 협력할 필요가 있다."[49] 다이빙궈의 이러한 설명을 통해 평화발전 노선의 전략적 방향성을 더욱 명확하게 이해할 수 있다. 중국이 추구하는 평화발전 노선의 방향성은 전략적인 시각에서 보면 과거의 발전노선이 가진 한계를 극복하고 새로운 노선을 탐구하는 데 있다.

첫째, 평화공존 5대 원칙을 견지하는 동시에 자주적이고 독립적인 외교정책

. . . .

48 "胡錦濤總書記在倫敦金融城市長薩沃里擧行的歡迎晩宴上講話". http://politics.people.com. cn /GB/1024/3845882.html.

49 戴秉國, "中國堅定不移走和平發展道路",『國際問題硏究』, 2011年 第6期, 1-4쪽.

을 시행한다. "대국은 관건, 주변은 우선, 개발도상국은 기본, 다자는 중요한 무대"라는 외교정책의 총체적인 구도에 의거하여, 평화, 발전, 협력의 기치를 기반으로 세계 각국과의 관계를 원만하게 처리하고, 스스로의 발전을 위해 우호적인 국제환경을 조성한다. 대국관계에서는 평화공존 5대 원칙을 기반으로, 공동의 목표를 달성하기 위해 상호 간의 공통점을 취하고 차이점은 보류한다. 또한 각국 인민들의 근본적인 이익을 중시하고 동등하게 협력하여 상호이익, 윈윈을 실현한다. 주변국과의 관계에서는 화목한 이웃(睦隣), 안정된 이웃(安隣), 부유한 이웃(富隣)의 삼린(三隣)정책을 견지하고 주변 정세를 안정시키며 공동의 발전을 실현하기 위해 노력한다. 개발도상국과의 관계에서는 개발도상국과의 교류와 협력을 강화하고 중요한 글로벌 문제에서 개발도상국과의 상호 지원을 유지하며 평화발전을 위해 양호한 국제환경을 조성한다. 다자관계에서는 다자주의 외교를 적극 전개하고 책임 있는 대국으로서의 이미지를 구축하며 자신의 발전을 통해 공정하고 합리적인 새로운 국제정치경제 질서의 확립을 추진한다.

둘째, 개혁개방을 견지하며 동등한 협력 가운데 상호이익과 윈윈을 추구한다. 제17차 보고에는 "중국은 흔들림 없이 상호이익, 윈윈의 개방전략을 이행할 것"이라고 명시되어 있다.[50] 당의 18차 보고에도 "중국은 흔들림 없이 상호이익, 윈윈의 개방전략을 이행하고 더욱 심도 있는 협력을 통해 세계 경제의 강력하고 지속가능하며 균형적인 성장을 추진한다. 남과 북의 격차를 감축하기 위해 노력하며 개발도상국의 자주적인 발전 역량 강화를 지원한다"[51]고 강조되어 있다. 대외개방은 중국 평화발전 노선의 본질적인 특징이자 중국이 전면적인 소강사회 건설, 국내외 화합의 실현, 국제적 영향력 제고 등의 목표를 달성하기 위한 전략적 경로이다.[52] 세계 다극화와 경제 글로벌화가 진행되는 시대에서, 개혁개방은 중국이 일관되게 유지해 온 기본적인 정책 중 하나이다. 또한

· · · · · · · · · · · · · · · ·

50 〈胡錦濤總書記在黨的十七大上的報告〉, 2015年5月13日. http://news.xinhuanet.com/newscenter /2007-10/24 /content_6938568.htm.

51 胡錦濤, 『堅定不移沿着中國特色社會主義道路前進爲全面建成小康社會而奔斗 – 在中國共産黨第 十八次全國代表大會上的報告(2012年11月8日)』(北京: 人民出版社, 2012), 48쪽.

52 門洪華, 『開放與國家戰略體系』(北京: 人民出版社 2008), 9쪽.

"상호이익, 윈윈"은 국가 간 관계가 점차 긴밀해지고 상호 의존도가 점차 심화되는 상황에서 자국과 타국의 근본적인 이익을 위한 최선의 배려이자 중국의 평화발전 과정에서 부지런히 탐구한 목표이다.

셋째, 대내적으로는 사회주의 조화사회를 건설하고 대외적으로는 지속적인 평화와 공동 번영을 위한 아름다운 세계를 건설한다. 세계질서에 대한 중국의 구상은 조화사회에서 파생된 것이다. 평화발전은 안정적이고 조화로운 내부 환경이 필요할 뿐만 아니라 마찬가지로, 조화롭게 번영하는 외부환경이 필요하다. 중국은 평화발전 과정에서 통일적으로 계획하고 고려함으로써 대내외 환경의 조화로운 발전에 커다란 공헌을 해야 한다. 조화사회의 건설은 마르크스주의 정당이 꾸준히 추구한 목표이다. 민주, 법치, 공정, 정의, 신뢰, 우호, 진심, 활력, 안정, 질서 등이 실현됨은 물론 사람과 자연이 조화롭게 공존하는 국내사회의 환경은 중국이 스스로의 국력을 증강시키는 데 유익한 기반이 된다. 국제질서를 건설적으로 확립하고 민주, 공정, 평등한 새로운 국제정치경제 질서의 수립을 추진하며 세계의 지속적인 평화와 공동 번영을 실현하는 것이 중국이 평화발전을 추구하는 취지이다. "중국의 평화발전 노선은 중국의 국내 발전과 대외개방이 통일된 것이자 중국의 발전과 세계의 발전이 연계된 것이며 중국 인민의 이익과 전 세계 각국 인민들의 공동 이익이 결합된 것이다."[53]

5. 중국 평화발전 노선의 이행

중국이 평화발전 노선을 제시한 이래로, 이론에서부터 시행까지 커다란 발전이 있었다. 정치, 경제, 군사, 문화, 외교 등 분야에서 중국의 평화발전 노선은 역사적인 한계를 뛰어넘었고, 중국 스스로의 발전은 물론 세계 평화와 번영에 공헌하였다. 중국이 개혁개방과 평화발전을 견지하고 종합적인 국력이

53 徐珊, "和平發展: 中國的信心與承諾−十六大以來我國和平發展道路理論探析", 『黨的文獻』, 2001年 第5期, 100-106쪽.

눈에 띄게 제고되면서 전 세계가 주목할 만한 발전을 이룩하였다. 이는 13억 중국 인민이 중화민족의 위대한 부흥인 '중국의 꿈'의 실현을 위해 앞으로 나아가고 있다는 의미이다. 중국은 글로벌 금융위기에 효과적으로 대응했고, 위기 대응에 관한 국제협력에 적극적으로 참여하는 등 국제사회에서 중요한 역할을 수행하며 새로운 글로벌 경제 거버넌스 매커니즘의 중요한 구성원이 되었다. 중국은 흔들림 없이 평화발전 노선을 추구하며 올바른 의리관을 바탕으로 각국에 운명공동체 의식을 확립할 것을 주장해 왔다. 또한 협력과 윈윈을 핵심으로 하는 신형 국제관계 구축을 추진하고 평화, 조화, 번영의 세계를 함께 건설해 왔다.

정치적으로는 중국 특색 사회주의의 정치발전 노선을 추구하고 정치체제 개혁을 추진하였다. 개혁개방 이래로, 중국은 중국 특색 사회주의의 정치발전 노선을 성공적으로 시작하고 이를 견지하였다. 조화로운 사회는 중국 특색 사회주의의 본질적인 속성이다. 2006년 10월, 중공중앙 16차 6중전회에서는 『중공중앙의 사회주의 조화사회 건설을 위한 몇 가지 중대한 문제에 관한 결정』을 심의하여 통과시켰다. 이 결정은 중국 특색 사회주의 사회의 성격과 지위, 지도사상, 목표와 임무, 사업원칙 및 중대한 구도 등을 전면적으로 설명하였다. 2007년 10월, 제17차 전국대표대회에서는 사회주의 조화사회 건설의 중요성을 재차 강조하며 '조화'를 중국의 전략적 기조로 삼았다. 제18차 전국대표대회에서도 "가능한 모든 역량을 단결하고 조화의 요인을 최대한 증대시킨다. 사회의 창조적인 활력을 증강하고 인민들의 안정된 생활을 보장하며 사회질서를 장기적으로 안정시키고 평안하게 구축해야 한다"고 명시하였다.[54]

경제적으로는 경제건설을 중심으로, 소강사회의 전면 건설과 전면적인 개혁개방 심화라는 목표를 시행해 왔다. 중국 평화발전의 총체적인 목표는 국가 현대화와 인민의 공동부유를 실현하는 것이다. 제11차 5개년 규획 기간 동안, 중국은 글로벌 금융위기의 거대한 충격에 효과적으로 대응하며 경제의 안정적이

---

54 胡錦濤, 『堅定不移沿着中國特色社會主義道路前進爲全面建成小康社會而奔斗 – 在中國共産黨第十八次全國代表大會上的報告(2012年11月8日)』(北京: 人民出版社, 2012).

고 비교적 빠른 발전 추세를 유지하였다. 또한 쓰촨 대지진 등과 같은 자연 재해를 극복하였고 베이징 올림픽, 상하이 세계박람회와 광저우 아시안게임을 성공적으로 개최하며 제11차 5개년 규획이 확정한 주요 목표와 임무를 성공적으로 달성하였다. 2011년 3월 15일, 제11기 전국인대 4차 회의에서는 『국민경제와 사회발전을 위한 제12차 5개년 규획 요강에 관한 결정』이 통과되었다. 본 결정의 주요 목표에는 경제의 안정적이고 비교적 빠른 발전, 경제 구조의 전략적 조정과 진전, 과학기술 교육 수준의 제고, 자원 절약과 환경보호, 인민 생활의 지속적인 개선, 사회건설의 강화, 개혁개방의 심화 등이 포함되어 있었다. 인민들의 노력을 통해 경제발전 방식의 전환에서 실질적인 진전이 나타났고, 종합국력과 국제경쟁력, 위기관리능력 등이 눈에 띄게 제고되었다. 뿐만 아니라 전면적인 소강사회 건설을 위한 기반을 공고히 다졌다. 동시에 중국은 국제교류와 협력을 적극 전개하고 각국과 공동의 이익을 창출하고 함께 발전하기 위한 노력을 확대하였다.[55] 중국은 세계 각국과의 경제 협력을 적극 전개하며 공정, 공개, 합리, 무차별 등을 원칙으로 한 다자무역체제 건설을 위해 노력했다. 또한 균형, 호혜, 윈윈이 실현되는 경제 글로벌화를 함께 추진하며 세계 각국의 공동 번영과 발전을 촉진해 왔다.

군사적으로는, 방어적 국방정책을 유지하였다. 중국의 국방건설 강화 목표는 국가 주권과 영토의 안정을 수호하고 국가의 평화로운 발전을 보장하는 것이다. 『중국의 평화발전 노선』 백서는 "각국이 평화로운 방식을 견지해야 한다. 평등한 협의와 협상을 통해 국제적 분쟁과 갈등을 해결하는 한편, 다른 국가의 주권을 침략하거나 내정을 간섭하는 행위, 임의적으로 무력을 사용하거나 무력을 통해 위협하는 행위에 대해 공동으로 반대한다. 공정, 합리, 전면, 균형의 원칙에 의거하여 효율적인 군축과 군비 제한을 실현하고 대규모 살상무기의 확산을 방지하며 핵무기 군축 프로세스를 적극 추진함으로써 전 세계

· · · · · · · · · · · · · · · ·
55 〈國民經濟和社會發展第十二個五年規劃綱要〉 http://www.gov.cn/2011lh/content_1825838
_2.htm.

전략적 안정을 유지한다"고 명시하였다.[56] 최근, 변화무쌍한 국제안보 정세에 직면하여, 중국은 공동, 협력, 지속가능한 안보관을 제창하고 각국이 평화, 발전, 협력, 원원의 시대적 추세에 순응해야 한다고 주장하는 동시에, 함께 건설하고 함께 누리며 원원하고 함께 보호하는 새로운 안보 노선으로 나아가기 위해 노력하였다.[57]

당연히 평화발전 노선을 추구하는 과정에서 원칙의 마지노선을 정하지 않은 것은 결코 아니다. 『중국의 평화발전』 백서는 처음으로 "국가주권, 국가안전, 영토통합, 국가통일, 중국의 헌법이 확립한 국가정치제도와 사회 정세의 안정, 경제사회의 지속가능한 발전 기반 보장" 등 중국의 핵심이익의 범주를 명시하였다.[58] 2013년 1월 28일, 제18대 중공중앙정치국 제3차 집단학습의 주제는 흔들림 없는 평화발전 노선의 추구였다. 시진핑은 본 집단학습에서, "중국은 평화발전 노선을 견지해야 하지만 우리의 정당한 권익을 결코 포기할 수 없을 뿐만 아니라 국가의 핵심이익을 희생할 수 없다"고 강조하였다. 또한 "어떠한 국가도 우리의 핵심이익을 가지고 거래할 수 없으며 중국의 주권, 안전, 발전 이익에 손해를 끼치는 행위도 할 수 없다", "중국이 평화발전 노선을 추구하는 것처럼 다른 국가들도 평화발전 노선을 추구해야 한다. 각국 모두가 평화발전 노선을 추구해야만 각국이 비로소 함께 발전할 수 있고, 평화롭게 공존할 수 있다"고 언급하였다. 시진핑의 연설은, 중국이 지속적으로 평화발전 노선을 추구하겠다는 사실을 전 세계에 알린 동시에 중국이 평화발전 노선을 추구하는 과정에서 원칙에 대한 마지노선을 정하지 않은 것이 아니라는 사실도 알린 것이다.[59]

· · · · · · · · · · · · · · · ·

56 中華人民共和國國務院新聞辦公室, 『中國的和平發展(白皮書)』. http://news.xinhuanet.com/ politics/2011-09/06/c_121982103_2.htm.

57 楊潔篪, "樹立共同, 綜合, 合作, 可持續的安全觀, 携手共建持久和平與共同發展的美好世界-在第51屆慕尼黑安全會議開幕式上的致辭". http://www.fmprc.gov.cn/mfa_chn/zyxw_602251 /t1235255.shtml.

58 中華人民共和國國務院新聞辦公室, 『中國的和平發展(白皮書)』. http://news.xinhuanet.com/ politics/2011-09/06/c_121982103_2.htm.

59 "習近平闡明中國和平發展原則底線". http://news.xinhuanet.com/politics/2013-01/30/c_ 114560069.htm.

문화적으로는 중화민족의 전통문화 계승을 중시하고 문화의 다양성을 존중하며 세계 각국과의 문화 교류를 강화하였을 뿐만 아니라 문화적인 상호 소통과 수용을 통해 국가 간의 관계를 더욱 발전시켰다. 중국의 평화발전은 인류문명의 다양성을 존중해 왔다. 『중국의 평화발전』 백서는 "포용과 개방을 견지하고 문명적인 대화를 전개해야 한다. 문명의 다양성은 인류 사회의 기본적인 특징이자 인류의 문명의 발전에 중요한 동력이 되었다. 각국은 자주적으로 선택한 사회주의와 발전노선의 권리를 상호 존중해야 하고, 서로의 장점은 취하고 단점은 보완하는 과정에서 자국의 국가 정세에 입각하여 이를 발전시켜야 한다. 각기 다른 문명과의 대화와 교류를 강화하고 상호 간의 의혹이나 우려를 제거하기 위해 노력하며 공동의 목표를 달성하기 위해 서로의 공통점을 찾고 차이점을 보류하는 과정에서 공동의 발전을 추구할 때 인류는 더욱 화목해지고 전 세계는 더욱 풍성하고 다채로워진다. 문명의 다양성과 발전모델의 다양화를 유지해야 하며 다양한 문명이 함께 어우러진 조화로운 세계를 건설하기 위해 협력해야 한다"고 명시하였다.[60] 중국의 평화발전 노선은 평화로운 발전, 개방적인 발전, 협력적인 발전이며, 문화교류와 협력은 평화발전 노선이 내재하고 있는 중요한 의의 중 하나이다. 2008년 8월, 중국은 올림픽을 성공적으로 개최하였다. '하나의 세계, 하나의 꿈'이라는 구호는 빠르게 도약하고 있는 중국을 전 세계에 알릴 수 있는 계기가 되었다. 2010년 상하이에서 개최된 세계박람회는 개발도상국에서 개최된 최초의 세계박람회로, 13개 항목에서 최고의 기록을 수립하며 중국이 개혁개방 이래로 국력이 강성해졌음을 충분히 나타냈다. 2010년 11월, 광저우에서 개최된 아시안게임은 아시아 지역에서 개최된 성대한 행사로, 중국과 아시아 내 각국을 긴밀하게 연결하고 더욱 빈번하게 소통할 수 있는 계기가 되었다. 아시아문화포럼 등을 통해 아시아 및 전 세계 범위에서 문화 교류를 추진하며 중화민족의 전통문명을 드높였고, 각국의 다양한 문화를 수용할 수 있었다. 동시에 인재 교류와 과학기술교류를 통해 각국의 공동 발전

· · · · · · · · · · · · · · · ·

60 中華人民共和國國務院新聞辦公室,『中國的和平發展(白皮書)』. http://news.xinhuanet.com/
   politics/2011-09/06/c_121982103_2.htm.

을 촉진하였다. 중화문명은 '다양성이 하나가 되고 각자가 화목하며 함께 번영'하는 문명이자 '변증법적 선택이 가능하고 체계적으로 통합'된 문명으로, 연속성, 포용성과 개방성의 특징을 가지고 있다. 평화발전 노선의 추구는 각국 문화의 독창성과 상호 간 차이를 인정하고, 공동의 목표 달성을 위해 공통점을 취하고 차이점을 보류함으로써 공동의 번영을 실현하도록 요구하고 있다. 문화적인 교류와 협력을 통해 세계 각국이 중국을 더 많이 알고, 이해할 수 있다. 세계 각국의 이해, 지지와 협력을 얻어야만 중국 평화발전 노선이 가진 전략적 목표를 비로소 실현할 수 있다.

외교적으로는, 평화공존 5대 원칙과 자주적이고 독립적인 평화외교 정책을 지속적으로 시행해 왔다. 선린외교의 주변외교 방침을 견지하고 양자 및 다자 외교에 적극적이고 능동적으로 참여했다. 평화, 발전, 협력의 기치를 기반으로 세계 각국과 평등하게 협력하고 원원을 추구한 바, 지역적·세계적 범위에서의 중대한 국제 사무에서 중요한 역할을 수행하였다. 평화발전 노선의 방침은 중국이 국제사회의 일원으로 평화발전에 부합하는 국제관계 이론과 대외 방침, 자주적이고 독립적인 평화외교정책, 상호신뢰·상호이익·상호평등·상호협력 등의 신안보관 제창, 적극적이고 능동적인 책임관, 선린우호적인 지역협력관 등을 지속적으로 유지하는 것이다.[61] 중국이 선택하고 견지하는 평화발전 노선은 평화 가운데 발전을 추구하고 발전하는 가운데 평화를 촉진하며 자신의 발전을 통해 세계 평화와 번영을 추진하는 것이다. 이미 중국의 다양한 외교 업무에 평화발전 노선의 취지가 내재되어 있다. 평화발전 노선은 중국의 외교 업무가 올바른 방향으로 나아가도록 인도해 왔다. 제18대 전국인대 이래로, 당 중앙은 외교이론의 혁신을 추진해 왔다. 그 결과, 2013년에는 '중국의 꿈'이 제시되었고, 의리관, 중미 간 신형대국관계의 구축, 친·성·혜·용의 주변외교이념 등이 관철되어 왔다. 이어 2014년에도 새로운 이념들이 지속적으로 제시되었다. 첫 번째는 협력과 원원이 핵심인 신형 국제관계이고, 두 번째는 전 세계적

· · · · · · · · · · · · · · · · ·

61 Ibid.

인 협력동반자 관계의 네트워크 구축이다. 세 번째는 아시아-태평양의 꿈이요, 네 번째는 아시아 신안보관이다. 상술한 새로운 이념들은 18대 이후 당 중앙이 추진한 외교이론의 혁신 성과와 일맥상통한 것이다. 또한 오늘날 전 세계와 중국 외교에 대한 전략적 사고가 더욱 구체적으로 묘사된 이념이자, 당대 국제관계에 확연히 눈에 띄는 중국적 요인이 주입된 이념이라 할 수 있다.[62]

6. 중국 평화발전 노선의 의의

평화발전 노선은 중국이 제시한 중국 특색을 갖춘 발전노선으로, 중국의 심오한 역사적 · 문화적 전통을 기반으로 중화민족의 우수한 문명을 계승하고 발전시킨 노선이다. 중국의 평화발전 노선은 서방 자본주의국가와 전통적인 사회주의국가들이 강대국으로 부상할 때 나타난 낡은 노선을 과감하게 배제하였다. 반면, 건국 이래 중국이 발전한 역사적 경험과 마르크스주의 이론을 종합하여 제시한 새로운 국가발전전략이다. 평화발전 노선은 중국의 국내정치와 외교에 올바른 방향성을 제시하였으며, 동시에 중국과 전 세계 인민들을 위해 중국의 향후 발전 방향과 노선을 정확하게 명시한 것이다. 중국의 평화발전 노선은 심원한 이론적 의의를 가지고 있다.

첫째, 평화발전 노선의 추구는 중화민족의 전통문화를 계승하고 발전시킨 것이다. 중국의 유구하고 심오한 전통문화에서 '화'는 가장 가치 있고 핵심적인 이념으로, 중국의 전통사상과 문화를 관통하는 동시에, 모든 시대, 모든 학파, 모든 국가의 사상이 발전하는 과정에 축적되어 왔다. '이화위귀', '화이부동', '천인합일'은 세 가지 중요한 함의가 있다. '이화위귀'는 중국 인민들이 평화를 사랑하고 평화공존 5대 원칙을 견지하며 평화발전 노선을 추구한 문화적 근원이다. '화이부동'은 중국 외교이념과 시행의 중요한 원천으로, 중국이 자주적

....

62 王毅, "2014, 中國特色大國外交風生水起", http://www.fmprc.gov.cn/mfa_chn/zyxw_602251 /t1224950.shtml.

이고 독립적인 평화외교정책을 견지하는 동시에 다른 국가의 이익을 존중하고 '구동존이'와 상호이익, 윈윈 등을 주장하는 기반이 되었다. '천인합일'은 중화민족이 '인간관계 및 국가관계에서 추구한 조화의 관념이 응집된 이념이자 사람과 자연의 통일이 구체적으로 나타난 이념이다. 또한 인간과 자연, 인간과 인간, 인간과 사회 및 국가 간의 통일과 조화 등 도덕적 이성과 자연의 이성이 조화롭게 일치해야 한다는 내재된 함의가 발전되어 오늘날까지 강조되고 있다. 평화발전 노선은 중화민족의 전통문화를 체계적이고 철저하게 이해하고, 유가문화의 '화 중시(和爲貴)', '모든 나라와 평화롭게 지냄(協和萬邦)', '화는 세상 모든 사람이 이뤄야 하는 도리(和也者, 天下之達道也)' 등 사상을 계승하였다. 선린우호의 주변외교 방침과 목린(睦隣), 부린(富隣), 안린(安隣)의 주변외교 정책은 이웃국가와 우호적으로 지내라는 전통사상을 충분히 구현하고 있다. 평화발전 노선은 국제관계 민주화와 발전모델의 다양화를 선도하고 각국의 문화와 정치제도, 발전모델의 다양성을 존중하며 '구동존이' 이념을 바탕으로 공동의 발전을 모색한다. 이는 '화이부동' 사상이 오늘날에 운용되고 있는 것이다. 인류 사회의 문화 다양성은 자연계에서 나타나는 생물의 다양성과 유사한 것으로, 객관적인 현실이다. 문화의 다양성을 존중할 때 비로소 인류의 문명은 발전할 수 있다. 각기 다른 문명의 공존과 발전은 결국 '화(和)'에서 비롯된 것이다. 이는 국가 간의 평화, 인간 간의 화목, 사람과 자연 간의 조화를 포함한다.[63] 중국이 평화발전 노선을 견지하는 것은, 국력의 수준에 관계없이 절대 패권을 추구하지 않을 것이고 강권 정치를 시행하지 않는다는 의미로, '패도(覇道, 무력을 앞세우고 권모술수와 사사로운 이익을 탐하는 정치)'가 아닌 '왕도(王道, 어진 임금의 덕치에 의한 정치)'를 추구하는 고대의 전통 사상을 계승한 것이다. 공산당은 경제, 군사, 과학기술 등 하드파워를 중시할 뿐만 아니라 문화, 민족정신, 민족의 응집력 등 소프트파워의 제고 역시 중시한다. 이는 중용(中庸)과 중화(中和) 사상을 현대적으로 운용하고 발전시킨 것이다.[64] 전통문화의 계승과 발전은 평화발전 노선에서 중국의 특

. . . .

63 秦亞靑, "和諧世界:中國外交新理念", 『前線』, 2006年 第12期, 30-32쪽.
64 王易, "中國和平發展戰略的傳統文化根源探析-從儒家國家關係論理思想的視覺", 『貴州師範大

색을 구체적으로 드러낸 것일 뿐만 아니라 시대적인 흐름의 특성에 부합하는 것이라고 할 수 있다.

둘째, 중국의 평화발전 노선은 마르크스주의의 새로운 발전이자 마르크스주의의 중국화가 더욱 심화된 것이다. 마르크스주의는 중국공산당의 가장 기본적인 지도사상으로, 마르크스주의의 중국화는 마르크스주의의 기본 이념과 중국의 실질적인 정세가 결합된 것이다. 덩샤오핑은 마르크스주의 이론과 평화발전이라는 시대적인 주제를 결합하여 중국 특색 사회주의의 평화발전 노선을 구축하였다. 중국 평화발전 노선의 가장 큰 전략적 특성은 평화와 발전이라는 시대적 주제를 결합하여 이를 구체화하였다는 점이다. 동시에 중국의 발전방향, 노선 등을 목표와 결합함으로써 국가의 내정(內政)과 외교에 더욱 명확한 방향성을 제공하였다. 평화발전 노선은 중국 특색 사회주의의 중요한 구성요소로, 평화발전 노선을 견지하는 것은 중국 특색을 갖춘 사회주의를 건설한다는 의미이자, 중국공산당의 사회주의 발전노선 이념이 혁신성과 시의성까지 갖추게 되었다는 것을 의미한다. 평화발전 노선은 당의 통치 이념이 이론적으로 새롭게 발전한 것이며 마르크스주의의 중국화에서 나타나는 새로운 성과이자 발전 과정이 더욱 심화된 것이라고 할 수 있다.

셋째, 중국의 평화발전 노선은 중국의 외교이론과 국제관계이론을 더욱 발전시켰을 뿐만 아니라 시대적인 특성과 중국적인 특색을 갖추게 하였다. 신중국 성립 이후, 국제환경이 변화되고 중국의 국내 개혁이 심화되면서 중국의 외교이론과 국제관계이론은 지금껏 접하지 못했던 발전 과정을 겪게 되었고, 이 과정에서 각 시기별로 나타난 시대적 특성과 국제 정세는 물론 국가전략의 교체 등이 반영되었다. 개혁개방 이후, 국제 정세는 평화와 안정의 추세로 전환되었고, 중국 역시 장족의 발전을 이룩하였다. 덩샤오핑이 제기한 평화와 발전의 시대적 주제는 중국 외교이론과 국제관계이론의 새로운 함의가 되었고, 평화 궐기, 신안보관 등 개념의 응용은 중국의 외교이론과 국제관계이론을 더욱 풍성

學學報』, 2006年 第2期, 12-17쪽.

하게 만들었다. 동시에 중국의 외교이론과 국제관계이론은 평화발전 노선에 견실한 이론적 기반이 되었을 뿐만 아니라 시행 과정에서 이론적 역할을 충분히 발휘하였다.

넷째, 중국의 평화발전 노선은 국제사회에서 제기된 '중국위협론', '중국붕괴론' 등 부정적인 여론을 해소하는 이론적 기반이 되었다. 중국이 성립된 이래로, 중국은 평화공존 5대 원칙과 자주적이고 독립적인 외교정책을 일관되게 유지해 왔다. 그러나 중국의 국력이 강해짐에 따라 '중국위협론', '중국붕괴론' 등과 같은 부정적인 여론은 중국의 국가이미지와 국제적 지위에 심각한 영향을 미쳤을 뿐만 아니라 중국과 세계 각국의 양자관계, 다자관계를 제약하였다. 중국의 평화발전 노선은 중국의 발전으로부터 초래된 우려에 대한 충분한 대답인 동시에 일부 국가와 개인의 악의적인 비방에 대한 효율적인 반격이다. 중국이 평화발전 노선을 제시함으로써 중국의 발전 방향과 노선, 발전 의도와 목표가 더욱 명확해졌다. 즉 "중국의 발전은 평화로운 발전이며 중국의 발전 수준에 관계없이 중국은 패권을 추구하지도, 강권정치를 시행하지도 않을 것"이라는 기본적인 원칙을 전 세계에 공개적으로 표명한 것이다. 중국이 번창하고 부강해지는 과정에서 평화발전은 중화민족의 요구일 뿐만 아니라 전 세계에 중화민족이 할 수 있는 공헌이다. 중국의 발전에 대한 국제사회의 우려를 해소해야만 비로소 더욱 큰 발전을 실현할 수 있고, 전 세계의 평화와 발전에 공헌할 수 있다.

중국의 평화발전 노선은 국가적인 측면과 국제적인 측면에서 더욱 실질적인 의의를 가지고 있다. 이를 구체적으로 살펴보면 다음과 같다.

첫째, 평화발전 노선은 중국의 향후 발전을 위한 명확한 전략 노선일 뿐만 아니라 중국의 국내정치와 외교가 추구하는 지향점이다. 중국은 평화발전 노선을 추진함으로써 중국의 대내 개혁과 대외개방, 중국과 세계의 평화로운 발전, 중국과 전 세계 인민들의 이익이 결합되기를 희망한다. 또한 자주독립과 자력갱생 등 자신의 역량에 의거하여 평화롭고 안정적인 국제환경에서 국제협력을 통해 자국의 발전을 추구하기를 희망할 뿐만 아니라 동시에 전 세계 각국과 함께 세계의 평화와 발전을 추진하기를 희망한다. 중국은 부상 중인 대국으로, 국내

정치경제체제에 존재하는 결함, 인구, 자원 부족 등의 문제점으로 인해 공산당 집권이 거대한 실험을 받고 있다. 국제적인 사무에서도 비교적 중요한 역할을 부여받으며 더욱 적극적이고 주동적인 자세로 임하고 있으나 이념적 차이나 국가이익의 차이를 초월하기는 여전히 쉽지 않다. 때문에 중국은 국내정치와 외교에서 모두 시급히 해결해야 할 문제들에 직면해 있다. 이러한 상황에서 평화발전 노선은 중국이 평화 중 발전을 도모하고, 발전을 통해 평화를 추진하며 중국 스스로는 물론 전 세계의 발전을 촉진하는 길이라 할 수 있다.

둘째, 중국의 평화발전 노선은 중국의 소프트파워 제고에 유리할 뿐만 아니라 중국이 하드파워와 소프트파워를 겸비하여 전면적인 발전을 실현하는 데 더욱 유리하다. "중국이 부상할 수 있는지 여부는 하드파워를 봐야 할 뿐만 아니라 소프트파워도 강조되어야 한다. 진정한 부상은 소프트파워와 하드파워가 상호 보완되고 결합되어야 실현될 수 있다."[65] 개혁개방 이후, 중국 경제의 급속 성장, 과학기술 수준의 제고, 군사력의 상대적인 강화 등은 국가의 하드파워가 증대되는 기반이 되었다. 그러나 문화적 전통, 이념, 발전모델 등 중국의 소프트파워는 여전히 하드파워와 비례하지 않을 뿐만 아니라 부족한 실정이다. 평화발전 노선은 중국이 스스로 발전하는 동시에 세계 각국의 공동 발전을 제창하고 있다. 이 과정에는 각국의 이해와 지지, 협조가 필요하며, 이를 통해 평화발전 노선을 보편적으로 받아들일 수 있다. 중국이 하드파워를 발전시키는 동시에 소프트파워를 강화시키고 양호한 국가 이미지를 구축하며 그에 상응하는 국제적 지위를 확보할 수 있을 때, 비로소 국가의 전면적인 발전을 실현할 수 있을 뿐만 아니라 진정한 세계적인 대국이 될 수 있다.

셋째, 중국의 평화발전 노선은 국가의 종합적인 국력 제고와 중화민족의 위대한 부흥 실현에 유리하다. 제16기 6중 전회의 결정에는 "새로운 중국이 성립되면서 사회주의를 기반으로 위대한 중화문명의 부흥이 시작되었다. 제11기 3중 전회 이래로, 새로운 역사적 발전 시기에 진입하면서 더욱 강력한 생기와 활

· · · · · · · · · · · · · · · ·

65 門洪華, 『中國國際戰略導論』(北京: 淸華大學出版社, 2009), 63쪽.

력이 나타났다"고 명시되어 있다.[66] 중화민족의 위대한 부흥을 실현하기 위한 가장 핵심적인 방법은 국가의 종합적인 국력을 제고하는 것이다. 평화발전 노선은 평화롭고 안정적인 국제환경을 이용하여 자신의 노력과 혁신적인 개혁으로 발생한 동력을 통해 발전하는 것으로, 자신의 발전을 통해 세계의 평화와 발전을 추진하겠다는 전략이다. 따라서 평화발전 노선은 종합국력의 제고를 통해 인민을 부유하게 하고 국가를 강성하게 한다는 목표를 실현하는 데 유리할 뿐만 아니라 최종적으로는 중화민족의 위대한 부흥을 실현하는 데 유리하다.

넷째, 중국이 평화발전 노선을 견지하는 것은 국제무역의 선순환 발전에 유리하며 더욱 공정하고 합리적인 국제정치경제 질서의 조성에도 유리하다. 평화발전 노선을 기반으로 중국은 개혁개방을 유지함으로써 국제무역의 발전을 위해 더욱 풍부한 자원과 광활한 시장을 제공하였다. 중국이 국제협력에 적극 참여함에 따라 각국은 보유한 자원을 상호 보완할 수 있게 되었고, 이를 통해 더욱 합리적인 자원 분배가 가능해졌다. 공정하고 합리적인 국제정치경제 질서를 구축하는 것은 전 세계 평화 수호와 공동 발전 촉진을 위한 중요한 경로이다. 중국은 국제 무역 및 금융체제의 개선, 무역과 투자의 자유화 및 간소화를 지지하며 협상을 통해 무역 갈등이 완만하게 해결될 수 있도록 역할을 수행하였다. 타인에게 손해를 끼쳐 자신의 이익을 탐하거나 어려움을 타인에게 결코 전가하지 않았다. 평화발전 노선은 광대한 개발도상국의 역량을 결집하는 데 매우 유익하다. 뿐만 아니라 평화발전 노선을 통해 선진국과의 소통 및 협력을 위한 교량이 되었을 뿐만 아니라 평화로운 방식과 수단을 통해 각국의 근본적인 이익을 고려하였다. 전 세계에 흩어진 자원을 새롭게 분배하였으며 효율적인 국제 규범을 제정하였고, 이로써 진정으로 새로운 합리적이고 공정한 국제정치경제 질서를 확립하였다.

다섯째, 중국의 평화발전 노선은 장기적인 평화와 공동 발전이 가능한 아름다운 세계 조성에 유리하다. 중국은 국제사회의 책임 있는 대국으로, 국제질서

. . . .

66 〈中共第十六屆中央委員會第六次全體會議公報〉. http://www.southcn.com/nflr/llzhuanti/ lzqh/toutiao/200610240193.htm.

의 구축과 혁신을 위한 적극적인 참여자이자 건설자이며 세계 평화 수호와 안정적인 발전을 위한 견실한 역량인 바, 중국의 평화발전은 국제정세의 안정을 도모하였을 뿐만 아니라 세계 평화를 보장하였다. 평화발전 노선은 자주적이고 독립적인 평화외교정책을 요구한다. 또한 평화, 발전, 협력의 기치를 내걸고 선린우호의 주변외교 방침을 견지할 것을 요구한다. 세계 각국과의 평등한 협력, 상호이익을 요구할 뿐만 아니라 중국 스스로의 발전을 위해 양호한 국내외 환경을 조성하고 각국과 함께 세계 평화를 수호하며 공동의 발전과 번영을 실현해 왔다. 중국은 민주, 화목, 공정, 포용의 정신을 기반으로 평화발전 노선을 추구함으로써 세계 평화와 공동의 번영을 촉진하는 데 이바지했다.

중국의 평화발전과 국제질서의 변화
: 국력, 세계적 목표 그리고 전략 디자인(1985-2015)

먼훙화(門洪華, 통지대학)

본 글은 국력, 세계적 목표 그리고 전략 디자인이라는 세 가지의 변수에서 출발하여 중국과 국제질서의 관계를 검토하였다. 강대국은 질서를 만들고 재편하는 주요 행위자이며, 강대국의 소프트파워와 하드파워가 강화되면 더 많은 이익을 추구하게 되고, 새로운 세계적 목표가 점차 생기며, 국제질서의 변화과정에서 주도적 혹은 피동적인 전략 디자인을 설계하게 됨으로써 국제질서를 사실상 변화하게 만든다. 또한 전 세계와 역내 두 가지 차원에서 전략적 행위를 할 수 있다. 국제질서에 관한 중국의 역할은 처음에 방관자에서 참여자로, 소극적에서 적극적으로 변화되어 왔다. 1985년 덩샤오핑이 평화발전 주제를 제시하면서 중국의 국제사회 융합, 국제질서에의 전면적 참여라는 전략적 지향점이 제공될 수 있었다.

이를 기반으로 중국은 자신을 바꾸고, 세계에 영향을 미치며, 더 나아가 세계를 구축해 나가는 평화발전의 길에 들어설 수 있었다. 국제 업무에 점차 전면적으로 참여하는 과정에서 중국은 국력의 제약과 국제 지위의 중요성을 분명하게 깨달았다. 동아시아 협력을 중국의 국제 업무 참여에서의 중심지로 삼았고, 국제질서 구축에 관한 사고 또한 점차 전 세계와 역내 양자를 함께 추진해 나가는 태도를 갖게 되었다. 21세기 들어 중국은 융합-변화-구축의 대전략적 틀을 확립하였고, 기존의 국제금융질서가 무너져 시급히 재편해야 한다는 기회를 포착하였으며, 중국이 더 큰 역할을 하고, 더 큰 책임을 맡으라는 국제사회의 바람에 적극 반응하면서, 역내 그리고 전 세계 두 가지 차원 모두에서 국제질서를 재편해 나가고 있다.

중국의 평화발전의 길 정립과 그것의 점차적 완성은 중국의 국내전략에만 달려 있는 것이 아니라 성공적인 국제적 행위를 할 수 있느냐에 크게 달려있다. 여기에 국내와 국제라는 두가지 국면을 밀접히 결합시키는 진정한 의미가 있는 것이다. 국제적 차원에서 중국의 길과 국제질서의 변화는 서로 자연스러운 관계에 놓여 있다. 안정된 국제질서를 촉진시키는 것은 강대국이 진정으로 성공을 거두었는가를 나타내는 주요 표지로 간주될 수 있는 것이다.[1] 질서구축은 모든 부상하는 강대국이라면 반드시 대답해야 할 전략이자 외교 과제이다. 중국이 부상함에 따라 중국이 어떻게 국제질서의 재편을 바라보고 참여해야 하는지가 전 세계의 관심사가 되었다. 또한 세계 각국이 중국 부상의 영향력을 관찰하는 중요한 기준이 되었다.

국가의 흥망, 세계화 그리고 역내 통합은 오늘날 세계 변화를 이끄는 세 가지 원동력이다. 국가의 흥함과 망함은 고대로부터 줄곧 있었던 것으로서 세계를 만들고 구축하는 근원적 동력이었다. 세계화와 역내 통합은 서로 연동하고 서로 도우면서 강대국의 흥망과정을 촉진시키며, 국가 흥망의 형식을 변화시키고 있다. 세계화의 발전은 새로운 각자의 흥망을 초래하고, 역내 협력의 과정을 이끌고 있다. 세계화는 세계체제의 운행규칙을 변화시키고, 기존 국제질서에서 나타난 '민주의 적자(民主赤子)' 현상을 더욱 두드러지게 만들면서, 각국에 새로운 기회를 줌과 동시에 또한 필연적으로 파괴적 힘을 산출시키고 있다. 국가는 세계화에 참여하려는 갈망도 있지만 다른 한편으론 자신의 힘이 미치지 못할까 하는 우려도 갖고 있다. 세계화와 역내 통합이 함께 진행되어 가는 시대에서, 각국의 번영은 자신이 속한 지역이 공동번영을 이뤄야만 가능하다는 사실을 국가들이 분명하게 인식하게 되었다. 이에 따라 역내협력은 통합의 방향으로 전환되었고, 역내 통합은 날로 중요해졌다. 각국의 목표에서 국제질서와 역내질서 구축은 모두 중요한 가치를 담보하게 되었다. 국가의 주체성 확대, 역내통합의 강화, 전 세계 거버넌스의 심화에 따라 국가 개혁, 역내 협력, 그리고 전

. . . .

1 巴瑞·布贊, "中國崛起過程中的中日關系與中美關系", 『世界經濟與政治』, 2006年 第7期, 15-18쪽.

세계 거버넌스가 다원화를 촉진시키면서, 새로운 질서 구축의 논리가 점차 생겨나고 있다.

중국의 평화발전은 국제질서에 영향을 미치는 중요한 힘으로 여겨져 왔다. 또한 미래전략의 향방은 국제사회의 커다란 관심사로서 세계 주요국들의 전략 조정을 이끌어 왔다. 2005년 『중국평화발전 백서』가 제시한 새로운 국제질서 구상은 '국제질서가 더욱 공정하고 합리적인 방향으로 발전해 나가는 것을 추진'하고 있으며, 따라서 지난 30여 년간 지속되어 온 국제신질서 구축 제안을 희미해지게 만들었다. 중국이 국제사회에 전면적으로 융합된 이후의 새로운 정책적 방향을 나타내고 있으며, 또한 조화로운 세계를 상징적 주제로 삼고 있다. 하지만 2010년 이후 중국 전략의 향방에 대해 국제사회는 더욱 민감해졌다. 중국의 새로운 대전략의 틀이 확립됨에 따라 브릭스개발은행, AIIB 등 새로운 국제질서의 구상과 실행, '일대일로' 이니셔티브의 제시와 전개, 중국이 기존의 국제질서를 변화시키고 있는가 또한 그로 인해 중국이 기존 국제질서의 구축자 더 나아가 도전자가 되었는가 등의 문제들이 국제사회가 중국의 부상을 관찰하는데 있어 중요한 판별 기준이 되었다.

본 글은 국력, 세계적 목표, 전략 디자인이라는 세 가지 변수에서 출발하여 중국과 국제질서와의 관계를 검토한다. 이는 1985년 덩샤오핑의 평화발전 주제 제시 이후 중국이 어떻게 평화발전의 길을 확립하고 내실화해 왔는지, 또한 어떻게 이를 토대로 국제질서 구축 방면에서 자신의 이념과 주장을 제시해 왔으며, 또한 그를 실행에 옮겼는지를 주로 분석하려는 것이다.

본 글의 주요 관점은 다음과 같다. 국제질서는 강대국 간의 권력 배분, 이익 배분 그리고 공유하는 관념이 형성해낸 결과이며, 국제질서는 안정성과 변혁성 두 가지 특징을 모두 다 가지고 있다. 둘째, 강대국의 부상은 반드시 국제질서의 구축에 영향을 미치게 마련이다. 중국의 부상과 국제질서의 변혁은 거의 동시에 전개되어 왔으므로, 중국은 필연적으로 국제질서를 어떻게 재편하느냐의 문제에 대해 자신의 견해를 밝혀야 했다. 개혁개방은 중국이 국제사회에 전면적으로 참여하기 위해 필요한 동력을 지속적으로 제공해 왔으며, 국력의 증대에 따라 국제질서 변화에 미치는 중국의 영향력은 제고되고 있다. 셋째, 중국은 적극적이고, 건설적이며, 예상 가능하고, 중요한 국제질서의 재편자이다. 중국이 국제질서 재편에 참여하는 주요한 노선으로는, 세계적인 국제제도의 기본 규칙을 수정 보완하는 것에서부터 착안하여, 국제금융질서의 재편에 적극 참여하고, 이를 기반으로 국제질서 재편의 경험을 쌓아나가야 한다. 또한 그 중점은 역내 질서의 재편에 두어야 하며, 국제질서 구축에 관한 아젠다 창설능력을 점차 강화시켜 나가야 할 것이다.

1. 강대국의 부상과 국제질서 간 상호작용의 분석 틀

국제사회에서의 질서(order)란 국가 간 공식 또는 비공식적 구도를 뜻한다. 이러한 구도는 국가에게 일종의 예측 가능한 안정된 국제환경을 제공해 주며, 국가들로 하여금 규칙에 기반 한 상호작용을 통해 분쟁의 평화적 해결 등 집단적 목표를 추구하게끔 해준다.[2] 헤들리 불(Hedley Bull)은 질서란 일종의 특정한 결과를 초래하는 구조를 뜻하며, 특정한 목표 또는 가치를 실현하기 위한 사회생활의 구조라고 하였다.[3] 국제질서(International Order)란 국제행위의 구조 또는 구성을 말하며, 이는 국제체제와 국제사회의 생존 유지, 국가의 독립 혹은 외부 주권의 수호, 평화 유지 등 국가사회의 기본적이며 주요하거나 보편적인 목표를 추구한다. 국제질서란 국가 간의 질서를 뜻하는 경우가 많으며, 세계질서(world order)는 단지 국제질서뿐 아니라, 국가를 포함한 국내질서 및 국제체제(systems of states)를 포괄하는 세계정치체제의 질서에 주목한다.[4] 국제질서는 국가가 구성한 질서이지만 세계질서는 기타 행위체가 세계질서 중에 갖는

. . . .

2 Muthiah Alagappa, ed., 『Asian Seucurity Order: Instrumental and Normative Features』 (New York: Stanford University Press, 2003), p.39.

3 Hedley Bull, 『The Anarchical Society: A Study of Order in World Politics』(New York: Columbia University Press, 2002), p.1.

4 Hedley Bull, 『The Anarchical Society: A Study of Order in World Politics』(New York: Columbia University Press, 2002), pp.16-20.

지위와 역할을 강조한다는 점에서 양자는 서로 다르다. 스텐리 호프만(Stanley Hoffman)에 따르면, 세계질서는 국가 간 화목한 관계를 만드는 일종의 이상적인 모델이다. 이는 국가 간 우호적 공존에 필요한 중요한 조건이자 규범행위의 규칙이고, 분쟁과 충돌을 합리적으로 해결하며, 국제협력을 통해 공동발전을 추구하는 유효한 수단이자 질서 있는 상태를 의미한다.[5] 세계질서는 인류 사회 삶의 주요 목적을 지속시키는 일종의 안배이므로, 끝없이 계속 이어지는 발전 과정에 해당한다. 전 세계 질서(global order)는 더욱 광범위한 개념이다. 국제질서, 세계질서가 관심 갖는 범위를 포괄하고 있을 뿐 아니라, 생태환경보호 등 하위 정치(low politics) 차원을 범주에 넣고 있어, 국제 거버넌스 개념을 그 안에 관철시키고 있을 뿐 아니라 질서의 전체성, 전 세계성, 복합적 상호 의존성 등의 특징이 두드러지게 나타난다. 오늘날 및 가까운 예측가능한 장래에 국제사회가 여전히 민족국가시대에 처해 있을 것임을 감안하여, 우리의 분석은 모두 국제질서를 출발점으로 하여 진행되고 있다. 하지만 경제 글로벌리즘의 강력한 충격아래에서 세계 거버넌스의 추세가 현재 나타나고 있으므로 세계질서, 더 나아가 전 세계 질서를 분석의 출발점으로 삼는 것 또한 역사발전의 흐름에 부합하는 것이다. 실제로 질서에 대한 기존의 분석들은 대부분 국제질서와 세계질서를 함께 연구하고 있으며, 양자 간 차이점을 의도적으로 드러내려고 하지 않고 있다. 각국은 모두 민족국가 체제에서 생활하고 있고, 대규모 전쟁 이후 확립된 질서들은 일반적으로 국제(국가 간)질서이지 세계질서는 아니다.

기존의 이해에 따르면, 국제질서는 다음과 같은 몇가지 내용들을 가지고 있다. 첫째, 국제질서는 일정 시기 각 주요 행위체들이 국력에 기반하여 조성한 구조를 말한다. 다시 말해, 국제질서는 각 행위체 특히 주요 국가들의 국력 비율이라는 기반 위에 세워지는 것이다. 국제질서는 권력 배분의 결과이다. 둘째, 국제질서는 일정 시기 국제사회의 각 행위체들이 일정한 목표를 둘러싸고 이익에 기초하여 상호 작용, 상호 투쟁하여 확립된 국제 행위규칙이자 보장 메커

. . . .

5 Stanley Hoffman, 『Primacy or World Order: American Foreign Policy since the Cold War』(New York: McGrew-Hill Book Company, 1978), pp.180-190.

니즘이다. 다시 말해, 국제질서는 국가 간 특히 강대국 간 이익 배분의 결과이다. 셋째, 일정 시기의 국제질서의 안정 여부는 흔히 주요 강대국이 핵심관념상 합의, 암묵 혹은 필요한 타협에 도달하는가의 여부에 달려 있다. 다시 말해, 국제체계내에 공유되는 관념의 형성은 장차 국제질서가 세워질 수 있는지, 안정적일 수 있는지를 결정하는 관건적 변수이다. 넷째, 국제질서란 국제사회의 주권국가, 국가 집단 그리고 국제기구 등의 행위체들이 어떠한 원칙, 규범, 목표와 수단에 따라 상호 간 관계를 처리하고, 확립하거나 혹은 유지하는 일종의 국제정치경제 운행 매커니즘이자 전체적 국면을 의미한다. 다시 말해 국제제도는 국제질서를 구축하고 유지하는 결정적인 변수이다. 이상의 내용들을 종합해 보았을 때, 국제질서는 국제사회에서 주요 행위체 특히 강대국의 힘의 배분, 이익의 배분, 공유관념이 만들어낸 결과이며, 이는 전 세계적 국제제도의 창설과 운용과정에 주로 반영되어지게 된다.

이러한 인식에 기반하여 볼 때 우리는 다음과 같이 말할 수 있다. 국제질서는 일종의 국제 공공재(international public goods)이다. 각 주요 행위체 특히 강대국이 제공하는 것이며, 또한 강대국 간의 협력과 충돌에 나타나거나 이를 초래하곤 한다. 국제질서에서 나타나는 분쟁은 사실상 권력분쟁이자 이익분쟁으로서, 관념을 둘러싼 분쟁과 국제제도를 둘러싼 분쟁의 형식으로 주로 나타나게 마련이다. 강대국 국력의 성장과 쇠퇴는 일종의 역사의 규칙으로서, 국력에 기반한 이익 배분, 주요 관념 및 세 가지 배분구조와 과정(process)을 반영한 국제제도 또한 장차 끊임없이 변화하는 상태에 놓이게 된다. 국제질서는 일종의 동태적인 개념으로서 변화는 본질적인 특징 중의 하나이다. 다른 한편 권력구조, 이익구조, 관념구조, 국제제도는 또한 일정 정도의 안정성이 존재하며 심지어 정체성(停滯性)도 있다. 신-구 질서의 전환은 장기간에 걸쳐 일어나는 일이다. 국제정치경제질서의 과정과 속도는 국력차의 변화에 달려 있지만, 그렇다고 해서 후자가 기존의 구조와 국제제도를 신속하게 타격 입히는 것은 결코 아니다. 국제질서는 이러한 구조와 제도의 정상에 놓여 있는 것이며, 따라서 정체성 또한 국제질서의 기본 특징 중 하나이다.

국제질서에 미치는 강대국의 영향력은 막대하다. 헤들리 불에 따르면 강대국이 국제질서에 영향력을 미칠 수 있는 것은 국제체제를 구성하는 국가들이 가진 권력이 불평등한데, 국가권력의 불평등성이 국제관계 구조를 간결하게 만들기 때문이다. 강대국 또한 국제질서를 유지하거나 손상시키는 정책을 취할 수 있다. 헤들리 불의 연구에 따르면 강대국이 유지하는 국제질서는 국제사회에서 광범위한 지지를 받는다. 하지만 강대국은 줄곧 어떻게 하면 다른 나라들로 하여금 자신이 국제체제에서 발휘하는 특수한 역할을 인정하도록 만들까 하는 문제에 당면하기 마련이다. 세계는 서로 다른 권력들이 각축하는 곳이고, 어떤 강대국이라도 완전히 자국의 이익에만 부합하는 질서를 만들기란 불가능하다. 따라서 강대국은 반드시 자신의 특수한 지위를 공식화하거나 명확히 하지 말아야 하며, 질서를 파괴하는, 그런 남들이 주목하는 행위를 취하지 않으려고 노력해야 한다. 또한 공공변혁이라는 바람에 대해서는 반드시, 일부라도 만족시켜야 하며, 차상위 강대국들과 협력하여 역내 세력균형을 유지하도록 협력해야 한다.[6]

강대국은 질서 구축과 재편의 주역이다. 그것의 일반적 규율은 강대국의 하드/소프트파워의 증대로 더 많은 이익을 추구하게 되며, 새로운 세계적 목표가 점차 형성되어지며, 또한 국제질서 변동과정에서 주도적 혹은 피동적인 전략 디자인을 설계하게 됨으로써 국제질서를 변화시키는 실질적인 추진자가 되는 것으로 나타난다. 또한 전 세계 그리고 역내 두 가지 차원에서 자신의 전략과 행위를 전개하게 된다. 20세기부터 오늘날에 이르기까지 국제질서는 빈번하게 변화해 왔고, 질서를 둘러싼 투쟁은 끊임없이 전개돼 왔다. 강대국 간의 경쟁 또한 전개되고 있다. 국제질서 구축 과정에서 국력은 기본조건이며, 관념의 변혁은 종종 선도적인 역할을 한다. 세계화와 역내 통합의 조류가 날로 심화됨에 따라 국제 거버넌스, 지역공동체 등의 이념이 제기되어지고 또한 점차 수용되고 있다. 아울러 기존의 패권주도적 관념 또한 완전히 역사의 뒤안길로 사라지지 않았다. 전통적 사고방식과 창의적인 사고방식이 현재 격렬하게 서로 대

. . . .

6 Hedley Bull, 『The Anarchical Society: A Study of Order in World Politics』(New York: Columbia University Press, 2002), pp.199-222.

립하고 있으며, 전 세계 그리고 역내 두 가지 차원에서 질서 재편이 전개되고 있는 중이다.

2. 국제질서 변화의 역사

국제질서의 발전 과정을 살펴보면 기본적으로 서로 상관없는 여러 지역의 질서가 병존하고 있는데 그러한 질서는 모두 일국에 의해 주도된다는 기본 특징이 있음을 알 수 있다. 세계화의 충격(특히 항해혁명으로 주로 나타나는) 그리고 강대국의 흥함과 쇠함에 따라 유럽지역에 우선적으로 세력균형적 질서가 형성되었다. 유럽 각 열강들은 산업혁명을 통해 선발주자로 나아갔고, 전 세계를 개척함으로써 역내질서가 전 세계 경제질서로 나아가게 되었다. 아울러 국제정치질서는 확장되어질 수 있었다. 이후 두 차례에 걸친 세계대전으로 인해 전 세계적 의미를 담은 국가 간 질서가 형성될 수 있었다. 물론 일정한 의미상 전 세계 질서가 역내질서를 완전히 포괄하려는 노력(또는 시도)을 한 것은 결코 아니다. 라틴아메리카에서의 미국의 패권적 질서 구축 노력이나 제2차 세계대전 기간 동안 소련이 동유럽에서 수립한 패권질서가 모두 그것을 증명한다. 이 차대전 이후 특히 1960년대 이후 국제질서 변화의 두드러진 특징으로는 유럽의 열강과 아시아, 아프리카, 라틴지역 민족해방운동이 활발하게 전개되면서 역내 질서가 부흥하는 움직임이 일었다는 것이었다. 지역공동체의 질서가 일종의 새로운 형식을 띠고 역사의 무대에 나타났으며, 전 세계 질서 변화시대의 도래를 이끌게 된 것이다. 1990년대에서 오늘날에 이르기까지 전 세계질서의 재편과 역내질서의 활발한 구축은 국제질서 구축상 나타나는 두드러진 특징이었다.

고대 시기의 역사를 살펴보면, 전 세계를 통치할 힘이나 영향력 혹은 전 세계에 미치는 이익을 가진 나라도 없었고, 또한 전 세계 규모에까지 다다른 국제체계도 존재하지 않았다. 몇 가지의 역내질서가 공존했으며, 그중 중국이 중심이었던 동아시아 질서는 중국의 전통정치사상과 정치적 지혜를 특히나 잘 반영했다. 진정한 의미에서의 국제체제의 출현은 지리의 대발견 이후에 가능했다. 15, 16세기 이후 유럽 각국은 외부로 자신의 힘을 펼치기 시작했고, 안정된 세계항해체제 및 그로 인해 가능했던 전 세계를 규모로 한 무역체제를 개척해 나갔다. 19세기 중엽 중국 또한 식민체제에 접하게 되었을 시기에 하나의 전 세계적 국제체제가 출현하게 되었다. 산업혁명, 물류혁명, 통신혁명 등이 연이어 이뤄졌고, 시스템 내부가 서로 밀접하게 연계되면서 전 세계를 범위로 하는 국제경제질서가 만들어질 수 있었다. 정치적으로는 1648년 '베스트팔렌조약'의 조인을 통해 국가주권의 평등원칙이 세워졌으며, 이는 그 후 수립된 국제정치질서를 위해 가장 기초적인 정치적 기반을 쌓았다. 주목할 만한 것은 이러한 국제질서를 형성한 기본조건은 바로 유럽의 세력균형 질서의 구축 및 안정화였다는 것이다.

19세기 말 20세기 초 국제분업구조의 완성, 세계시장 및 세계화폐체제의 출현, 그리고 식민체제의 수립을 주요한 상징으로 하는 하나의 세계적인 국제정치경제체제가 형성되었다. 이 체제 속에서 유럽 열강들은 현대 민족국가로 전환되었고 각국은 자신의 안전을 지키고, 그리고 대외적으로 식민지를 확장하려는 힘과 강한 바람을 가지게 되었다. 대영제국은 세계패권국으로 성장했고 미국도 세계의 제2경제 강국으로, 일본 또한 메이지유신을 통해 아시아의 강국으로 부상할 수 있었다. 19세기 후반기 가장 두드러진 현상으로는 바로 열강들이 안팎으로 협력하여 동아시아 전통 지역질서를 무너뜨렸다는 것이다. 미국은 고립주의를 버리고 미 대륙 질서의 주도권을 추구했을 뿐 아니라(먼로주의를 시작으로), 동아시아 질서의 재편에 간섭하기 시작했다(필리핀을 점령하고 '문호개방' 정책을 제시함).[7] 유럽의 세력균형 질서는 유럽 국가들의 흥망성쇠에 따라 급격히 변동했다. 독일은 통일을 통해 부상하여 베스트팔렌 체제에 대한 도전국으로 성장했다. 이러한 강대국들 간 전쟁과 상호작용의 결과 첫 번째 전 세계적인 국제질서가 나타나게 되었다. 이는 국제연맹의 설립을 기반으로 하였고, 베르사유-워

. . . .

7 門洪華, 『覇權之翼: 美國國際制度戰略研究』(北京: 北京大學出版社, 2005), Ch.4.

싱턴 체제의 확립을 지표로 한 것이다. 이러한 전 세계적인 국가 간 질서의 확립은 20세기 첫 번째 신질서의 주제였다고 말할 수 있다. 한편으로 이는 이상주의 사상의 실천 결과이자 세계평화를 추구하려는 지속적인 노력을 대표하지만, 다른 한편으로 이는 또한 유럽의 국제질서가 전 세계로 확장된 것의 연장선이자, 자본주의국가들이 세운 국가 간 질서의 전 세계로의 지속으로서, 시종일관 패권주의와 강권정책의 색채를 강하게 띠어왔다.

베르사유-워싱턴 질서가 내재적 불평등성을 갖고 있다는 점에서 그것의 불안정성은 필연적인 것이었다. 1920, 1930년대 독일이 새롭게 부상하고 독일, 일본, 이탈리아의 파시즘적 사고가 범람하고, 이 질서를 흔들려는 힘과 의지가 대두되면서 새로운 세계대전의 발발은 필연적인 것이 되었다. 이 기간 동안의 가장 두드러진 특징으로는 다음과 같은 것들이 있다. 미국은 세계패권국의 국력을 갖게 되었음에도 불구하고 세계 패권으로서의 책임을 맡는 것을 거부했고, 세계를 대상으로 얻을 수 있는 이익만 취하는 모습이었다. 또한 열강들이 서로 연합하거나 이간질하면서 전쟁을 준비하기 위해 필요한 가장 훌륭한 구실로서 사회주의 소련을 포착했다. 따라서 제2차 세계대전은 세계인민 대 파시즘 간의 결전이었을 뿐 아니라 파시즘을 이용하여 사회주의를 없애려는 자본주의의 노력을 반영하는 것이었다. 전쟁 결과 파시즘은 소멸되었지만 사회주의 소련은 오히려 더욱 강대해졌다. 그리하여 '전후 국제질서를 어떻게 수립해야 하는가'라는 난제가 생겨났다.

2차대전 전과 후 국제질서를 세우려는 각 강대국들의 노력은 20세기 제2차 신질서라는 주제를 대표한다. 각 강대국들은 힘의 원칙과 이익의 원칙에 의거하고, 세력 범위를 나누는 방식을 통해 강렬한 지정학적 색채를 지닌 얄타질서를 만들어냈다. 이 국제질서는 비교적 커다란 진전을 보인 것으로 세계 인민들과 파시스트 극단 통치 간에 피흘려 싸워 이룩한 것이었으며, 또한 사회주의 색채를 더한 것이었다. 정치적으로 UN이 국가의 주권평등, 민족자결 등 메커니즘적인 원칙들을 인정했다는 것, 경제적으로 IMF, WB, GATT 등이 전 세계 경제발전을 촉진시키려는 바람과 노력을 대표한다는 점이 이 체제의 진보적인 면을 나타내고 있다. 그러한 국제질서는 베스트팔렌 질서가 전 세계로 확장된 것으로서, 주권평등 원칙이 세계에서 통용되는 원칙이 되었고, 주권평등원칙을 UN 헌장에 삽입한 것은 국제질서에 있어 하나의 중요한 이정표가 되었다. 하지만 그 질서는 패권주의와 강권정치의 그림자에서 벗어나지 못했다. 이는 소련과 미국 간 양극 구도가 형성되어 전 세계가 냉전이라는 구덩이 속에 수십 년 동안 빠져 있었다는 점에서 나타난다. 이러한 과정 중 미국이 미대륙의 지역질서를 공고히 하고, 소련이 동유럽 지역에 패권질서를 확립한 것은 양자 간 패권을 쟁탈하는 데 필요한 중요한 기반이 되었다. 사회주의 소련은 본질적으로 제국주의의 진창으로 떨어졌다. 또한 미국은 동아시아 안보질서를 주도함으로써 양자 간 패권쟁탈 과정에서의 지정학적 우위를 확보하였다.

어떠한 의미에서 보자면 2차대전 이후 수립된 얄타질서는 필연적으로 역사적 부담을 짊어질 수밖에 없었다. 이것의 불평등성은 이미 한 세기 전에 만들어진 것이었다. 따라서 이러한 질서는 국제정치경제 구질서로 칭해지게 되었다. 구(舊)국제 경제질서란 선진국들이 개도국과 후진국들을 약탈하고 수탈한 것을 특징으로 하는 불평등적 국제경제질서를 뜻한다. 이는 불합리한 국제 분업체제를 기초로 한 국제 생산질서, 불평등 교환을 특징으로 하는 국제 무역질서, 그리고 독점을 기초로 하는 국제 금융질서 등을 포함한다. 구국제 정치질서란 패권주의와 강권정치를 특징으로 하는 국제정치 질서를 의미한다.

구국제 정치경제질서의 결함을 아는 동시에 우리는 또한 그것이 발생하게 된 내재적 변화를 인식해야 한다. 근본적으로 보자면 이러한 변화는 경제와 기술의 발전에서 비롯된 것이다. 서로 다른 지역과 서로 다른 사회의 발전 속도는 다르다. 이는 기술, 생산 및 무역의 변화방식에 따른 것일 뿐 아니라 생산과 부를 증대시키는 새로운 방식의 수용능력에 달려 있는 것이기도 하다. 국제적으로 한 지역이 발전하면 다른 지역은 상대적으로 혹은(어떤 경우는) 절대적으로 낙후되게 되는 것이다.[8] 정보혁명은 세계를 변화시킨 결정적인 힘으로 작용했다. 국제경쟁력의 배분 상황을 신속히 변화시킴으로써 국가 간 차이를 더욱 확대시

. . . .

8 保羅 · 肯尼迪, 『大國的興衰』(北京: 中國經濟出版社, 1989), 538쪽.

켰다. 아울러 전쟁, 더 나아가 국가 안보의 형태까지도 바꾸어 버렸다. 미래 국제질서에 간과할 수 없는 중요한 영향을 미치게 될 것이다. 다른 한편, 지속된 경제성장과 세계시장경제는 이미 국제관계를 완화시키고 있다. 오늘날 시대에 국가는 전쟁, 제국주의 그리고 배타적인 경제방식이 아닌 경제 효율, 협력 그리고 국제 분업을 통해 가장 많은 이득을 얻는다.[9] 하지만 경제의 상호 의존과 상호 이득에 대한 전망이 결코 국가 간 경쟁과 불신임을 없애주는 것은 아니다. 무역은 종국적으로 평화를 지키는 힘은 결코 아니다. 이 외에도 일부 국가들의 부와 대다수 사람들의 빈곤은 전 세계의 거대한 갭을 초래하며, 불화라는 새로운 역량을 만들어냈다.[10] 물론 이러한 과정은 또한 전 세계적 문제가 한층 더 두드러진 시대를 의미하며, 국제질서의 관념과 국제 메커니즘 또한 이로 인해 변혁의 시대로 접어들게 되었다.

우선 국제질서의 기반을 조성하는 국력 구조에 거대한 변화가 발생하였다. 2차대전 이후 강대국의 흥망성쇠에는 드라마틱한 변화가 발생하였다. 한때 위엄을 자랑했던 소련제국은 홀연히 붕괴되었다. 중국을 대표로 한 개발도상강대국이 집단적으로 부상하여 기존의 국제 권력구조와 이익구조에 충격을 주고 있다. 서구 국가들은 과거의 실패를 반성한 후 연합하여 스스로 지역주의 가속 발전의 선봉세력이 되었다. EU를 설립하고 동쪽으로 세력을 확장함으로써 다시금 국제변화를 추진하는 핵심역량이 되었다. 일본은 처음엔 흥했지만 이후에 쇠퇴하였다. 일본은 냉전의 틈새 속에서 전 세계 제1의 경제 강대국으로 성장하였고 심지어 1980년대에 한때 미국을 앞지르려는 기미까지 보였다. 하지만 1990년대 초부터 오늘날에 이르기까지 '잃어버린 수십 년(lost decades)'을 겪고 있으며 내부의 정치우경화 현상이 동아시아 정세를 교란시키고 있다. 1960, 1970년대 이후 제3세계가 중요한 정치적 힘을 형성했다.[11] 그리고 세계 정치경제질서를 개혁하라고 요구하기 시작했다. 세력구조의 변화가 가장 두드러지게

· · · · · · · · · · · · · · · ·

9 羅伯特·吉爾平, 『世界政治中的戰爭與變革』(北京: 中國人民出版社, 1994), 216쪽.
10 羅伯特 · 吉爾平, 『世界政治中的戰爭與變革』(北京: 中國人民出版社, 1994), 217-218쪽.
11 王繩祖 編, 『國際關係史(第9卷)』(北京: 世界知識出版社, 1996), 41-75쪽.

미친 영향은 바로 역내질서의 재편이다. 서구유럽공동체질서의 구축은 역내 협력 분위기를 이끌었고 다른 지역 질서의 재편도 추동시켰다. 둘째, 세력구조가 변화됨에 따라 각국은 상응하는 이익의 요구를 하기 시작했다. 이익구조 또한 막대한 변혁을 겪게 되었다. 이는 남북 간 이익충돌에 반영되어 나타날 뿐 아니라 북방국가의 내부에도 반영되어 나타난다. 셋째, 세계화 및 복합적 상호 의존의 심화에 따라 국제협력은 주도적인 국제행위가 되었으며 국제 거버넌스 등 새로운 관념이 점차 사람들의 마음에 들어가게 되었다. 국제질서를 이루는 주도적인 관념 또한 조용히 변화되었다. 경제글로벌리즘은 전 세계 질서를 구축하는 과정에서 양날의 검과도 같은 작용을 미치고 있다. 상호 의존으로 인해 국제경쟁과 충돌이 더욱 치열해지게 되었고, 상호 의존 자체 또한 상대를 제재하는 도구가 되었다. 하지만 이는 분쟁 처리 시 각국이 대화로 대항을 대처하는, 지혜롭고도 이성적인 태도를 취하도록 만들 수 있을 것이다.[12] 넷째, 국제메커니즘에 조용한 변화가 일어났다. 근대 이후 특히 제1차 세계대전 종식 이후 국제사회는 줄곧 협력을 모색해 왔다. 또한 국가를 초월한 세계질서를 수립하려는 움직임이 있어 왔다. 이러한 움직임은 일련의 국제정치 규칙을 출현시켰으며, 또한 일련의 제도화된 기구와 조직을 만들어냈다. 권력이 분산되고 국제정치사상이 미치는 영향이 확대됨에 따라, 더 많은 국가들이 국제메커니즘의 구축 및 보완과정에 참여하게 됨으로써 국제메커니즘의 공정한 속성 또한 한층 더 반영되어질 수 있게 되었다. 세계적 변화의 가속화는 기존 국제질서의 틀에 충격을 주고 있으며, 공동이익에 기반을 둔 국제질서의 재편을 촉진시켰다. 국제질서는 점차 다극화되고, 공동이익의 집적 및 그것의 제도화, 그리고 공동책임의 분담(강대국이 중요한 책임을 지고, 다른 국가들이 책임을 분담하는)이라는 추세로 전환되고 있다.

상술한 몇 가지 방면의 변화로 인해 국제질서를 둘러싼 논쟁이 뜨거워지고 있다. 냉전 종식 이전의 경우 국제신질서를 수립하자는 목소리는 주로 제3세계

. . . .

12 魯品越, "産業結構變遷與世界秩序重建: 歷史唯物主義視野中的世界秩序", 『中國社會科學』, 2002年 第3期, 4-13쪽.

로부터 나왔었다. 그것의 목표는 구 국제경제질서 속에서 처한 불리한 지위를 변화시키고, 민족경제의 발전을 위해 유리한 국제환경을 만들어내려는 데 있었다. 냉전 종식 초기에 선진국들의 국력이 한층 더 강화되면서 신질서 수립에 더욱 열심이었다. 미국은 세계질서 구축을 국가전략의 수준으로 격상시켰고, 시기를 이용하여 자신의 주도적 지위를 확보하는 세계질서를 신속히 구축했다. 유럽연맹의 국가들은 유럽의 전통적 지위를 회복하려는 강한 바람을 표명했다. 일본은 일본, 미국, 유럽의 삼극이 주도하는 국제질서 신질서를 수립하자고 주장하였다. 사실상 선진국들이 주장한 세계 신질서는 구질서의 연속이자 한층 더 공고화하는 것에 불과했다. 즉 우세적 지위를 이용하여 자신의 이익을 최대 한도로 지키고, 기존의 국제규칙을 유지하거나 자신에게 유리한 국제적 규칙을 제정함으로써 모든 국가를 자신이 주도하는 국제정치경제 시스템 속으로 편입시키려는 것이었다. 21세기 접어들어 질서 구축에 관한 각국의 중심은 지역 차원으로 전환되었다. 특히 2008년 하반기에 발발한 전 세계 금융 위기는 많은 나라들로 하여금 역내협력의 가치를 인식하도록 만들었다. 그들은 전 세계 경제 거버넌스(특히 G20의 활동을 특성으로 하는)를 추진하는 동시에 역내 지위의 공고화에 주력했다. 역내협력을 추진함으로써 전 세계 질서 재편 모색이라는 새로운 길을 추구하면서, 전 세계의 변혁을 추진하기 위한 역량을 쌓아나갔다.[13]

3. 중국과 국제질서 관계의 역사

19세기 이전 중국은 줄곧 동아시아에서 상대적으로 고립된 지정학적 환경 속에 있었고, 세계 다른 지역들과 상대적으로 분리되어 있었다. 19세기 중엽에 유럽 열강들이 함대와 대포를 동원하여 중국을 강제로 자신이 주도하는 국제질서 속으로 편입시켰다. 이로 인해 중국과 국제질서 간의 비틀린 상호작

· · · · · · · · · · · · · · · ·

13 門洪華, "地區秩序構建的羅輯", 『世界經濟與政治』, 2014年 第7期, 5-22쪽.

용의 역사가 시작되었다. 중국의 국제질서 참여는 두 가지 특징으로 분명하게 나타났다. 즉 '중국의 세계'가 '세계의 중국'으로 변환되었고, '외부자'가 '내부자'로 전환되었다. 이 두 가지의 상호 교차 및 상호 보완을 통하여 국제질서에서의 중국의 역할이 몇 번에 걸쳐 변환되었던 것이다.

역사적으로 중국은 원래 강대국이었다. 중국의 과학기술은 천여 년가량 세계를 이끄는 수준이었고, 중국의 GDP는 19세기 초에도 여전히 세계 최고의 수준이었다. 중국은 스스로 이룬 유구한 문명을 지녔으며, 동아시아 지역에서 스스로 하나의 제국체제를 형성하였다. 중국이 디자인한 유가사회 정치질서는 천하통일 체제로 나타났다. 이러한 천하통일적 구조는 소위 화이질서라는 것을 형성했고, 동심원과도 같은 등급적인 세계체제를 완성했다.[14] 이를 동아시아 질서의 초기 형태로 볼 수 있다. 이러한 질서는 중국문화를 규범적 현실에 존재하는 유일한 법칙으로 간주했고, 중국 황제의 은덕은 주변 지역을 교화하는 것이었다. 조공질서는 중국 국내정치 통치관계, 즉 지방분권의 대외관계로의 연속이자 응용이었다. 이는 "사해가 순종해야 중국이 평안하다", "문덕을 쌓으면 먼 곳의 사람들도 복종시킨다", "먼곳의 사람을 회유하면 사방이 그에게 귀속되고, 제후를 마음에 품으면 천하가 그를 두려워한다" 등을 강조하였다. 화이에 대한 중국의 구분은 문화적인 기준에 따른 것이지 종족을 기준으로 한 것은 아니었다.[15] 중국을 중심으로 한 경제체제와 국제질서의 목적은 국내 안정과 번영에 필요한 외부환경을 얻고자 함이었다. 얻는 것보다 더 많이 준다는 원칙에 따라 주변관계를 처리하였기에 이는 일종의 소프트한 패권질서였다. 고대 중국이 수립한 지역질서는 조공제도를 핵심으로 한 것이었기에 중국을 중심으로 하는 불평등적 성격을 가졌다는 평가가 있지만, 문화와 무역을 수단으로 하여 평화적이고 상호 호혜적인 질서를 유지하였다는 것은 계속 비판적으로 계승할 만한 것이다.

14 費正淸 編, 『劍橋中國晩晴史(下)』(北京: 社會科學出版社, 1985), 37쪽.
15 憑友蘭, 『中國哲學簡史』(北京: 北京大學出版社 1985), 221쪽.

그림 1 중국 GDP가 차지하는 비중(서기 1~1998년)

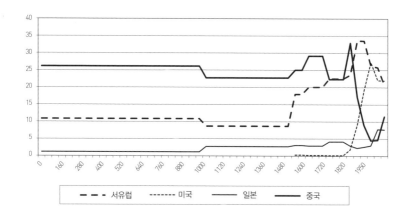

전통적 중국사회는 창의적 정신과 확장 의식이 부족하여 줄곧 쇄국적인 성격을 가졌다. 이에 비해 중세의 속박에서 벗어난 유럽은 신속히 부상하기 시작했다. 17세기에 유럽 열강은 식민의 손길을 중국의 동남 연해지역으로까지 뻗어왔다. 19세기 외교적 수단을 통해 청제국과 더욱 광범위하고 더욱 직접적인 관계를 맺으려는 노력이 연달아 좌절된 이후, 서방 열강은 무력에 의거하여 일련의 대중국 전쟁을 발동하였다. 대포와 함선을 동원하여 중국의 천하통일사상을 무너뜨렸고, 중국을 자신이 주도하는 국제질서 속으로 강제로 편입시켰다. 중국은 천하통일적 구조 속에서 현대적 의미의 민족국가로의 변화를 겪었다. 국제질서에 강제로 편입되었기 때문에 중국은 장기간 열강의 모욕을 받게 되었고, 영토는 자의적으로 찢겨졌으니 주권을 수호한다는 것은 아예 불가능한 것이었다. 20세기 들어와 중국은 대외적 교류 시 과거 천조의 윗나라에 거했던 것에서 벗어나 평등한 지위 획득을 중시하는 태도를 보였다. 국제질서가 지역질서에서 전 세계 질서로 확장되면서 국제연맹의 설립이 이를 나타내는 가장 주요한 상징이었다. 국제질서에 적극 참여하려는 중국의 바람이 더욱 증가되었다. 1916년 중국이 제1차 세계대전에 참여하면서 근대 이후 최초로 전승국이 되었다. 하지만 미래 국제질서를 논의하는 파리회의 석상에서 전승국 중국은

전후 국제질서의 설계에 참여할 권리가 없었을 뿐 아니라 자신의 이익조차도 보호받지 못했다. 국제연맹에의 가입은 중국의 국제사회 융합 차원에서 중요한 발걸음이었다. 하지만 일본은 1931년 대규모 중국 침략전쟁을 자행했고, 중국은 한때마나 국제연맹의 분쟁해결 메커니즘에 기대를 걸었다. 중국은 국제연맹에 제소했고, 국제연맹이 정의를 발현하고, 연맹의 규정에 따라 침략을 제재해주기를 요구했다. 국제연맹은 비록 조사단을 파견하여 조사결과를 발표했지만 일본에 편향적이었고, 일본을 침략자로 선포하기를 거부하였다. 이로 인해 국제연맹은 역사상 첫 번째 중대한 실수를 범했다. 제2차 세계대전이 종식되어서야 비로소 중국은 과거에 존재하지 않았던 다극세계에 다시금 처하게 되었다.[16]

제2차 세계대전 기간 동안 중국은 원동지역 전쟁에서 일본의 침략군에 맞서는 주력 임무를 맡았고, 파시즘 세력을 타도하는 데 거대한 공헌을 했다. 중국은 주요한 강대국으로서 유엔의 설립과정에 참여하였고, 또한 부결권을 지닌 유엔 안보리 5대 상임이사국 중의 하나가 되었다. 유엔에서 강대국의 지위를 인정받게 된 것이다. 이로써 중국은 최초로 국제질서에의 적극적 참여자가 될 수 있었다. 하지만 1949년 중국공산당이 신중국을 성립한 이후 미국 등 주요 서방국가들은 중화인민공화국을 승인하기를 거부하였다. 대만의 장제스 집단을 계속 승인하며 그들이 유엔 등 국제조직에서 계속 지위를 유지하도록 지지하였다. 중국대륙은 기존의 전 세계적 국제제도의 밖으로 배제되었다. 중국 지도자는 일정한 판단을 거쳐 '일변도(一邊倒)' 외교정책을 마련했다. 중국의 전략적 선택 그리고 그 이후 발발한 한국전쟁은 국제질서에 중대한 영향을 미쳤다. 1960~1970년대 국제적 세력 배분 구조는 크게 분화되고 조합되는 양상을 띠게 되었고, 중소 관계는 파열되었으며, 사회주의 진영은 와해되는 분위기였다. 자본주의 진영은 미국, 유럽, 일본 이렇게 셋이 세력균형을 이루며 권력을 잡았다. 개도국은 독립적인 정치세력으로 세계무대에 오르게 되었다. 중국은 '두 개의 중간지대론'을 제시했으며, '동시 전쟁 수행(兩條線作戰)' 심지어 '사면 출격

. . . .

16 基辛格, 『大外交』(海口: 海南出版社, 1998), 9쪽.

(四面出擊)'을 외침으로써 패권과 그들이 주도하는 국제체제에 한 차원 더 강하게 도전하였다. 1970년대 접어들어 소련이 중국의 주요한 위협국이 되면서 중국은 국제전략을 재조정했고 '3개 세계론(三個世界理論)'을 제시하였다. 미국 등 서방국가들과의 외교관계는 큰 성과를 거두었다. 1971년 10월 중국은 UN에서의 상임이사국 자리를 되찾았으며 이는 중국이 더욱 넓은 국제공간을 획득했음을 나타낸다. 하지만 유엔이나 다른 국제기구에 대한 중국의 의구심이 즉각 완전히 사라진 것은 아니었다.[17]

전후 국제질서 수립에의 참여 그리고 질서 결정 과정에서 배제되었던 경력을 감안하여 중국 정부는 새로운 형태의 국제관계와 국제질서를 수립할 것을 결연히 주장하였다. 1953년 말 저우언라이가 인도 정부의 대표단을 회견할 당시 처음으로 주권과 영토 존중, 상호 불침략, 상호 내정 불간섭, 평등 호혜, 평화 공존이라는 다섯 가지 원칙을 제시하였다. 중국이 평화공존 5원칙을 제시한 이후 이는 이미 세계 절대다수 국가들에게 받아들여졌으며, 이 나라들과 중국이 맺은 조약, 공보, 선언, 성명 등 양자관계 문건에서 확인되었을 뿐 아니라, 또한 많은 중요한 국제회의나 일련의 국제 문건에서 인용되거나 천명되었다. 이는 중국이 국제관계의 기본원칙에 관해 세운 중대한 공헌이었을 뿐 아니라 중화인민공화국이 국제질서 원칙을 보완한 첫 번째의 중대한 시도이기도 하였다.

중국은 제3세계 국가들의 국제경제 신질서 구축 주장을 일관되게 지지해 왔다. 1974년 덩샤오핑은 제6차 유엔 특별대회에서 처음으로 국제 정치경제 신질서에 관한 중국의 주장을 제시하였다. 첫째, 평화공존 5원칙의 기초 위에서 국가 간 정치경제관계를 세운다. 둘째, 국제경제업무는 세계 각국이 공동 관리해야 한다. 셋째, 세계무역은 평등호혜, 유무상통(互通有無)의 기반 위에 이뤄져야한다. 넷째, 개도국에 대한 경제적 지원은 어떠한 정치적 군사적 조건을 수반하지 않으며, 피지원국의 주권을 존중해야 한다. 다섯째, 국제사회는 개도국에 대한 기술원조 등을 더 많이 제공해야 한다.[18]

. . . .

17 趙全勝, 『解讀中國外交政策: 微觀, 弘觀上結合的研究方法』(臺北: 月旦出版社, 1999), 105쪽.
18 裴堅章, 王泰平 編, 『中華人民共和國外交史(第3卷)』(北京: 世界智識出版社, 1999), 480쪽.

1978년 중국은 대외개방 정책을 실시하며 국제사회에 점차 깊게 융합하게 되었다. 중국은 따로 판을 만드는 것이 아니라 기존의 국제규칙에 적극 참여하였고, 기존의 국제체제에 융합하기 시작했다. 중국은 대다수 전 세계 국제제도에의 참여자가 되었고, 역내 제도를 대하는 데 있어서 건설적인 태도를 띠기 시작했다. 또한 국제사회와 계속 접속해 나가겠다는 바람을 표명하였다. 중국의 국제질서관은 부단히 내실화되며 발전되어 나갔다.

이상을 종합하면 다음과 같다. 중화인민공화국이 성립된 이후 오늘날에 이르기까지 중국은 국제질서의 적극적인 변혁자이다. 중국은 국제질서의 정책결정과정 밖으로 배제된 적이 있었으나 국제질서에 대해 방관자에서 참여자로, 소극적에서 적극적으로 변화되는 과정을 겪었으며, 국제질서에 대한 중국의 인식 또한 점차 심화되어왔다.

4. 세계와 융합하는 중국의 전략적 선택(1985-2005)

1978년 제11기 3중전회는 중국 역사상 커다란 전환을 이뤄냈다. 1982년 제12차 당대회는 사회주의 현대화 건설의 청사진을 한층 더 명확하게 그려냈다. 1985년 '평화와 발전'의 제시는 중국이 국제사회와 융합하고, 국제질서에 전면적으로 참여하기 위해 필요한 전략적 사고를 제공해 주었다. 이를 기반으로 중국은 자신을 바꾸고, 세계에 영향을 미치는 평화발전의 길을 걷기 시작했다. 전 세계 업무에 점차 전면적으로 참여하는 과정 속에서 중국은 자신의 힘의 제약과 국제적 지위의 중요성을 절감하였다. 그리고 국제 업무에의 참여 중심을 점차 동아시아 협력에 두게 되었다. 또한 국제질서를 구축하고 또한 점차 전 세계와 지역 두 가지를 병행하는 태도를 형성하게 되었다.

제11기 3중전회는 중국이 계급투쟁을 중심으로 한 노선을 버리고, 전국업무의 중심을 경제건설로 옮겼음을 의미한다. 덩샤오핑은 1979년 12월에 21세기 말 소강사회를 이룩하겠다고 처음 밝혔다. 1982년 당의 제12대는 이번 세기 말까지 4배 성장이라는 소강사회의 목표를 확정지었으며, 1980년대의 반패권 평화유지, 조국통일, 현대화 건설이라는 3대 임무의 핵심이 경제건설을 잘 이뤄 나가는 데 있다고 강조하였다. 1980~1985년 중국 농공업 총생산량의 증가율이 11%에 달하여 제12대의 예상을 초과하였다. 덩샤오핑은 이를 기반으로 중국의 국내정세를 잘 연구하여 중국현대화라는 장기적 발전 목표를 새롭게 설계하였고, 사회주의 초급단계이론과 '삼단계 발전(三步走)' 전략 구상을 마련하였다.[19] 1987년 4월 30일 덩샤오핑은 '삼단계 발전'의 현대화 발전전략에 대해 처음으로 완전하게 밝혔다. 1단계는 1980년대에 두배 성장(1980년에 비해 500달러), 2단계는 20세기 말까지 다시 두 배 성장(1인당 GDP 1000달러), 3단계는 21세기 들어 30~50년 동안 네 배 성장(1인당 GDP 4000달러)하겠다는 것이다.[20] 1987년 제13차 당대회에서는 중국이 사회주의 초급단계에 처해 있으며, 근본 임무는 생산능력의 해방과 발전임을 한층 더 명확히 밝혔다. 국가의 총체적 전략의 조정은 중국 국제전략 변혁의 출발점이며, 그 주요 사상은 군사안보, 민족독립 그리고 자력 갱생에서부터 경제건설, 인민부강 그리고 개방참여로 전환되었고, 이는 사회주의 현대화 건설에 이로운 국제환경을 확보하려는 것이었다. 이와 동시에 국제 정세와 중국의 국제환경의 변화 또한 중국의 국제전략의 조정에 필요한 역사적 계기를 제공하였다. 소련이 공격적이고 미국이 수비적으로 정세가 역전되면서 중국의 국제환경이 다소 개선되었던 것이다. 중국과 미국은 1979년 1월 1일 외교관계를 맺었다. 미국의 정책 조정으로 인해 중국과 소련 양국은 관계를 완화하려는 주관적 전략적 바람을 동시에 갖게 되었다. 이후 1982~1989년 7년 동안 12차례에 걸친 정치적 협상과정을 통해 양측은 각 영역에서 점차 관계를 회복해 나갈 수 있었다. 이와 동시에 중국 개혁개방이 추진되면서 중국의 거대한 경제적 잠재력, 시장 잠재력이 외부 투자자를 끌어들이면서 중국과 다른 나라들과의 관계가 넓어지게 되었고, 이로 인해 중국의 대외관계는 새로운 고조기에 접어들 수 있었다. 중국은 국제사회로의 융합과정을 더욱 가속화시켰고, 중국과 국제질서 간 관계의 변혁시대가 도래하게 되었다. 이로 인해 중국은 국제

19 中共中央黨史硏究室第三硏究部, 『中國改革開放史』(沈陽: 遙寧人民出版社, 2002), 73쪽.
20 『鄧小平文選(第2卷)』(北京: 人民出版社, 1994), 226쪽.

질서 변혁을 추진하는 중요한 역량이 되었으며, 스스로의 주동성 또한 날로 강화되어 나갔다.

1980년대 중국은 기초적 의미를 지닌 국제전략 조정을 단행하였다. 이러한 전략적 조정의 기반은 관념의 변화를 전제로 하는 것이었다. '계급투쟁 위주'에서 '경제건설 위주'로 변화된 것이었다. 또한 시대의 주류가 더 이상 전쟁과 혁명이 아니라 평화와 발전이라 여기게 되었다. 시대의 주류에 대한 판단은 우선 국내적 공감대 형성에서 출발하여 점차 국제사회에 표명하는 단계로 나아갔다. 1977년 덩샤오핑은 "전쟁 발발을 늦출 수 있다"로 말하였고, 1982년에는 "전쟁 요인도 증대하고 있지만, 전쟁을 제약하는 요인 또한 증가되고 있다"고 밝혔다. 1985년 3월 4일 덩샤오핑은 일본 대표단을 접견한 자리에서 "오늘날 세계에서 정말 큰 문제, 전 세계적 성격을 띤 전략적 문제로서 하나는 평화문제가 있고, 또 하나는 경제문제 혹은 발전문제가 있다."[21] 1988년 12월 21일 덩샤오핑은 인도의 라지브 간디 수상을 접견한 자리에서 "오늘날 세계에는 두 가지 주요 문제가 있다. 하나는 평화문제고 또 하나는 발전문제이다. …… 발전문제를 전 인류에게 해당하는 문제로 인식해야 하며, 이러한 인식에서 문제를 관찰하고 해결해야 한다. 이렇게 해야만이 발전문제가 개도국 자신의 책임일 뿐 아니라 또한 선진국의 책임이기도 한 것을 분명히 할 수 있다"고 밝혔다.[22] 평화와 발전의 시대라는 인식의 제시는 중국과 세계와의 상호작용 관계를 새롭게 인식시키는 전환점이 되었다. 이것을 기반으로 중국공산당의 통치이념은 '투쟁철학'에서 '건설철학'으로 변화될 수 있었고, '계급투쟁 위주'에서 '경제건설 중심'으로 정치전략의 조정이 이뤄졌다. 사상전략이 교조주의에서 '실천은 진리를 검증하는 유일한 표준'으로 조정되었고, 경제전략도 계획경제에서 사회주의 시장경제로 조정되었다. 평화와 발전의 시대라는 시대관의 확립은 국가대전략의 기본 방향을 확정시켰고, 국내와 국제전략 간의 총체적 협력을 위해 필요한 기초를 마련했다.

. . . .

21 『鄧小平文選(第3卷)』(北京: 人民出版社, 1993), 105쪽.
22 『鄧小平文選(第3卷)』(北京: 人民出版社, 1993), 281-282쪽.

이번 전략적 조정은 1982년 9월 제12차 당대회의 개최에서 뚜렷이 나타났다. 중국은 독립자주적 평화외교정책을 한층 더 강조하였다. 소련을 기준으로 선을 긋던 딱딱한 방법을 조정하고, 세계 각국과의 전방위적 외교관계의 발전을 강조하였다. 이와 아울러 덩샤오핑은 '삼개 세계론'을 발전시키면서 동서남북 문제를 제시하였다. "오늘날 세계에서 진정한 큰 문제이자 전 세계적 속성을 가진 전략문제로서 하나는 평화문제가 있고, 또 하나는 경제문제 혹은 발전문제가 있다. 평화문제는 동서관계의 문제이고, 발전문제는 남북관계에 관한 문제이다. 이를 개괄하면 동서남북 네 글자인 것이다. 그중 남북문제가 핵심문제이다."[23] 이에 기반하여 덩샤오핑은 남북대화와 남남협력을 적극 제창하였다. 아울러 덩샤오핑은 '일국양제'로 대만 통일 문제를 해결하고, '논쟁 보류, 공동개발'로 남중국해 분쟁을 해결하겠다고 제시하였다. 국제정세의 발전 및 중국 국력의 강화에 따라 국제정치경제 신질서의 수립이 덩샤오핑이 주목하는 전략적 중심이 되었다. 또한 냉전 종식 전과 후 국제질서 수립이라는 명제를 솔선하여 제시하였다. 1988년 덩샤오핑은 국제신질서 건설 시 "평화공존 5원칙을 국제관계의 준칙으로 삼아야 한다"고 명확하게 밝혔다.[24]

중국의 전략이 총체적으로 조정됨에 따라 대외개방이 중국 국제전략의 중요한 구성요소가 되었다. 대외개방은 자금과 기술을 도입하는 과정일 뿐만 아니라 선진 관념과 제도를 학습하는 과정이었으며, 또한 국제사회에 융합되고, 중국과 국제질서 관계를 변화시키는 중요한 과정이기도 하였다. 이러한 과정 중 중국은 국제제도와의 융합속도를 가속화시켰다. 역사적 요인과 현실적 상황의 제약으로 인해 이 시기 중국의 전략은 특히 국제경제제도로의 참여를 핵심으로 하였다. 경제이익이 이끌고, 목표가 이끄는 특징을 보였던 것이다. 중국은 국제 조류와의 접합을 강조하기 시작하였다. 적극 참여자와 엄격 집행자의 역할을 하는 데 주력하였다. 이러한 기간 동안 중국의 국제사회에 대한 관념에도 변화가 일어났다. 국제사회의 준칙에 따라 주요한 전 세계적 국제제도에 참

23 『鄧小平文選(第3卷)』(北京: 人民出版社, 1993), 105쪽.
24 『鄧小平文選(第3卷)』(北京: 人民出版社, 1993), 282-283쪽.

여하고, 혁명을 더 이상 국제사회를 변혁시키는 방안으로 삼지 않았으며, 국제사회로의 광범위한 참여를 현대화의 전제이자 중요한 노선으로 삼았다. 중국의 잠재력과 시장은 국제사회의 주목을 받기 시작했고, 또한 국제사회에 중국이 융합됨으로써 국제질서의 변혁을 이끄는 힘이 되어 나갔다. 이는 또한 1980년대 중국과 많은 강대국과의 관계가 좋아졌던 요인이기도 하였다.

1980년대 말 1990년대 초 국제정세에 커다란 변화가 발생했다. 소련과 동구권이 큰 변화를 겪으면서 냉전이 종식되었다. 이러한 중대한 역사적 시기에 중국은 물길을 거스르며 더욱 빠르게 대외개방을 추진하였다. 중국은 개도국의 자본집약형 제조업 그리고 첨단 기술산업의 노동집약형 제조업 부문의 이전이라는 기회를 포착하여, 수출이 이끄는 외향형 경제를 한층 더 발전시켜 나갔다. 아울러 탈냉전시기 국제 분쟁에 대해서는 창조적으로 사회주의 시장경제이론을 제시하였다. 그리하여 중국과 세계와의 관계를 이데올로기라는 소용돌이 속에서 해방시킬 수 있었다. 또한 높은 정치적 지혜와 전략적 용기를 드러내었다. 1992년 제14차 당대회에서 사회주의 시장경제를 구축한다는 전략적 틀이 확립되었다. 중국은 지속적인 고속 발전기에 들어서기 시작했다. 특히 원래 2000년까지 실현하려던 4배 성장의 목표가 5년 앞당겨 실현되었다. 인민들의 생활수준도 빈곤에서 소강으로 성장했다. 중국 경제발전의 잠재력이 전면적으로 활성화되기 시작하였다. 1990~2000년 중국 GDP가 10.4% 증가하며 전 세계 많은 강대국 중에서 최고점을 찍었다. 이러한 중국의 발전태세와 세계 구조의 변동으로 인해 미국 등 일부 전략가들은 중국을 첫 번째 전략적 상대로 여기게 되었다.[25]

냉전종식 전후 기간 동안 사회주의는 전 세계에서 상당한 좌절을 겪었다. 더욱이 경제체제에서 일부 심층적 갈등이 촉발되면서 개혁과 발전이 어려움에 봉착했다. 국제적으로는 소련을 잃은 미국이 전략적으로 더 이상 중국이 필요하

. . . .

25 1990년대 초에 미국의 전략가들은 중국이 미국 및 동아시아 지역 이익상 안보위협이 될 것인가를 놓고 격렬한 논쟁을 벌였다. 관련 논의로 Thomas J. Christensen, "Posing Problems without Catching Up: China's Rise and Challenges for U.S. Security Policy", *International Security*, Vol. 25, No. 4, Spring 2001, pp.5-40.

지 않게 되면서 미국 전략가들의 마음속에 중국이 가장 주요한 잠재적 적수로 떠오르게 되었다. 1989년 6월부터 미국은 중국에 대해 '제재'를 앞장서 시행했고, 중미관계는 큰 손상을 입었다. 양측은 인권, 무역최혜국, 대외비확산 등 문제에서 격렬하게 대립했다. 1989년 하반기 들어 덩샤오핑은 국내외 정세의 커다란 변화를 가리켜 "냉정히 관찰하고, 자신의 안정된 입지를 확보하고, 도광양회하며, 자신을 잘 보호하며, 결코 리더를 맡지 말고, 할 수 있는 것은 해나가야 한다" 등 일련의 전략적 방침을 제시하였다. 앞서 이끌지 말고, 리더를 맡지 않음으로써 강대국 간 대항으로 인해 초래된 정세의 불안정을 피해야 한다는 것이었다. 할 수 있는 것은 해내가되, 중국 주권, 안보 등 중대한 이익에 관련된 문제에서는 반드시 목소리를 내야 하며, 정세의 발전 상태를 냉전히 판단하여 기회를 포착하고, 도광양회의 기반 위에서 자신이 할 수 있는 것을 해나가라는 것이다. 이러한 전략적 방침은 도광양회, 유소작위를 핵심으로 하며, 앞서 이끌지 말고 리더를 맡지 말며 서방과 대립하지 말라를 기본 책략으로 함으로써 서방의 제재의 압력에 견딜 수 있었고, 국제 반중세력의 억제 획책을 신속하게 무너뜨릴 수 있었다. 이와 동시에 중국 지도자들은 국제전략에서 일련의 새로운 창조적인 틀을 전개해 나갔다. 이는 특히 국제정치경제 신질서의 수립이라는 전략적 사고, 전략적 동반자 관계의 형성, 역내 협력의 적극 추진 그리고 주도권의 적극 확보 등의 모습으로 반영되었다.

　1980년대에 이미 덩샤오핑은 국제정세에 발생한 커다란 변화를 읽어냈고, 반드시 공정하고 합리적인 국제정치경제 신질서를 수립해야 한다고 제시하였다. 1990년 12월 24일 덩샤오핑은 중앙의 몇몇 동지들과의 대화 중 "국제문제에서 아무것도 안 하고 있기란 불가능하다. 할 수 있는 뭔가를 해야 한다. 그럼 무얼 해야 할까? 내가 보기엔 국제정치경제 신질서 수립을 적극 추진해야 한다."[26] 장쩌민 등 주요 지도자들도 이후의 중요한 대담이나 정치보고를 하는 과정에서 국제정치경제 신질서 수립 문제를 거론하지 않은 사람이 없다. 당시의

⋯⋯⋯⋯⋯⋯⋯

26 『鄧小平文選(第3卷)』(北京: 人民出版社, 1993), 363쪽.

국제정세에 비추어 중국은 국제정치경제 신질서 수립과정에서 주로 서방 강대국들이 국제 경제질서를 주도하고 또한 국제질서의 담론권을 장악했다는 불평등성을 주로 강조함으로써 국제 여론의 공감과 지지를 얻어냈다. 더 나아가 전략적 주동권을 잡고, 더 많은 국제협력의 힘을 단결시키고 쟁취할 수 있었다. 그리하여 국제환경이 우리에게 유리한 방향으로 흘러갈 수 있게 만들었다. 물론 탈냉전 이후 국제질서의 재편은 많은 국가들이 추구하는 목표였다. 예를 들어 미국은 계속 자신을 리더로 하는 국제질서를 주장했고 또한 단극 패권을 추구하는 데 주력했다. 일본은 미국, 일본, 유럽 삼자가 떠받치는 국제질서라는 목표를 제시했다. 많은 개도국들 또한 국제질서 변혁에 대한 자신의 견해를 밝혔다. 중국은 이러한 뜨거운 이슈를 포착하였고 평화공존 5개 항을 원칙으로 하는 덩샤오핑의 사상을 이어나갔으며, 또한 이론적으로도 더욱 풍부히 만들어나갔다. 예를 들어 2002년 장쩌민이 제16차 당대회 보고에서 중국의 다음과 같은 입장을 밝혔다 — 각국은 정치적으로 서로 존중하고, 함께 협상해야지, 자신의 의지를 남에게 강요해서는 안 된다. 경제적으로도 서로 촉진시키고 함께 발전해야지 빈부격차를 심화시켜서는 안 된다. 문화적으로도 서로를 배우고 함께 번영해야지 다른 민족의 문화를 배척해서는 안 된다. 안보적으로도 서로 믿고 함께 유지해 나가며 상호 신뢰, 상호 이익, 평등 및 협력이라는 신안보관을 수립해야 하며, 대화와 협력을 통해 분쟁을 해결해야지 무력에 호소하거나 무력으로 서로를 위협해서는 안 된다.[27] 2003년 5월 28일 후진타오는 모스크바 국제관계학원에서의 강연을 통해 공정하고 합리적인 국제정치경제 신질서 구축에 관한 다섯 가지 주장을 제시했다. 첫째, 국제관계 민주화를 촉진시킨다. 세계의 다양성을 유지하고 존중한다. 상호 신뢰, 상호 이익, 평등 및 협력의 새로운 안보관을 구축한다. 전 세계 경제의 균형발전을 촉진시킨다. UN 및 안보리의 중요한 역할을 존중하고 발휘시킨다. 이와 동시에 중국은 신질서와 다극화를 연계시켜 다극화를 국제신질서 구축을 추진하는 기본 배경으로 간주하였

. . . .

27 『中國共産黨第16次全國代表大會文件滙編』(北京: 人民出版社, 2002), 46쪽.

다. 더 나아가 러시아, 프랑스 등과의 연합성명을 통해 다극화와 국제질서를 함께 구축해 나가겠다는 전략적 의향을 밝힘으로써 국제질서 구축에 있어 중요한 담론권을 획득했다. 이와 동시에 중국의 국력 또한 비교적 크게 강화되었고, 중국과 국제사회와의 협력도 날로 심화되어 나갔다. 공동의 이익이 증대되어졌고, 국가이익의 상호 융합성도 더욱 높아짐으로써 중국과 국제질서 간에 더욱 적극적인 상호작용이 가능해질 수 있었다. 또한 중국의 이념적 주동권 또한 힘을 받을 수 있었다.

실제적으로 탈냉전 이후 서방 선진국들의 제재 압력과 주변 환경 변화를 감안하여 중국은 강대국관계와 주변관계의 개선을 가장 중요한 것으로 간주하였고, 이러한 국가들과 동반자 관계를 맺고 발전시키는 것을 중요한 전략의 일환으로 삼았다. 1993년 중국과 브라질이 전략적 동반자관계를 맺는다고 처음으로 밝혔다. 1994년에는 중국이 러시아와 신형 건설적 동반자관계를 맺는 데에 합의하였는데 이는 중국이 처음으로 연합성명을 통해 공개적으로 동반자관계를 밝힌 것이었다. 1996년 중국의 동반자관계의 전략은 우선 주변 국가들을 대상으로 개척하여 파키스탄, 네팔과 동반자관계를 맺었다. 러시아와 맺었던 건설적 동반자관계는 전략적 협력 동반자관계로 격상했다. 1997년 중국은 프랑스와 전면적 동반자관계를 맺었고, 중미 양국은 건설적인 전략적 동반자관계를 맺는 데 함께 주력하기로 결정하였다. 1998년 중국은 영국과 전면적 동반자관계를 맺었고, 유럽과 21세기를 지향하는 장기적으로 안정된 건설적 동반자관계를 수립했으며 한국과 협력 동반자관계를 맺었다. 2000년 중국은 남아프리카와 동반자관계를 맺었다. 1990년대 중국의 동반자관계 전략의 제시 및 실시는 중국의 국제환경을 개선시켰을 뿐 아니라 또한 국제질서의 긍정적 변화를 중국이 추진하는 데 있어 중요한 수단이 되었다. 21세기 들어 중국의 동반자관계 전략은 발전의 전기를 맞이하였다. 오늘날에 이르기까지 이미 70여 개 국가 및 국가집단과 동반자관계를 맺음으로써 전 세계를 망라하는 동반자관계 네트워크가 형성되었다.[28] 이처럼 동반자관계는 맺지만 동맹을 맺지 않는 동반자전략은 중국이 신형 국제관계를 만들고, 국제질서 건설을 추진하는 새로운 탐색이라 불릴 수 있다.

탈냉전 이후 국제사회 특히 중국 주변 국가들 사이에서 '중국위협론'이 수면 밑에서 나타나기 시작했다. 이는 물론 일부 국가들의 의도에 따라 그런 것이지만, 중국의 부상이 몰고 온 진동이 분명 주변국들에게는 일정한 충격으로 다가가고 있는 것이 사실이며, 그들이 중국의 미래 방향에 대해 불안해하고 있는 것도 객관적 사실이다. 주변 지역을 어떻게 안정시키고 주변 국가와의 공동 번영과 안정을 촉진시키느냐가 중국이 반드시 주목해야 하는 중대한 전략적 아젠다가 되었다. 이 외에도 중국은 자신의 지역에서의 강대국의 지위를 깊게 인식하게 되었다. 국제무대에서 우열을 가리려는 충동도 억제하면서 동아시아 지역 관계의 구축을 외교의 중심으로 삼고, 국제질서와 역내질서의 구축을 효율적으로 통합시키기 시작함으로써 중국 국제질서 사상과 전략이 더욱 새로워질 수 있었다.

중국 국력이 상승됨에 따라 동아시아 업무에 대한 중국의 영향력도 현저하게 증가되었다. 1990년대 중기부터 시작하여 중국은 역내 협력에 대한 소극적이고 피동적인 자세를 벗어나 경제, 안보, 군사 등 부문에서 이웃 나라들과 적극적인 협력을 전개해 나감으로써 동아시아 역내 질서 건설의 적극적인 추진자가 되었다. 경제적으로 중국은 중국-아세안 자유무역지대 구축을 제안했고, '10+3 메커니즘'이 동아시아 지역 협력의 주요 채널로 발전함으로써 역내 경제, 무역, 투자, 안보를 위한 협력의 틀로 점차 구축해 나갈 수 있다고 강조하였다. 안보부문에서 중국은 상호신뢰, 상호이익, 평등, 협력을 핵심으로 하는 신안보관을 제시하였고, 상하이협력기구를 통해 신안보관을 실천에 옮겼다. 또한 이를 중국-아세안 자유무역지대 구축으로까지 확장시킴으로써 중국이 아시아 지역 협력에 참여하는 데 필요한 일종의 건설적인 모델을 제공하였다.[29] 중국은

· · · · · · · · · · · · · · · · ·

28 門洪華, 劉笑陽, "中國伙伴關係戰略評枯與展望", 『世界經濟與政治』, 2015年 第2期, 65-95쪽.
29 門洪華, "中國戰略文化的重構: 一項研究議程", 『敎學與硏究』, 2006年 第1期, 57-63쪽.

또한 아세안 등 국가들과 비전통 안보 영역에서의 협력도 강화시켰다. 군사부문에서 중국은 주요 강대국과의 협력을 적극적으로 개척했다. 반테러, 비확산, 연합군사훈련 등을 통해 과거엔 볼 수 없었던 적극적인 자세를 보여주었다. 중국이 가속화시키고 있는 동아시아 협력 메커니즘은 중국 자신의 외교 관련한 새로운 사고체계를 나타내는 것이다. 즉 자신의 이익과 관련한 지역에 공동이익 기반 위의 평등, 협력, 상호이익, 상호도움이라는 지역질서를 배양하고 수립하려는 것이다. 또한 건설적인 상호작용 과정을 통해 오랜 기간 쌓여온 장벽과 원한을 해소하고, 국가관계와 국제관계에 관한 새로운 준칙을 모색하며 점차 수립해 나가려는 것이다.

1997년부터 중국은 '책임 있는 강대국'을 자신의 국제지위에 접목하기 시작했으며, 스스로의 국제적 이미지 구축에 한층 더 관심을 갖게 되었다. 중국은 현재 전 세계적 영향력이 있는 지역 강대국에서 세계 강대국으로 나아가고 있다. 또한 전 세계 평화, 안보, 발전을 위해 점차 더 중요한 역할을 발휘하고 있다. 따라서 중국은 국제사회에서 책임지는 국가라는 건설적이고 예측 가능한 강대국 이미지를 한층 더 만들어나가야 한다. 1997~1999년 아시아 금융위기 과정에서 중국은 책임 있는 강대국의 이미지를 만들었고 많은 아시아 국가들의 존중을 받았다.

이것을 기점으로 중국의 국제전략은 내향성에서 외향성으로 변환되어졌다. 중국은 국제사회에 적극적으로 융합되어 나갔으며, 전략적 이익을 개척하고 국제사회의 전면적 참여자가 되었다. 탈냉전시기의 중국에게 있어 외교적 고립의 타개는 그저 첫 번째 단계일 뿐이다. 어떻게 국제사회에 받아들여지고, 국제사회가 안심할 수 있는 강대국이 되는가가 가장 중요한 전략적 중심이 된 것이다. 이렇게 해야만이 중국은 국가 발전의 기본목표를 실현하는 국제환경을 확보할 수 있다. 국제사회에 진입하는 중국의 발걸음이 빨라짐에 따라 중국의 전략적 공간도 확대되고 있다. 하지만 중국이 외부충격을 받을 수 있는 취약성 또한 증가하고 있다. 또한 중국 국력이 발전함에 따라 "중국위협론"이 특정 시기 동안 중국에 대한 국제적 압력으로 작용한 적도 있다. 유럽과 미국 간 경제통합의 가속화는 중국이 소재한 동아시아 경제협력에 대해 거대한 국제경쟁의 압력을 생성시켰다. 또한 중국이 동아시아 통합을 추진하는 데 있어 일정한 외부 동력이 되었다. 중국은 자신이 처한 국제환경에 대해 더욱 정확한 판단을 하게 되었고, 자신의 국력에 대해 더욱 객관적인 인식을 갖게 되었다. 설정한 국가목표와 국제목표의 실행 가능성 또한 더욱 증가되었다.

'책임 있는 강대국' 전략의 제시는 중국의 자아 정체성에 커다란 변화가 생겼음을 의미한다. 중국의 경우 주권을 중시하는 독립 자주적 강대국이라는 전통적 정체성과, 책임 있는 강대국이라는 새로운 정체성이 서로 연관되어 있다고 말할 수 있다. 후자가 국제제도에의 융합과 더욱 직접적인 관계를 맺고 있다. 즉 중국의 국가행위가 국제제도의 조절을 날로 더 많이 받게 되었다는 것이다. 중국은 국제제도에 가입함으로써 주변의 포위구도를 깨뜨리고, 책임질 줄 안다는 명성을 얻게 되는 중요한 조건이 된다는 사실을 명확하게 깨닫게 되었다. 국제사회에서 또한 중대한 국제문제에 있어서 중국은 날로 국제제도에 융합되어 가고 있으며 더욱 협력적으로 변하고 있다. 이 외에도 중국은 국제제도에 대한 참여를 확대할 뿐 아니라 국제제도에 있어서의 행위 또한 날로 적극적으로 변하면서 적극 참여자의 특징을 보이기 시작하였다. 아젠다 셋팅 능력 또한 제고되었다. 국제제도에의 참여와 창설, 더 나아가 국제사회에의 융합을 실현하고, 국가의 전략적 이익을 확대하는 것이 또한 중국이 설정한 전략적 선택이다. 이와 동시에 중국은 기존의 국제제도의 보완 그리고 새로운 영역 국제제도의 창설에도 적극 참여하고 있다. 국제제도에 중국이 날로 더 많이 참여하고 있으며, 국제제도를 만들어내는 중국의 능력 또한 제고되었다.[30]

중국의 국제지위가 높아짐에 따라 중국이 국제질서를 대하는 관점 또한 더욱 변증법적으로 변화되었다. 중국은 기존의 국제질서가 서방에 의해 주도되기 때문에 분명 많은 부분들이 불공정하고 불합리하다고 여긴다. 하지만 기존의 국제질서에서 중국이 차지하는 지위가 이미 점차 상승세를 타고 있음을 인식하고 있다. 이 외에도 중국은 기존의 국제질서의 장점과 단점을 한층 더 객관적으

. . . .

30 門洪華, "壓力, 認知與國際形象-關於中國參與國際制度戰略的歷史解釋", 『世界政治與政治』, 2005年 第5期, 17-22쪽.

로 평가하고, 기존의 UN이 주도하는 국제제도 체계에서 중국이 정치영역에서 비교적 분명하게 유리한 지위를 차지하고 있음을, 그리고 경제영역에서도 점차 이득이 손실보다 커지고 있음을 인식하게 되었다. 기존의 국제질서는 중국에게 있어 양날의 칼이라 할 수 있다. 중국이 국제사회에 전면적으로 참여하게 됨에 따라 중국의 국력이 증가하고 이익도 보장받게 되었다. 반면 기존의 국제질서 는 기존의 권력과 이익구조의 산물이므로, 중국의 국력 증대와 이익의 확장에 대해 일정한 제약을 가하는 것이기도 하다. 이에 비추어, 중국은 마땅히 책임 있는 강대국의 신분으로 국제정치경제 질서의 건설 및 변혁과정에 참여해야 한 다. 점진적이고 평화적이며 민주적인 방식을 통해 기존 국제정치경제 질서 중 의 불공정, 불합리한 부분을 개혁해 나가야 한다. 아울러 중국은 국제질서 건설 의 어려움을 한층 더 인식하고 있다. 실용적인 각도에서 동아시아 질서 구축을 추진해야 하며, 국제질서 건설의 새로운 관념을 생각해야 한다.

5. 세계를 만들어 나가는 중국의 전략적 길(2005~2015)

21세기 들어 중국의 부상 속도가 빨라지고 있으며, GDP 규모가 과거엔 도달하기 어려울 것이라 여겼던 목표를 연속해서 초과 달성함으로써, 2010년에 일본을 제치고 세계 제2대 경제 강대국이 되었다. 중국의 대외무역이 빠르게 증대하면서 2014년에는 세계 제1 무역 강대국이 되었다. '해외진출(走出 去)' 전략이 실시됨에 따라 특히 브릭스개발은행, 아시아인프라투자은행, '일대 일로' 전략의 제시와 실시에 따라 중국의 대외투자는 가속 시기에 접어들었다. 이와 동시에 중국은 소프트파워 구축을 매우 중시함으로써 중국의 평화부상의 기반을 한층 더 견실하게 닦고 있다. 세계 금융질서가 혼란해지는 상황을 맞이 하여 중국은 세계에 적극 참여하고 재편하기 시작하였다. 융합-변화-구축 이 라는 전략적 틀이 점차 형성되었고, 국제질서의 변화 추진은 중국 대전략에서 빠져서는 안 되는 부분이 되었다.

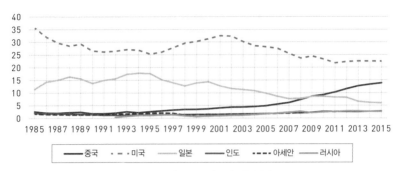

그림 2 주요 경제체의 GDP가 전 세계에서 차지하는 비중(1965-2016년)

비고: GDP는 시장환율에 따라 계산된 것이며, 2014년과 2015년 수치는 추정치임.

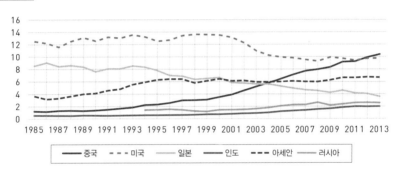

그림 3 주요 경제체의 대외무역이 세계에서 차지하는 비중(1985-2013년)

출처: UNCTAD, http://unctadstat.unctad.org/wds/TableViewer/tableView.aspx.

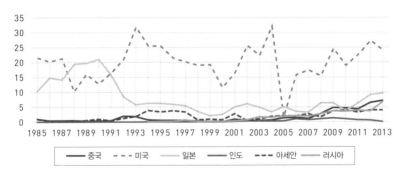

그림 4 주요 경제체의 대외투자가 세계에서 차지하는 비중(1985-2013년)

출처: UNCTAD, http://unctadstat.unctad.org/wds/TableViewer/tableView.aspx.

21세기 들어 중국의 평화발전의 전략적 틀이 점차 풍부한 내실을 갖추게 되었다. 수십 년에 달하는 탐색을 통해 중국은 2005년 12월에 『중국의 평화발전의 길』백서를 발간하여 평화발전의 길을 걷겠다는 입장을 명확히 밝혔다. 그리고 "평화발전의 길을 걷는 것은 중국 국내의 발전과 대외개방을 하나로 묶고, 중국의 발전과 세계의 발전을 연계하며, 중국 인민의 근본이익과 세계 인민의 공동이익을 결합하는 것이다"라고 강조하였다.[31] 평화발전 길의 정수(精髓)는 평화적인 국제환경을 확보하여 자신을 발전시킨다는 것이다. 이를 기반으로 중국은 완전히 새로운 국제질서에 관한 주장을 하였다. 중국은 국제질서 구축의 어려움을 한층 더 인식하게 되었고, 실무적인 관점에서 동아시아 지역 질서의 구축을 적극 추진하게 되었다. 또한 국제질서 구축에 관한 새로운 사고를 고민하게 되었다. 상술한 백서에는 "국제질서를 더욱 공정하고 합리적인 방향으로 발전시켜 나아간다"라는 생각이 처음으로 밝혀져 있다. 이는 중국은 책임 있는 강대국으로서 국제정치경제 질서의 변혁과정에 참여하기를 원한다는, 일종의 새로운 표현법이다. 점진적이고, 평화적이며 민주적인 방식을 통해 국제질서를 변화시켜 나가겠다는 것이다. 제18차 당대회에서는 "국제질서와 국제체제가 공정하고 합리적인 방향으로 발전해 나가도록 추진한다"라고 천명되었다. 이러한 새로운 주장은 중국이 책임 있는 강대국의 신분으로 국제정치경제 질서의 변혁과정에 참여하겠으며, 점진적이고, 평화적이며 민주적인 방식으로 국제질서를 개혁시키겠다는 것을 나타낸다. 이와 관련된 것으로 중국 지도자들은 조화세계라는 새로운 강령을 제시하였다. 또한 이러한 전통적인 이상을 국제문제의 처리과정에 끌어들임으로써, 조화세계, 조화아시아, 조화지역이라는 이념을 명확하게 제시하였다. 또한 조화사회와 조화세계는 서로가 서로의 조건이 된다고 강조하였다. 조화세계라는 표현법은 중국의 국제질서에 대한 이상적인 인식을 대표한다. 조화는 또한 일종의 승낙이라 할 수 있다. 즉 중국 국내에 대한 승낙이자 전 세계에 대한 승낙이기도 하다. 이러한 승낙이 책임으로 전환되어 중

31 中華人民共和國國務院新聞辦公室, 『中國的和平發展道路(白皮書)』. http://www.gov.cn/zhengce
    /2005-12/22/content_2615756.htm.

국 정부의 '책임 있는 강대국'이라는 자아전략에 대한 일종의 제약이 되었다. 이는 중국의 발전이 국제사회에 미치는 영향을 중국의 지도자들이 명확하게 인식하였으며, 조화세계를 대내적 조화와 대외적 협력을 결합하는 전략적 중간지점으로 삼고 있음을 의미한다.

만일 '조화세계'사상을 하나의 이념적 표현이라고 한다면 현실에 맞는 전략적 노선은 바로 공동이익과 호혜공영의 추구라고 할 수 있다. '공동이익'이란 용어는 1997년 9월 제15차 당대회 정치보고에서 처음 나온 것이다. 선전국과의 '공동이익 접합 모색'을 제시하였다. 제16차 정치보고에서는 '선진국과의 공동이익 확대'라고 언급되었다. 후진타오, 원자바오 등 중앙 지도자들은 "개도국과의 공동이익을 유지 및 발전시켜야 한다"고 주장하였다. 제17차 정치보고에서는 공동이익을 전략적으로 추구한다고 명확하게 밝혔다. "발전의 기회를 함께 누리고, 다양한 도전에 함께 대처하면서 인류평화와 발전이라는 숭고한 사업을 추진한다"는 것이다. 제18차 정치보고는 한층 더 나아가 "인류 운명공동체 인식을 제창하고, 자국의 이익 추구 시 타국의 합리적 관심사도 고려해야 하며, 자국의 발전 도모 시 각국의 공동발전을 촉진시켜야 하고, 더욱 평등하고 균형적인 신형 국제 발전 동반자관계를 수립해야 하며, 한 배를 탄 운명으로서 책임을 분담하고, 인류의 공동이익을 증진시켜야 한다"로 밝혔다. 중국이 국제사회에 전면적으로 참여하게 됨에 따라 관련 아젠다가 신속하게 확대되고 있으며, 타국과 공동이익의 공고화 및 확대를 추구하는 것이 가능할 뿐 아니라 또한 필요한 것임을 중국 지도자들이 명확히 인식하게 된 것이다. 중국이 이미 세계와 동아시아 지역의 이익상관자가 되었다는 점에 비추어 공동이익을 강화하고 확대하는 것을 국제전략적 지도 원칙으로 삼는 것은 가능한 일일 뿐 아니라 중국의 장기적 전략 이익에 부합하는 것이기도 한 것이다.[32] 2005년 10월 제16차 당대회 5중전회에서는 서로 호혜적이고 원원하는 개방전략을 실시하겠다고 밝히면서 호혜원원을 계속 추진해야만 대외개방이라는 기본국책이 계속 관철되어

. . . .

32 門洪華, 『開放與國家戰略體系』(北京: 人民出版社, 2008), 199-202쪽.

나갈 수 있고, 우리나라의 해외 이익 또한 계속 발전되어 나감으로써 국가 발전이라는 전략적 목표를 실현할 수 있으며 아울러 우리의 평화발전이라는 긍정적인 국제이미지도 심어나갈 수 있다고 강조하였다. 호혜원원은 중국의 국제경쟁력이 신속히 제고되는 상황에서 대외개방에 대해 제시한 일종의 방침이다. 이를 통해 중국이 자신의 발전을 이뤄나가면서 다른 나라의 이익도 매우 중시하고 있음이 드러나고 있다. 호혜원원은 새로운 역사적 시기 개방전략의 기반으로 확정되었으며, 중국이 책임 있는 강대국을 도모하고 있음을 나타내는 것이다. 제18차 정치보고에서는 중국은 호혜원원이라는 개방전략을 시종일관 유지하고 있으며, 협력의 심화를 통해 세계경제의 강하고, 지속 가능하며 균형적인 성장을 촉진시키고 있다고 강조하였다. 중국은 남북 간 국력 차를 축소하는 데 주력하고 있으며, 개도국이 자주적인 발전능력을 증대해 나가는 것을 지지한다. 중국은 주요 경제행위자와 거시적 경제정책의 조율을 강화해 나갈 것이며, 협상을 통해 무역 분쟁을 적절히 해결해 나갈 것이다. 중국은 권리와 의무 간 균형을 맞출 것이며, 국제경제 거버넌스에 적극 참여할 것이다. 무역과 투자 자유화의 편리화를 추진하면서 각종 형식의 보호주의에 반대할 것이다.

제18차 당대회 이후 새로운 세대의 중앙지도부들은 중국 국가 거버넌스 체계와 거버넌스 능력의 현대화를 강하게 추진해 나가고 있다. 그리하여 중국은 국제사회에 전면적으로 융합되어지고 또한 더욱 큰 국제적 영향력을 발휘할 수 있다. 이는 중국이 전면적 심화 개혁개방이라는 새로운 시대로 접어들고 있음을 나타낸다. 2020년대에 이르면 중국의 국력은 더욱 강해질 것이며, 경제력과 종합국력은 세계 제2위에 도달할 것이며, 공업 생산량 및 대외무역 수치가 전 세계에서 가장 높게 될 것이다. 제18차 정치보고에서는 2020년에 소강사회에 전면적으로 진입한다는 전략적 목표를 제시하였다. 시진핑 주석은 '중국의 꿈'과 '두 개의 백년'이라는 전략적 구상을 제시하였다. 상술한 전략사상을 방침으로 하여 중국의 정책결정자들은 체제 개혁의 심화를 적극 추진했으며, 국가 거버넌스 체계 구축 및 거버넌스 능력의 제고에 주력하고 있다. 이와 동시에 중국 정책 결정자들은 국제사회에 적극 참여하고 있으며, 전 세계 경제 거버넌스 및 세계질서 건설 과정에서 건설적인 참여자이자 일정 정도로는 주도자로서의 태도를 나타내고 있다. 중국의 강대국으로서의 역할은 두드러지게 나타나고 있다. 중국 정책 결정자들은 외교 관련 일련의 새로운 이념들을 제시함으로써 중국의 외교사상체계를 풍부하게 만들어 나가고 있다. 중국 정책 결정자들은 중국의 부상이 세계에 초래하는 진동을 매우 잘 알고 있다. "부유해지면 천하를 구제할 수 있다(達則兼濟天下)"라는 넓은 마음을 갖고 호혜윈윈의 전략적 사고를 유지하면서, 각국과의 이익이 합쳐지는 기반 위에서 협력하며, 힘이 닿는 범위 내에서 더 많은 국제적 책임을 지고, 각국과 이익공동체, 책임공동체, 운명공동체를 만들고 발전시켜 나가고 있다. 중국은 '운명공동체' 운명을 제창하여, 신형 강대국관계, '일대일로' 공동구축 등 일련의 새로운 이니셔티브를 제시하고 있다. 그리하여 신형 '의리관'을 대대적으로 전파하여, 개도국들에게 의와 이익을 함께 고려하되, 의를 이익보다 더 중시하고, 자국의 발전전략을 주변 국가, 개도국과 서로 연결시킴으로써 각국 간 상호신뢰와 협력을 심화시키고 있다.

중국은 국가전략적 이익을 힘써 확장하면서 '공동이익', '호혜윈윈' '책임 있는 중국'을 핵심으로 하는 새로운 외교시대를 열어가는 데 주력하고 있다.[33] 국제정세의 변환을 맞이하여 중국의 외교는 더욱 주동적으로 변화하고 있으며, 중국의 지도자들은 전 세계를 향해 중국의 협력과 윈윈 추구에 대한 강렬한 바람을 전달하고 있다. 국제질서 및 전 세계 거버넌스에 더욱 적극 참여하겠다는 입장을 전달하고 있으며, 일련의 중요한 이니셔티브를 제시함으로써 많은 중요한 합의에 이르렀고, 역내 이익구조에 직접적으로 영향을 미치고 있다. 나아가 전 세계 구조의 변화를 촉발시키면서 국제사회 특히 역내 사회에서의 중국의 발언권을 효과적으로 증진시키고 있다. 중국은 미국과의 '신형강대국관계'를 제시하고 실천하고 있다. 양자 그리고 다자간 기회를 통해 중미관계의 원만한 발전을 촉진시켜 나가고 있다. 중국은 중국 부상이 전 세계에 미치는 영향을 잘 알고 있으며, 평화발전의 길을 걷겠다는 강렬한 바람을 명확히 하고 있다. 다른 나라들이 중국 발전이라는 기차에 탑승하는 것을 환영하겠다고 밝혔고,

. . . .

33 門洪華, "開啓中國全面深化改革開放的新時代:兼論未來十年中國的大戰略走向," 『學習與探索』, 2015年 第8期, 41-45쪽.

세계 각국과 우호협력관계를 발전시키고 발전의 혜택을 나누는 데 주력하고 있다. 중국은 주변 국가와의 관계 발전이 갖는 중요한 의의를 잘 알고 있으며, 중국 주변외교의 기본방침은 이웃과 잘 지내고, 이웃과 벗하며, 이웃과 화목, 이웃을 편하게, 이웃을 부유하게 만든다는 원칙을 지켜나감으로써 친, 성, 혜, 용의 이념을 실천하고 있다.[34] 중국 정책가들은 주변외교를 한층 더 확장시키기 위해 거시적인 청사진을 마련하였다. 중국-아세안 자유무역지대 업그레이드 버전을 만들고 아시아인프라투자은행을 설립하며, '실크로드 경제지대'와 '21세기 해상실크로드'를 구축하겠다는 등, 중요한 이니셔티브를 제창하였다. 각국에 호혜윈윈의 '이익공동체'와 공동발전번영의 '운명공동체'를 만들어 나갈 것을 전 세계에 호소하며, 주변 국가와의 전략적 협력관계를 대대적으로 제고시켜 나가고 있다. 세계적 강대국으로 발전해 나가는 역내 강대국으로서, 동아시아는 특히 대전략의 지역적 중심으로서 매우 중요하다. 중국은 자신의 동아시아 전략의 제고에 주력하고 있으며, 동아시아 협력의 제도화를 적극 추진하고 있다. 이는 아세안과 중국-아세안 운명공동체를 만들고, 중국-아세안 해상협력기금을 조성하면서 해양협력관계를 발전시켜 나가며, 아세안국가들과 21세기 해상실크로드를 함께 구축하며, 중국-아세안 자유무역지대 업그레이드 버전을 만들며, AIIB를 설립을 주도하며, 동아시아 국가들이 서로 연결되는 기초시설을 구축하는 것을 지지하는 것이다. 방글라데시-중국-인도-미얀마 경제회랑 구축하며, 역내 메커니즘의 방향을 이끌고, 동아시아 국가들의 중국 부상에 대한 적응을 촉진시키고, 개방적인 국제협력을 발전시키며, 동아시아의 의혹을 해소하고, 공동이익을 단단하게 만들어나가면서, 지역 정체성을 심화시키고, 동아시아 더 나아가 아태지역 질서의 새로운 구축 과정에서 강력한 역할을 해나가려 노력하고 있는 것이다.[35]

이상의 논의들을 종합해 보자면 다음과 같다. 중국의 부상은 국제사회의 힘의 구도와 이익구도에 일정한 충격으로 다가가고 있다. 중국이 제시한 평화공

34 習近平, 『習近平談治國理政』(北京: 外文出版社, 2014), 297쪽.
35 門洪華, "論東亞秩序建構的前景", 『敎學與硏究』, 2015年 第2期, 56-62쪽.

존 5원칙, 신안보관과 종합안보관, 국제관계의 민주화, 문명의 다양성, 조화세계, 세계의 꿈 등은 국제질서 변화에 영향을 미치는 중요한 관념적 요인이 되고 있다. 중국이 국제사회에 전면적으로 편입해감에 따라 중국은 전 세계적 국제제도의 전면적 참여자가 되었을 뿐 아니라 역내제도의 설립에도 적극 참여함으로써 국제질서 재편의 중요한 역량이 되었다. 중국이 현재 부상하는 과정에 있음을 감안하여, 중국은 건설적이고, 협력적이며, 예측 가능한 태도로써 국제질서가 더욱 공정하고 합리적인 방향으로 발전해 나가는 것을 추진한다. 국제정치질서 차원에서도 중국은 세계문명의 다양성 존중을 제창하고, 국제관계의 민주화를 적극 추진하며, 다자주의 및 종합 안보관을 제창하고, 대화를 통해 국제분쟁을 해결하고 있다. 국제 경제질서 차원에서 중국은 공동번영, 공동발전, 남북 간 갭 해소, 전 세계 경제, 사회의 균형 및 지속 가능한 발전의 촉진을 제시하고 있다. 구체적으로 중국은 우선 전 세계 차원에서는 종합안보관을 제창하며, 협력적 안보의 규범과 제도적 보장을 강화해 나간다. 역내 질서 차원에서는 역내 재편 능력을 적극 촉진시키고, 역내 신질서를 구축하며, 국제 신질서를 구축하기 위해 역내에 기반이 되고, 참고 가치가 있는 틀을 제공한다.

중국은 기존의 국제금융질서가 무너져 신속한 수리가 요구된다는 기회를 포착하였다. 중국이 더 큰 역할을 하고 더 큰 책임을 맡아달라는 국제사회의 바람에 따라 역내 그리고 전 세계 이 두 가지 차원에서 국제질서의 재편을 추진해 나가고 있다. 전 세계 차원에서 중국은 UN의 권위를 유지하고, UN이 적극적 역할을 하도록 추진하며, 전 세계에 전략적 동반자관계 네트워크를 만들어 자신의 국제적 영향력을 확장시켜 나가고 있다. '일대일로'전략의 실시, 금융국제협력 메커니즘 구축, '해외 진출(走出去)' 전략의 강화를 통하여 국제사회 방방곡곡에서의 중국의 역할을 확대해 나가고 있으며, 경제적 영향력을 정치적 영향력으로 바꿔나가는 데 노력하고 있다. 역내 차원에서 중국은 친, 성, 혜, 용의 역내 질서관을 제시하고 있으며 개방적인 전 세계의 협력을 발전시켜 나가고, 동아시아의 의혹을 완화시키고, 공동 이익을 집결시키며, 지역 정체성을 심화시킴으로써 동아시아 더 나아가 아시아 신질서 구축과정에서 강력한 재편 및 유도 역할을 추구해 나가고 있다. 국제질서 재편과정에서 중국의 경우 비교적 강한 기술력이 있고, 투명성이 비교적 높으며, 중국이 일정한 우위가 있는 부분에서부터 시작해야 한다. 가령 AIIB 설립을 주도함으로써 국제금융 질서의 변화를 추진하는 것이다. 간단히 말해 중국은 동아시아 지역의 질서와 금융질서라는 이 두 가지 영역에서부터 출발하여 국제질서가 공정하고 합리적인 방향으로 발전해 나가도록 추진하고 있다. 이를 기반으로, 국제사회에의 융합, 자아 변혁 추진, 국제질서 재편을 기본 내용으로 한 중국의 평화발전 전략의 틀이 점차 만들어지고 있다. 국제질서를 구축해 나간다는 중국의 생각과 국력의 증대를 기반으로 하여 이익(특히 공동이익), 관념, 국제제도 건설 등의 부문에서 비교적 풍부하고 입체적인 성과를 보이고 있다.

6. 국제질서의 재편 과정에의 온건한 참여

중국의 부상은 국제질서 변화와 거진 동시에 이뤄지고 있다. 중국은 점차 국제질서 재편의 중요한 역량이 되고 있다. 오늘날 국제질서의 전환은 중국의 전면적인 부상에 필요한 국제적 상황을 만들어 주고 있다. 국제질서를 공정하고 합리적인 방향으로 추진해 나가는 것은 세계 각국의 바람일 뿐 아니라, 또한 중국이 순조롭게 부상하기 위해 필요한 중요한 국제적 조건이기도 하다. 중국 역사의 관점에서 볼 때 이는 중국이 처음으로 전 세계 질서의 재편과정에서 적극적이며 전면적인 역할을 하는 것이기도 하다.

중국의 평화발전이 당면한 기회와 도전을 전면적으로 연구하고 또한 잘 이해하는 것, 중국의 경제, 정치, 사회, 문화, 생태, 안보 이 여섯 가지를 일체로 한 전략적 틀을 보완하는 것은 중국의 국제질서 변혁 추진에 있어서의 전제이다. 치우위안핑(裘援平)의 말대로 중국의 평화발전의 길은 결코 탄탄대로가 아니다. 중국은 현재 대국에서 강국으로 발전해 나가는 관건적 시기에 처해 있으며, 평화발전을 저해하는 힘도 강해지고 있다. 중국은 더욱 명확하게 자신이 처한 내외적 환경과 처지를 인식해야 한다. 겸허하고 성실한 태도로, 교만함과 성급함을 경계해야 한다. 평화발전의 길을 안전하게 갈 수 있도록 해야 한다.[36] 배리 부잔(Barry Buzan)은 중국이 평화부상의 목표를 실현하려면 역내 차원과 전 세계 차원의 국제사회를 구별하고, 양자 간 상호작용에 더욱 많은 관심을 가져야 한다고 밝혔다. 중국에게 있어 평화부상의 길 중 하나는 우선 역내 차원에서 아시아 가치관에 기초한, 독특한 국제사회 구축이라는 것이다.[37] 황런웨이(黃仁偉)는 2020년 이전에 중국이 반드시 자신에게 비교적 유리한 전 세계적, 지역적 국제 시스템을 만드는 데 주력해야 한다고 밝혔다. 향후 약 15년 정도의 시간 동안 국제체제 전환에 미치는 중국의 영향력은 주로 국제경제체제 부문에서 발생하게 될 것이라는 것이다.[38] 탕자쉬안(唐家璇)은 중국의 평화발전이 현재 새로운 역사적 출발점에 서 있다고 진단하였다. 사상과 이념 부문에서부터 장애를 제거하고 발전을 보장해 나가야 한다는 것이다. 현대 역사상 모든 나라의 부상은 모두 사상의 부상을 동반하여 이뤄졌다. 중국처럼 이렇게 미증유의 발전의 길을 탐색하고 있는 사회주의 국가에게 있어 사상의 부상이 갖는 의의는 더욱 클 수밖에 없다.[39] 추이리루(崔立如)는 국제질서의 재편 과정이 중국의 국가 현대화 과정과 날로 밀접화되고 있으므로 중국은 역내 틀과 국제 틀 속에서 문제를 바라보아야 한다고 보았다. 또한 국가 현대화 목표 추진과 국제질서 재편이라는 과정을 결합시켜 두 개의 과정을 함께 추진해 나가야 한다고 주장하였다.[40] 상술한 관점들은 국제질서 재편은 체계적인 과정이라 종합적 사고가 필요하며, 관념에서부터 실력과 이익이라는 전면적인 구상으로, 양자 간에서 다자 간으로, 역내에서 전 세계로, 이렇게 점진적으로 추진되어야 한다는 입장이다. 구체적으로는 다음과 같다.

. . . .

36 裴援平, "中國特色和平發展道路的成功探索", 『求是』, 2012年 第20期, 29-31쪽.

37 巴瑞·布贊, "中國能和平崛起嗎", 『國際政治科學』, 2010年 第2期, 1-32쪽.

38 黃仁偉, "國際體系轉形與中國和平發展道路", 『毛澤東鄧小平理論研究』, 2006年 第5期, 5-13쪽.

39 唐家璇, "中國和平發展的理論任務", 『公共外交季刊』, 2011年 第1期, 1-5쪽.

40 崔立如, "把推進現代化和推動國際秩序的重建結合起來", 『國際關係研究』, 2013年 第1期, 13-14쪽.

첫째, 국력의 제고와 이익의 확장 강조는 국제질서 재편에 대한 중국의 적극적 참여에 있어 중요한 기반이 된다. 한 나라가 신구 질서의 전환과 신질서에서 하는 역할은 그 국가의 종합국력에 달려 있다. 국제질서란 우선 국력 배분의 산물이다. 중국은 더욱 강한 강대국으로 부상해야만이 국제질서를 재편하는 적극적 세력이 될 수 있다. 국력의 증대는 국내 시장의 발전과 육성에 기인하는 것일 뿐 아니라 또한 세계화의 흐름 속에서 전략적 자원의 획득에서 비롯되는 것이기도 하다. 국력의 증대는 하드파워의 안정적 증대로 나타나는 것일 뿐 아니라 반드시 소프트파워의 증강을 기초로 해야 한다. 우리는 반드시 소프트파워의 제고를 국력 증대의 핵심 중 하나로 삼아야 한다. 이 외에도 국제질서는 이익 배분의 산물이다. 중국의 전략적 이익을 한층 더 확대해 나가야만 국제질서를 효과적으로 보완해 나갈 수 있으며, 우리가 바라는 방향으로 국제질서가 변화해 나가도록 만들 수 있다.

둘째, 관념 요인이 국제질서의 구축에 미치는 중요한 작용을 강조해야 한다. 중국의 전통문화는 유구한 역사를 자랑하며, 넓고 심오한 사상과 학식을 담고 있다. '세계 만방과 조화를 이룬다', '만물이 함께 성장하되 서로 해를 입히지 않고, 도(道)가 함께 가되 서로 배척하지 않는다' 등 철학적 이치의 빛을 비추지 않는 것이 없다. 모두 우리가 계승하고 전파해야 하는 것들이다. 중국은 국제질서의 주류적 관념사상 분야에서 한층 더 공헌해야 한다.

셋째, 국제제도가 국제질서 설립에 미치는 역할을 강조해야 한다. 전환 시기 국제적 갈등은 종종 국제질서 발전에 중요한 영향력이 있는 국제규범을 둘러싸고 벌어지곤 한다. 중국은 국제제도의 기본 규칙 보완을 착안점으로 하여 국제제도의 수정과 보완을 주동적으로 제창하거나 더 나아가 공동으로 주도해야 한다. 새로운 국제제도를 만들고, 의제 설정 능력을 높여서 전 세계 규칙의 전면적 참여자와 적극적인 제정자가 되어야 한다. 그리하여 제도 설립을 통해 국제질서의 재편을 촉진시키고, 또한 중국의 국가전략 이익을 효과적으로 촉진시킬 수 있다. 이와 동시에 유엔의 역할을 강조하며, 유엔의 개혁을 적극 추진하고, 유엔이 국제 제도적 기반에서 갖는 권위적 위치를 확립해 나가야 한다.

넷째, 동아시아 질서 구축이 기반임을 강조하여야 한다. 중국은 자국의 부상에 대한 역내 반응을 충분히 인식하고, 중국 부상이 초래하는 부정적인 영향력을 효과적으로 감소시켜야 한다. 역내 안정과 공동 발전을 촉진시키며, 동아시아 공동체의 '중국 담론'을 보강해야 한다. 역내 제도 건설의 정층설계(high level design)를 추진하면서 공동이익의 결합을 기반으로 개방적이고 투명한 동아시아 공동체를 건설하는 데 주력해야 한다. 제도화된 협력을 통해 동아시아 이익공동체를 발전시키고, 책임은 나누되 강대국이 더 많이 부담하는 책임공동체를 만들어 동아시아 운명공동체를 대대적으로 촉진시켜 나가야 한다. 공동이익의 기반 위에 평등, 협력, 호혜, 개방의 동아시아 질서를 배양하고 공고화해야 한다. 동아시아의 주요 이해 당사자로서 중국은 역내 평화와 발전을 위해 더욱 큰 공헌을 하는 시대를 맞이하였고, 지역적 책임을 맡게 되었다. 크게 이바지한다는 목표와 힘닿는 데까지 최선을 다한다는 조건에 점진적 방식을 원칙으로 하고 있다. 역내 이슈는 매우 복잡다단하고, 각국은 서로 다른 이익을 추구한다. 오직 책임을 분담하고 강대국이 중요한 책임을 맡는 책임공동체를 점차 수립해 나가야만 역내협력이 더욱 공고한 제도화의 기반을 가질 수 있게 될 것이며, 지역 운명공동체 의식 또한 점차 강화될 수 있다. 이를 감안하여 중국은 역내 공공재에 대한 인식을 심화시켜야 하며, 각국과 함께 역내 평화발전이라는 목표를 세우고 역내 국가의 근원적 이익 추구를 객관적으로 평가해야지만 도움이 필요한 나라에게 제때 도움을 줄 수 있을 뿐 아니라 함께 누리고 번영할 수 있다. 그리하여 동아시아 운명공동체 의식을 심화시키고, 동아시아 질서의 재편을 완수할 수 있을 것이다.

다섯째, 강대국의 책임을 적극적으로 맡고 책임 있고 건설적인 그리고 예측 가능한 국제질서의 재건자라는 이미지를 수립해야 한다. 국제사회가 대폭 변화되는 시대에도 기본 도리의 원칙은 없어지지 않을 것이며, 오히려 더 제고될 것이다. 국가 간 협력과 조화를 강화하고, 국제적 도리를 지키며, 국제법과 기본원칙을 지키는 것은 도덕적인 강대국 이미지를 수립하는 중요한 길일뿐 아니라 또한 중국의 국가이익이 전 세계에 확대되기 위해 필요한 전제조건이기도 하다. 중국은 현재 전 세계 영향력을 지닌 역내 강대국에서 세계 강대국으로 뻗어 나가고 있다. 국제 평화, 안보, 발전 과정에서 날로 더욱 중요한 역할을 하고 있다. 이를 위해 중국은 한층 더 국제사회에서 책임 있는 강대국 이미지를 만들어 나가야 한다. 또한 더 많은 세계적, 지역적 공공재를 제공함으로써 국제질서의 책임 있는 건설자이자 구축자가 되어야 한다.

국제법상의 '중국의 길'

류즈윈(劉志雲, 샤먼대학)

국제법상에서의 '중국의 길'은 과거의 중국과 국제법 사이의 관계 그리고 새로운 상황에서 재설정된 중국과 국제법 사이의 관계를 포함하고 있다. 지난 반세기 동안 국력과 이데올로기 변화로 중국과 국제법 시스템 사이의 관계가 변화하였고 이것이 중국이 걸어온 국제법상의 '중국의 길'이다. 최근 중국의 '화평굴기'로 중국과 국제법 사이의 관계가 새롭게 정립되고 있다. 이러한 상황에서 중국과 국제법 사이의 관계 그리고 전략적 측면에서 현재의 국제법률 체계에 어떻게 참여해야 하는가의 문제가 바로 정립되어야 한다. 국제법 존중, 준수, 신임 그리고 기존 국제질서와 국제법 체계에 적극 참여하고 심지어 중국에 불리한 국제질서와 국제법률제도에 대해 저항하지 않고 경쟁하면서 변화를 촉진하는 것은 중국이 갖추어야 할 전략이자 새로운 정세에 맞는 국제법상의 '중국의 길'이다.

1. 머리말

중국의 '평화적인 부상(和平崛起)'으로 중국 특유의 발전모델이 세계의 주목을 받았고 중국과 세계의 관계도 재구성되고 있다. 중국의 특수한 발전방식은 모방하기 어렵기 때문에 '중국의 길'은 옛날에 유행했던 '중국 모델'보다 중국을 더 정확하게 표현하고 있다. '중국의 길'은 많은 내용을 내포하고 있을 뿐 아니라 과거에 중국이 걸었던 특수한 길 그리고 미래에 중국이 발전해 나갈 길을 가리키고 있다. 그리고 중국 국내의 정치·경제 발전방식과 중국과 세계 관계 변화까지 광범위한 내용을 포괄하고 있다. 중국과 국제법 관계변화는 새로운 정세에서 중국의 국제법적 전략과 전술 변화를 포함하고 있는데 이것이 '중국의 길'의 일부 혹은 국제법상의 '중국의 길'이다.

국가와 국제법 간의 관계는 영원한 것이 아니라 국력의 변화 그리고 이데올로기 변화에 따라 그에 맞게 조정된다. 현재 유일한 슈퍼대국인 미국의 국력 변화로 초래된 미국과 국제법 간의 변화는 이러한 관계변화를 가장 잘 설명해 주고 있다. 미국이 독립했을 당시 독립은 했지만 국력이 약했고 세계 대국으로 발전하기까지 미국의 외교정책은 주로 고립주의였다. 그러나 국력이 중등 수준일 때 단순 고립이었던 외교정책은 상대적 고립, 즉 '먼로주의' 외교정책으로 변화하였다. 미국은 역사적 경험을 통해 알 수 있듯이 유럽이 서반구 국가이익에 위협이 되고 있는 것을 방어하기 위해 유럽국가의 간섭과 미국에 직접 공격하려는 것을 끊임없이 견제해 오고 있다. 이런 이유로 미국은 1812년 전쟁을 제외하고 줄곧 유럽의 세력균형 유지 정책에 주력해 왔고 유럽국가가 장악한 패권은 미국이 서반구 지역에서의 우월한 지위에 손해를 입힐 수 있고 미국의 독립적 지위에 방해가 될 수 있기 때문에 영국, 프랑스, 독일, 러시아 등과 같은 유럽국가의 패권 장악을 반대하고 있다. 반면 정복자를 저항하는 유럽 국가를 지지하여 힘의 균형을 회복하게 했다.[1]

. . . .

1 Hans J. Morgenthau, 『In Defense of the National Interest』(New York: Alfred A. Knopf, 1951), pp.5-6.

19세기 세계분쟁의 중심이었던 유럽의 권력정치 투쟁에서 미국은 고립되어 있었고 당시 국제법은 기본적으로 유럽 국가 주도의 법률로 미국과는 별로 관련이 없었다. 미국 국력이 중등 수준에서 대국으로 성장하면서 고립주의는 조금 확장되어 '먼로주의(Monroe Doctrine)'가 나타나게 되었다. 이 무렵 서반구 외교에서 비미주국가(非美洲國家)의 간섭 특히 영토를 장악하는 방식은 미국의 주도적 지위가 서반구 내부 도전을 받은 유일한 방법이었다. 먼로주의 및 집행 정책은 서반구에서 미국의 영구적인 이익을 의미한다.[2] 이 시기 해양 자유에 관한 법률과 도덕규범은 애덤스가 쥐고 있는 무기였다. 2백여 년 전 그로티우스가 이를 이용해 약소국의 이익을 쟁탈한 것과 같이 애덤스는 이를 통해 해상 약소국을 이용하여 해상 맹주였던 영국에 대항할 때 자신의 독립을 지켜냈다. 제국주의에 반대하고 상호 불간섭 한다는 먼로주의의 도덕적 원칙은 미국의 안보이자 지속적인 강력한 잠재적 조건이었고 이로써 미국은 유럽의 권력 투쟁에서 벗어나게 되었고 미국이 서반구에서 지속적인 우세를 유지 할 수 있었다.[3] 그 당시 미국은 해양 자유, 상호 불간섭 등의 국제법의 기본 원칙과 같은 일부 국제법률제도를 자국 이익 보호 및 확장 도구로 활용하기 시작하였다. 20세기 미국이 세계 대국이 되었을 때 논란과 우여곡절은 있었지만 기본적으로 월슨의 국제주의가 점차 외교의 기조가 되었다. 1차대전 후와 2차대전 후를 막론하고 국제질서가 재구성되고 국제법률 제도를 설계하는 데 미국이 주도적 역할을 했고 특히 현대 국제질서와 현대국제 법률 체계 구축과 보호 측면에서 더욱 더 주도적인 역할을 하였다.

비록 국제법상의 '미국의 길'이 '중국의 길'로 그렇게 간단히 복제되는 것이 아니지만 최소한 중국의 국력과 이데올로기가 변화되고 국제법 관계도 변화될 것이라는 것을 의미한다. 지난 반세기 이래 중국과 국제법 관계 변화와 새로운

---

2 Hans J. Morgenthau, 『In Defense of the National Interest』(New York: Alfred A. Knopf, 1951), p.5.

3 Hans J. Morgenthau, "The Mainsprings of American Foreign Policy: The National Interest vs. Moral Abstractions", The American Political Science Review, Vol. 44, No.4, Dec, 1950, p.848.

국면 그리고 중국의 국제법상 전략과 조치를 미루어 볼 때 국제법상에서의 '중국의 길'이 주목된다.

2. 과거 국제법상의 '중국의 길'

국가와 국제법의 관계는 영원한 것이 아니라 국력과 이데올로기의 변화에 따라 조정되는 것이다. 미국의 국력, 국제법의 관계 변화 그리고 중국이 반세기 동안 겪어 온 국제법 체계의 관계변화는 이러한 현상의 전형적인 사례이다.

중국 국력이 약해졌을 때 예컨대 1차 아편전쟁부터 2차 세계대전이 발발한 100년 사이에 국제법률 체제는 강대국이 중국 국익에 강제로 손해를 입히게 하는 외부에서 들어온 물품이었다. 중국의 국제법률 체제와의 최초 거래는 주로 열강이 중국과 조약을 체결하는 것에서 출발한다. 사실 중국이 접한 국제법상 유효한 근대 국제법은 서방 열강과의 첫 번째 불평등 조약인 '남경조약'이었다. 체결 이후 제2차 아편전쟁, 청불전쟁(中法戰爭), 갑오전쟁, 8개국 연합군이 베이징에서 무력충돌 한 사건으로 시작된 '아이훈조약', '텐진조약', '베이징조약', '시모노세키조약', '신축조약' 등의 불평등 조약으로 중국은 초기 국제법에 대한 기억이 매우 비참하다. 일련의 불평등 조약을 통해 열강들은 중국에서 영사재판, 무역항과 조계, 협정관세, 외국인 세무사, 일방적 최혜국대우, 연해와 내하운행 특권, 종교와 교육 특권, 주둔군과 대사관 구역 등 중국 주권을 파괴하는 제도를 세웠다. 조약은 서방의 국가 간 평등관계를 유지하는 국제법의 근원이 되었고 중국에서의 서방 열강의 관계는 오히려 약탈방식의 도구가 되었다.[4]

이 시기에 중국 정부와 일부 외교관, 지식인들이 국제법에서 중국 국익을 비호하는 방법과 수단을 찾는 시도를 했고 일부 분야에서는 국제법의 도움을 받

. . . .

4 이 진행 과정에 대한 상세한 설명은 何志鵬, 孫璐, "中國的國際法觀念: 基於國際關系史的分析", 載『國際關系與國際法學刊(第5卷)』, 2015年, 참조.

기도 했다. 비록 체결한 많은 불평등 조약 중에 모종의 조약이 객관적으로 중국의 국익을 추진시키기도 했다. 그러나 전체적으로 이 당시의 국제법은 중국과의 관계를 충돌시키고 중국에 상해를 입히는 불미스러운 역할을 하기도 했다. 그 후 중국 인민은 100여 년의 시간 동안 점차적으로 수많은 불평등 조약의 속박에서 해방되어 자주독립 국가 신분으로 세상에 들어서게 되었다.

청나라 말부터 중화인민공화국에 이르기까지 중국 정부는 불평등 조약의 수정과 폐지에 장기간의 노력을 기울여 왔다. 그리고 일부 성과를 거두기도 했다. 특히 1차 세계대전 종결 후 국제질서와 국제법 제도의 재구성 과정에서 커다란 성과를 이루었는데 1차대전 후 중국은 전승국으로 파리회담에 참여했다. 비록 산둥(山東) 문제 등 침해를 입어 그로 인해 5·4운동이 발발하기도 했지만 전체적으로 볼 때 파리회의에서의 중국은 많은 이익을 보았고 특히 국제법적 측면에서 많은 수확을 얻었다.[5] 미일 간의 갈등으로 파리회의에서 산동문제 교섭이 실패했고, 미국이 중국을 희생하는 대가로 일본에게 양보했지만 중국이 독일과의 협약에 서명을 하지 않아 처음으로 열강에게 "No"라고 말하기도 했고 일본은 산동의 통치권을 얻지 못했다. 이외에 중국은 파리회의에서 많은 외교 성과를 거두었다. 중국은 오스트리아 조약, 헝가리조약, 불가리아조약을 체결하고 처음으로 전승국의 자격으로 국제사회에 모습을 드러냈다. 구웨이쥔(顧維鈞)이 중국을 대표하여 국제 항공협정을 맺어 중국이 기타 국가와 같은 영공권을 갖게 되었다. 국제연합에 가입한 것은 중국이 형성하고 있는 국제사회에 가입하는 계기였다. 당시 중국이 납입한 회비의 비례는 현재 중국이 유엔에 납입하는 비율의 3배였다. 국제 연맹 이사회에 참여한다는 것은 중국이 국제 문제를 처리하는 자격을 가졌다는 것을 의미한다. 그 외에 왕충후이(王寵惠)는 국제법원 법관으로 참여한 최초의 중국인이었다.[6]

그 후 파리강화회의 연속으로 1922년 2월 6일 미국, 영국, 프랑스, 일본, 이탈리아, 벨기에, 네덜란드, 포르투갈과 중국 북양정부(지금의 랴오닝, 허베이, 산둥 연해지

5 趙靈敏, "巴黎和會中國取得了哪些外交成就?", 『南風窗』, 2012年 第15期.
6 Ibid.

역)는 워싱턴에서 '9개국이 각 사건에 관한 원칙과 중국 정책을 적용한 조약'(통칭 '9국 조약')을 체결하였다. 조약 규정은 다음과 같다. '중국의 주권과 독립 및 영토와 행정을 존중한다', '각종 권세를 사용하여 각국이 중국 전역에서 상업 기회균등의 원칙을 유지한다.' 비록 이 공약은 미국이 제시한 것 중 기회균등, 문호개방의 외교정책을 실현하는 것이지만 객관적으로 중국 이익 보호를 촉진하는 역할을 했다. 동시에 회의 기간 중국 대표는 회의에서 산둥 문제를 토론하여 '21조' 폐기를 요구하였지만 일본의 반대로 결국 중일 양측이 회의 외 협상을 하였고 미국과 영국이 옵저버로 참석하여 2월 4일 중일은 '중일 산둥 현안 해결 조약' 및 부속서 체결과 일본의 교주안을 중국에 귀환하기로 결정했다. 중국은 이 지역을 전부 상업지역으로 개발하고 일본은 칭다오(靑島), 쟈오지철도(膠濟鐵路) 연선의 주둔군 철퇴, 쟈오지철도 귀환, 중국에 배상금 지급 등에 체결하였다. 협약 이외에 기타 '21조' 폐기, 열강의 중국에서의 치외법권 폐기, 중국의 재정과 관세 자주권을 행사할 수 있는 조약과 계약서를 요구한 것이다. 오랜 기간 동안 국내 많은 학자들은 파리회의, 워싱턴회의에서 달성한 중국과 관련된 국제법적 성과를 비하하여 중국 외교의 대패배 혹은 제국주의가 중국을 다시 나누어 갖는 결과로 보았다. 분명히 이러한 관점은 이데올로기에서 내려진 결론이다. 이는 객관적이지도 않고 책임감 없는 학술태도로 당시 중국 정부 및 외교의 대표적 노력에 대한 성과를 존중하지 않고 있다.[7] 만약 색안경을 벗고 관련 조문을 읽으며 자세히 연구해 보면 이런 성과가 중국 이익 보호에 중요한 의미가 있다는 것을 알게 될 것이다.

전체적으로 원래의 불평등조약에 대해 북양정부는 '협약 수정' 혹은 '조약 폐기'를 위해 많은 노력을 했고 그에 따른 성과를 거두었다. 1919년 이후 '협약 수

---

7 오랫동안 '혁명외교'는 외교사연구와 선전의 기조가 되었다. 이런 기조 하에 청말과 중화민국 시기의 중국 외교는 주권을 상실한, 혼란스러운 것으로 묘사되어 국치사(國恥史), 매국사(賣國史), 어리숙한(顢頇), 오국(誤國), 무능, 매국노, 변절자(漢奸), 타협, 투항과 같은 부정적인 단어를 동반하고 있다. 이러한 비정한 근대사를 해석하는 것은 근대 중국의 편협한 민족주의의 시작이고 세상을 보는 시각과 방식에 여전히 영향을 주고 있다. 趙靈敏, "巴黎和會中國取得了哪些外交成就？", 『南風窗』, 2012年 第15期.

정'은 조약국, 패전국 및 비조약국 3개 방향으로 발전해 왔다. 조약국에 대해 파리회의에서 세력범위 등 7가지 특권을 포기할 것을 요구했고 회의에서 받아들이지는 않았지만 중국이 조약에 대한 불만을 처음으로 표명한 것이었다. 그러나 패전국에 대한 조약 폐기, 평등조약 재협상 요구는 받아들였다. 1921년 5월 체결한 '중독협약'은 최혜국대우가 없는 최초의 규범, 영사재판권, 협정관세 등 평등한 신조약을 체결하였고 유일무이하게 전쟁배상을 받기도 하였다. 비조약국에 대해서 1919년 봄, 북양정부는 비조약국과 협상 시 평등 호혜를 견지하고 특권을 부여하지 않도록 하고 설령 협상이 결렬되더라도 타협하지 않을 것을 공포하였다. 12월 북경정부는 볼리비아와 수교협정을 맺어 평등호혜조약의 선례를 남겼다. 1926년 초 북양정부는 '만기조약수정(到期修約)' 방침을 내려 조약이 만기되는 국가와 각각 조약을 개정하도록 하였다. 4월 북양정부 외교부가 벨기에에 통보하여 '중벨 조약'에 대한 수정을 요구하였으나 벨기에가 중국 측 요구를 받아들이지 않아 11월 6일 북양정부는 '중벨 조약'을 폐기하였다. 이것은 중국 외교 역사상 처음 있는 일이었다. 얼마 후 벨기에는 텐진조계(天津租界) 귀환을 선포하여 양측은 새로운 조약을 체결하였다. 1927년 11월 '만기조약수정'에서 '만기조약수정, 만기폐기'로 발전되어 북양정부는 '중·스페인 조약' 등 폐기를 선포하였다. 1928년 중·덴마크, 중·포루투갈, 중·이탈리아 간의 조약이 만료되어 북양정부 외교부는 조약 수정 협상을 하였으나 성과는 없었다. 북양정부가 붕괴 전 폴란드, 그리스와 평등 조약을 체결하였고 이것은 북양 조약의 마지막 성과였다.

1928년부터 1937년까지 남경정부도 '조약수정' 및 '조약폐기' 부분에서 많은 노력을 했지만 2차 대전 발발 이후 전환점을 맞았다. 2차 대전 이후 중국은 반파시스트 진영의 힘을 이용하여 민국정부(중화민국 임시정부)가 조약수정과 불평등조약 폐기에 박차를 가했다. 1943년까지 중국은 이미 아편전쟁 후 열강들이 강행하여 중국과 체결한 일련의 불평등 조약을 거의 다 폐기시켰고 영사재판, 무역항구와 조계(租界), 협정관세, 외국인 세무사, 일방적 최혜국 대우, 연해와 내하 운행특권, 종교와 교육특권, 주둔군과 대사관 구역 등 중국 주권을 파괴하는 제도가 완화되었고 이를 대체한 것은 새로운 양측의 존중과 호혜를 특징으로 하는 평등조약이었다. 동시에 중국 정부는 적극적으로 전후 정치경제 질서의 재건에 참여, 국제법률질서 및 2차 세계대전 기간 각종 국제질서와 국제법 체계의 중대한 국제사건인 '카이로선언', '포츠담 선언' 등 모든 분야에 참여하였다. 특히 2차 대전 후 지금까지 세계의 평화와 발전 측면에서 최대의 보편성을 띤 국제조직인 유엔 창설에 참여했다는 것이다.

1942년 1월 1일 중국, 미국, 영국, 소련 등 26개국 대표가 워싱턴의 덤바튼 오크에서 회의를 거행하여 '연합국선언' 체결 및 '대서양 헌장'을 지지하여 최초로 유엔이라는 단어를 사용하였다. 1943년 10월 30일 중국, 미국, 영국, 소련 4개국은 모스크바에서 '보편안보선언(普遍安全宣言)'을 발표하여 보편적 국제조직을 설립하는 것은 국제 평화와 안보 유지에 필요하다고 성명하였다. 1944년 8월부터 10월 소련, 영국, 미국 등의 국가와 중국, 영국, 미국 등의 대표는 워싱턴 덤바튼 오크회의에서 유엔 창설 방안을 제출하고 '유엔헌장'의 기본 초안을 세웠다. 1945년 4월 25일 50개국 대표들은 샌프란시스코에서 '유엔국제조직회의'를 했고 6월 25일 '유엔헌장'을 만장일치로 통과시켜 다음 날 조인식을 거행하였다. 결국 중국은 유엔의 창시국이자 유엔 안보리 5대 상임이사국의 일원이 되었다. 제1차 아편전쟁 후 100여 년의 기간 동안 중국은 국제질서와 국제법 체제에서 최고 정점에 달하게 되었다.

그런 혁명의 발전이 중국과 국제법 간의 관계 흐름을 단절시켰다. 1949년부터 개혁개방 전까지 중국은 2차 세계대전 이후 형성된 새로운 국제법률질서는 서로 불신하고 심지어 대립된 상태에 놓이게 되었다. 한국전쟁에서 중국은 서방의 대표로 미국에 대항하였고, 소련과의 관계 파멸은 소련을 핵심으로 하는 사회주의 진영에서 멀어지게 되었다. 그리하여 오랜 기간에 걸쳐 중국은 국제 체계 밖에 있어 주로 국제법의 관찰자와 비평자로 참여자나 이행자는 아니었다. 전략적으로 20세기 40년대 말부터 70년대 초까지 중국은 독립적 지위를 얻었지만 국력은 중등 수준이었고 당시의 이데올로기와 국제환경에서 국제법률 체제를 제국주의의 침략 도구로 보았다. 전술적인 측면에서 이 시기 중국은 제네바회의, 아세아·아프리카회의에 참여하는 등 국제법에 제한적으로 참여하였다. 그러나 이런 회의에 참석하는 목적과 성과는 주로 국제법과 일부 원칙과 내용으로 제국주의를 규탄하고 외래 간섭에 대한 방어적 무기로 사용하였다. '영토존중(尊重領土完整)', '내정 불간섭'등을 포괄한 평화공존 5원칙의 제창은 중국이 이 시기 국제법을 활용하는 것의 최상의 전술이 되었다. 당연히 이 시기에 중국과 국제법 체계의 적대적인 것은 제3세계 태도의 축소판이라는 것이고 많은 제3세계 국가들은 모두 현존하는 국제법적 지위를 인정하지 않았다. 또한 이를 제국주의 혹은 서방주의를 지지하는 도구로 묘사하였다. 그 외에 이 시기에 많은 국가들이 국제법을 제로섬 게임으로 보았다. 만약 한 의제가 서방국가의 지지를 받는다면 반대로 제3세계가 원하는 것이 아니었다.[8] 이러한 현상을 반대로 표명한 것이 국가의 국제법에 대한 태도로, 이것은 국력과 관련이 있을 뿐 아니라 이데올로기 및 선호와 밀접한 관계를 가지고 있기도 하다.

20세기 70년대 이후 특히 개혁개방 이래 중국의 국력은 증가하고 이데올로기가 변화하고 거기에 국제 정세의 대변화가 가중됨에 따라 중국과 국제법 간의 관계에 큰 변화가 생겼고 중국은 기존 국제법률체계에 참여를 시도하였다. 실제 1971년 중국의 유엔 참여부터 2001년 WTO 가입까지 이것은 중국이 점차 현재 국제법률질서를 받아들이고 있고 점차 유입되고 있다는 것을 의미한다. 2001년부터 지금까지 중국은 화평굴기의 길을 걸어왔고 중국과 세계의 관계는 현재 재구성되고 있다. 이때 중국은 방어적 작용을 하는 국제법이 필요할 뿐 아니라 국제법률체제에 적극 참여하고 현존하는 국제법률체계를 개조하는 것이 필요했다. 이것은 실제 중국이 국제구조에서 등급체제와 이익구조를 반영하게 되었고 아울러 중국의 국가 이익을 보호하고 획득하도록 하는 공격적 무기가 되었다.

간단히 말하면 2차 대전 종결 후 현존하는 국제법 체계의 관계에서 중국은 비교적 복잡한 중국의 길을 걸어왔다. 체제 밖의 도전자(1949년부터 1971년)로부터 점차 체제를 받아들이고 중요한 참여자(1971년부터 2001년)가 되었다. 또 참여자와

. . . .

8 See Douglas J. Feith, "Law in the Service of Terror", R. James Woolsey, 『The National Interest on International Law and Order』(New Brunswick: Transation Publishers, 2003), pp.184-185.

개혁자를 같이 중시하고, 개혁자의 역할이 더욱 두드러지는(2001년부터 지금) 과정을 거쳤다. 중국이 현재의 국제법 체제 밖에 있을 때 개혁자로서의 중국에 대한 판단은 기본적으로 부정적이고 소극적이었다. 이 당시 국가 이익 관계는 불안했고 마찰을 일으키기도 했다. 중국이 국제법 체제로 돌아왔을 때 현재 체제는 중국의 국가이익과 기본적으로 조화를 이루고 있다. 일부의 모순과 충돌은 존재하지만 이는 피하기 어려운 것이다.

3. 새로운 정세에서 국제법상의 '중국의 길'

중국의 화평굴기는 국제구조에서의 중국의 위상이 점점 변화되고 있다는 점에서 의심할 여지가 없다. 이러한 변화는 중국과 국제법률체계의 관계 변화를 결정하였고, 새로운 형세에 국제법상의 '중국의 길'도 재구성되고 있다. 2011년 9월 중국 정부는 '중국 평화발전 백서'를 발표하였다. 백서에서 중국 정부는 국제조직과 국제법을 대하는 기본 태도를 강조하고 있다. 즉 국제사회에 책임을 지는 국가로 중국은 국제법과 공인된 국제관계 준칙을 따르고 국제적 책임 이행에 다하여, 중국은 국제체계 변화와 국제법칙 제정에 참여하고 국제문제 정비, 발전도상국의 발전을 지지하고 세계평화 안정 유지에 적극적으로 참여한다는 것이다.[9] 이것은 정부의 국제법상 혹은 미래의 중국의 길에 대한 공식적인 해석으로 국제법상 현재와 미래의 중국의 길에 대한 생각은 중국이 현재 국제법률 체계의 확고한 태도, 냉전(冷戰)적 사고를 포함할 뿐 아니라 중국이 자신의 대국 신분을 인정하는 것, 나아가 국제입법, 집행 및 사법이 지녀야 할 전략이다.

첫째, 책임 있는 대국으로서 중국은 국제법률체계를 존중하고 참여할 뿐 아니라 국제법 체제에 들어가야만 국제사회에서 책임 있는 대국으로 인정받을 수

. . . .

9 中華人民共和國國務院新聞辦公室, 『中國和平發展白皮書(2011年9月)』. http://news.xinhuanet.com/politics/2011-09/06/c_121982103.htm , 2013年12月16日.

있다. 과거의 참혹했던 역사적 기억에 오랜 기간 동안의 이데올로기가 대치하고 있던 영향으로 중국의 국제법에 대한 태도는 매우 미묘하고 복잡하다. 개혁개방 이후 국제입법에 대해 중국 정부는 매우 적극적인 태도를 보였다. 20세기 70년대 후기부터 중국은 거의 모든 정부 간 국제조직에 참여하여 300여 개의 다자간 조약의 구성원이 되었고 한 체제의 도전자에서 적극적인 참여자가 되었고 모든 분야에서 법을 제정하는 프로세스에 참여하고 있다.[10] 그러나 중국의 태도는 매우 모순적이게도 중국이 협약에 참여할 때 인권, 사법체제 등 민감한 조항에 대해서는 유보하는 모습을 보이고 있다. 지금까지 중국은 일정 정도의 경제 영역 국제해양법이든 국제형사법이든 모두 그렇다. 동시에 비록 최근 중국 정부가 국내 많은 중요 문건 및 각종 국제장소에서 반복적으로 자신의 현대 국제법 체제에 존중하고 복종하는 입장을 보이고 있지만 구체적인 쟁점 해결과정에서는 언행이 불일치하는 모습을 보이고 있다.

예를 들면 올해 국제사회에서 주시했던 조어도, 남중국해 등 각종 분쟁에 있어서 중국 정부는 정치와 외교수단을 선택했고 국제법에 따라 분쟁을 해결하려는 노력을 하지 않았다. 분쟁 당사국이 제안한 국제법에 따른 해결방식에 대해 중국 정부는 거부하였다. 이러한 자기모순 현상은 솔직히 중국이 아직도 국제법 체제를 신임하지 않는다는 것을 보여주고 있는 것이다. 그렇기 때문에 사법을 회피하고 이는 중국이 국제법 체계에 적응할 마음의 준비가 안 되었다는 것을 반영하고 있다. 중국이 국제사법 관할기제를 거절하는 것은 중국의 국제 이미지 제고와 소프트파워를 증가시키는 데 불리할 뿐 아니라 충돌을 이성적으로 해결하는 데에도 불리하고, 국제법과 공인된 국제관계규범을 준수하는 국제책임을 이행하기 더욱 어려울 것이다. 중국은 국제법 체계에 참여를 원하고 있고 국제법 체제를 신임하고 싶어 한다. 국제법 체제를 신임해야만 중국이 국제법 체제에 참여하고 존중한다는 것을 알릴 수 있을 것이다.

둘째, 중국은 현재의 국제질서와 국제법 체제의 조정과 개혁에 적극적으로

. . . .

10 Xue Hanqin, "China and International Law: 60 Years in Review", Chatham House International Law Summary(8th March 2013).

참여하기를 원한다. 거시적인 관점에서 현재의 국제질서와 국제법 체제의 안정을 유지하는 것은 국제이익에 필요하고 중국이 부상하기 위해 평화적인 발전 환경이 조성되어야 하기 때문에 중국의 이익에도 부합되는 것이다. 그러나 중국의 국제적 지위가 향상되었기 때문에 현재의 국제질서와 국제법 체계도 이러한 변화에 따라 조정되어야 한다. 그렇지 않으면 중국의 국가 이익의 잠재적 마찰은 계속 증가할 것이다. 따라서 중국은 현재의 국제질서와 국제법 체계가 기본적으로 안정되도록 보호해야 하고 능동적으로 현재의 국제질서와 국제법률 체계의 조절과 혁신을 제기해야 한다. 특히 중국은 주요 국제조직의 의사결정 구도에서의 권력을 조절해야 하고 주요 국제법률제도 협상 과정에서 영향력을 제고시켜야 한다. 그래야만 국제법 체계가 국제구도에서 중국의 지위에 부합되고, 국제체계에서 중국의 지위가 높아져 발언권 확대, 자신의 이익 보호 촉진, 나아가 국제적 책임도 부담할 수 있는 것이다.

실제 2008년 국제 금융위기가 발발했고 서방 주요 국가에 심각한 타격을 주었지만 일부 발전도상국 특히 중국을 대표로 하는 신흥국가에게는 부흥할 수 있는 기회가 되었다. 이러한 상황에서 오랫동안 균형을 잃은 국제사회의 권력 구조는 심각한 조정을 거쳐 중국의 지위가 급속히 상승하였다. 2009년 G20 정상은 이 조직이 G8를 대체하여 글로벌 경제협력의 가장 중요한 회의가 되었고 중국은 그 핵심 회원국이 되었다. 2009년 3월 기존의 주요 선진국의 중앙은행 혹은 은행감독원으로 조성된 바젤은행감독위원회가 중국을 포괄한 신흥 경제 체 등을 이 조직의 회원국으로 받아들였다. 2009년 4월 런던에서 개최된 G20 금융 정상회의 결정에서 금융안정위원회(FSB)의 회원국을 중국을 포함한 G20 회원국 모두를 포함시켰다. 그 외에도 국제통화기금(IMF)은 2010년 신흥시장국가에게 6%의 투표권을 할당하기로 하는 개혁안을 제출하였고 그중 중국의 할당량이 가장 컸다.[11]

이상에서 보여진 국제경제조직의 권력구도 변화는 중국을 포함한 신흥국가

. . . .

[11] IMF, 2010: The Year of IMF Reform, http://blog-imfdirect.imf.org/2010/12/28/2010-the-year-of-imf-reform/, 2012-07-04.

가 세계 경제 성장과 금융이 현저히 안정돼 가는 배경에 일부 국가와 선진국이 글로벌 경제의 거버넌스에서 권력의 크기와 영향력에 부합하는 조정을 한 것이다. 신흥국의 대표인 중국이 글로벌 경제 거버넌스 권력의 핵심이 되었다는 것은 관련된 국제경제조직의 정책 결정 및 제정과 집행 규범 혹은 문건 내용에 큰 영향을 행세하게 될 것이고 국제사회에 각종 요구 제기 및 국가 간의 가치관이 과거에 비해 더 구체적으로 드러나게 될 것이라는 것을 의미한다. 중국은 현재 국제질서와 국제법 체제의 운행과 개혁에서 점차 더 큰 역할을 하게 될 것이고 세계 제2의 슈퍼 대국으로서 중국은 일사불란하고도 적절하게 현재의 국제구도에 편입할 것이다.[12]

셋째, 기존 국제질서와 국제법 체계의 일부분이 동요하지 않을 때 중국은 대항하기보다는 경쟁으로 자신의 발언권과 이익을 얻어내야 한다. 기득권자의 이익을 흔드는 것은 언제나 어렵다. 현재 기존 국제질서와 국제법 체계의 조정은 중국이 국제구도 체제에서의 지위 변화에 부합하지 않고 중국의 실력 증가와도 맞지 않는다. 주요 문제는 첫째, G20 바젤은행감독위원회와 금융안정위원회가 비록 이번 위기를 잘 처리했지만 정식적인 국제조직이 아니었고 발표한 각종 문건 역시 국제법적 성격과 효과를 갖지 않는다. 동시에 중국이 글로벌 경제 거버넌스의 중요한 몇몇 기구에 핵심적인 권력을 갖게 되었지만 핵심과 거리가 멀고 실제 정책결정 과정에서 실질적인 영향력을 발휘하기에는 어려운 면이 있다. 둘째, 전통적 국제경제조직인 IMF나 세계은행 등 실권을 장악하고 있는 국제조직에서 개발도상국의 지위는 변하지 않고 있다. 2010년 IMF가 중국을 포함한 일부 개발도상국의 의결권 할당 결의안을 통과시켰지만 미국의 반대로 지금까지도 발효되지 못하고 있다.

IMF와 세계은행은 동시에 설립되었고 세계 양대 금융기구로 어깨를 나란히 하고 있다. IMF의 역할은 통화환율과 각국 무역 상황을 감독하고 기술과 자금지원을 하는 것이다. 회원국 할당에 따라 지불해야 할 회비, 투표권, 자금 지

. . . .

12 佚名, "外媒: 中國正有條不紊地融入現有國際架構中". http://news.hexun.com/2015-07-02/177238719.html , 2015年7月5日.

원 배당금, 특별인출권(SDR)을 결정한다. 세계은행의 주요 사항은 모두 회원국의 투표에 의해 결정되고 투표권의 크기는 회원국이 사들인 주식과 정비례한다. 세계은행과 IMF는 서방국가가 장악하고 있고 세계은행장은 일반적으로 미국이 맡고 IMF의장은 유럽국가에서 맡고 있다. 지금의 투표기제는 서방국가가 가장 많은 발언권을 갖도록 되어 있다. IMF의 투표 규칙은 각국이 실제 납입한 기금 할당량에 따라 가중투표권을 얻어 미국의 경우 17%의 할당량을 차지하고 있고 중국은 겨우 3.7%, 브릭스 5개국의 투표권은 11%에 불과하다. 이뿐 아니라 IMF 규정에 따르면 중대한 문제가 발생하여 조항을 개정해야 할 경우 전체의 85%의 표를 얻어야 통과할 수 있도록 규정하고 있다. 이것은 전 세계의 모든 국가가 연합하더라도 미국의 표 하나로 부결될 수 있다는 것을 의미한다.[13] IMF와 세계은행의 이러한 정책결정 제도는 2차 세계대전 이후 세계의 구조에서 결정된 것으로 당시 세계 구조체계에서 각국의 실력에 부합한 것이다.

그러나 반세기가 지나 지금의 세계 구조는 오래전부터 2차대전 후와는 많이 달라져 있다. 특히 중국의 화평굴기가 빠르게 국제구조 체제를 변화시키고 있다.[14] 2008년 금융위기가 IMF의 개혁을 가속화시켰다. 2010년 11월 IMF 집행이사회는 기금조직의 할당액과 거버넌스의 전면 개혁에 대한 의견을 비준하여 6%가 넘는 할당액을 신흥시장과 발전도상국에 주기로 하였다. 동시에 최빈국의 할당 비중과 투표권을 보호하기로 하였다. 개혁 후 중국은 미국, 일본에 이어 IMF의 3대 할당국이 되었다. 그러나 미국 국회에서 2년째 이 법안을 부결시

....

13 蘇曼麗, "金磚銀行: 國際金融秩序挑戰者". http://vnetcj.jrj.com.cn/2014/07/22060017645906.shtml, 2014年7月22日.

14 신흥국의 발전은 선진국에 도전이 되었고 특히 브릭스 5국(BRICS)인 중국, 인도, 러시아, 브라질 그리고 남아프리카 공화국의 발전은 더 두드러졌다. BRICS는 세계인구의 42%, GDP의 20%, 구매력 평가 기준으로 30%를 차지하고 있다. 자본투자는 약 11%, 대외무역은 5년 전에 비해 2배 증가하여 무역총액은 61,400억 달러로 17%를 차지하고 있다. 브릭스 국가는 글로벌 경제를 견인하고 있으며 지난 10년 동안 글로벌 경제 성장의 공헌율이 50%를 초과하였다. 2014년 브릭스 국가의 경제성장률은 세계 평균을 넘어 선진국의 2배에 이르렀다. 그러나 미국 주도의 국제금융 체계에서 주목받지 못하고 있다. 2014년 7월 15일 브릭스 국가들은 브라질 포르탈레자에서 협의서를 체결하여 브릭스개발은행(NDB)를 설립하여 본부는 상하이, 초대 총재는 인도가 맡았다. 蘇曼麗, "金磚銀行: 國際金融秩序挑戰者", 참고. http://vnetcj.jrj.com.cn/2014/07/22060017645906.shtml, 2014年7月22日.

켜 IMF 투표권 개혁안은 실행되지 못하고 있다. 미국이 주도하는 국제금융질서는 글로벌 경제의 새로운 상황을 존중하지 못하고 있고 중국이 브릭스와 연합하여 새롭게 출발하려는 중요한 원인이 되고 있다.[15]

브릭스개발은행 창설 이후 중국이 제창한 아시아인프라투자은행(AIIB)은 이 전략을 이행하는 중요한 조치라고 볼 수 있다. 2013년 10월 2일 시진핑 주석이 AIIB를 제안하였고 2014년 10월 24일 중국, 인도, 싱가포르 등을 포함한 21개 창시국의 재무장관과 대표들은 베이징에서 AIIB 설립을 위한 조인식을 거행하였다. 2015년 3월 12일 서방국가로는 처음으로 영국이 정식으로 AIIB에 가입 신청을 하였고 2015년 3월에는 프랑스, 독일, 이탈리아, 룩셈부르크와 스위스가 AIIB에 가입하기로 하여 AIIB 회원국은 33개국이 되었다. 2015년 4월 15일까지 AIIB 창립 회원국은 57개국으로 확정되었고 그중 37개국이 역내 국가이고 20개국은 역외 국가로 구성되어 있다. 미국, 일본 그리고 캐나다를 제외한 주요 서방국가와 유라시아 지역의 대부분의 국가가 포함되어 있어 회원국이 전 세계에 고루 분포되어 있다.

기타 국가와 지역은 향후 일반 회원국으로 AIIB에 가입할 수 있다. 2015년 6월 29일 베이징에서 57개 창립회원국의 재무장관과 대표가 출석한 가운데 'AIIB 협정문' 서명식을 개최하였고 그중 50개국이 협정문에 정식 서명하였다. 협상에 의해 2015년 말 합법적으로 국가의 승인을 받은 후 발효가 되면 AIIB는 정식 출범하게 된다. 영국, 독일, 프랑스, 이탈리아 등 유럽의 전통적인 국가들이 AIIB에 창립국으로 가입한 후 IMF와 세계은행에서 장기간 발언권을 장악한 미국이 처음에는 서방국가들에게 AIIB에 가입하는 것을 원하지 않았지만 이러한 상황에 처하게 되자 원래의 태도는 변화될 수밖에 없었고 IMF, 세계은행, 브릭스개발은행, AIIB의 협력제도를 고려할 수밖에 없게 되었다. 그 후 세계은행, IMF, ADB 등 국제금융 책임자들은 AIIB와의 협력 의사를 밝혔고 브릭스개발은행과 AIIB는 규칙과 제도, 정보에서 업무상에 있어서 협력을 확대할 것으로

. . . .

15 蘇曼麗, "金磚銀行:國際金融秩序挑戰者", http://vnetcj.jrj.com.cn/2014/07/22060017645906. shtml, 2014年7月22日.

보인다.[16] 이것은 분명 국제 금융질서의 새로운 경쟁과 협력체제의 시작이다.

중국이 브릭스개발은행과 AIIB의 창설을 제안한 것은 구제도에 대한 직접적인 저항이 아니라 새로운 제도를 통해 구제도를 개혁하는 방식으로 국제금융체제에서 중국의 발언권을 향상시키고 중국의 국가이익을 촉진하는 고도의 외교전략인 것이다. IMF와 세계은행의 정책 결정 메커니즘에서 중국의 국력과 실제권력이 일치하지 않는 상황과 이러한 구조를 뒤흔들지 못하는 상황에서 중국은 기존 체계를 뒤엎으려 하기보다는 기존 체계와 협력하고 경쟁하는 새로운 국제금융체제를 구축해야 한다. 미국 주도에 급히 진행되는 환태평양경제동반자협정(TPP)의 공세 아래 중국의 일대일로(一帶一路) 전략은 중국 외교가 글로벌 리더의 정상으로 가고 있다는 것을 보여주고 있다. 시진핑(習近平) 주석은 2013년 9월과 10월 '신실크로드 경제벨트'와 '21세기 해상실크로드' 이니셔티브를 제창하였다. 2014년 보아오포럼 개막식에서 리커창(李克强) 총리는 '아시아 발전의 새로운 미래를 개척하자'라는 주제 연설에서 중국의 아시아협력 정책에 대해 총체적인 설명을 하였고 특히 일대일로 건설 추진을 강조하였다.

일대일로는 '실크로드 경제벨트'와 '21세기 해상실크로드'를 일컫는다. 일대일로는 유라시아 대륙을 관통하고 동쪽으로는 아태 경제권과 연결되어 있으며 서쪽으로는 유럽 경제권과 연결되어 있다. 경제발전, 민생개선 뿐 아니라 위기대응, 조정의 가속화도 많은 주변국들이 중국과 공동의 이익을 갖고 있다. 일대일로 건설은 상하이협력기구(SCO), 유라시아경제연합(EEU), 중국-아세안(10+1) 등 기존 협력체제와 중첩되거나 경쟁이 되지 않을 뿐 아니라 새로운 내용과 활력을 주게 될 것이다. 일대일로는 실체나 메커니즘이 아니라 협력 발전의 이념이자 제의이고 중국과 관련국들의 쌍방 혹은 다자간 기제에 의존하며 현재 유효한 지역경제협력 플랫폼을 이용하여 고대 실크로드의 역사에 근거한 평화발전의 기를 높이고자 하는 것이다. 또한 능동적으로 주변국의 경제협력 관계를 발전시켜 정치적 신뢰, 경제융합, 문화를 포용하는 이익공동체, 운명공동체, 책

· · · · · · · · · · · · · · · ·

16 周武英, "世行等三大金融機構欲與亞投行合作, 美國態度或變", 참조. http://news.xinhuanet.com/fortune/2015-03/24/c_127613344.htm, 2014年3月24日.

임공동체를 함께 만드는 것이다. 브릭스개발은행과 AIIB 설립이든 일대일로의 전략적 제안과 구체적 실행이든 외교와 국가이익 모든 면에서 중국에게 큰 성과를 거두게 했고 국제경제체계와 제도적 조정과 혁신을 촉진시켰다. 대국 중국이 저항하지 않고 경쟁하는 방식으로 현대 국제질서체계와 국제법 체계에서 발생되는 모종의 충돌을 처리하는 고도의 전략인 것이다.

넷째, 특수한 지위에 있는 대국으로서 중국은 각 국가 간 특히 남북 양측 간의 교류가 원활해지도록 다리를 놓아야 한다. 최근 몇 년간 기후협약, WTO협상 등 하위정치(low politics) 영역에서 중국의 특수한 신분은 남북 양측의 교류를 촉진하는 역할을 발휘하기 시작하였다. 예컨대 WTO 설립 이후 도하라운드는 오랫동안 진전이 없었지만 2013년 12월 7일 WTO 제9차 각료회의에서 발리패키지가 합의됨에 따라 WTO의 새로운 협상이 다시 살아나 계속 진행될 수 있게 하였다. 이번 각료회의로 교착상태에 있던 지난 협상에서 벗어날 수 있었고 이것은 특수한 위치에 있는 중국이 남북 양측이 소통할 수 있도록 역할을 했기 때문이다.

영국 파이낸셜 타임스 보도에 따르면 발리회의 2주 전까지도 중미 양국이 농산품 관세할당(TRQ) 문제의 의견이 좁혀지지 못하여 협상의 쟁점이 되기도 했었다. 중국은 개발도상국에 속하길 원했으나 미국은 신흥국가 중에서 중국은 제외하길 원했고 미국과 다른 선진국들도 같은 규칙에 따라 저율관세할당(TRQ) 개방을 요구하였다. 발전도상국 국가들은 중국의 입장에 있었다. TRQ 재협상 특히 차별화된 협상을 시작하면 발전도상국의 특수국 차별대우가 영향을 받기 때문이다. 중국대표는 미국대표단과 WTO 사무총장에게 이러한 입장을 거듭 표명하였다.

중국 WTO 상주대표와 특명전권대사인 위젠화(俞建華)는 직접 협상을 주재하였다. 결국 미국 측과 WTO 사무총장 아제베도의 부분적인 양해를 얻어내어 아제베도 사무총장의 중재 하에 양측이 모두 받아들일 수 있는 해결방안을 제안하였고 발리 각료회의의 협의사항 중 TRQ 규정에 시간 제한을 보충하였다. 회의가 끝나갈 무렵 대부분 회원국들이 협정이 체결될 것으로 생각할 때 쯤 쿠바, 베네수엘라, 볼리비아, 니카라과 등 4개국이 이 조항에 항의서를 제출하고 서명을 거절하였다. 발리패키지의 공평성 특히 무역 원활화 협상에 이의를 제기를 한 것이다. 회의는 다시 교착상태에 빠져들었다. 중국 상무부장관은 쿠바 장관이 협상을 저지하지 않겠다는 말을 할 때까지 전화를 걸었고 남미 4개국이 협의의 형평성이 강화되어야 한다고 했지만 협상 타결은 막지 않겠다고 하였다. 그 후 위젠화 중국 WTO 상주 대표는 중국을 대변하여 자유무역은 회원국들의 권리이고 존중받아야 한다고 재차 강조하였다. 중국 상무부 장관의 비공식적 소통과 중국 WTO 상주 대표의 발언은 중국의 중요한 교섭 역할을 보여주고 있다. 결국 1994년 GATT 제5조의 무차별원칙이 여전히 유효하다는 것이 발리 각료회의 선언문에 들어갔고 쿠바에게 안전감을 보장하여 발리패키지 협상이 타결되었다.[17]

복잡한 신분의 대국으로 교섭역할을 잘하는 하이폴리틱스로 잘 드러났고 이것은 중국이 국제질서와 국제법 체계에서 영향력을 끌어올리는 데 유리할 것이다. 예컨대 2015년 7월 14일 이란 핵협상의 주요 6개국(미국, 영국, 프랑스, 러시아, 중국, 독일)이 이란과 이란핵협상을 합의하였다. 6개국과 이란은 1년 반이 넘는 시간 동안 협상을 걸쳐 12년이나 지속된 이란 핵문제 해결을 위해 정치적으로 공통된 인식을 갖게 되었다. 그러나 그 과정은 결코 순탄하지 않았다. 각 국가의 견해차와 역사적 원한으로 중국은 이란협상을 구체적 협상방식에서 단계별로 협의하여 일정 틀 안에서 해결할 수 있는 것들을 먼저 협상하고 차후에 단계별로 실시하여 실속 있게 업무를 진행하고 타협적인 태도로 미해결된 문제들에 초점을 맞추어 해결방안을 찾을 것을 제안하였다. 이 제안으로 이란핵협상의 단계별 협상과정에서 진정성 확인, 서로의 입장 조율, 명확한 쟁점 논의로 이견을 해소하여 이란핵협상이 진전되기 시작하였다.

중국이 적절한 시기에 보여준 중국의 지혜는 각국으로부터 높은 평가를 받았다. 2015년 3월 말 이란핵협상에서 각국은 정치적 기본협정을 기대했고 마지막 협상단계에서 왕이(王毅) 외교장관은 "이란 핵문제라는 마라톤을 달려왔는

. . . .

17 이 과정에 대한 상세한 보도는 羅瓊, "WTO死裏求生", 『南方周末』, 2013年12月12日, 第17版 참조.

데 마지막 1km를 잘 달리자"라고 말한 바 있다. 2014년 우크라이나 문제 이후 러시아와 서방이 직접 소통하기 어려운 상황에서 중국이 중재한 것에 대해 언론은 중국을 이란 핵문제의 마라톤식 외교 노력의 최후 1km라고 하기도 했다. 의견 차이를 좁히고 교섭하는 것은 어렵고 힘든 중국의 임무이다.[18] 이란 핵협상 타결은 중국의 수년간의 노력에 대한 대가였고 중국의 국제 영향력을 끌어올렸다. 이와 함께 중국은 더욱 저렴한 석유를 얻게 될 것이고 중동지역과 이란의 우호관계를 강화하게 될 것이다. 따라서 이란 핵협상 타결로 중국은 최대 수혜국이 되었다.

이러한 국제문제와 국제법률제도의 마찰이나 협상에서 중국이 개발도상국이면서 선진국과 어깨를 나란히 할 수 있는 지위를 이용함과 동시에 각종 이데올로기의 국가를 상대로 대국으로서 효율적으로 교섭하여 국제문제를 해결하고 국제법률 제도를 협상하며 구성을 촉진하는 것은 국제평화와 발전에 필요한 것이었고 중국 자신에게 이익이 되는 것으로써 중국이 국제질서와 국제법률체제에서 역할을 발휘하는 중요한 측면이 될 것이다.

다섯째, 개발도상국이 점점 분산되고 갈등이 가중되는 상태에서 세계에서 가장 큰 개발도상국가인 중국은 개발도상국들이 협력하도록 해야 하고 공통점을 발굴하고 이견을 보류하여 개발도상국이 국제법상의 지식을 얻고 협상능력을 키울 수 있도록 도와줘야 한다. 정치적으로 오랫동안 개발도상국은 중국이 믿을 만한 동맹국이었고 경제적으로 주요 원자재 수입국이자 상품 수출국 그리고 투자지역이다. 어떤 측면에서건 중국은 반드시 개발도상국과 협력해야만 한다.

그러나 개발도상국은 하나로 뭉쳐 있지 않고 국가마다 국력과 경제발전의 차이를 보이고 있다. 게다가 모순으로 가득 차 있어 중국은 그들을 독촉하고 협력하고 서로 합심하여 공통점은 공유하고 차이점은 보류하여 전체적인 힘으로 개발도상국들이 요구를 국제사회에 드러내고 자신의 카드를 제고시켜야 한다. 동시에 많은 개발도상국은 인적, 물적, 지적 자원이 부족하여 국제협상에서 무

18 新浪新聞, "中國方案助伊朗核協議達成關鍵時候獻中國智慧", http://mil.news.sina.com.cn/2015-07-15/0739835114.html, 2015年7月15日.

력하거나 깊이 참여하기 어렵고 자신의 요구를 제기하기 어려운데 중국은 이런 면에서 도움을 줄 수 있다. 최근 몇 년 동안 중국은 개발도상국에 인적, 물적, 지적 지원을 시작하였다. 예컨대 2015년 4월 아시아 · 아프리카 법률협상기구 제54차 회의가 베이징에서 개최되었고 많은 성과를 얻었다.

특히 아시아 · 아프리카 법률협상기구 발전을 지지하기 위해 리커창 총리는 회의 개막식에서 중국-아시아 · 아프리카 법률협상기구 교류 및 연구 프로젝트를 설립할 것을 발표하였다. 그 후 인도네시아에서 개최한 아시아 · 아프리카 정상회의에서 시진핑 주석은 이 프로젝트를 아시아 · 아프리카 국가 협력의 구체적인 조치로 공식 선포하였다. 2015년 7월 13일 이 프로젝트 출범식에 쉬훙(徐宏)외교부 조약법률사 사장(司長)을 대신하여 류전민(劉振民) 차관이 참석했다. 이 프로젝트 설립으로 중국과 아시아 · 아프리카의 우호협력을 하게 될 것이고 아시아와 아프리카 국가는 국제와 지역의 평화와 안보 유지, 공동번영 촉진, 국제법치 측면에서 여전히 많은 어려움과 도전을 받고 있고, 국제법 영역에서의 발언권과 영향력이 발전할 여지가 아직 많이 남아 있다. 따라서 프로젝트 시행으로 아시아 · 아프리카 법률협상기구가 국제법치에서의 역할을 발휘하고 아시아와 아프리카 국가가 국제법 분야에서 단결하고 협력을 강화할 수 있도록 공헌해야 한다.[19]

4. 맺음말

개혁개방 30여 년 동안 가장 큰 성과 중 하나는 세계가 중국의 재기를 지켜보았다는 것이다. 세계는 점차 중국의 부상이 가져올 국제 권력구도의 변화에 적응해야 하고 대국이 어떻게 행동해야 하는지를 배워야 한다. 물론 중국이건 세계이건 순조로운 과정은 아닐 것이다. 이 과정에서의 충돌과 마찰을

· · · · · · · · · · · · · ·

19 · 康森, 張國俊, 〈外交部啓動"中國 – 亞非法協國際法交流與研究項目"〉, http://www.fj.xinhuanet. com/picture/2015-07/13/c_1115907107.htm, 2015年7月13日.

줄이고 각국 간의 고통스러운 적응기를 줄이기 위해 중국의 길 개념과 내용을 정확히 확립하고 현재와 미래 국제법상의 중국의 길을 다시 제정하고 새로운 전략과 전술 조절을 잘하는 것이 필요할 것이다.

구체적으로 중국은 현대 국제법 체제의 확정에 적극적인 태도를 보이고 냉전적 사고방식을 없애 스스로 현대 국제사회에서의 신분을 확고히 해야 한다. 국제법 체제에 상응하는 권력을 확보해야 하고 스스로 책임이 무엇인지 명확히 해야 한다. 그래야만 스스로의 이익을 획득할 수 있고 세계의 존중을 받을 수 있다. 구체적인 전술로는 국제법 체제에 적극 참여하고 국제법 체제의 발전을 위해 노력해야 한다. 그리고 반드시 국제법 체제를 신임해야 한다. 이것이 바로 새로운 정세에서 중국이 국제법상 나아가야 할 길이다.

'중국의 길'이 발전도상국에 주는 시사점

리빈(李濱, 난징대학)

본 연구는 종속발전이론에 근거하여 중국의 길을 해석하였다. 여기서 중국의 길은 전형적인 종속발전의 길이다. 중국의 길이 드러난 종속발전의 차이점은 긍정적인 모델이고 종속발전의 길을 걷는 국가 중 종속성이 가장 적고 매우 자주적이라는 점이다. 본 연구에서는 우선 저발전이론을 전체적으로 정리하고 종속발전이론이 저발전이론을 구성하는 근원과 현실을 분석하였다. 이를 토대로 중국의 길이 저발전이론에 어떻게 공헌하고 있는지 분석하였다. 즉 전통적 저발전이론이 강조하고 있는 외부경제 환경의 부정적인 면을 극복하고 자본주의 세계경제 하에 저개발국가의 경제발전에서의 내적 요인을 강조하였다. 또한 외적 경제질서가 발전도상국 발전에 구조적 제약을 주고 있다는 것을 증명하여 국제질서 개혁의 필요성을 강조하고 있다.

마지막으로 중국의 길이 외향성 발전의 길을 걷는 발전도상국에 대한 시사점을 분석하였다. 즉 낙후한 발전도상국의 초기 현대화에 외향성 발전의 길을 선택하는 것은 반드시 필요하고 비록 종속발전에서 벗어나지 못할지라도 발전도상국은 자신의 조건에 따라 스스로의 노력으로 의존성을 줄이고 자주 발전능력을 키워야 한다. 중국경제가 제시하고 있는 것은 다음과 같다. 중국의 일당영도체제는 경제발전의 주요한 정치적 보장이고 국가주의 발전전략을 지속하는 외부의 글로벌 생산투자를 유치하여 발전된 외부자원을 도입해야 한다. 또한 국내개혁으로 중국의 국가자본과 민족자본 그리고 외자가 적절한 공생관계를 유지하여 글로벌 생산이 현지 민족자본과 국가자본이 상호 연계되어 발전되도록 해야 한다.

중국은 개혁개방 이후 30여 년간의 발전으로 전체 사회의 물질과 정신적인 측면에서 모두 큰 변화가 있었고 세계에 신중국 건설 이후와 다른 영향을 주었다. 그러나 30여 년 동안의 발전의 길은 종속발전의 길이었고 종속적 요소를 피하기 어렵다는 것을 인정해야 한다. 다만 차이점이 있다면 종속발전 과정에서 중국은 많은 종속발전의 길을 걷는 발전도상국 중 의존성이 가장 적고 자주성이 가장 큰 국가라는 사실이다. 중국의 이러한 발전 경험은 저발전이론을 풍부하게 하는 데 중요한 의미를 주고 있고 종속발전에서 벗어나려는 종속발전 과정에 있는 국가에게 중요한 교훈이 되고 있다.

중국의 발전이 저발전이론을 풍부하게 한다는 것의 의미는 세계의 자본주의 경제가 발전도상국에 발전 기회를 준다는 것을 인정하고 발전도상국이 국내 적응하지 못하는 체제를 어떻게 개선할 것인지를 강조하고, 정확한 발전 전략을 제정하여 발전의 기회를 잡는 것이 핵심이다. 중국의 발전이 발전도상국에게 주는 교훈은 외향적 발전이 낙후한 국가의 현대화 과정에 반드시 필요한 것이지만 맹목적으로 세계경제에 유입하기보다는 서서히 점진적으로 개방해야 하고 이 과정에서 정부의 역할은 매우 중요하다는 점이다. 강력한 정부, 안정적인 정치환경, 지속적인 국가발전 전략은 외자 도입과 국내경제 개혁에 반드시 필요한 조건이다.

1. 저발전이론의 발전 맥락

저발전이론은 해외 좌익학자들이 저발전 원인과 발전 전략을 연구한 이론으로 이 이론의 근원은 마르크스 관점과 관련이 있다. 그러나 오늘날 좌익 발전론자의 마르크스 사상은 발전문제 인식에서 변화를 보이고 있다. 마르크스는 저발전 원인이 발전도상국의 전통적 사회 생산방식과 사회구조에 있다고 보았지만 전쟁 이후 마르크스주의자들은 내부의 전통 생산방식과 자본주의 생산방식으로 형성된 세계정치경제 질서 때문이라고 보았다. 마르크스는 자본주의 생산 방식만 도입하면 저발전국가도 발달국가 대열에 진입할 수 있다고 보았고 미국과 호주가 그 전형적인 사례이다. 전쟁 이후 저발전이론의 시각은 좀 달랐는데 구조주의자들이 보는 발전도상국의 저발전 원인은 선진국이 만들어 놓은 국제경제구도 때문이라고 보았다.

이런 구조는 중심과 외부의 불평등한 교환을 만들었고 이러한 불평등한 교환으로 주변의 저발전국가가 낙후되었다는 것이다. 종속론자들은 선진국이 자본주의 생산방식으로 발전도상국의 잉여를 착취하는 과정에서 저발전국가는 선진국이 주도하는 세계경제에 종속되었다고 보고 있다. 이는 자본주의 생산과정에서 자본가의 노동 착취로 노동자의 빈곤을 야기하는 것과 같다. 그러나 70년대 이후 일부 종속론자들은 발전도상국이 저발전인 것에 대한 원인을 다시 고민하기 시작했고 그들은 발전도상국의 저발전의 원인이 단순히 자본주의 세계경제에 있다고 보지 않았다. 저발전의 원인은 자본주의 세계경제 요소도 있지만 저발전국가 자체의 요인도 있다고 생각했다.

마르크스는 저발전 민족이 낙후한 원인을 저발전 민족의 전통적 사회모델에서 찾고 있다. '영국의 인도 통치의 미래 결과'에서 영국은 인도에서 두 가지 사명을 다해야 한다고 말하고 있다. 하나는 파괴적 사명으로 구 아시아식 사회를 없애야 한다는 것이고 다른 하나는 건설적 사명으로 아시아에서 서구식 사회에 물질적 기초를 정립시켜야 한다는 것이다.[1] 비록 마르크스는 영국이 인도에서 자본주의를 발전시키는 것만으로 인도시민을 진정으로 해방시킬 수 없고 그들의 사회상황을 개선시킬 수도 없다고 생각했지만 생산력은 발전할 수 있다고 보았다.[2] 여기서 마르크스는 저발전 민족이 외부 자본주의가 도입된 후 원래 생산방식과 사회체제가 파괴되고 자본주의 문명이 형성되기 시작하여 결국 발달국가와 같게 된다고 하였다.

마르크스는 비록 이런 발달 결과가 생산력이 인민 소유에 귀속되지 않기 때문에 현지 인민 군중이 영국의 보통 시민과 같은 부와 해방을 얻을 수는 없지만 자본주의의 도입으로 새로운 문명의 물질적 기초가 세워졌다고 보았다. 따라서

. . . .

1 『馬克思恩格斯選集(第1卷)』(北京: 人民出版社, 1995), 768쪽.
2 Ibid, 771쪽

마르크스는 인도가 낙후된 것을 인도의 전통적 생산방식에서 찾고 있다. 자본론 서언에서 마르크스는 이러한 관점을 명확히 설명하고 있다. 당시 상대적으로 낙후했던 독일과 같이 자본주의 생산 발전은 고난이었을 뿐만 아니라 발전하지 않는 고난도 겪고 있다. 현재의 재난 이외에 우리를 억압하는 것은 수많은 유산에서 오는 재난이다. 이러한 재난이 발생하는 것은 낡은 옛 생산방식과 시대에 뒤떨어진 사회관계와 정치관계가 여전히 남아 있기 때문이다.[3] 따라서 마르크스는 저발전의 원인은 자본주의의 미성숙과 구 자본주의 생산방식의 속박 때문이라고 보았다. 이러한 생산방식 하의 생산관계는 반드시 관련되어 있다.

2차 대전 후 급진적 발전이론가들은 더 많은 자본주의 세계 경제구조의 시각에서 저발전 원인을 언급한 바 있다. 생산구조의 분배과정에서 저발전이론은 구조주의와 급진적 종속이론 두 가지로 구분하여 저발전 원인을 밝히기도 했다.

구조주의론자들은 역사적으로 선진국이 만든 국제 분업이 이미 고정적인 산업 투자재와 일차 제품 교환의 틀이 짜여졌기 때문에 무역이 경제 성장 동력 역할을 한다는 것은 발전도상국에게 효과가 없다고 보았다. 이러한 교환체제에서 외부의 발전도상국이 발전국가에 농산품, 광산품 그리고 1차 가공품을 제공하고 이런 제품은 탄력성이 낮아 저발전국가의 무역조건이 장기적으로 악화되고 이익도 증가되기 힘들다. 구조주의자들은 경제발전과 생산율 증가의 핵심은 기술 진보에 있지만 분업이 초래한 국제교환으로 기술 진보는 있었지만 오히려 발전도상국이 국제무역에서의 무역조건이 개선되지 않아 생산량은 증가하되 소득은 증가하지 않는 빈곤문화가 확산되는 결과를 낳았다고 보고 있다. 따라서 자유무역이론에서 말한 기술발전을 이루지 못했고 구조주의자들은 저발전 국가가 낙후된 원인은 바로 국제 분업과 분업에서 발생된 무역 때문이라고 보았다.

저발전의 원인은 서방대국이 발전도상국을 선진자본주의에 종속했기 때문

....

3 『馬克思恩格斯選集(第2卷)』(北京: 人民出版社, 1995), 100쪽.

이라고 종속이론가들은 말한다. 즉 발전도상국에서 자본주의 생산방식을 충분히 발전시키지 않았기 때문이라고 보고 있다. 종속이론의 대부인 폴 배론(Paul Baran)은 저발전국가는 선진국에게 대량의 이윤과 투자처를 제공하는 중요한 부지이기 때문에 저발전국가의 경제발전은 발달국가 국익에 매우 불리하고 보았다. 그래서 미국 등 서방 통치자들은 발전도상국의 산업화를 적극적으로 반대하고 있다.[4] 폴 배론은 발전도상국의 비자본주의적 생산방식이 종속되어 있는 세계시장의 자본주의 생산방식으로 축적하고 자본주의 시장에 직접적으로 이윤을 주기 때문에 서방 자본주의 국가들이 저발달 국가의 전통생산방식을 유지하고 싶어 한다고 보았다.

무역 투자는 발달국가가 대량의 경제이윤을 착취하는 경제방식이다. 이러한 글로벌 생산과 분업은 저발전국가의 자본주의적 생산방식을 충분히 따르지 못하게 하였고 자본주의 글로벌 경제에 종속되어 선진국과 같이 발전하지 못하는 구조를 가지고 있다. 이러한 사상은 '불평등과 조합발전규칙'에 근원을 두고 있다. 즉 저발전국가의 경제 발전은 불평등하고 설령 자본주의 생산방식을 가지고 있다 하더라도 비자본주의 요소는 자본주의를 키우고 자본주의 요소는 세계질서를 키우는 구조로 되어 있어 발전도상국이 발전하지 못하게 하였다. 종속은 발전도상국이 세계 자본주의 생산과정에서 가장 적합한 표현이다.

이런 경제적인 이유로 종속이론은 국제자본이 발전도상국의 정치를 통제하고 발전도상국의 정치 도구를 자본주의 세계경제에 유리한 구조로 만들었을 때 비로소 발전도상국의 경제 이익을 착취할 수 있다고 보고 있다. 이런 정치구도는 과거의 식민통치에서 군사독재체제 그리고 현재의 신자유주의국가로 발전하였다. 이와 동시에 국제자본은 자기의 정치 대리인을 통해 자본주의에 경제 체계를 이탈하려는 발전도상국을 공격하고 고립시킨다. 또한 이런 경제 종속에 순응시키기 위해 국제자본은 발전도상국에게 '코카콜라' 문화를 퍼트렸다. 이는 발전도상국의 대중이 종속을 인정하게 하고 정치적으로 자본주의 세계질서

. . . .

4 [미]保羅 · 巴蘭著, 蔡中興, 楊宇光譯, 『增長的政治經濟學』(北京: 商務印書館, 2000), 96쪽.

의 합법성을 받아들이고 발달국가의 소비 패러다임을 모방하여 발전도상국 시민을 정신적으로 마비시켜 반항과 혁명 의식을 제거한다. 이들이 서방의 소비품을 갈구하게 하여 자본주의의 글로벌 재생산을 가능하게 하고 발전 자본주의가 발전도상국을 통제하여 발전도상국의 독립된 민족 경제 발전을 방해하는 것이다.

그러나 20세기 70년대 초 페르난도 엔히크 카로도주(Fernando Henrique Cardoso)를 대표로 하는 종속이론발전 중에서 저발전국가의 낙후가 단순한 세계경제 구조의 문제가 아니라 세계경제 구조와 발전도상국 내부 사회구조와 발전전략이 야기한 문제로 보고 있다.[5]

2차 대전 이후 저발전이론이 분석한 저발전 원인은 자본주의의 경제사회구조를 저발전의 원인으로 본 마르크스 사상과 차이를 보인다. 하지만 세계자본주의의 경제구조가 발전의 근본 원인은 아니라고 하는 점에서 인식을 같이 하고 있다. 이런 구조가 많든 적든 발달국가가 충분히 자본주의를 발전시키지 못하게 하기 때문이다. 다만 종속발전이론은 마르크스 사회 내부구조의 낙후성과 세계자본주의 경제구조가 결합하여 저발전하게 했다는 공통된 원인으로 보고 있다.

발전의 길에서 마르크스와 전쟁 이후의 저발전이론의 차이가 있다. '영국의 인도 통치의 미래의 결과'에서 마르크스는 위대한 사회혁명이 자산계급 시대의 성과와 세계시장과 현대생산력을 지배하고 또 이 모든 것이 가장 선진화된 민족의 감독에 복종하도록 할 때, 인류의 진보는 더 이상 두려운 이단이 아니라고 언급하고 있다. 사람의 머리로 술잔을 만들었을 때 감미로운 술을 마실 수 있는 것이다.[6] 자본론 선언에서 마르크스는 산업이 발달한 국가가 산업 저발전국가에게 보여주는 것은 저발전국가의 상황이고,[7] 하나의 사회가 설령 스스로 움직

. . . .

5 Fernando Henrique Cardoso, "Associated-Dependent Development: Theoretical and Practical Implications", in Alfred Stepan ed., 『Authoritarian Brazil, Origins, Policies, and Future』(NY: Yale University Press , 1976), pp.144-152.
6 『馬克思恩格斯選集(第1卷)』(北京: 人民出版社, 1995), 773쪽.
7 『馬克思恩格斯選集(第2卷)』(北京: 人民出版社, 1995), 100쪽.

인 자연규율일지라도 이를 초월할 수 없고 법적으로 자연발생한 단계를 소멸시킬 수 없다고 밝히고 있다. 그러나 이는 불만과 산고의 고통을 줄일 수 있는 방법이다.[8] 여기에서 마르크스는 저발전국가의 발전의 길은 일종의 단계론으로 외부의 자본주의가 이전의 자본주의 사회에 도입되는 것만이 자본주의 발전을 실현하는 중요한 조건이고 이는 이후 사회 개혁을 위한 물질적 조건을 만들었다.

구조주의자는 발전도상국이 낙후한 경제상황을 개혁시키려면 불합리한 국제 교환을 변화시키고 저발전국가의 무역조건을 개선해야 한다고 보고 있다. 그렇기 때문에 발전도상국은 1차 제품의 국제조직을 조직하고 저발전국가의 수출 상품 보호 및 자주 생산, 발달 국가에서 수입하는 산업제품 대체 및 외국 자본의 제조업 투자 유치를 통해 저발전국가의 공동시장을 구축하고 발달국가의 의존도를 감소시켜야 한다. 구조주의의 제일 큰 성과는 발전도상국에 불공정한 경제 질서 개혁을 유발시켰다는 것이다. 이것이 국제환경의 개혁을 통해 발전도상국에게 유리한 발전 환경을 제공하는 것이다. 사실 이런 발전의 길은 일종의 단계론이다.

전쟁 이후 일부 종속이론가들은 서방대국이 발전도상국의 혼합경제구조를 유지하여 세계경제에 이윤을 제공하고 싶어 하기 때문에 자본주의 발전을 불가능하게 하고 발전 자본주의 대열에 들어가지 못하게 할 것이라고 보고 있다. 그렇기 때문에 발전도상국이 민주혁명을 해야만 자본주의 세계경제 체제에서 벗어날 수 있고 진정한 발전을 이룰 수 있으며 다른 발전모델은 모두 제한적이라고 주장한다.[9] 간단히 말해서 이것은 일종의 초월론이다. 저발전 민족이 독립 이후 우선 자본주의의 세계시장에서 이탈하고 의존에서 벗어나 자본주의 발전 단계를 거치지 않고 독립 자주적 사회주의 건설(새로운 생산방식 건설)을 이룬다는 것이다. 이 사상은 중국 개혁개방 이전의 발전 사상과 일치한다. 중국의 자본주

· · · · · · · · · · · · · · · ·

8 『馬克思恩格斯選集(第2卷)』(北京: 人民出版社, 1995), 101쪽.

9 [브라질]特奧托尼奧·多斯桑托斯著, 楊衍永等譯, 『帝國主義與依附』(北京: 社會科學文獻出版社, 1999), 460-488쪽.

의 발전의 길은 통하지 않는다. 사회주의만이 중국을 구할 수 있다 등등의 교육은 이런 발전 생각에서 발생된 것이다.

60~70년대 서방의 다국적 기업이 신흥 공업 국가 투자, 특히 동아시아의 기적에 대해 좌익학자들은 종속과 상관된 발전이론을 제시했다. 이 이론을 제시한 카르도주는 일부 발전도상국이 특정의 역사 구조에서 종속과 발전이 공존하는 현상이 존재 할 수 있다고 보았다. 이런 역사적 구조는 발전도상국의 권위적인 정부, 다국적 자본과 신흥 중산계급(다국적 자본과 관계를 가진 민족의 산업자본)이 서로 혼합되는 정치 경제 구조이다. 이런 정치경제 구조에서 권위적인 정부의 국가 사회보장, 정치보장 제공 및 국가자본주의의 현대화 발전전략 집행은 국내 정치경제 발전의 기본 조건이다. 발전도상국에 투자한 다국적기업이 일정한 경제발전과 중산계급을 이용해 자기 제품 판매와 생산의 연장과 확대는 외부로부터의 객관적 발전 동력인 것이다. 현지의 민족 자본이 다국 생산과 연계하여 공동경영 및 다국적 기업의 하부 생산 부분을 담당하여 발전하고 민족자본과 외국자본의 공생 구조를 형성하였다.

이런 정치구조 하에 일부 발전도상국은 종속적인 발전을 했다. 이런 종속과 상관된 발전 혹은 종속적 발전은 자주적 발전이라고 볼 수 없다. 이는 이런 발전도상국의 경제발전이 자주기술 통제와 금융체제의 결합, 국제자본과 국제시장의 제약으로 인한 분업 양극화를 초래한다.[10] 피터 에반스(Peter Evans)는 이와 유사한 시각을 가진 종속이론학자이다. 그는 종속과 발전은 공생할 수 있고 주변 국가가 일종의 본토자본, 국제자본, 국가자본 간 연맹은 종속적 발전의 중요한 조건이라고 강조하였다.[11] 이러한 종속이론가들은 다국적 기업이 가져온 기회와 발전도상국의 발전을 촉진시키고 종속론을 세계시장과 다국적 자본의 배척으로부터 이용하는 단계로 진화시켰다고 보았다. 이런 종속적 발전이론과 중

· · · · · · · · · · · · · · · ·

10 Fernando Henrique Cardoso, "Associated-Dependent Development: Theoretical and Practical Implications", in Alfred Stepan ed., 『Authoritarian Brazil, Origins, Policies, and Future』(NY: Yale University Press , 1976), pp.144-152.

11 Peter Evans, 『Dependent Development; The Alliance of Multinational, State, and Local Capital in Brazil』(NY:, Princeton University Press, 1979).

국 개혁개방이론은 매우 흡사하다. 어떤 의미에서 중국 개혁개방의 발전은 종속발전이론에 부합한다.

2. 저발전 이론을 풍부하게 한 중국 발전의 길

70년대 말부터 문화대혁명으로 인한 경제발전의 어려움으로 중국의 과거 수입대체 전략과 중앙정부 계획 시행이 어려웠고 중국 개혁개방 프로세스는 실무 차원에서 시작되었다. 이 과정에서 중국은 특히 발전도상국의 경험을 학습하였고 종속상관 발전 특징에 부합하는 아시아의 기적을 따르기로 했다. 즉 정치적 권위 체제 하의 국가주의 발전 전략이다. 정부조정 하에 시장, 수출 주도와 다국적 자본 도입의 발전전략이다. 이 발전의 길은 비록 중국만의 독창적인 것은 아니지만 중국의 발전은 세계의 선도가 되었고 기본적으로 종속발전의 길을 걸었다. 그러나 수많은 발전도상국과 비교하면 중국은 많은 성과를 얻었고 더 놀라운 것은 종속적 색체가 다른 발전도상국에 비해 적었다는 점이다. 중국 경제의 지속적인 고성장과 인민생활수준 향상이 이를 반증하고 있다. 전통 중앙계획을 고수하는 국가의 경제 성장이 멈춘 것과 워싱턴 컨센서스를 채택한 급진적인 자유시장 체제국의 경제 불안정성을 볼 때 중국은 종속발전 30여 년간 가장 성공한 국가라고 할 수 있다. 이는 또한 종속발전의 길을 증명하고 있다.

비록 중국 역시 종속발전의 특징이 비교적 뚜렷하고 자주기술이 상대적으로 적고 외부 시장과 자본의 제약 및 분업의 양극화 현상이 심각해지고 있고 자원과 에너지 제약, 환경 생태 문제 악화, 부패 문제가 심각하지만 시장 규모가 비교적 작고 국제시장이 빠르게 도입된 중국의 종속성은 비교적 낮고 발전 자주성은 크다. 이것은 자주기술 개발이 상대적으로 높은 반면 금융체제는 통제받고 있지 않은 데다가 대량의 외환보유고를 보유하고 있어 국제금융위기의 영향을 적게 받고 있기 때문에 가능했다. 따라서 중국의 지난 30여 년간의 발전은 다음과 같은 두 가지 특징을 보인다. 첫째는 종속발전이고 둘째는 발전의 상대

자율성이 두드러진다는 점이다. 이 두 가지 기본적인 특징은 특히 후자의 특징이 저발전이론을 풍부하게 발전시키는 데 중요한 공헌을 했고 그 공헌은 다음과 같다.

1) 전통적 저발전이론이 강조했던 외부 경제 환경의 부정적인 면은 극복하였지만 자본주의 세계경제가 저발전국가에 미친 기회의 약점은 보지 못했다는 점이다. 2차 세계대전 이후 전 세계의 생산 구도에 심각한 변화가 생겼다. 다국적 생산 방식을 특징으로 하는 신형 글로벌 생산방식이 발전하기 시작했다.[12] 특히 냉전 이후 이런 변화가 가속화되었다. 자본국의 글로벌 생산방식에 변화가 생겼고 세계 경제가 발전도상국에게 가져다준 발전 기회가 과거보다 훨씬 많았다. 다국적 생산 방식의 특징은 자본이 각 국의 비교우위에 따라 생산 요소를 조합한다는 것이다. 다국적 자본을 주도로 한 다국적 생산라인을 형성하고 각 국의 생산라인에서 제품이 생산된다.

다국적 생산 조직방식은 현재 경제의 주요 특징 중 하나이다. 이는 과거의 국내 생산 조직을 주요 특징으로 하는 국제 생산과 다르다. 과거의 글로벌 생산방식은 선진국이 국내에서 생산한 제품을 발전도상국을 포함하여 세계시장에 수출하는 것이었다. 발전도상국이 선진국에 원자재를 제공하는 방식은 발전도상국의 산업화를 저해하는 것이었지만 새로운 다국적 생산방식에서 선진국의 다국적 자본이 발전도상국의 노동력과 환경 등을 이용해야 했기 때문에 글로벌 생산 네트워크가 확장되었다. 이는 발전도상국 산업화에 일정한 외부 조건을 제공한 것이다. 중국의 길의 실현이 바로 이 점을 증명하고 있다.

2) 자본주의 세계 경제 하에서 저발전국가는 계획경제를 통한 경제발전을 없애거나 외부 시장과 단절하는 등의 소극적인 행동은 하지 않는다는 것을 강조했다. 발전도상국은 세계경제의 새로운 변화를 인지하고 적극적이고 능동적으로 국내경제와 정치체제를 개혁하고 자국의 비교우위를 충분히 이용하여 자본

. . . .

12 마르크스주의 성향의 글로벌 생산연구의 선구자 스테판 하이머(Stephen Hymer)는 미국 다국적 기업의 해외 확장과 그 원인을 잘 분석하였다. Stephen Hymer, "The multinational corporation and the law of uneven development", in Jagdish Bhagwati ed., 『Economics and World Order』(New York: Macmillan, 1974), pp.113-135.

주의 글로벌 경제체계에서 발전 기회를 얻을 수 있었다. 이것으로 조기 종속이론은 내적인 요소의 작용이 무시되는 약점을 극복할 수 있었다. 이 약점은 발전이론가들에게 오랫동안 비난을 받았다. 종속발전이론의 제안은 비록 일정 정도의 약점을 극복했지만 실제 현실에서 중국의 길에서 보듯이 자본주의 세계경제체제에서 발전도상국의 내적 요인이 매우 중요하다는 것을 증명하고 있다. 발전도상국이 세계경제에 가입하게 될 때 그 내적 작용은 더 커지고 발전의 길은 더 건강해진다.

3) 중국의 길에 드러난 몇 가지 문제, 예컨대 발전의 종속성 문제 역시 저발전이론의 세계경제질서가 발전도상국 발전에 구조적 제약을 준다는 것을 증명하고 있다. 이는 국제경제 질서개혁의 필요성을 증명하고 있다. 또한 오늘날 발전도상국이 어떻게 국제경제의 글로벌 거버넌스에 공동으로 참여하고 국제경제 질서에서 더 공정한 발전을 하게 하는 현실적 기반을 제공하고 이론가들에게 저발전 이론을 더 촉진시킬 수 있는가에 대한 과제를 안겨주고 있다. 발전도상국의 문제를 철저히 해결하려면 세계경제 구도의 구조조정이 필요하고 글로벌 경제 거버넌스 측면에서 공생협력 해야 한다. 그리고 발전이론가들이 글로벌 경제 거버넌스 이론에 자신의 이론을 제시해야 한다. 저발전 이론의 발전 역사로 볼 때 구조주의 이론이 제시한 국제경제 구조로 인한 불평등 교환은 발전도상국이 발전하지 못하게 하는 원인이 되었고 이는 70년대에 구축된 공정한 국제경제 질서의 기초를 다지게 되었다. 초기의 종속이론은 외부의 자본주의 세계경제 질서가 발전도상국의 발전을 저해했다고 생각했다. 이것은 후에 많은 발전도상국들이 급진적 발전을 하고 자본주의 세계시장과의 연계를 차단하는 데 이론적 기초를 제공하였다. 오늘날 많은 발전도상국들이 대외개방 과정에서 봉착한 공통된 문제 역시 발전이론가들로 하여금 새로운 글로벌 경제 거버넌스의 이론을 제공하게 하여 촉진시킬 것이다.

이론의 발전은 실행에서 오고 시행은 이론이 발전하는 과제를 제시한다. 중국의 길은 사실 20세기 70년대부터 수많은 발전도상국가의 공통된 실행이었다. 이러한 실행과정에서 중국은 과거 이론이 실현된 것으로 중국의 성공이 과거의 이론을 증명해 보였고 이론이 발전하는 데 아주 좋은 소재를 제공하고 있다. 중국 발전의 경험은 저발전 이론을 풍부하게 하는 데 중요한 의미를 가지고 있다. 동시에 중국의 문제와 교훈을 총괄 하는 데 이론이 발전할 수 있도록 새로운 요구를 제시하고 있다.

3. 중국의 길이 발전도상국에게 주는 시사점

20세기 70년대 이후 중국은 비교적 성공적으로 내향성 발전에서 외향성 발전으로 전환한 나라이다. 이러한 성공은 중국의 경제발전 성과뿐만 아니라 수많은 외향성 발전의 길을 걷는 국가 중 의존성이 가장 적은 특징을 보이고 있으며 이러한 성공이 발전도상국에게 주는 의미는 다음과 같다.

첫째, 발전도상국이 자본주의 세계 경제체제를 받아들여 발전하는 하는 것이 체제에서 벗어나 자주 발전하는 것보다 더 빠르게 발전한다는 것을 증명하고 있다. 저발전국가는 과거에 대체로 봉건국가이거나 반봉건 국가였다. 심지어 봉건사회이거나 낙후된 사회로 자본주의가 도입된 후에야 비로소 산업화가 시작되었다. 이것은 저발전국가가 과거 사회체제였을 당시 산업화의 조건인 자원과 기술능력 부족 혹은 당시 사회가 스스로 산업화를 이룰 준비가 미미했다는 것을 설명하고 있다. 이는 현대화 발전 요소가 부족하고 현대화 발전을 가로막는 사회 내부 세력이 상대적으로 강하기 때문에 봉건적 요소 혹은 더 낙후한 것들이 국내 현대화 발전에 큰 장애가 되었다. 이러한 환경은 그들 내부의 발전 동력을 자극하는 데 도움이 되는 외자를 필요로 했고 외자는 발전과 자원 그리고 기능을 제공하기 위해 필요했다. 그러나 세계 자본주의 체제의 내적 동력은 봉건체제 파괴와 국제 범위 내에서 자본의 자유가 필요했다.

마르크스는 외부의 자본주의가 낙후한 민족에 유입되는 두 가지 역할을 말하였는데 하나는 당시 사회구조를 파괴하는 것이고 다른 하나는 자본주의가 발전하도록 역할을 하는 것이라고 하였다.[13] 발전도상국이 발전할 수 있도록

. . . .

13 『馬克思恩格斯選集(第1卷)』(北京: 人民出版社, 1972), 255쪽.

그들에게 필요한 것들을 제공해 주는 것인데 비록 레닌부터 초기의 종속론자들까지 그들은 자본주의가 독점적 단계에 이르러서야 낙후된 민족이 산업화를 원하지 않는다고 생각했다. 저개발국가의 낙후한 민족들이 많은 이윤으로 국내의 사회모순을 해결하길 원했고 독점 이윤은 자신들의 낙후한 민족을 위해 원할 뿐이었다.[14] 그러나 전쟁 이후 다국적 생산의 새로운 현실은 과거처럼 선진국으로부터 얻기만 하고 발전하지 않는 것과는 달랐다. 다국적기업은 국내 복지국가가 가져온 이윤 감소 극복을 위해 이윤과 경쟁으로 글로벌 생산 네트워크를 추진하였는데 이것으로 발전도상국이 발전하기 위해서는 기술보장, 금융, 조직 그리고 시장의 연계가 보장되어야만 가능하다는 것을 전제로 하고 있다.[15] 이것은 객관적으로 다국적기업이 발전도상국 발전에 적극적인 면을 보여주는 것으로 다국적 기업은 투자한 국가의 발전으로 자신의 생산 기초와 시장을 제공하기를 원한다. 그러나 낙후한 발전도상국가가 고립되고 세계시장으로부터 이탈하려고 하는 것은 글로벌 체계의 잔혹한 지배가 더 강해지고 더 빈곤해질 것이며 더 낙후될 것을 의미한다.[16] 세계 자본으로부터 이탈은 발전도상국 스스로 현대화된 자원을 부족하게 하고 외부 자원을 배척하게 한다. 일부 경제세계화에 융합되지 않은 발전도상국들과 비교해 보면 중국의 개혁개방 30여 년 발전 경험이 증명하고 있는 바와 같이 세계 경제체제에 융합되는 것이 발전도상국에게 더욱 현실적이고 발전에 더 유리한 선택이다. 따라서 외향성 발전을 선택하는 것은 낙후된 발전도상국의 초기 현대화에 필수적이다.

둘째, 이는 현대 자본주의 세계 경제체제에 융합된 발전도상국가가 증명하는 바와 같이 비록 종속적 발전에서 벗어날 수 없지만 자신의 조건과 노력으로 의존도를 줄이고 자주적 발전을 증가 시킬 수 있다. 다국적 생산 과정에서 자신의

. . . .

14 Seers, Dudley eds., 『Dependency Theory』(London: Frances Printer, Ltd., 1981), pp.29-50.

15 Alfred Stepan ed., 『Authoritarian Brazil, Origins, Policies, and Future』(NY: Yale University Press, 1976), p.149.

16 Michael Hardt and Antonio Negri, 『Empire』(NY: Harvard University Press, 2000), p.284.

능력과 종속적 지위로 인해 발전도상국은 종속적 특징을 가지게 된다. 발전도상국은 스스로 국제시장의 변동성을 막아낼 능력과 국제시장을 통제할 수 있는 수단이 부족하기 때문에 국제시장 환경 변화에 종종 희생양이 되곤 한다.[17] 발전도상국에 자본주의 경제체제가 도입한다는 것은 그런 의미에서 두 가지 폐단 속에서 하나를 선택한 것이라 볼 수 있다.

다시 말해 비록 발전도상국에 발전 가능성은 제공했지만 종속은 피할 수 없다는 것이다. 중국도 이런 점을 피해가지 못했다. 중국의 지난 30여 년 동안의 발전에서도 이러한 문제점이 들어났는데 예컨대 대부분의 수출이 외자기업에서 발생한 것으로 중국 스스로의 기술이 상대적으로 낙후하여 선진국의 산업 이전과 분업에서 얻은 이윤은 매우 적었고 환경오염은 매우 심해졌고 국내 소득분배 문제도 심각해졌으며 금융체제의 효율성도 낮아 시장을 완전 개방한 이후 발생한 외부 금융리스크에 대응할 수가 없었다.

그러나 중국의 발전 경험을 통해 국내의 몇몇 조건을 창조하고 스스로 노력하여 의존도를 낮춰 자주 발전능력을 키울 수 있을 것으로 본다. 중국의 발전은 이러한 경험을 제공해 주고 있다.

만약 종속과 연관된 발전이론에 비춰보면 중국의 발전이 성공한 요인은 중국의 독특한 정치구조와 지도자의 지혜로운 국가전략 그리고 개혁개방 과정에서 중국이 비교적 안정적인 국가주의 발전전략을 따르고 자주성을 더 강조했기 때문이다. 구체적인 경험은 다음과 같다.

첫째, 중국의 일당지도체제는 경제발전의 중요한 정치적 보장이다. 일당지도체제는 사회 안정과 국가주의 발전전략의 지속성을 보장해 주었다. '하나의 중심, 두 개의 기본점', '안정은 모든 것을 압도한다'는 구호는 지난 개혁개방 과정에서 중국공산당이 고수하고 있는 원칙으로 시종일관 개혁개방과 안정의 관

. . . .

17 발전경제학자들은 종속이론은 한물 간 이론이라 생각하고 있지만 서방 학술계의 일부 좌익학자들은 최근 종속이론으로 발전도상국이 세계시장의 희생양이 되고 있다고 분석하고 있다. 다양한 시각에서 세계시장 진입 이유와 발전에 많은 어려움이 있음을 분석하고 있다. Kema Irgbe, "Globaliation and The Development of Underdevelopment of The Third World", Journal of Third World Studies, Spring 2005, pp.41-67.

계를 잘 처리하고 개혁개방의 리듬과 강도를 매우 주시하였다. 따라서 중국은 1989년 이후 기본적으로 큰 정치 파동과 비정상적인 지도자 교체 없이 발전을 최우선 과제로 집중할 수 있었다. 또한 경제발전의 성공이 반대로 이런 정치 제도의 안정성과 합리성을 강화하였고 집권당은 길의 자신감, 제도의 자신감, 이론의 자신감을 강화시켜 발전의 정치적 보장을 더 견고히 하였다.

둘째, 외자 유치로 생산투자가 지속되었고 중국에 발전 동력을 제공하기 위해 도입되었다. 안정된 사회 환경, 정부가 외자를 유치하기 위한 우대조치(인프라시설, 정부의 서비스, 세수우대조치 등을 포함)와 저렴한 노동력, 거대한 성장잠재력(우선 부유해진 중산계급은 잠재된 소비 주체로 여겨짐)으로 대중 투자는 다국적 기업에게 세계에서 보기 드문 생산 환경과 이익의 여지를 주었고 수많은 다국적 기업이 중국에 투자하게 하여 중국을 다국적 생산라인의 중요한 한 부분으로 만들었고 국제자원 활용으로 급진적으로 발전할 수 있는 조건을 제공하였다.

셋째, 중국의 국가자본과 민족자본 그리고 외자 도입은 적당한 공생관계를 유지하면서 외부의 다국적 생산이 현지의 민족 자본과 국가자본과 관련된 발전을 가져왔다. 합자 혹은 합작의 형태로 중국의 현지 기업은 다국 생산에 융합되어 성장하게 되었다. 다국적기업은 중국에서 영지경제(enclave economy)를 형성하지 못했고 왜곡된 민족경제의 발전과 민족 경제 발전을 저해하는 것이 없었다. 이 모든 것이 중국 정부가 민영기업이 발전하도록 지지함으로써 국유기업 개혁을 추진시켜 국유기업이 세계 경제에 들어서게 한 것과 관련이 있다. 그리고 중국 정부의 지속적인 개방과 중국기업에 대한 보호와 부양 조치 때문이다.

위의 세 가지 모두 중국 내부의 정치구조와 지도층의 현명한 발전전략과 관계가 있다. 이런 조건들로 인해 중국이 국제정치 순환에서 축적하고 스스로 기술을 발전시켜 국가 경제의 생명줄인 금융을 통제하고 자주발전을 이루는 기초를 닦을 수 있었다.

종속적 발전의 중요한 특징은 축적 정도가 상대적으로 낮고 자주적 기술과 금융체제를 완벽히 자주적으로 통제하지 못한다는 점이다. 이 세 가지는 상호 인과관계를 가진다.

종속적 발전이 발전도상국의 축적이 적은 것은 후진국의 각기 다른 생산방식이 자본주의가 주도한 글로벌 생산방식에 접목해 있기 때문이다. 이렇게 서로 다른 형태의 생산관계에서 형성된 등급으로 축적된 구조가 만들어졌다. 착취한 잉여, 생산의 종속, 낙후된 차등이 주도적이고 강력한 차등으로 이어져 온 것이다.[18] 비록 중국도 소득 분배가 잘 되지 않는 문제를 가지고 있지만 다른 발전도상국과 소득 분배에 있어서 독특한 점이 있다. 중국은 현재 4조 달러의 외환을 보유하고 있고 이것은 중국이 국제경제 순환에서 양호한 수익을 분배 받았다는 것을 의미한다. 이런 수익은 발전을 위해 축적되고 이와 같은 축적은 향후 중국의 자주적 발전에 물질적 보장이 되고 있다. 이런 축적이 생기는 주요 요소는 다음과 같다.

첫째는 중국의 발전환경, 다국적 기업에 대한 흡인력 그리고 본토기업과 다국적 자본의 공생관계로 외자가 현지에 쌓이게 되었다. 이것은 직접투자 규모로도 알 수 있다. 둘째, 중국 경제가 세계시장 진입 후 지속적인 고속성장으로 인한 축적이다. 이는 중국 기업이 글로벌 생산의 틈새를 채우거나 글로벌 생산라인에서 중요한 일부가 되게 하였다. 종속생산의 중요한 원인은 발전도상국이 글로벌 생산 과정에서 자주적 기술이 부족하여 국제 생산을 주도할 수 없고 수익 분배도 미약해지고 후속발전 능력이 미약하기 때문이다. 기술을 장악하고 있다는 것은 글로벌 경제에서 지위가 향상되어 글로벌 생산을 주도하고 수익이 증가할 수 있는 핵심이 되는 조건이 된다. 중국이 이런 측면에서 아직 파괴적인 발전을 이루지 못했지만 많은 발전도상국과 비교했을 때 중국은 개혁개방 과정을 거치면서 현대화된 자주적 기술을 보유하고 있다. 예컨대 고속철도, 핵발전소, 이동통신기술 그리고 인프라 건설 등에서 그 수량도 적고 보급률도 낮지만 다른 발전도상국에 비하면 아주 눈부신 발전을 하였다. 특히 많은 발전도상국들이 군사기술은 거의 외국에 의존하고 있는데 중국은 군사기술 측면에서 눈부신 발전을 하였다. 이는 중국 정부가 오랫동안 과학기술 교육 발전 정책을 중요하고(국가주의 발전전략의 중요 내용), 시장과 기술을 바꾸는 능력, 기술과 인재를 도

---

18 Robert Cox, 『Production, Power, and World Order』(NY: Columbia University Press, 1987), p.5.

입하는 능력에 있다.

마지막으로 중국은 통제 가능한 금융체제를 가지고 있다는 점이다. 중국 금융체제는 가장 개방이 덜 된 분야로 지난 30여 년 동안 글로벌 금융 일체화 추세에 따르지 않았고, 점진적인 개방을 강조하고 있지만 자본항목은 지금까지도 전면적 개방을 하지 않고 있다. 국가 금융에 대해 줄곧 강도 높은 통제를 하여 민영금융 발전이 초보단계에 있었지만 국제금융의 해외자본이 중국 경제를 컨트롤하기 힘들었고 지난 30여 년 동안 국제금융위기에 동요되지 않아 국제금융위기가 가져온 거대한 경제 파동을 모면 할 수 있었다. 또한 정부가 개혁개방 과정을 철저히 통제하게 하여 정치 위기에 빠지지 않게 하였다.

그렇게 함으로써 종속발전에 특히 중요한 정치구도의 핵심적인 부문을 견고히 하고 강력한 권위를 가진 정부의 기초를 다질 수 있었다. 자본주의 하의 금융 신용제도는 마르크스가 말했던 예언가의 기능과 마술의 기능 두 가지 중요한 기능을 가지고 있다. 예언가의 기능은 사회자금을 집중시켜 생산을 확대해 나갈 수 있는데 있고, 마술의 기능은 그것이 생산해 내는 사기와 도박 그리고 위기를 조성해 가는 것이다.[19] 중국이 중국의 금융개방을 제한함으로써 국제금융시장에 따라 들어온 마술기능을 피할 수 있었고 해외 금융자본이 금융 채널을 통해 잠재된 위기가 중국으로 전해지고 발생될 사기와 착취를 방지하였다. 이는 일부 발전도상국이 금융시장을 과도하게 개방하여 금융위기에 빠져 과거의 축적을 빼앗긴 사례와 대비가 된다. 강력하게 국가주의 발전전략을 집행하는 정부 없이는 불가능한 것이다.

종속발전국가 중에서 중국은 우등생이다. 고속성장, 소득 분배, 자주적 기술개발, 금융 통제로 중국이 종속발전 하는 과정에서 낮은 의존성, 자주적 발전요소가 큰 질적 성장이 가능했다. 이것은 저발전국가들이 교훈으로 삼을 가치가 있고 저발전국가에게 모범사례를 제공해 주고 있다. 그것은 서방세계가 주장하고 있는 민주체제, 완전 자유시장, 무절제한 개방, 전면적 사유화(대부분 워싱

. . . .

19 『馬克思恩格斯選集(第2卷)』(北京: 人民出版社, 1995), 521쪽.

턴 컨센서스의 내용) 패러다임을 대체하는 패러다임을 만들어냈다. 객관적으로 중국이 경험한 많은 것들은 발전도상국들이 따라할 수 없는 것들이다. 예컨대 거대한 잠재시장 규모 외에도 중국이 개혁개방 이전에 남겨 놓은 거대한 유산, 상대적으로 완벽한 산업체계와 기초 설립, 잘 닦여진 인프라 구축, 우수한 교육제도와 연구팀이 있다. 교육을 중시하고 저축을 강조하는[20] 등의 일부 요소들은 중국의 특수한 역사문화에서 온 것이지만 발전도상국이 교훈으로 삼을 수 있는 것은 중국의 안정적인 정치적 구조, 정부의 지속적인 국가주의 발전전략 추구, 지도자층의 현명한 치국 전술, 발전과 안정 그리고 개혁의 관계를 중시하는 것이다. 정치적 요소에서 부패 문제나 이익집단 문제와 같은 부족한 부분이 있긴 하지만 현재 중국은 이러한 문제들을 해결하는 데 주력하고 있다. 이것 역시 발전도상국에게 또 다른 교훈이 되고 있다.

4. 결론

중국의 30여 년간의 발전의 길은 발전도상국이 글로벌 경제에 진입하는 것은 실속 있는 발전적 선택이라는 것을 설명하고 있다. 비록 이것이 종속론자들이 말하는 종속 문제를 피할 수 없지만 상대적으로 보면 비교적 자주적이고 지속적인 발전모델이다. 발전도상국이 글로벌 자본으로 들여온 자원을 이용하여 자신에게 부족한 자원과 현대화된 발전 동력이 부족한 문제를 해결할 수 있기 때문이다. 발전 과정에서 의존요소 감소, 자주성 제고를 이룬 중국 발전의 길은 저발전이론에 풍부한 이론을 제공하고 있고 발전도상국에게 발전의 모범이 되고 있다. 권위적 정치구조, 정부의 국가주의 발전전략, 지도자의 현명한 치국전술은 교훈으로 삼을 수 있을 것이다. 이런 요소들로 외자를 유치하고 외자와 현지 자본의 공생관계를 구축하여 현지 경제의 발전을 이루고 나아가

. . . .

20 조반니 · 아리기는 이미 중국 30여 년 발전의 독특한 요인을 분석했다. [이탈리아]喬万尼 · 阿里吉著, 路愛國等譯, 『亞當 · 斯密在北京』(北京: 社會科學文獻出版社, 2009), 第12章.

자신과 해외 자본의 협상능력과 분배 수익을 증가시켜 자주적 기술을 획득하고 발전시킬 수 있었다. 절제 있는 개방 특히 절제 있는 금융시장의 개방은 국제금융 시장이 가져온 리스크에서 오는 충격을 방어하는 역할을 하였다.

중국의 길과 세계의 미래

국가발전전략의 결합과 신형고제관계의 구축

중미 '신형강대국관계' 구축의 기회와 도전

공생시스템 이론과 중국의 '일대일로' 전략

'중국을 방법으로, 세계를 목적으로' 하는 중국의 길

국가발전전략의 결합과 신형국제관계 구축
: 중국의 일대일로(一帶一路) 전략 사례

왕춘강(王存剛, 톈진사범대학)

국가발전전략의 결합은 서로 다른 나라의 발전 목표와 발전 규획을 가깝게 하고 체제운영, 인프라 건설과 산업경영 등 다방면에서 상호 융합하는 것을 말한다. 주권 평등을 기본으로 서로 존중하고 서로 이해하는 것을 전제로 하여 협력과정에서 서로 지지하고 도와주는 것을 기본적인 수단으로 하고 있다. 주요 목적은 상호 이익 지점을 발견하여 확장시키고 상대와의 이익 균형점을 찾아 윈윈하는 것이다. 세계화 발전 과정에 두드러진 문제점과 정보기술의 광범위한 운영, 국제체계의 극심한 변화는 국가발전전략의 결합을 실현 가능하게 할 뿐만 아니라 협력관계의 윈윈이 핵심인 신형국제관계를 구축하는 데 중요한 의미가 있다. 중국은 '일대일로' 전략 실현을 계기로 적극적으로 인접국가와 국가발전전략 결합을 추진할 뿐만 아니라 이미 다방면에서 많은 중요한 발전을 가져왔다. 향후 최고 지도부들은 결합을 중시하여 적극적으로 추진시켜야 한다. 양자 간 결합으로 지역협력체제와 협력을 강화하고 각 국과의 조기경보시스템을 강화하며 기업의 능동성과 창조성을 충분히 발휘하고 공공 외교를 확장시켜 각 나라와 국가발전전략의 결합을 발전시켜야 한다. 그리고 누구도 시도하지 않은 신형국제관계를 구축하여 발전시켜 나가야 한다.

1. 서론

　　공생협력을 핵심으로 한 신형국제관계 구축은 국제체계와 국제질서의 순조로운 변화의 객관적 수요를 실현하는 것이고 새로운 시대에 중국 외교가 추구하는 바이며 평화발전을 특색으로 하는 중국의 길의 중요한 구성 요소이기도 한다. 과거에도 없었고 시도된 적 없는 일을 완성하려면 많은 일들이 필요하다. 그중에서 아주 중요하고 효율적인 것이 바로 국가발전전략의 결합이다. 이 방식을 통해 서로 다른 역사문화전통과 사회제도, 국가 간의 발전 수준과 발전이념 전략을 이해하고 국가 간의 협력의 수준과 질을 향상시키며 윈윈의 목표를 실현할 수 있다.

　　현재, 학계에서는 이미 신형국제관계의 구축에 대해 많은 성과물를 발표하고 있지만 국가발전전략의 결합에 대한 학문적 연구는 아직 없고 양자의 결합에 대한 전문 저서는 전무하다.[1] 여기에 본 연구의 가치와 의미가 있다. 본문은 우선 국가발전전략의 결합에 대한 의미와 가능성을 서술하고 그 다음 국가발전전략의 결합이 신형국제관계 구축의 가치에 대해 토론할 것이다. 그리고 다시 중국의 일대일로 전략과 관련된 국가의 국가발전전략 결합에 대한 사례를 들어 앞의 내용을 검토하고 판단하여 결합 과정 중의 문제점을 서술하고 창조적으로 새로운 결합 형식을 만들어 신형국제관계 구축의 정책을 점진적으로 추진하는 데 관한 의견을 제시한다. 본문은 주로 설명과 사례 등 두 가지 연구방법을 통해 설명하였다.

2. 국가발전전략의 결합: 의미와 가능성

. . . .

[1] 저자가 선택한 '국가 발전전략의 결합'이란 키워드로 CNKI에서 검색한 결과 0건이었다. 확대 검색한 결과 러시아 문제를 연구하는 일부 학자만 이 문제에 대해 간단히 설명한 바 있다. 예컨대 龐大鵬, "俄羅斯的歐亞戰略-兼論對中俄關系的影響", 『教學與研究』, 2014年, 第6期, 69-76쪽.; 李建民, "絲綢之路經濟帶,歐亞經濟聯盟與中俄合作", 『俄羅斯學刊』, 2014年 第5期, 7-18쪽.

(1) 국가발전전략의 결합의 의미

국가발전전략의 결합에 관하여 논의하기 위해 우선 국가발전전략의 의미를 명확히 알아야 한다. 국가발전전략은 국가전략의 범주에 속한다.[2] 한 나라의 최고 지도층의 일정 시기 내의 국가발전의 기본목표이며 실행방법이고 보호조치 등 중대문제의 총괄적 설계이다. 내정과 외교 두 축면이 포함되어 있으며 경제, 정치, 안보, 사회, 과학기술, 문화 여러 영역이 관련되어 있다. 한 나라의 국가발전전략은 그 나라 집권자의 시대관, 국제관, 국가관, 발전관과 이익관을 집중적으로 나타낸다. 국가가 수립한 국가발전의 기본목표는 한 나라의 일정 시기 내의 총체적 발전방향과 기본노선을 이끌고 그 나라의 대내외 정책의 선택을 제한한다. 역사적 경험과 이론 연구에서 나타난 바와 같이 정확한 국가발전전략은 반드시 시대의 기본특징과 국가의 현실조건 그리고 핵심수요에 부합해야 한다.

이른바 국가발전전략의 결합은[3] 새로운 역사 조건아래에서 국가가 대외개방을 하고 국제협력을 진행하는 하나의 새로운 형태이다. 주로 서로 다른 국가의 발전이념, 발전 목표, 발전규획의 상호 접근 및 체제시스템의 운영, 인프라 건설과 산업경영 등 다방면의 서로 협력 등 내용이 포함되어 있다. 결합은 주권평등의 기초에서 서로 존중하고 서로 이해하는 것을 전제로 하고 있다. 결합의 기본방법은 협력 과정에서 서로 지지하고 보완하는 것이고 주요 목표는 서로의 이익이 발생을 공고히 하고 확대하여 윈윈 하는 것이다. 결합은 한 나라의 의지와 이익을 타국에게 강요하는 것이 아니라 관련 국가의 자유의지, 자주적인 표현, 자주적 실현을 하게 하는 것이다. 역사상 오랫동안 존재했던 소수 종주국의 의지와 이익이 집중적으로 반영된 식민주의 분업체제와 각각 변종된 것들은 본질적으로 그리고 현실과 완전히 다르다. 양제츠(楊潔篪) 국무위원은 "결합은 상

....

2 薄貴利, "論國家戰略的科學內涵", 『中國行政管理』, 2015年 第7期, 70-75쪽.; 周建明, 王海良, "國家大戰略,國家安全戰略與國家利益", 『世界經濟與政治』, 2002年 第4期, 21-26쪽.

3 '결합'은 항공과학의 개념으로 '2개 혹은 2개 이상의 비행물(비행기, 우주선)이 결합하여 하나가 되는 것을 말한다. 中國社會科學院語言研究所詞典編輯室, 『現代漢語詞典(漢英雙語)』(北京: 外語敎學與硏究出版社, 2002), 491쪽.

대방이 나의 규칙을 받아들이거나 내가 상대방의 규칙을 받아들이는 것이 아니라 상호 존중하는 기초에서 공통점과 협력점을 찾아내어 공동으로 규칙을 만들어 가는 것이다"라고 말한 바 있다.[4]

(2) 국가발전전략의 결합 실현이 지닌 가능성

첫째, 관련 국가의 발전이념은 이미 상당히 근접해 있다. 미국학자 골든스타인과 코헤인은 관념은 종종 정부정책의 중요한 결정 요소라고 말했다. 관념이 표현된 원칙화 혹은 인과성의 신념은 행위자에게 로드맵을 제공하고 이로 인해 목표와 목적의 수단관계가 더욱 명확해진다. 유일한 균형(unique equilibrium)이 없는 전략에서의 관념은 전략형태에 영향 미치기도 하고 정치제도(institution)에 삽입될 수 있다.[5] 최근 경제의 세계화와 사회정보화의 급속한 발전으로 많은 도전이 생겨났다. 특히 2008년 국제금융위기로 워싱턴 컨센서스가 파괴되어 많은 나라들이 발전이념을 조정하게 되었고 새로운 국가발전관이 형성되었다. 예를 들어 개혁개방 이후 중국은 경제건설을 중심으로 인민들의 기본 생활수요를 만족시키는 것을 국가발전 노선으로 하였다. 이에 따라 국가발전관이 조정되었고 결국 2012년 18대 회의에서 '전면적이고 조화로우며 지속가능'의 의미를 포함하는 과학적 발전관이 만들어졌다.[6] 예컨대 푸틴 집권 이후, 러시아의 국가발전이념도 지속적으로 조정되고 확실해졌다. 1999년, 러시아 대통령 재임시절 '천년지교의 러시아'라는 글을 발표하여 러시아 발전노선에 대하여 총정리하며 심도 있는 회고를 한 바 있다. 이 글에서 러시아는 이미 공업화를 실현한 대국으로 동아시아가 추구하는 발전과 다른 특징을 가지고 있고 과학기술과 과학집약형 제품 생산 발전에 미래가 달려 있다고 하였다. 2008년 2월 대통령 퇴임 전

. . . .

4 楊潔篪, "深化互信,加强對接, 共建21世紀海上絲綢之路". http://www.fmprc.gov.cn/mfa_chn/ziliao_611306/zyjh_611308/t1249710.shtml, 2015年5月9日.

5 [미]朱迪斯·戈爾茨坦, [미]羅伯特·O·基歐漢編, 劉東國, 於軍譯, 『觀念與外交政策』(北京: 北京大學出版社, 2005), 3쪽.

6 『毛澤東鄧小平江澤民論科學發展』(北京: 中央文獻出版社, 2008).; 中央文獻研究室, 『科學發展觀重要論述摘編』(北京: 中央文獻出版社, 2008).; 李臘生, 『中國共産黨的國家發展戰略研究』(北京: 人民出版社, 2013).

푸틴은 '러시아 2020년 국가발전전략'이란 주제로 한 연설에서 창조적 발전이 전략의 핵심이 될 것이라고 한 바 있다. 비록 국제금융위기로 러시아 경제는 큰 타격을 받았지만 당시 메드베데프 총리는 푸틴이 제정한 국가발전이념과 방향과 바꾸지 않았다는 것을 2009년 9월 '러시아, 전진!'을 주제로 한 연설에서도 충분히 알 수 있다. 2012년 푸틴 재선 이후 오랫동안 주도해 왔던 러시아 국가발전이념은 계속 지속되고 강화되었다. 그 외에 카자흐스탄은 국가발전 과정에 경제의 다양화, 미래에 대한 투자, 국민에 대한 서비스 및 사회관리 패러다임에 대한 혁신 등을 강조하였다.[7] 몽골이 수립한 국가발전 이념은 '인도적이고 문명적이며 민주적인 사회를 만들고 국가의 경제, 사회, 과학, 기술, 문화와 문명을 발전시킨다'이다.[8] 다른 나라의 새로운 발전이념과 비교해 보면 공통점과 유사점이 꽤 많다는 것을 발견할 수 있고 이것은 국가 간 발전전략결합이 기초를 다지게 했다는 것이다.[9]

둘째, 관련 국가들이 차례로 새로운 국가발전전략을 제정하였다. 발전이념의 변화로 각국이 자국의 발전전략을 제정하거나 수정하기 시작했고 선진국이 선두에 있었다. 예를 들어 독일은 2001년 '국가 지속가능한 발전전략'을 제정하였고 그 핵심은 환경과 경제 및 사회정책 목표를 유기적으로 결합함과 동시에 고도로 발전된 분야의 구체적인 프로젝트로 지속가능한 발전을 추진하였다. 2010년 독일은 또 '첨단기술전략 2020'을 제정하고 '공업 4.0' 전략을 제시하여 (Cyber-Physical System; CPS) 기술을 기초로 한 제조업의 스마트 수준을 향상시키고 적응성과 자원효율 및 인간공학의 스마트공장, 비즈니스 과정 및 가치과정에서 고객 및 비즈니스 파트너를 통합한다. 물론 발전도상국도 이러한 과정을 추구하고 있다. 예를 들어 카자흐스탄은 '2050년 국가발전전략'을 제정하여

. . . .

7 趙常慶, "哈薩克斯坦的2030/2050戰略－兼論哈薩克斯坦的跨越發展", 『新疆師大學學報(哲學社會科學版)』, 2013年 第3期, 37-42쪽.

8 馮維江, 蔡丹, "蒙古國國家全面發展戰略與中國對蒙經貿方略", 『中國市場』, 2011年 第16期, 87-95쪽.

9 [러시아]德米特裏·特列寧, 韓凝譯, 『帝國之後－21世紀俄羅斯的國家發展與轉型』(北京: 新華出版社, 2015).; 徐坡嶺, "俄羅斯國家發展新戰略", 『國際經濟評論』, 2012年 第3期, 45-58쪽.; 龐大鵬, "俄羅斯的發展道路", 『俄羅斯研究』, 2012年 第2期, 53-81쪽.

경제협력기구의 회원국 관련 원칙과 기준을 통과할 계획을 추진하고 다른 주제로 한두 단계 발전을 통하여 2050년까지 세계 경제대국 30개국에 포함되는 것을 목표로 하고 있다. 몽골은 '새천년 발전 목표를 기초로 한 국가의 전면적 발전전략'을 제시했다. '몽골의 인류 및 사회발전', '경제성장과 발전정책', '환경정책', '입법과 정부조직 발전정책' 등 4개 방면이 포함되어 있다. 국가발전전략을 제정하는 과정에서 각국 최고 지도부는 국내환경뿐 아니라 국제환경을 충분히 고려해야 하며 이른바 국내외의 전반적인 정세를 통찰하고 있어야 한다. 국내외의 자원과 시장을 충분히 활용하고 조화를 이루고 일반 균형의 원칙을 따라야 한다. 국내외 환경의 기본특징을 반영하지 못하거나 다른 나라의 국가이익 특히 핵심이익을 무시한 이기적인 국가발전전략은 실행 과정에서 타국의 반감을 일으켜 제재와 저항이 외부환경을 악화시킬 수 있다. 이는 결국 국내 각종 불안정한 요소를 불러일으켜 국가 발전 목표를 달성하기 어렵게 만든다.

셋째, 관련 국가에서 강력한 협조를 원하다. 국가 간의 상호 의존도가 증가하는 시대에 국제협력을 확대해 가는 것은 국가의 대외 활동에 적합한 선택이다. 국가발전전략의 결합은 국제협력의 새로운 형태로 만약 관련 국가가 국제협력을 하지 않는다면 국가발전전략의 결합은 불가능하다. 책임성이 있는 대국이며 세계 최대 발전도상국인 중국은 지속적으로 국제사회에 중국은 굳건히 평화발전의 길을 걸을 것이며 윈윈 협력의 이념은 불변하고[10] 중국의 발전과 세계의 발전을 결합하여 중국인민의 이익과 각국 인민의 이익을 결합시킨다는 것을 명확하고 강렬하게 드러내고 있다.[11] 중국은 다른 나라의 발전이 가속화하는 데 도움을 줄 뜻과 능력이 있으며 그 나라들이 발전기회와 효과적인 이익을 얻게 하여 세계경제가 개방, 균형, 합리적, 보편적인 혜택을 촉진하여 발전하게 하여 이익공동체와 운명공동체를 구축할 것이다. 이에 관련 국가는 중국에게 협력 신호를 보내왔으며 중국 또한 적극적인 응답을 하였다. 러시아 대통령 푸틴은 "전 세계와 아시아태평양 지역 협력에서 중국은 언제나 중요한 파트너이다"라

---

10 中共中央宣傳部編, 『習近平總書記系列重要講話讀本』(北京: 人民出版社, 2014), 154쪽.

11 "更好統籌國內國際兩個大局夯實和平發展道路的基礎", 『光明日報』, 2013年1月30日, 第1版.

고 밝혔고, 카자흐스탄 대통령 나자르바예프도 "카자흐스탄은 중국과의 전면적 전략적 파트너 관계로 발전시키는 데 힘 쓸 것이며 두 나라의 실무 협력의 발전에 두터운 희망을 안고 있다"라고 말했다.[12]

3. 신형국제관계 구축에 도움이 되는 국가발전전략의 결합

국가발전전략의 결합은 다양한 영향을 발생시키고 있고 국제관계 측면에서 다음과 같은 영향을 주고 있다.

(1) 국가 간의 이익 균형점과 교차점 확대에 이로움

글로벌화의 발전과 글로벌 문제점이 갈수록 부각되고 있고 서로 다른 집단에 대한 인류의 의존도는 높아지고 있어 현대 국제관계는 과거와 다른 특징을 보이고 있다. 여기서 중요한 것은 각국의 국가이익 나아가 핵심이익의 교차점이 점점 증가하고 있다는 것이다.[13] 국가발전전략은 기본적으로는 한 나라가 일정 시기 안에 자국의 실력을 제고시키는 최고 설계이기도 하다. 어떤 의미에서 그 나라의 국가이익을 확대하고 보호하는 기본노선도이기도 하다. 이것을 다른 나라의 국가발전전략과 결합시킨다는 것은 어떤 정도의 이익교차점이 있거나 아니면 이익을 상호 보완해 주는 것을 전제로 하고 있고 적어도 심각한 이익다툼이 있지 않을 때 가능하다. 그렇지 않으면 관련 국가들은 전략적 결합을 원하지 않을 것이다. 국가 간의 이익 균형점이 많고 교차도가 높을수록 서로 협력하려는 의지가 더 강할 것이며 원원 하는 확률도 높을 것이다.

· · · · · · · · · · · · · · ·

12 "習近平與哈薩克斯坦總統納紮爾巴耶夫舉行會談指出深化中哈戰略合作大有可爲". http://www.fmprc.gov.cn/mfa_chn/zyxw_602251/t1157486.shtml, 2015年7月19日.

13 국가이익(national interest)의 기본이 장기적으로 변함이 없을지라도 그 내용은 시대 변천, 국가실력, 지위 그리고 의향에 따라 변화된다. 예컨대 우주, 심해, 네트워크 등의 분야에서 게임이 시작됨에 따라 관련국의 국익의 범위와 내용에 상당한 변화가 생겼다. 중국 기업의 해외투자 전략의 사례와 같이 중국의 해외 수익이 발생하는 범위도 넓어졌고 내용도 풍부해지고 있다.

(2) 각국의 국가기구 간 상호작용의 빈도와 깊이 증가에 이로움

국가발전전략의 결합을 실행하기 위하여 관련국의 정책집행부서(중앙과 지방 포함)는 반드시 다양한 분야의 복잡한 세부사항에 대하여 반복적으로 소통하고 긴밀한 협조를 해야 한다. 그렇지 않으면 전략결합은 예정된 목표를 원활히 달성할 수 없을 것이고 심지어 중단될 수도 있다. 참가자가 많고 의제도 광범위하며 다양한 방식으로 지속적인 상호 소통을 한다면 국가 간의 이해는 한층 더 깊어지고 상대국에 대한 신뢰도와 예측가능성, 약속에 대한 진실성 및 의도했던 기대도 더 증가할 것이다. 이해를 기초로 한 신뢰는 협력을 촉진시킬 뿐만 아니라 신뢰를 키우고 더 증가할 수 있을 것이다.[14]

(3) 국가 간의 순조로운 상호작용으로 사회와 민심의 기초를 다지는 데 이로움

국가의 외교는 민간의 친선을 기초로 한다는 말이 있다. 국가발전전략의 결합을 진행하는 데 반드시 관련 국가 국민의 지지를 얻어야 한다. 국가발전전략의 결합을 진행하는 과정에서 관련 국가는 반드시 인프라 구축, 체제시스템, 우위산업 등의 융합과 보완 문제에 대해 심도 있는 논의와 구체적인 행동을 보여야 한다. 이로써 국가 간의 소통 수준을 향상시키며 글로벌 공급사슬, 산업사슬과 가치사슬에서의 상호 결합은 더욱 긴밀해질 수 있다. 더욱이 중요한 것은 전략결합과정에서 반드시 국민 간 심층적 상호 작용과 협력발전의 성과를 같이 나누는 과정에서 민심상통(民心相通)하여 국가가 서로 협력하는 중요한 목표를 실현하는 것이다.

(4) 국가 간 전략관계의 장기적인 안정에 이로움

· · · · · · · · · · · · · · · ·

14 曹德軍, "國家間信任的生成: 進程導向的社會網絡分析", 『當代亞太』, 2010年 第5期, 125쪽.: "信任的程度與合作的制度化水平是一種正相關關系". 尹繼武, 『社會認知與聯盟信任形成』(上海: 上海人民出版社 2009), 115쪽.

전략관계의 안정은 국가가 장기적으로 협력하게 하는 기본적인 전제조건이며 중요한 보증이다. 이것은 관련 국가가 일정 시기 내에 서로 안정하게 하여 외교자원을 지속적으로 투자할 수 있게 한다. 아울러 사소한 모순과 마찰, 그리고 일시적 고난과 역경, 우연히 발생한 변화와 사건, 제3국의 간섭과 파괴 등 문제로 서로의 협력을 방해하지 않는다. 한 나라가 다른 나라와의 국가발전전략을 결합하는 것은 그 나라의 국가발전전략을 인정하기 때문이다. 하지만 국가발전전략의 결합 과정에서 국가 간에 복잡 다양한 '비제로섬 게임'은 반드시 진행될 것이고, 본질적으로 양국은 다양한 분야에서 의존도를 높이게 되고 양자관계의 인성을 증가시켜 공동체의식을 강화시킨다. 특히 신흥 경제체와 발전도상국 입장에서 현재 그리고 향후 한동안 전 세계 경제 회복이 불안정하고 불균형한 상태와 국내의 발전 동력 부족, 국외의 어려운 경제환경, 선진국의 불리한 경제정책 등으로 인한 영향은 다른 신흥 경제체와 발전도상국과의 국가발전전략을 결합함으로써 서로 다른 경제체의 정책 변동으로 발생된 부정적인 면을 예방할 수 있으며 신흥 경제체의 전체적인 실력을 강화시켜 세계의 다극화 구조를 추진해 나갈 수 있다.

앞서 말한 내용을 종합해 보면 광범위한 영역과 여러 활동과 관련된 국가발전전략의 결합은 국제관계의 건전한 발전에 중요한 가치를 가지고 있다. 이것은 양자관계의 닻이자 엔진이다. 특히 대국 간의 발전전략결합은 그 역할이 양국을 벗어나 지역 및 전 세계 안정에 직접적이고 적극적인 영향을 미치고 있다. 국가발전전략의 결합의 형식과 방법은 협력이고 목적과 결과는 윈윈이다.

4. 국가발전전략의 결합의 성공 사례: 중국의 일대일로

'일대일로' 전략은 현대 중국국가발전전략의 중요한 구성요소이고 더 정확히 말하면 새로운 역사적 조건 하의 대외개방전략으로 함께 논의하고(共商), 함께 건설하고(共建), 함께 누리는(共享) 것을 원칙으로 하고 있다.[15] 시진핑 주석과 리커창 총리의 적극적인 지도 하에 중국은 이미 인접 국가와 발전전략의 결합을 실현하였으며 중국과 여러 나라와의 양자관계를 새로운한 단계로 승격시켰다. 여기에서는 세계 대국 사례 하나, 두 개의 지역 강국 그리고 하나의 작은 나라 모두 네 가지 대표적 사례를 통해 앞에서 서술한 내용에대해 검토하고 그 안에 나타난 문제점을 설명하고자 한다.

사례 1: 러시아와의 '유라시아경제연합(EEU) 설립'에 대한 계획적 결합 및 효과

러시아는 유럽과 아세아 대륙에 걸쳐 있는 세계 대국이다. EEU 설립계획은2012년 푸틴 재선 이후 유라시아 전략의 한 부분이다. 주요 내용은 지역협력발전으로 구소련 국가의 공통점인 경제 기초 잠재력을 발굴하여 상호 간의 무역과 투자 수준 향상 및 경제 다양화 발전 목표를 실현하는 것이다.[16] 이 전략은지정·지경학적 요인으로 발전이 어려울 것이라는 서방의 반대에도 불구하고중국의 적극적인 지지를 받고 있다. 2015년 5월 8일 시진핑 주석이 모스크바방문 기간 중러 공동성명을 통해 '실크로드 경제벨트 구축'과 EEU 협력을 발표하여 지역경제의 지속적이고 안정된 발전 확보, 지역경제일체화 강화, 지역평화와 발전을 보호할 수 있게 되었다.[17] 이것은 중국이 타국과 최초로 발표한국가발전전략의 결합을 주제로 한 공동성명이다. 7월 10일 중러 양국은 몽골과공통으로 '3자합작 중기 로드맵'을 발표하여 실크로드 경제벨트, EEU, '초원의길' 구상을 기본으로 '중몽러 경제회랑 합작 규획 강요'를 발표했다.[18] 당일 시진핑 주석은 푸틴 대통령과의 회견에서 실크로드 경제벨트와 EEU의 협력을플랫폼 삼아 양국의 협력 확대 및 유라시아대륙의 발전, 협력, 번영을 강조하였

．．．．．．．．．．．．．．．．

15 "推動共建絲綢之路經濟帶和21世紀海上絲綢之路的願景和行動", 『人民網』. http://politics.people.com.cn/n/2015/0328/c70731-26764643.html, 2015年8月23日.

16 李建民, "絲綢之路經濟帶,歐亞經濟聯盟與中俄合作", 11-12쪽.

17 "中華人民共和國與俄羅斯聯邦關於絲綢之路經濟帶建設和歐亞經濟聯盟建設對接合作的聯合聲明". http://www.fmprc.gov.cn/mfa_chn/zyxw_602251/t1262143.shtml, 2015年5月9日.

18 "中華人民共和國,俄羅斯聯邦,蒙古國發展三方合作中期路線圖". http://www.fmprc.gov.cn/mfa_chn/zyxw_602251/t1280229.shtml, 2015年7月19日.

다.[19]

중러 국가발전전략의 결합은 이미 거대한 성과를 거두었다. 지속적인 투자 증가로 2014년 말 중국의 러시아 투자액은 330억 달러에 달했다.[20] 에너지, 원자재, 산림업을 시작으로 인프라 건설, 제조업, 과학기술 혁신 등으로 투자 범위도 확대되었고 일부 러시아 전략산업 분야까지 투자가 확대되어 2015년 3월 러시아 고위층 관계자는 처음으로 중국기업의 러시아 경내 전략적 유전프로젝트의 지분 소유를 고려하고 있다고 밝히기도 했다.[21] 중러 금융 협력도 급속히 발전하여 2014년 10월 양국 중앙은행은 1,500억 위안 규모의 통화스왑 협정을 체결하였다. 2015년 5월 중러 공동성명에서 양자 무역, 상호 투자, 대출 영역에서 본위화폐 결제 등을 지속적으로 추진시키는 내용을 발표한 이후 현재 중러 기업 사이에서는 이미 상당량의 위안화가 결제되고 있다.[22] 2015년부터 중국의 국가개발은행, 수출입은행은 러시아연방저축은행, 대외경제은행, 대외무역은행 등 여러 금융기구와 대출협의 체결로 대형 프로젝트 건설을 전개하기로 하여 러시아 건설 프로젝트에 최초로 위안화 대출이 이루어졌다. 양자 금융전략협력은 이로 인해 한 단계 더 발전하였다.

중러가 경제무역 분야에서 얻은 성과는 양국의 전략적 파트너 관계가 최고 수준에서 운영되고 있다는 확신을 주었고, 현대 신형대국 관계의 모범이 되었다. 2015년 5월 9일, 중러 양국은 전면적 전략파트너 관계 심화, 원원 협력선도

. . . .

19 "習近平會見普京: 中俄應繼續在上合組織中保持高水平戰略協作", 『人民網』. http://politics. people.com.cn/n/2015/0709/c70731-27278218.html, 2015年7月20日.

20 "投資與金融成中俄經貿合作新增長點", 『新華網』. http://news.xinhuanet.com/finance/2015 -06/18/c_1115660424.htm, 2015年8月17日.

21 "俄有望對華開放戰略性行業 投資合作迎來新局面", 『新華網』. http://news.xinhuanet.com/2015-03/02/c_1114492774.htm, 2015年8月17日. 러시아는 2008년 법률 개정을 통해 전략성 산업에 투자하는 외자기업의 지분율이 50%를 초과하지 못하도록 하였다. 만약 10%로 제한하였다면 외자기업은 러시아에 반독점 서명서를 제출했을 것이고 연방안보회의에서 전문위원회를 구성하여 심의를 결정하였다. 이로써 러시아의 대중 우호를 표명하였고 중국 투자자는 러시아에서 서방의 투자자보다 더 좋은 대우를 받았다.

22 올해 1분기 러시아 루블은 위안화 대비 환율이 5배 이상 증가하여 위안화 계좌를 개설한 러시아 회사의 수가 급증하였다. 중국 상무부에 따르면 지난 5개월 동안 중러 기업 간 결제액이 동기대비 3배 증가하였다. "投資與金融成中俄經貿合作新增長點" 참조.

에 관한 공동성명을 발표하였다. 양국은 지속적으로 양국관계를 본국 외교의 우선방향으로 심층화한다. 각자의 자주권, 영토, 안정, 안보 보호 및 외부간섭 방지, 발전방향, 역사, 문화, 도덕가치관 등 핵심 사안에 대한 자주적 선택을 협조, 지지한다.

사례 2: 인도네시아와 글로벌 해양거점 전략 결합 및 효과

인도네시아는 동맹대국이자 세계적으로 중요한 신흥경제체이다. 글로벌 해양거점(Global Maritime Axis) 전략(또는 글로벌 해양거점 발전기획, 글로벌 해양거점 희망)이라고 한다. 현 인도네시아 대통령 조커위도도(Joko Widodo)가 제시한 것으로 구체적인 내용은 다음과 같다. 전 국민의 해양의식 제고, 해상고속도로 건설, 해상의 상호 결합 추진, 해양경제 발전, 해양 안보 보호, 해양외교를 통해 인도네시아를 해양강국으로 건설한다는 내용이다. [23] 이것은 중국 해상실크로드 구상의 내용과 정신이 매우 부합하여 중국의 적극적인 회신을 얻었다. 2015년 3월 26일 시진핑 주석은 중국을 방문한 조커위도도 대통령 회견 자리에서 AIIB, 실크로드 기금 등을 활용하여 인도네시아의 '해상고속도로'의 발전을 지원하고 인도네시아 항구, 고속철도, 공항, 조선, 해안경제특구 건설에 적극 참여할 것을 밝힌 바 있다.[24]

4월 22일, 아시아 보아오포럼에 참석한 조커위도도 대통령은 시진핑 주석과의 회담에서 인도네시아는 중국과의 각 영역에서의 협력을 원하며 인도네시아의 새로운 발전전략과 중국의 21세기 해상실크로드 구상은 양국협력의 기회를 가져왔으며 이에 대해 심도 있는 논의를 하고 싶다고 하였다. 당일 중국-인도네시아 연합신문공보는 양국 지도자는 중국의 '21세기 해상실크로드' 구상과 인도네시아의 '글로벌해양 거점' 발전 기획을 전면적으로 결합하여 정책협조

. . . .

23 구체적인 내용은 劉暢, "重新重視海洋: 印尼全球海洋支點願景評析", 『中國國際問題研究院網站』 참조. http://www.ciis.org.cn/chinese/2015-06/10/content_7979599.htm, 2015年7月19日.

24 "習近平同印尼總統會談强調推動中印尼全面戰略夥伴關系持續健康發展", 『中國新聞網』http://www.chinanews.com/gn/2015/03-26/7162209.shtml, 2015年7月19日.

를 강화하고 실무 협력과 상호 검토를 통해 공동발전 추진 및 번영하는 '해양발전 파트너'를 기원한다고 발표했다. 양국의 공동 노력으로 2020년까지 교역액 1,500억 달러 달성, 관세와 비관세 무역장벽 축소, 양자 무역 강화로 중국-인도네시아 종합산업단지의 협정, 중국-인도네시아 경제무역합작 5년 계획 적극 지원, 우선 항목 체결, 양자 통화스왑협정을 효율적 집행을 지지하였다.[25]

중국과 인도네시아의 국가발전전략의 결합도 이미 여러 측면에서 성과를 거뒀다. 우선 양국은 무역과 투자영역 분야에서 상호협력 발전하였다. 인도네시아 관계자에 따르면 올해 7월, 중국은 이미 인도네시아의 제2의 수출국이자 최대 수입국이 되었고 중국은 인도네시아에 1,000억 달러 규모의 전력 및 철도와 제련 등 항목에 투자[26] 및 양국의 인문 교류도 활발해졌다. 올해 5월 말 중국은 발전도상국 고위층 인문 교류 시스템을 만들어 처음으로 중국 · 인도네시아 부총리급 인문 교류 시스템을 개최하여 7가지 협의문을 체결하였고 경제와 인문 분야의 합작은 중국과 인도네시아의 관계발전을 촉진시켰다. 연합 신문공보에 따르면 양국은 '해양발전 파트너'의 공동발전, 번영을 위해 지역과 국제업무의 협력강화, 상호 원원하는 국제관계를 수립할 것이라고 보도하고 있다.[27]

사례 3: 카자흐스탄 '광명의 길' 신경제 정책의 결합 및 성과

카자흐스탄은 중앙아시아 대국과 유럽아시아경제연맹의 주요 회원국이며 광명의 길(Nurly Zhol) 신경제 정책(광명의 길 구상)은 대통령 나자르바예프가 2014년 11월 발표한 국정자문에서 나온 내용이다. '2050년 국가발전전략'의 중요 프로젝트이기도 하다. 주 내용은 카자흐스탄의 국내 교통, 공업, 에너지, 사회와

. . . .

25 "中華人民共和國與印度尼西亞共和國聯合新聞公報(全文)", 『外交部網站』. http://www.fmprc. gov.cn/mfa_chn/zyxw_602251/t1257081.shtml, 2015年7月21日.

26 "中美分別爲印尼最大出口市場和進口來源地", 『中國―印尼經貿合作網』. http://www.cic. mofcom.gov.cn/ciweb/cic/info/Article.jsp?a_no=380740&col_no=459; "印尼: 中國將向印尼提供1000億美元的各種投資", 『中國―印尼經貿合作網』. http://www.cic.mofcom.gov. cn/ciweb/cic/info/Article.jsp?a_no=380145&col_no=459, 2015年8月25日.

27 "中華人民共和國與印度尼西亞共和國聯合新聞公報(全文)", 『外交部網站』. http://www.fmprc. gov.cn/mfa_chn/zyxw_602251/t1257081.shtml, 2015年7月6日.

문화 영역의 인프라 건설과 경제의 지속 발전 및 사회 안정을 보장하는 것이다. 카자흐스탄의 지정학적 지위와 거대한 경제발전 잠재력과 '실크로드 경제벨트'를 처음 제창한 곳으로 중국은 '광명의 길' 신경제정책을 지지하는 입장을 드러냈다. 2014년 12월, 리커창 총리는 카자흐스탄 방문 기간 중국은 카자흐스탄이 경제 진흥을 위해 '광명의 길' 구상을 적극적으로 참여하길 원하며 '산업에너지 협력'이라는 중요한 개념을 제시했다.[28]

올해 5월, 시진핑 주석은 아스타나에서 중국과 카자흐스탄은 평등하고 상호 이익에 기초하여 실크로드 경제벨트 건설과 카자흐스탄의 '광명의 길' 신경제정책을 결합하여 공동 발전을 실현하길 원한다고 강조하였다. 이에 나자르바예프는 중국 측이 제안한 일대일로를 지지하며 실크로드 경제벨트 건설의 중요한 파트너가 되길 원하며 실크로드 경제벨트 건설을 '광명의 길' 경제발전 전략과 결합하여 중국과 무역, 생산능력, 에너지, 과학기술 등의 영역에서 협력할 것이라고 하였다.[29]

중국과 카자흐스탄의 국가발전전략 결합 역시 주목을 받았다. 올해 3월 말, 카자흐스탄 총리 아흐메토프는 방중 기간에 중국과 총 236억 달러에 달하는 33건의 협정문을 체결하였다.[30] 양국의 협력은 양국의 공업화 발전 및 글로벌 경기 하락 하에 두 나라 경제의 새 돌파구가 되어 이익이 될 것이며 관련 국가에게 모델이 된다는 점에 뜻을 모았다. 결합 과정에서 정부 각 부서의 업무협력을 강화해야 한다.[31] 양국은 올해 세계 반파시즘 전승 70주년, 중국 인민항일 전승 70주년 등 기념활동을 공동 추진하여 우호적인 민간교류의 기초를 다지기로 하였다. 중국과 카자흐스탄의 발전전략의 결합은 양국의 전면적 전략 동반자관

. . . .

28 "李克强晤哈總統: 願參與哈方"光明之路"計劃", 『中國網』. http://news.china.com.cn/world/2014-12/15/content_34315248.htm, 2015年7月19日.

29 "習近平同哈薩克斯坦總統納紮爾巴耶夫擧行會談", 『人民網』. http://politics.people.com.cn/n/2015/0507/c1024-26965829.html, 2015年7月19日.

30 "中哈簽署236億美元産能合作項目", 『人民網』. http://politics.people.com.cn/n/2015/0329/c70731-26765355.html , 2015年7月19日.

31 "中哈産能合作: 李克强務實外交新樣本", 『新華網』. http://news.xinhuanet.com/2015-03/29/c_1114799174.htm, 2015年8月24日.

계 강화 및 양국의 AIIB 협력을 이끌어냈다.

사례 4: 몽골 '초원의 길' 기획과의 결합 및 성과

몽골은 동북아의 작은 나라이다. 2014년 9월 몽골 정부는 자국의 유라시아 지역의 지리 특성에 기초하여 총 500억 달러에 달하는 5개의 프로젝트 '초원의 길'을 실시할 예정이라고 정식 발표하였다. 몽골 대통령 차히아긴 엘베그도르지는 중국 매체의 인터뷰에서 몽골은 실크로드 경제벨트의 제의를 논의하고 적극적인 지지와 몽골과 중국은 모두 4,710㎞의 국경선을 갖고 있지만 현재 몽골의 국도, 가스관, 고속도로 등 영역의 건설은 상대적으로 많이 낙후되어 있어 양국의 협력 강화를 희망한다고 말한 바 있다.[32]

'초원의 길' 계획에 대해 시진핑 주석은 그해 8월 몽골 방문 기간 중국은 몽골과 실크로드 경제벨트 구상에 협력 강화할 것이며 몽골의 초원의 길 구상에 대해서도 적극적이고 개방적으로 협력할 것임을 밝혔다. 양국은 AIIB 등 새로운 플랫폼에서 협력 강화, 공동 발전 및 공동 수익 창조를 원한다고 밝힌 바 있다.[33] 올해 5월, 몽골 국무부 장관 멘드사이하니 엥흐사이한(Mendsaikhany Enkhsaikhan)은 몽골의 초원의 길 구상은 중국의 일대일로 구상에 대한 응답이며 양국의 두 국가발전전략은 긴밀히 결합되어 있고 몽골의 경제발전에 매우 중요하다고 말했다.[34] 앞에서 말한 중러몽 '3자 협력발전 중기 노선도(發展三方合作中期路線圖)'에서도 재차 이 점을 확인하고 있다.

현재, 중국과 몽골은 몽골의 국내 화물이 중국 국경을 통해 제3국으로 수출하는 것에 인식을 같이하였으며 여러 개의 양자 협의를 체결하였다. 중국은 톈진(天津) 등 6개 항구를 몽골의 출항로로 하는 것에 동의하여 몽골의 장기적인

· · · · · · · · · · · · · · ·

32 "專訪: 蒙古國願進一步提升與中國戰略夥伴關系水平-訪蒙古國總統額勒貝格道爾吉", 『新華網』. http://news.xinhuanet.com/world/2014-08/19/c_1112127543.htm, 2015年7月21日.

33 "習近平在蒙古國家大呼拉爾的演講", 『新華網』. http://news.xinhuanet.com/world/2014-08/22/c_1112195359.htm, 2015年5月10日.

34 "'一帶一路'構想助蒙古打通'草原之路'", 『新華網』. http://news.xinhuanet.com/world/2015-04/23/c_1115066487.htm, 2015年5月9日.

문제였던 국경 운송 및 출항로 문제가 해결되었다. 이로 인하여 중몽관계는 역사상 최상의 관계를 수립하게 되었다. 작년 시진핑 주석의 몽골 방문 기간, 양국 지도자는 양국관계를 전략적 파트너 관계에서 전면적 전략적 파트너 관계로 격상시켰다.

5. 결론

1) 전략적 결합의 성과 평가

첫째, 국가 간 발전 차이가 큰 국가 간에도 발전전략의 결합이 가능하다. 앞서 언급한 사례에서 말한 네 국가는 모두 중국과 역사문화전통, 사회정치제도, 경제사회 발전 수준에서 모두 뚜렷한 차이가 있고 국가발전 이념 역시 다르지만 초보 수준에서 국가발전전략의 결합을 실현하였다. 이런 결합을 통하여 4개국과 중국의 이익 균형점과 교차점은 한층 확대되고 국가기관 간의 상호작용 빈도와 깊이도 한층 강화되었다.

둘째, 국가 발전전략의 결합은 신형 국제관계를 구축하는 데 중요한 길잡이가 되었다. 전자는 후자에게 외교 지침에만 정체되어 있거나 내용이 없는 거품이 되지 않도록 하고 후자는 전자에게 거대한 목표와 큰 의의를 갖게 한다. 양자 사이의 상호 작용은 서로 더 견고하고 순조롭게 진행되도록 할 것이다.

2) 전략결합 과정에서 발생된 문제

첫째, 전략적으로 상호 신뢰를 제고시켜야 한다. 전략적 상호 신뢰는 국가 간 지속적이고 효율적인 협력의 기초이다. 전략적 대항이 발생하면 국가 간 협력은 중대한 손해를 입을 뿐만 아니라 진행되지 못할 수 있다. 현재 상황으로 봤을 때 국가발전전략의 결합을 드러낸 국가와 기본적으로 전략적 신임을 갖고 있지만 각 나라의 신임 정도가 일치하지 않고 신임의 기초도 견고하지 않다는 점이다. 예를 들어 러시아는 중국의 중앙아시아 활동에 대하여 의심을 하고 있다. 카자흐스탄 대국민 설문조사에서 70%는 중국이 카자흐스탄 경제에 최대

위협이라고 생각하고 있다고 한다.[35] 위 상황이 초래된 주요 원인은 관련 국가가 중국의 발전 방향, 특히 본국의 발전 실력에 의심을 하고 있기 때문이다.

둘째, 각국의 발전전략 결합에 대한 관점이 다르기 때문이다. 이미 전략결합을 실현한 나라 중에는 러시아와 같은 탈공업화 국가도 있고 중국, 카자흐스탄과 같이 공업화 국가도 있다. 중국의 제조업 수준은 총체적으로 비교적 높고 인프라 상황이 상대적으로 우수하며 러시아, 몽골 등의 나라는 에너지와 자연자원이 매우 풍부하다. 발전 수준, 발전의 중심과 자원이 달라 각국의 전략결합의 목적과 관점에 많은 차이를 보이고 있고 서로에게 협력형 게임이 되었다. 만약 효율적으로 이러한 차이를 극복하지 못한다면 전략결합 과정에서 자주 어긋나거나 마찰이 생기게 되고 상대국에 대한 신뢰도는 정도에 따른 손해를 입게 될 수 있다.

셋째, 체제 기제 차이는 전략결합의 어려움을 줄 수 있다. 상술한 바와 같이 현재 전략적으로 결합된 국가는 정치체제, 경제운영 시스템, 사회관리 시스템 등의 방면에서 여러 다른 점이 존재한다. 물론 국가발전전략의 결합은 각국 주요 인사들의 적극적인 추진과 깊은 참여가 있지만 실시하는 과정 정부 부문에서 주도적으로 이끌어야 하고 기업 및 국민의 보편적인 참여가 필요하다. 하지만 각국의 정부부서의 행동방식이나 행정효율에 큰 차이가 있다. 각국의 경제 흐름의 투명도와 정책의 안정성이 각각 다르다. 각국 기업의 국제화 정도, 사회 책임에 대한 의식과 능력도 큰 차이를 보인다. 이런 부분은 모두 전략결합에 직접적인 영향을 줄 수 있다.

넷째, 일부 국가는 정치적 안정을 위태롭게 하는 문제를 안고 있다. 정치 안정과 국가발전의 순방향 관계는 학계의 많은 논의가 있어 더 이상 언급하지 않겠다. 국가발전전략의 결합은 말하자면 관련 국가의 정치 안정은 기본 전제조건이다. 하지만 걱정스러운 점은 중국과 국가발전전략의 결합을 진행하는 일부 국가의 정치 안정도가 높지 않다는 점이다. 예를 들어 카자흐스탄은 극단세력과 분리주의 및 테러리즘 이 세 가지 세력이 비교적 강하다. 색깔혁명의 그림자

· · · · · · · · · · · · · · · ·

35 "姚培生大使: '一帶一路'在中亞面臨政治動蕩風險", http://ydyl.takungpao.com/spft/2015-07/3037868.html, 검색일: 2015年8月23日.

가 여전히 존재하고 국가 지도자의 나이가 많아 대권 교체에 관련된 문제도 있다. 따라서 그 국가의 국내 정치 상황은 아직은 안정적이지만 향후 대규모 정치와 사회 불안정을 배제할 수는 없다. 인도네시아는 부정부패가 심각하고 민족주의 정서가 짙으며 조직적이며 파괴력이 강한 종교 극단주의와 테러주의도 나라의 정치와 사회 안정에 적잖은 위협을 줄 수 있다. 이러한 것이 자연스럽게 국가발전전략 결합에 부정적인 영향을 줄 수 있다.

3) 결합의 형식과 내용 확대, 신형국제관계 구축의 새로운 발전 촉진

국가발전전략 결합 혹은 신형국제관계 구축은 모두 매우 어렵고 복잡한 사회시스템으로 관련 국가의 지속적인 투입과 노력이 필요하며 향후 아래 몇 가지 측면은 반드시 필요하다.

(1) 최고 정책결정자의 지속적이고 적극적 추진

상술한 바와 같이 한 나라의 최고 지도층의 그 나라 발전전략의 제정과 실시는 다른 국가의 발전전략 결합과 가장 크고 가장 직접적이고 가장 유효한 동력이 된다. 최고 지도층의 전략적 시야, 전략 의지, 전략적 판단력, 국내 각종 자원의 통합 능력, 외부의 역량, 특히 타국의 최고 지도자층과의 커뮤니케이션 능력은 국가발전전략의 결합에 매우 중요하다. 앞으로는 지도층 외교의 내용을 더 풍부히 해야 하고 지도자층의 외교적 형식의 창조성, 국가 최고 지도층 간의 공통 인식 강화가 필요하다. 전략 결합의 중요 관념 기초를 견고히 하고 중요한 동력원을 다져야 한다.

(2) 양자 결합과 지역 협조 시스템 결합 강화

국제시스템의 중요한 역할은 국제협력 비용 절감, 참여 협력국과의 안정 증강, 국제질서 형성 및 유지이다.[36] 국제시스템은 다변적(글로벌 또는 지역) 또는 양

---

36 [미]彼得 · 卡贊斯坦, [미]羅伯特 · 基歐漢, [미]斯蒂芬 · 克拉斯納編, 秦亞青等譯, 『世界政治理論的探索與爭鳴』(上海: 上海世紀出版集團, 2006), 120-135쪽.

자(인접국) 간의 시스템이라 할 수 있다. 국가발전전략 결합은 인접시스템을 기초로 전개되는 다국적 상호 행위에 영향을 주는 것이다. 미래에는 지속적으로 이런 플랫폼을 통해 특히 국가의 거시정책협조 연동을 강화하고 관련국의 국내 행정 체제개혁에 영향을 줄 뿐만 아니라 이미 존재하는 지역 협력시스템의 잠재력을 발굴하고, 협력 원원을 중심으로 새로운 지역과 다른 지역 그리고 그 외또 다른 인접한 지역과의 협조 플랫폼 구축을 통해 여러 계층의 정책 연동 시스템과 다방면의 발전 동력 시스템을 형성해야 한다.

(3) 각국의 조기경보 시스템 협조 강화

복잡한 현대사회는 언제나 리스크가 존재한다. 다양하고 복잡하며 본질적으로 무정부 상태인 국제관계에서 이런 상황은 더욱 심각하다. 리스크를 줄이는 유효한 방법은 즉시 정확한 조기경보가 작동이 되어야 한다는 점이다. 미래에는 각 나라가 본국의 조기경보 능력 구축 및 타국과의 조기경보 시스템 협조를 강화해야 한다. 그 과정에서 빅데이터의 역할을 적극 발휘하여 국가의 주권과 안전을 보호하는 전제 하에서 '데이터 외딴섬' 현상을 극복하고 다국적 정보 공유를 실현해야 한다. 상술한 여러 가지 방식으로 국가발전전략 결합 과정에서 발생되는 불확실성과 리스크 감소, 각 나라와의 전략 결합의 능동성 강화, 전략 결합의 성과를 올릴 수 있다.

(4) 기업의 능동성과 창조성 발휘

기업은 국가 발전을 촉진하는 구성원이다. 물론 국가발전전략의 결합을 촉진하는 중요한 원동력이기도 하다. 국가 측면에서 보면 기업의 적극적이고 유효한 참여가 없다면 국가발전전략 결합은 불가능하고, 기업 측에서 국가발전전략의 결합은 기업이 더 크고 더 발전할 수 있는 기회와 환경을 마련해 주는 것이다. 향후 정부부문에서 이런 시장 주체에게 더 많은 기회를 창조해 주어야 하고 더 많은 플랫폼을 만들어 주어 더욱 적극적이고 더욱 효율적으로 기업의 해외 이익을 보호해 주어야 한다. 기업도 더욱 능동적으로 기업발전전략과 국가발전전략을 결합 지어서 내부 개혁과 시스템 정비를 통해 두 가지 자원과 두 큰 시장의 능력을 업그레이드시켜 기업의 발전과 나아가 본국 국민에게 영향을 주는 동시에 국민의 복지를 위해 투자와 경영활동을 해나아가고 국가 간 관계의 건전한 발전을 위하여 견고한 사회기초를 다져야 한다.

⑸ 공공외교 전개로 민심상통의 기초 마련

민심을 읽는 것은 전략 결합의 중요한 사회기초이다. 민심상통 실현에서 공공외교는 중요한 역할을 한다. 공공외교는 국가가 국제사회에서 정당성과 정체성을 확립하는 데 중요한 전략이 되기 때문이다.[37] 본국 및 관련 국가로부터 정당성과 발전전략에 대하여 인정받지 못한다면 민중은 국가 간 협조에 적극적으로 참여하지 않을 것이다. 앞서 말한 인정을 받으려면 첫째, 공공외교 대상인 나라에 대해 전면적이고 깊이 있는 연구가 필요하다. 역사문화전통과 발전상황 및 민중의 진실한 마음을 정확하게 인지하여야 한다. 역사 연구, 국가별 연구, 비교정치 연구, 비교문화 연구 등 많은 것들이 필요하다. 둘째 공공외교를 실시하는 나라는 국내의 안정적인 정치를 해야 한다. 따라서 각 나라의 여당과 정부는 정치 통치 능력 제고, 행정 시스템의 안정적 발전, 사회관리 시스템 개혁 그리고 인류의 공통가치 체계를 적극적으로 실현해야 한다.

6. 맺음말

국가전략을 국가전략의 중요한 구성요소로 삼는 것은 국가의 기본적인 가치의 방향과 목표 추구를 보여주는 것이고, 일정 기간 내 국가발전 방향의 로드맵은 국내외 정책적 선택과 기본 행위방식을 규제하는 것이다. 국가발전전략의 결합은 대외개방과 국제협력의 새로운 형식을 발전시키는 것이고 신형 국제관계의 중요한 수단을 구축하는 것이다. 세계화의 발전, 글로벌 문제의 확산, 정보기술의 운용이 확대되는 배경 하에 국가발전전략 결합의 추진이 가능하다.

. . . .

37 韓方明主編, 『公共外交槪論』(北京: 北京大學出版社, 2011), 7쪽.

사례연구와 같이 국가발전전략의 결합 추진은 상생협력을 핵심으로 하는 신형 국가관계의 구축에 도움을 준다.

발전하고 있는 신흥 사회주의 대국으로 중국은 국가발전전략의 결합과 신형 국제관계 구축 실현에 큰 역할을 할 수 있다. 최근 중국은 일대일로 구상을 통해 이미 연선 국가와 국가발전전략의 결합을 실현하여 초보적인 성과를 거두고 있다. 향후 중국은 다른 국가의 국가발전전략을 결합하여 추진해야 할 것이고 포함하는 내용 결합, 대상 개척, 혁신적 결합 방법 그리고 성과에 중점을 두어 결합해야 할 것이다. 양자 간 국제기제 구축, 상호 유기적 결합, 기업을 비롯한 모든 행위자들이 역할을 발휘하고 공공외교를 적극 발전시켜 국가 간 협력을 촉진하고 새로운 단계로 올라 상생의 주요 목표를 이루어야 한다.

중미 '신형강대국관계' 구축의 기회와 도전

처우화페이(仇華飛, 통지대학)

오늘날 세계 권력구도의 변화는 대체로 중국 및 신흥 강대국의 부상과 관련되어 있다. 신흥 강대국이 국제질서에서 차지하는 지위는 점차 상승하고 있고, 국제사회에서의 담론권도 날로 강화되고 있다. 신흥 강대국의 지위 상승은 전 세계적으로 새로운 경쟁과 협력을 초래하고 있다. 오늘날 세계의 거의 모든 주요 국제이슈 가령 반테러, 이란과 북한의 핵문제, 지구온난화, 금융과 에너지 위기 등은 모두 전 세계 안보 및 발전과 연관된 것들이다. 신흥 강대국이 참여하지 않으면 해결되기 어려운 것들이다. 신흥 강대국은 날로 세계평화와 발전을 유지하고 촉진시키는 중요한 기둥이자 중견역량이 되어가고 있다. 중국 등 신흥 강대국이 전반적으로 부상하고 미국 패권의 쇠퇴로 인해 전 세계 전략구도에서 미국의 단극적 지배에는 불리하고 다극화 추세에는 유리한 변화가 일어나고 있다. 국제질서의 변화는 중국, 미국, 러시아 등 강대국 간 상호작용 관계에서의 미묘하고도 복잡한 변화가 반영되어 나타나고 있다. 지정학과 지경학은 여전히 국제질서의 변화를 초래하는 중요한 요인이다. 아울러 '지정학적 기술'은 기술을 역사적 추진력에 위치하게 하면서 이를 경제력, 군사동맹 그리고 외교와 함께 같은 위치로까지 올리는 강한 창조력은 신속한 상업화를 통해 지경학의 우위를 변화시킬 것이며, 또한 전략적 배치와 군사화를 통해 중요한 지정학적 영향력이 발휘될 수 있을 것이다.

오늘날 세계 권력구도에서 거대한 변화가 일어나고 있다. 이는 주로 다음과 같은 것들에 의해 변화되는 것이다. 첫째, 세계가 더욱더 다극화되고 있다. 이는 국가 간 권력 배분의 다극화는 물론이고 발전모델의 다극화 추세에서 나타난다. 둘째, 신흥국가의 지위가 제고되고 있다. 특히 브릭스국가는 국제 리더십 측면에서 새로운 글로벌 가치를 제시하고 있다.[1] 브릭스 국가는 이미 세계 15대 경제 실체의 위상을 가지며 자신의 '신개발은행(NDB)'을 설립하려 한다. 서방 여론은 만일 "브릭스개발은행이 성공적으로 운영된다면 이는 세계금융을 바꾸고, 오늘날 국제질서에 영향을 미칠 것이다"라고 인식하고 있다.[2] 셋째, 비전통안보(에너지, 환경거버넌스, 기후변화, 반테러, 핵 확산 방지, 인터넷 안보 등)가 오늘날 국제관계에 미치는 영향의 중요성이 크게 제고되고 있다. 이러한 상황에서 시진핑 주석은 '신형강대국관계' 이념을 제시하였고, 특히 중미 '신형강대국관계' 구축을 주장하였다. 이는 오늘날 중국 국제전략의 중요 이론이자 실천이다.

1. 국제질서 변화 속의 중미 아태전략

국제질서는 민족국가에 따라 출현하였고, 베스트팔렌 조약을 계기로 출발한 전통적 국제질서는 다음과 같은 주요 특징을 갖는다. 첫째, 세계는 주권국가로 구성되며, 주권국가는 어떠한 더 높은 권위도 인정하지 않는다. 둘째, 국제법의 목적은 국가 간 평화공존이라는 최소한의 원칙을 확립하는 데 있고, 모든 국가는 법률 앞에서 평등하다. 셋째, 국가 간 분쟁은 종종 무력의 방식으로 해결되고, 무력 사용에 대한 제약이 국제법에는 거의 존재하지 않으며, 국가는 자유에 대해 최소한도로 제한한다.[3] 이후 국제질서는 대체로 다음과 같은 세 단

. . . .

1 Dani Rodrik, What the World Needs from the ERICS, Project-Syndicate: A World of Ideas, April 10, 2013, http://www.project-syndicate.org/commentary/the-brics-and-global-economic-leadership-by-dani-rodrik

2 "拉美社說金磚國家在動蕩的世界中成爲榜樣承載更多希望"『參考資料』, 2013年4月17日, 43쪽.

3 David Held et al., 『Global Transformation: Politics, Economics and Culture』(London:

계를 거쳐 왔다. 첫째, 민족국가 형성에서부터 2차 세계대전 발발까지의 기간동안 국제질서는 서구열강이 주도하였다. 둘째, 2차 세계대전 이후 냉전종식 시기까지, 국제질서는 동서방 양대 진영의 대립과 미소의 패권쟁탈을 주요 특징으로 한다. 셋째, 냉전종식에서 9.11 사건, 글로벌 금융위기 발발까지의 기간 동안, 국제질서는 심각한 변화를 겪었다. 미국 등 서방국가가 세계를 주도하던 위상은 확실히 하락하고 신흥 강대국과 개발도상국의 지위와 역할이 현격히 제고되었다.

현실주의이론은 "국제질서는 세력균형을 통해 유지된다"고 주장하며, '세력균형'은 일종의 효과적 기제로서 동맹구축을 통해 강한 국가가 국제질서를 지배한다는 것을 강조한다. 현실주의는 강대국의 강권적 지위를 확립함으로써 패권안정체계를 구축해야 한다고 주장한다. 세력균형과 패권의 함의는 서로 다른데, 전자의 목적은 한 나라가 국제질서를 좌지우지하는 것을 방지하는 것이고, 후자는 현존하는 지배국이 있다는 가설적 기초를 전제로 이뤄지는 것이다.[4] 19세기 영국의 글로벌 패권은 강력한 해군력의 기초 위에 세워진 것이며, 또한 영국이 교묘하게 세력균형전략을 사용하여 유럽 및 기타 지역에서 도전국 혹은 도전국 동맹이 출현하는 것을 방지할 수 있었기 때문에 가능했던 것이다. 냉전 기간 미국 또한 세력균형과 패권전략을 함께 사용하여 효과를 거두었다.

안보의 전통적 개념은 국제질서와 서로 연관되어 있다. 이론적 측면에서 안보는 통상 국가와 공동체에 대한 것이고 국제질서는 지역과 글로벌 차원에서 적용된다. 이 두 개념은 논리적으로 서로를 강화시키는데, 예를 들면 "모든 국가는 안전한 환경이 국제질서의 안정에 유리하다고 느낀다"는 것이다.[5] 자유주의는 국제질서에 대한 국제법의 영향력을 강조한다. 국제법은 '국제관례' 및 국제조약과 같이 국제질서를 제약하는 어떠한 기능을 가지고 있다. 국제관계는

. . . .

Polity Press, 1999), pp.37-38.

4 Alasdair Blair and Steven Curtis, 『International Politics: An Introductory Guide』(London: Edinburgh University Press, 2009), p.251.

5 Alasdair Blair and Steven Curtis, 『International Politics: An Introductory Guide』(London: Edinburgh University Press, 2009), p.250.

무정부 상태이므로 인해 국제법은 효과적인 집행기제를 결여하고 있기 때문에, 국가가 국제법의 제약을 받아들이고자 하는 경우에만 그 효과를 증명할 수 있을 뿐이다. 국제조직이 국제질서 유지에 미치는 그 역할이 날로 중요해지고 있다. 이는 집단안보나 다자외교방식을 통한 국제기구에서의 협상과 국가 간 상호 룰이 무정부 상태의 국제질서를 다스리는 데 도움이 된다는 것에서 잘 나타난다.[6] 오늘날 국제조직의 구조는 다양화 추세를 보이고 있는데 정부 간 조직, 비정부조직, 다국적 기업 등이 오늘날 국제정치의 특정한 행위자이며, 이들이 국제질서를 균형적으로 유지하는 데 도움을 준다.

새로운 국제환경 속에서 세계가 직면하고 있는 모든 위협은 단지 표면적인 것에 불과하나, 심층적 문제는 국제사회의 무질서(國際失序)이다. 일부 서방학자들은 "책임지는 것을 기본원칙으로 하는 새로운 국제질서를 구축하려면 우선 미국이 새로운 외교정책을 실행하여 국제제도 건설에 대한 투입을 강화해야 할 필요가 있다"고 생각한다.[7] 중국의 부상이 아태지역 국제질서의 세력구도에 변화를 가져올 수 있다는 것에 대해서는 서방학자 내부에서도 두 개의 관점이 존재한다. 현실주의는 "중국의 부상은 여전히 초기 단계이지만 아태지역 국제질서의 세력구도 변화의 기반이 상대적으로 약하기 때문에 '안보딜레마'가 심화되고 있다"고 본다.[8] 신자유주의와 구성주의는 "세력경쟁은 불가피하게 전쟁을 불러온다. 하지만 상호 의존, 국제 레짐의 규범화, 국제관계의 사회화는 아태

· · · · · · · · · · · · · · · ·

6 Alasdair Blair and Steven Curtis, 『International Politics: An Introductory Guide』(London: Edinburgh University Press, 2009), p.252.

7 Bruce Jones, Carlos Pascual and Stephen John Stedman, 『Power and Responsibility Building International Order in an Era of Transnational Threats』(Washington D. C.: Brookings Institution Press, 2009), p.6.

8 Neorealist views are represented by Kenneth Waltz, 『Theory of International Relations』(MA: Addison-Wesley, 1979).; John Mearsheimer, 『The Tragedy of Great Power Politics』(New York: Norton, 2001), pp.396-402.; Evelyn Goh, "U.S. Strategic Relations with a Rising China", in Kevin K. Cooney and Yoichiro Sato, eds., 『The Rise of China and International Security, America and Asia Respond』(London and New York: Routledge, 2009), p.60.

지역 국제질서 변화에서 중요한 역할을 발휘한다"고 간주한다.[9] 여러 서방학자와 정부관료는 중국의 부상을 현존하는 국제질서에 대한 도전으로 보며, "부상하는 중국은 현 국제질서에 도전하여 현상을 변화시키는 국가가 될 수 있다. 중국의 급속한 부상은 미국, 일본, 러시아가 아태지역에 갖는 전략적 이익에 대한 도전이다"라고 간주한다.[10] 논쟁의 여지가 있는 관점으로는 "중국은 미국과 국력차이가 크기 때문에 대만해협에서 미국과의 주변지역 통제권 쟁탈과 같이 자신의 양적, 지리적 우위를 선택할 수 있다"가 있다.[11]

무정부 상태 속에서 "안보는 국가의 최고 목표"이며, "국가는 생존을 확보하는 조건에서만 비로소 평화, 이익, 권력 등 다른 목표를 추구할 수 있다."[12] 오늘날 중국은 국내 경제발전, 정치 안정, 지역과 주변의 안보에 주력하고 있다. 미국은 자신의 글로벌 및 지역전략의 이익구조를 적절히 변화시켜 동맹국과의 협력관계를 발전시킴과 동시에 다른 국가들이 아태 국제질서를 함께 구축하도록 허용해야 한다. 중국은 자신의 행위패턴과 명확한 전략 계획을 통해 소위 "강대국의 비극이라는 역사적 법칙(투키디데스의 법칙)"을 타파해야 한다.[13]

. . . .

9 Michael E. Brown et al., eds., 『The Rise of China』(Cambridge, MA: MIT Press, 2000).; Richard Bernstein & Ross Munro, "The Coming Conflict with America", *Foreign Affairs*, 76(2), March/April 1997, pp.18-32.; Robert Ross, "Beijing as a Conservative Power," ibid, pp.33-44.; Alastair Iain Johnston, "Socialization in International Institutions: The ASEAN Way and International Relations Theory," in G. John Ikenberry and Michael Mastaduno, eds., 『International Relations Theory and the Asia-Pacific』(New York: Columbia University Press, 2003).

10 Denny Roy, "Rising China and US Interest: Inevitable vs. Contingent Hazards", *Orbis*, Winter 2003, pp.125-137.; Evelyn Goh, U.S. "Strategic Relations with a Rising China", in Kevin J. Cooney and et al, eds., 『The Rise of China and International Security, America and Asia Respond』(London: Routledge, 2009), p.60.

11 Alastair Iain Johnston, "Is China a Status Quo Power," *International Security*, 27(4), (Spring 2003), pp.5-56.

12 Kenneth Waltz, 『Theory of International Politics』(Reading, Mass: Addision-Wesley, 1979), p.126.

13 王輯思, "當代世界政治發展趨勢與中國的全球角色", 『北京大學學報(哲學社會科學版)』, 2009年 1期, 11-14쪽. 소위 '강대국의 비극이라는 역사적 규율'이란 강대국으로 부상한 나라는 반드시 세계질서를 어지럽히며 국가 간 충돌을 초래하고, 패권국과 부상국은 결국 대립하게 되어 양자 간 충돌이 불가피하다는 것을 의미한다.

국제질서의 변화라는 환경 속에서 중국은 자신의 외교전략을 부단히 조정하여 미국과 이 지역에서의 공존을 위한 환경에 점차 적응해 나가고 있다. "중국의 전략적 목표와 대외정책은 미국과의 전략적 충돌을 피하기 위한 공간을 적극적으로 모색하고 있다. 미국의 패권과 동아시아 동맹국들과의 정치, 군사적 협력에 대해 중국은 그 대책을 조정함으로써 지역안보의 새로운 환경에 점차 적응해 간다."[14] 북핵문제에서 중국은 북한과의 밀접한 관계로 인해 미국, 한국과의 대립 국면을 격화시키지 않고, 적극적인 이해조정자의 역할을 담당하여 6자회담에서 미국과의 입장을 조율한다. 하지만 미국은 동북아지역에서 미일동맹의 강화를 통해 중국을 제어하고 러시아의 전략적 배치를 방지하고자 한다. 이로써 동북아지역의 정치질서에서는 미일동맹의 우위가 드러나고, 중국과 러시아는 국가안보라는 전략적 이익에 따라 전략적 파트너십을 구축하여 미국의 패권적 위협에 대응하고 있다. 중러관계의 발전은 중국의 역내 '소프트 균형(soft balance)'의 우위를 증대시켰다. 아태지역 정치질서의 재구축은 일극구도의 제약과 영향을 받는다. 아태지역 지정학적 세력관계 구도는 초강대국이 오프쇼어 밸런싱(offshore balancing)의 역할을 담당하는 데 필요한 전략적 우회공간을 제공해 준다.[15]

국제정치는 하나의 사건이 부단히 재현되고 중복되는 영역이다. 이 영역에서 대부분의 정치 행위는 규칙성이라는 필연적 법칙을 갖는다. "압제를 형성하는 데 도움이 되고, 때로는 공동체를 무너뜨리는 외부요인과 비교할 때, 그들의 운명에 영향을 미치는 내부 원인은 무한한 불확실성과 더욱 커다란 모호성을 가질 뿐만 아니라 파악하기가 더욱 어렵다."[16] 중미 양국이 '같은 등급의 이중 권력' 기구를 구축하는 것은 중국의 국가이익에 부합하며, 미국이 아태지역의 일

. . . .

14 David Shambaugh, "China Engages Asia," *International Security*, 29(3), Winter 2004/5, pp.70-72, p.91.

15 鄒函齊 · 劉彤, "美國東北亞政策的進攻性現實主義解讀", 『東北亞論壇』, 2008年 第2期, 49-53쪽.

16 『Letters on a Regicide Peace』, No.1, third paragraph works, ed. H. Rogers Holdsworth, 1842, Vol. II, p.275.

에 참여하는 현실을 중국이 환영하는 것이 이 점을 잘 설명해 준다. 중국 지도자들은 여러 차례 미국을 향해 자신의 입장을 표명한 바 있다. 첫째, 중국은 아태지역에서 미국의 존재에 도전하지 않을 것이고, 이는 미국이 행동을 취해 다시 군사강대국으로 나아가려는 일본의 시도를 억제하는 데 유리하다고 보기 때문이다. 둘째, 중국은 주변국들에게 압력을 가하지 않을 것이며 그들에게 미국과의 이익협력을 포기하라고 강요하지 않을 것이다. 셋째, 중국은 아태지역 안보포럼과 경제협력 메커니즘에 적극 참여하며, 아태지역에서 중미 양국의 '같은 등급의 이중권력' 구도를 반대하지 않는다.

아태지역의 지정학적 질서의 변화는 상당 정도 미래 중미 양국의 전략목표와, 동 지역에서의 미국의 역할에 의해 결정된다. 일단 미국의 글로벌 패권행동이 제약을 받게 되면, 미국은 중국 및 자국의 동맹국과 협상하는 태도를 취할 것이며, 중미 양국의 담판을 통해 세력 변화의 가능성은 더욱 증가할 것이다. 만일 중미 양국이 안정적 전략대화기제를 유지한다면, 미국은 아태지역에서 패권안정전략을 추진하는 데 반드시 영향을 받게 된다. 중국은 오늘날 전 세계 거의 모든 국제정치·경제·안보 영역의 대화기제에 이미 적극적으로 참여하고 있으며 '아태지역포럼', 'ASEAN+3', '상하이협력기구(SCO)' 등 중국이 아태지역 안보협력을 주도적으로 구축할 조건은 이미 성숙되어 있다. 중국이 현재 다자협력을 운영하는 것은 '아태 안보전략을 구축하는 기초'가 되는 것이다.[17] 중국의 발전은 예측 가능한 안정적 요소이다.

중미 양국에게 아태지역의 가장 좋은 전략적 선택은 아태 각국과 함께 다자협력을 구축하고 지역 '안보 공동체(security community)' 방향으로 발전하는 것이다. 소위 '안보 공동체'는 "회원국의 주요 가치관의 일치성과 공동의 반응성"

. . . .

17 Yuan Jing-dong, "Regional Institutions and Comparative Security: Chinese Approaches and Policies," *Korean Journal of Defense Analysis*, XⅢ(1), Autumn 2001, pp.263-294.; Rosemary Font, "China in the ASEAN Regional Forum: Organizational Processes and Domestic Modes of Thought," *Asian Survey*, 38(5), pp.425-440.; Tang Shiping, "The Future of the Shanghai Cooperation Organization", *IDSS Commentary*, October 2002, Evelyn Goh, "The ASEAN Regional Forum in United States East Asian Strategy", *Pacific Review*, 17(1), 2004, pp.47-69.

이란 특징을 갖는다. "공동의 소통과 교류를 진행하는 것이 '안보 공동체'를 실현하는 신뢰할 만한 경로이다.[18] 비록 중미 양국은 아태지역에서 영향력의 정도가 다르지만, 지역 집단안보구조에서의 순서는 한정하기 매우 어렵다. 하지만 아세안 발전모델은 아태지역에서 이미 커다란 영향력을 낳았으며, 지역안보대화기제는 이미 진행되기 시작했다. 대만문제, 북핵문제에서 중미 양국은 이미 상당히 많은 인식을 공유하고 있다. 미래 아태지역의 '안보 공동체'는 '운명 공동체' 구축의 방향으로 발전해 나갈 가능성이 크다.

국제정치의 세력변화 과정에서는 종종 기존 패권국과 부상국이 상호 대립적인 위치에 서게 된다. 이러한 상대적 세력변화의 환경은 세력구도 측면에서는 강대국 간 경쟁 심지어 충돌을 일으키는 근원이다. 기존 패권국은 질서 유지를 강조하는 반면, 부상 중인 강대국은 현상을 변화시키고 불합리한 국제정치경제 질서를 변혁하려 한다. 서방의 매우 영향력 있는 관점 중의 하나는 도전국이 패권국의 지위에 도전할 뿐만 아니라 현행 국제규칙과 규범을 변화시켜 최종적으로 자신이 새로운 초강대국이 되려는 목표를 가지고 있다고 본다.[19] 로버트 길핀은 패권안정론에서 "국제체계를 지배하는 패권국과 도전 강대국은 실력과 종속적 지위가 서로 매칭되지 않음으로 인해 안보딜레마에 빠져들며, 전쟁을 통해서만 비로소 이 문제를 해결할 수 있다"고 주장하였다.[20] 그는 "권력적 제로섬게임의 강요를 받는 국가는 국제질서 중의 권력(등급) 규칙과 가치에 주목할 수 없다. 국제관계의 역사적 발전 과정을 보면 대다수의 세력변화는 모두 전쟁을 통해 이루어지고, 국제질서의 변혁은 군사적 대결을 통해 승리한 측에 의

. . . .

18 Karl W. Deutsch and Sidney A. Burrell, et al., 『Political Community and the North Atlantic Areas: International Organization in the light of Historical Experience』 (Princeton: Princeton University Press, 1957), pp.5-6.

19 A.F.K. Organski, 『World Politics』(New York: Knof, 1958).; A.F.K Organski & Kugler, 『The War Ledger』(Chicago: University of Chicago Press, 1980).; Paul Kennedy, 『The Rise and Fall of the Great Power』(New York: Random House, 1987).

20 Robert A. Gilpin, 『War and Change in World Politics』(Cambridge: Cambridge University Press, 1981).

해 결정되곤 했다."고 하였다.[21]

이론적인 측면에서 전쟁은 새로운 하나의 패권국이 세력전이 과정에서 지배적 지위를 획득하는 데 필수불가결한 요소이다. 강대국이 안보수단을 운영하는 역할을 강조하는 것은 말할 필요가 없다. 국가의 측면에서 중대한 이익으로 확정된 목표는 군사수단을 통해서만 비로소 실현될 수 있다. 안보문제에서 이러한 목표와 수단 간 딜레마는 피할 수가 없다.[22] 하지만 역사적으로 세력전이에 따라 부상하는 강대국과 쇠락하는 강대국 사이에서 전쟁이 자주 나타났다. 냉전시기의 강대국 간 대립 과정에서 도전국의 해체, 권력의 평화적 변화를 거쳐 탈냉전기 새로운 국제질서가 출현하였다.

세력전이에 관한 정량분석의 관점에서 보면, 도전국이 인지하는 세력의 유형과 잠재적 능력—세력의 상승과 하락의 비율을 포함한—은 흔히 기존 강대국의 국력 쇠퇴를 주요한 참조표로 삼는다. "하지만 세력 불균형과 전쟁 간의 관계는 여전히 중요한 경쟁관계에 있다."[23] 패권을 유지하려는 기존 강대국은 도전국의 국력이 가장 강한 시기에 아직 다다르지 않았을 때에 미리 예방전쟁을 일으켜 경쟁자를 격퇴해버릴 수도 있다. 아울러 역사적으로 보아도 "기존 질서에 만족하지 못하는 도전국이 패권국의 국력에 자신의 국력이 도달하기도 전에 패권국의 지위에 도전할 수도 있다."[24] 오늘날 중미관계의 현실에서 볼 때 세력전이 이론에 따라 양자 중 누가 먼저 선제공격 전쟁을 일으킬지 예측하기 어렵다. 세력전이이론에 따르면 패권국의 국력은 흔히 도전국이 부상함과 동시에 쇠퇴하기 시작한다. 오늘날 중미 양국이 처해 있는 상황은 이와 다르다. 미국의 오늘

. . . .

21　Robert A. Gilpin, 『War and Change in World Politics』(Cambridge: Cambridge University Press, 1981).

22　Bernard Brodie, 『War and Politics』(New York: Macmillian, 1973), chap.8.

23　Indra de Soysa, John O'Neal & Yong-Hee Park, "Testing Power Transition Theory Using Alternative Measure of National Capabilities," *Journal of Conflict Resolution*, 41(4), August 1997, pp.509-528.

24　Jack S. Levy, "Declining Power and the Preventive Motivative for War," *World Politics*, 40(1), October 1987, pp.82-107.; A.F.K. Organski & Kugler, 『The War Ledger』, pp.13-43.

날 국력은 과거에 존재하지 않았던 수준이며, 중국이 수십년 더 있어야 따라갈 수 있는 정도이다. 미국의 경제가 즉각 붕괴한다면 모를까, 과거 도전국이 기존 패권국을 능가하는 상황이 오늘날 중미 간에는 아직 존재하지 않는다. 셋째, 세력전이의 동력은 그렇게 간단한 것이 아니다. 세력전이 과정이 연관된 영역은 흔히 부상국과 패권국의 경계를 초월한다. 기존 질서에 불만족한 부상국 여럿이 함께 도전을 감행했다가 기존 질서 옹호국들에 의해 제압되기도 한다.[25] 직접적 도전국과 기존 질서 옹호파 간의 경쟁의 대가는 매우 값비쌀 수밖에 없다. 또한 협력/경쟁관계는 기존 패권국과 그를 지지하는 국가 간 평화적인 세력전이가 가능하게 해주는 성공적인 길이 된다.[26] 이러한 것들에 비추어 보면, 아태지역의 세력전이 과정에서 제3자의 부상을 주시하는 것은 매우 중요한 것이다. 예를 들어 미국이 일본을 이용하여 중국을 견제하려는 것이다. 물론 인도 또한 부상하는 지역 강대국이 됨으로써 중미 간 충돌과정에서의 잠재적인 분리자(分化者)가 될 수도 있다.[27]

2. '아시아 회귀'전략과 중미관계

강대국 간 세력전이는 하나의 복잡한 과정이다. 국제관계이론에 따르면 외교적 실천과정에는 흔히 딜레마가 발생한다. "안보영역 내 행위목표 또는 행동규칙을 예측하기 어렵다"는 것이다.[28] 근본적으로 보자면, 중국이 아태

. . . .

25 Evelyn Goh, U.S. Strategic Relations with a Rising China, in Kevin J. Cooney and et al, eds., 『The Rise of China and International Security, America and Asia Respond』, Ibid., p.81.

26 Immanuel Wallenstein, 『The Politics of the World Economy』(Cambridge: Cambridge University Press, 1984), and George Modelski, "The Long Cycle of Global Political and the Nation State," *Comparative Studies in Society and History(20)*, 1978, pp.214-235.

27 Evelyn Goh, U.S. Strategic Relations with a Rising China, in Kevin J. Cooney and et al, eds., *The Rise of China and International Security, America and Asia Respond*, p.84.

28 Martin Weight, 『Diplomatic Investigation』(London: George Allen and Unwin, 1996), pp.17-34.

지역의 국제질서를 주도하는 세력전이의 도전국이 될 것인가의 여부는 다음과 같은 두 가지 변수에 달려 있다. 첫째, 중미 간 잠재적인 세력균형. 이는 중국이 아태지역 국제질서의 평화적 전이를 유지해 나가는 권력적 기초이다. 둘째, 오늘날 아태지역 국제질서는 중국의 전략목표와 미국에 도전하려는 의지에 달려 있다. 비록 미국이 아태 회귀전략을 시행하지만 아태지역에서 단기간 내에 중미가 직접적으로 충돌하지는 않을 것이다. 기존의 도전국가가 여전히 강하지 못해서일 뿐 아니라, 더욱 중요한 이유는 중국이 경제 글로벌리즘의 적극적인 참여자이자 피해자로서, 기존의 국제정치경제질서를 점차 새롭게 인식하고 적응해 가는 과정에 있다는 사실이다. 중국은 오늘날 국제적 룰의 적극적 수호자 역할을 하고 있다.

신현실주의 이론에 따르면 중미 간 세력경쟁은 아태지역의 국제질서에 세력변화를 초래할 수 있다. 아태지역의 핫이슈, 가령 대만문제, 북핵문제는 중미 간에 국부적 대립 혹은 충돌을 초래할 수 있는 요인이다. 하지만 만일 중미 간에 서로 대립하지 않고 종국적으로 일정한 정도의 균형을 이루게 된다면 아태지역의 세력전이 또한 변화되게 될 것이다. 미국의 중국전문가 크리스텐슨(Thomas Christensen)은 중미 간 비대립적 전쟁이 발생할 수 있다는 언급과정에서 "만일 중국 지도자가 평화적 방식의 대만문제 해결이 무력을 통한 대만문제의 해결보다 치뤄야 할 대가가 더욱 크다고 인식하게 된다면, 만일 미국이 현재 혹은 잠재적 사상자가 너무 많아서 부득이 군사 분쟁에서 서둘러 철수해야 할 경우, 만일 미국이 세계 다른 지역의 분쟁의 진흙탕에 빠지게 된다면, 혹은 만일 미국의 역외 동맹국이 미국의 기대에 어긋나는 결정을 부득이 내리게 될 것이라 중국 지도자들이 믿게 된다면, 그들은 미국의 지위에 도전하는 길을 선택할 수도 있다"[29]고 밝힌 바 있다. 미국의 첨단과학기술은 이라크, 아프가니스탄 전쟁 중에

· · · · · · · · · · · · · · · ·

29 Thomas Christensen, "Posing Problems without Catch Up", in Alastair Iain Johnson & Robert Ross, eds., 『Engaging China: The Management of an Emerging Power』(London: Routledge, 1990), pp.5-40.

서 이미 충분히 드러났다.[30] 중국 군사현대화의 발전 속도 또한 빨라지고 있다.[31] 9·11사태 이후 중국은 미국에 대항할 수 있는 최첨단 무기의 개발을 서두르기 시작했다. 정보, 지휘, 후방 보장 시스템의 현대화 등의 조치들은 미국을 불안하게 만들었다. 2007년 중국의 중거리 미사일의 위성 격파 및 폐기사건이 미국에서 반향을 불러일으킨 것이 생생한 사례이다. 아울러 중국의 부상은 또한 주변 국가들, 예를 들면 러시아, 일본, 한국 및 아세안 등 잠재적 강대국의 견제심을 초래했다.

2011년 11월 힐러리 클린턴 미국무장관은 '미국의 태평양 세기'라는 제목의 글을 발표하며 미국의 전략적 중심이 이미 동쪽으로 향하고 있음을 전 세계에 선포하였다. 태평양은 장차 '미국의 천하'이고, 미국이 태평양을 이끌게 될 것이라는 것이다.[32] 힐러리는 말했다. 만일 그 지역이 당면한 새로운 도전에 미국이 적응해야 한다면, 인도양과 태평양 간 날로 증대하고 있는 관계를 어떻게 작동 가능한 관념으로 바꿔나가는가 하는 것이 바로 미국이 답해야 할 문제라고 말이다. 미국은 더 많은 동맹국들 및 파트너들과 협력할 것이며, 각종 위협 혹은 역내 평화와 안정을 깨뜨리는 행위에 대응할 것이라고 언급했다. 미국 외교 정책의 핵심은 아태지역으로 전이되었다는 것이다.[33] 미국의 아시아 회귀 전략은 필경 아태지역 국제질서의 변화를 초래하게 될 것이다.

미국이 전략적 중심을 아태지역으로 옮기는 것은 미국의 동맹국들과 파트너들을 안심시키려는 목적이 크게 작용한 것이다. 해당 지역의 경제안보와 안보 관계를 더욱 강화할 것이라고 밝혔다. 이 전략은 아태지역 많은 국가들의 환영을 받았지만 우려의 씨앗도 남겨놓았으며, 또한 미국이 해당 지역의 강력한 지

. . . .

30 David Shambaugh, 『Modernizing China's Military: Progress, Problems and Prospect』 (Berkeley: University of California Press, 2003).; Li Nan, "China Views of the US War in Iraq: War Fight Lessons," *IDSS Commentary*, June 2003.

31 William C. Wohlforth, "The Stability of a Unipolar World", *International Security*, vol. 24, issue 2, Summer 1999, pp.5-41.

32 Hillary Rodham Clinton, "America's Pacific Century", *Foreign Policy*, Nov. 2011.

33 Ibid.

위를 유지하려면 반드시 대응해야 하는 예측 불가능한 결과를 가져오기도 하였다.[34] 사실상 아태지역에는 중미 양국 사이에서 선택을 강요당하길 원하는 나라가 없다. 중국을 억제하려는 미국의 의도를 방지하기 위하여, 아태지역 각국은 미국에게 통합을 도모하고 중국과 많이 협력하라고 분명히 밝히는 노력을 해야 할 것이다. 미국의 아태 참여정책은 과거로부터 이어진 것이다. 미국의 경우 국제이익이 서로 경쟁하고 또한 국내경제는 도전에 직면하고 있기 때문에 해당 지역에서 힘을 유지해야 한다는 우려가 줄곧 존재해 왔다. 미국의 싱크탱크인 중국전문가 보니 글레이저(Bonnie Glaser)는 "미국이 선포한 전략 조정은 미국이 쇠퇴하고 있음을 반영하는 것에 불과하며, 또한 미국이 세계무대에서 결국에는 내려오게 될 것이라는 하나의 신호이다"고 밝혔다.[35] 미국의 아시아 회귀는 중미 간 전략적 경쟁, 특히 국제적이기보다는 지역적인 경쟁을 초래하고 있다. 미국은 아태지역에서 힘을 유지하려 한다. 중국의 부상을 억제하고 해당 지역에서의 정당한 영향력을 억제하려고 하고 있다. 향후 미중관계에는 필경 경쟁적인 공존상태가 나타나게 될 것이다. 양국은 제도가 다르고 전략적 신뢰관계를 형성하기가 매우 어렵다. 중국은 중미 간 신형 전략적 경쟁이라는 도전에 맞닥뜨리게 될 것이다.

아태지역의 장기적 안정을 위해 중미 양국은 대화를 통해 협력 메커니즘의 틀을 만들어야 한다. 양측은 공동이익을 도모하고 가능한 협력과 조율을 해나가면서 위기관리 프로세스를 만들어야 한다. 우선 아태지역의 정치, 경제질서의 안정을 수호하는 것은 역내 평화와 안녕에 도움이 될 뿐 아니라 중국의 평화 부상이라는 안보환경을 만드는 데에도 유리하다. 둘째, 담판과 대화를 통해 아태지역 정치질서의 권력구조를 변화시키고, 양극 구조로부터 종국적으로 다극 안보체제 구조를 실현해야 한다. 마지막으로 아태지역의 국제질서 권력구조의

34 Bonnie Glaser, "Unintended Consequences? U.S. Pivot to Asia Could Raise Tensions in Region", *Defense News*, April 9, 2012.

35 Bonnie Glaser, "Unintended Consequences? U.S. Pivot to Asia Could Raise Tensions in Region", *Defense News*, April 9, 2012.

변화는 기존 패권국과 신흥 도전국 간의 경쟁을 초래할 수 있다. 오늘날의 중국은 국제사회의 보편적 규칙과 규범을 준수하고 있다. 이는 아태지역을 둘러싼 중미 양국의 안보딜레마를 완화하고, 중국이 미국 등 강대국과 아태지역의 평화적 공동통치를 실현하는 데 도움이 될 것이다. 시진핑 주석은 중미협력관계의 심화를 언급하면서 다음과 같이 말했다. 중국과 미국은 양자 간 투자협정 담판을 가속시켜야 하고, 수준 높고 쌍방향적 균형을 이룬 합의에 빠른 시일 내에 도달함으로써 중미 간 경제관계를 추진해 나가야 한다. 양국 군대 간의 대화를 심화시키고 대화와 협력 메커니즘을 보완하며 중미 군사관계를 추진해 나가야 한다. 쌍방향적이고 호혜적인 기반 위에 대화와 협력을 강화시킴으로써 모든 형식의 테러리즘을 함께 물리쳐야 한다. 각자의 우위를 발휘하고 각자의 의무를 다하여 기후변화라는 전 세계적 도전에 함께 대응해야 한다. 중대한 국제 및 역내문제에서의 대화와 협상을 강화하여 세계 평화, 안정 그리고 번영을 위해 더 큰 공헌을 해야 한다.[36]

3. 중미 신형강대국관계 수립의 기회와 도전

중미관계의 안정적 발전은 중러, 중유(歐), 중인 관계의 발전에 동력을 제공한다. 강대국관계의 균형적 발전은 세계의 다극화 추세를 더욱 강하게 만든다. 강대국 간 각종 '전략적 관계', '파트너 관계'는 이미 탈냉전시기 다극화 과정에서 정치경제 간 상호작용 관계의 주요 모델이 되었다. 미국은 자신이 주도하는 단극체제를 만들고 싶어 한다. 미국의 목적은 실현되지 않았지만 결코 포기하지 않았다. '아시아 회귀'는 미국의 국제전략 특징을 잘 나타내고 있다. 미국은 세계정치와 안보 구조를 계속 주도하려 하고 있다. 중국이 제시한 '신형 중미강대국관계'는 중요한 현실적 그리고 전략적 의의를 가지고 있으며

36 習近平, "努力構建中美新型大國關係: 在第六論中美戰略與經濟對話和第五輪中美人文交流高層磋商聯合開幕上的致辭(2014年7月9日)", 『人民日報』, 2014年7月10日, 第2版.

국제사회의 보편적인 반향을 불러일으키고 있다. 미국의 한 저명한 중국전문가는 중국과 미국이 '신형강대국관계'를 수립하려면 반드시 새로운 방침을 만들어서 기존 강국과 신형강국 간에 쉽게 발생하는 충돌의 위험을 방지해야 한다고 강조하였다. 두 세계적 강대국은 21세기에 수립된 새로운 생존방식으로, 수십 년 지속되어 온 건설적이고도 매우 안정적인 양자관계를 함께 구축했다.[37]

오늘날 국제질서 변화 과정에서 중미 양국은 양자외교와 안보정책의 내부 조율을 강화했으며 위기처리 능력을 제고시켰다. 양국 간의 협력과 전략대화를 확대하고 심화시켰으며 또한 제도화했다. 아시아에서 중미 양국을 포함한 경제와 안보 기구를 만드는 것은 양국의 '신형강대국 관계' 구축에의 중요한 기반이다. 이러한 신형관계는 충돌과 대항을 전제로 하지 않으며 협력과 원원을 강조한다. 중미 '신형강대국관계' 구축이라는 목표를 실현하기 위해 중미 양국은 최고 지도자 간 매년 한두 차례의 회담을 거행하여 양국관계의 전략적 기초와 관련 정책을 논의할 필요가 있다. 중미 양국의 지방 및 사회 간 긴밀한 결합을 촉진시켜야 한다. 제3자 요인에 대한 관리통제를 강화시켜야 한다. 또한 역내 제도화를 추진해야 한다.[38] 이 외에도 중미 양국은 서로 취업 기회를 창출하는 기업의 수와 규모를 확대시킴으로써 중미 경제의 상호 의존성을 한층 더 강화시켜야 한다.

(1) 중미 '신형강대국관계' 수립의 전략적 기회

신형강대국관계를 수립하자는 것은 하나의 새로운 이념이자 주장으로서 인류사회의 발전 추세와 국제사회의 공동이익에 부합하는 것이다. 강대국관계는 국제체제의 기본 특징과 총체적 상황을 규정한다. 서로 평등 및 신뢰 하고, 서로 포용하고 배우며, 협력 및 원원하는 신형강대국관계는 중미 양국이 맞이한

37 [미]詹姆斯·斯坦伯格, [미]邁克爾·奧漢隆, 『戰略安撫與決心: 21世紀的中美關係』(紐約: 普林斯頓大學出版社 2014).; 『參考資料』, 2014年10月22日, 3-16쪽 참조.

38 David M. Lampton, "A New Type of Major-Power Relationship: Seeking a Durable Foundation for U.S. - China Ties," *Asia Pacific*, No.16, July 2013.

공동의 기회이다.

첫째, 냉전 종식 이후 세계 다극화, 경제 글로벌리즘, 문화 다양성, 사회 정보화가 심도 있게 발달되면서 서로 다른 제도와 유형, 발전단계의 국가들 간의 상호 의존과 이익의 융합이 명시적으로 심화되고 있다. 인류사회는 더 높은 차원에서 "네 안에 내가 있고, 내 안에 네가 있는" 운명 공동체를 이루었다. 평화, 발전, 협력, 윈윈 이념이 갈수록 사람들의 마음속에 뿌리내리고 있다. 신흥 강대국이 집단적으로 부상하고, 강대국 정체성이 날로 다원화되며, 기존 강대국의 국제적 영향력이 상대적으로 하락하였다. 세계평화를 지키고, 국제문제에 대응 및 처리하기 위해서는 더 많은 국가들, 특히 강대국들의 협력 및 공동 행동이 필요하다.[39] 오늘날 각국은 전 세계 경제위기에 대처하고 국제금융질서의 개선을 촉진시키고 있으며, 새로운 에너지를 개발하고, 테러리즘에 반대하고, 역내 안전을 지키는 등의 부문에서 날로 커지는 공동이익과 광범위한 협력공간을 가지고 있다. 이는 신형강대국관계를 구축하는 내재적 동력일 뿐 아니라, 중미 간 강대국관계의 기반이기도 하다.

둘째, 신형강대국관계를 수립하려면 평화적 방법을 통해 관계국들의 상호 인지와 입장을 변화시키고 조정해야 한다. 이와 관련된 선례가 없을 뿐 아니라 참고할 만한 경험도 없다. 성패의 관건은 '파워 폴리틱스'를 제도적 메커니즘을 형성하는 '룰 폴리틱스'로 변화시킬 수 있느냐에 달려 있다. 또한 각국, 특히 강대국들이 상호 적응 및 게임을 하는 과정에서 국제사회가 초보적으로나마 합의를 이뤘던 기본 원칙들을 함께 준수할 수 있는가에 달려 있다. 중미 간에 일종의 신형강대국관계를 형성하려면 "양국 관계의 전략적 기반과 해오던 행태의 정도, 적극적이면서도 점진적인 단계를 거쳐서 실현해야 한다. 상호 불신이 양국의 이론과 관료기관의 인식, 이익 그리고 국민들의 우려 속에 깊이 자리하고 있기 때문에, 단순히 변환적인 이니셔티브가 아닌 일련의 적극적이고 점진적인 행동이 가장 현실적으로 나아가야 할 방향인 것이다.[40]

. . . .

39 李文, "構建新型大國關係", 『人民日報』, 2013年6月4日, 第3版.

40 David M. Lampton, "A New Type of Major-Power Relationship: Seeking a Durable

냉전시기 형성된 차등적 관계, 의존적 관계 그리고 주종관계를 공정하고 평등하며 호혜적이고 윈윈의 동반자관계로 변화시키고, 그리고 신형강대국관계를 형성하는 기초는 평등호혜이다. 중국과 미국이 신형강대국관계를 형성하는 것은 장차 중 · 러, 중 · 인, 중 · 유(歐) 그리고 중 · 브 등 강대국관계를 발전시키는 데 경험을 제공하게 될 것이다. 각국은 모두 국제사회에 평등하게 참여할 권리를 갖는다. '평등, 호혜, 윈윈'의 원칙을 마땅히 지켜야 한다. 모두가 한 배를 탄 운명으로서 권리와 책임을 함께 나눠야 한다. 각국은 모두 유엔헌장의 대의와 원칙을 준수해야 하며, 공평과 정의를 지켜야 한다. 잘잘못을 분별하여 국제적 업무를 처리해야 한다. 그 어떤 국가도 자신의 이익을 최대화하기 위해 규칙을 바꾸거나 이중적 잣대를 들이대서는 안 된다.

신형강대국관계를 형성하려면 세계의 다양성과 다원적인 현실을 인정하고 받아들여야 한다. 각국의 역사와 문화, 가치관념, 사회제도와 발전모델을 존중하고, 사회제도나 이데올로기의 차이 때문에 친소관계나 좋고 나쁨을 결정하지 말아야 한다. 서로 같은 것을 추구하는 바탕 위에서 단순한 세력균형이나 상호억제에 반대해야 한다. '평화공존, 협력안보, 집단안보, 공동안보'를 제창하고 동맹과 대항의 방식으로 안전을 꾀하려는 행위에 반대해야 한다.[41]

셋째, 신형강대국관계의 수립은 우선 방향을 잡고 노선을 탐색하며 내실화와 보완을 추구하는 일종의 장기적 과정이다. 각국의 공동노력이 필요하며, 상호이해를 부단히 증진시키고 공감대를 높이며 협력을 심화시켜야 한다. 신형강대국관계의 수립은 한번에 되는 것이 아니다. 역사는 늘 자신의 규칙에 따라 앞으로 발전해 나갔다. 세계 강대국이 이러한 정확한 방향을 지켜 나가고 냉전적 사고방식을 버린다면 인류사회에는 희망이 가득할 수 있다. 강대국 간 건설적인 상호 의존은 전 세계 정치와 경제적 안정의 중요한 기반이다. 강대국 간에는 평등한 전략적 협력 동반자관계를 만드는 데 주력해야 한다. 상대가 국제사회에서 없어서는 안 될 역할을 하고 있음을 인정해주어야 한다.

Foundation for U.S.-China Ties", *Asia Policy*, No.16, July 2013.
41 李文, "構建新型大國關係", 『人民日報』, 2013年6月4日, 第3版.

경제발전은 국가의 가장 큰 이익이다. 중미 양국은 경제무역과 경제협력을 계속 확대해 나가야 한다. 거시적 경제정책의 조율을 강화하고 양국의 경제발전 과정에서 협력을 확대시키며, 아태지역과 전 세계 경제의 강력하고 지속가능하며 균형 잡힌 성장을 추진해 나가야 한다.[42] 중국과 미국은 이익 접합점을 가지고 경중완급을 구분해야 하며, 공동이익을 확대시킬 수 있는 협력을 우선적으로 고려하면서 실제적으로 추진해 나가야 한다. 예를 들어 경제, 군사, 인문 등 전통영역에서의 협력을 계속 심화시키고 인터넷 안보, 전 세계 거버넌스 등 새로운 영역에서의 협력을 강화할 수 있다. 인권, 이데올로기 그리고 정치시스템 관련 갈등과 분쟁을 약화시켜야 한다. 여러 분야와 차원에서 중미 간 공동이익과 갈등이 존재한다. 자국의 이익을 고려하는 동시에 상호관계의 개선을 함께 고려해야 한다. 공동이익을 확대시키고 서로 다른 수준과 범위로 추진해야 한다. 갈등과 분쟁을 줄이고, 특정 수준과 범위에 제한시켜야 한다.

분쟁을 적절히 처리하고 갈등을 효율적으로 관리하는 것은 중미관계의 안정에 매우 중요하다. 중미 간에는 분명 상호 경쟁이 있다. 이점을 양측은 모두 솔직하게 말해야 하며, 깊은 대화를 나누어야 한다. 또한 각자가 상대의 필요와 관심사를 고려하고 배려해야 한다. 이러한 과정에서 상호 타협은 하나의 현실적 선택이 될 수 있다. 원칙적 문제에 대해서는 입장을 굽히지 말아야 하지만 비원칙적 문제에 대해서는 근본이익을 침해하지 않는 한 적당한 정도로 타협하는 것도 필요하다. 중미관계의 과거 역사는 이미 이러한 점을 증명했다. 하지만 과거의 경험은 또한 양국 사이에 일부 돌발적 사태도 발생할 수 있음을 보여준다. 따라서 일이 발생하기 전에 미리미리 준비하여 위기관리시스템을 만드는 것도 매우 중요하다. 그리하여 이러한 돌발사태가 중미관계에 미치는 영향력을 최소화시키도록 말이다.[43]

. . . .

42 習近平, "構建中美中美新型大國關係", 『習近平談治國理政』(北京: 外文出版社 2015), 279-281쪽.

43 陶文釗, "中美互利合作管控分歧", 『人民日報』, 2013年5月31日, 第3版. 중미관계는 협력하면서도 경쟁하는 관계이다. 양국은 중대한 공동이익도 있고 또 일부 문제에서는 갈등도 있다. 하지만 전체적으로 보았을 때 공동이익이 갈등보다 크며, 협력이 경쟁보다 크다.

(2) 중미 '신형강대국관계' 구축이 당면한 도전 요인

오늘날 중미관계는 날로 복잡해지고 있다. 긍정적·부정적 요인들이 교차되며 병존하는 이중 국면이 더욱 심화되고 있다. 한편으로는 양국이 광범위한 공동 이익과 넓은 협력공간을 가지고 있고, 경제무역, 에너지, 환경보호, 인문 등 교류협력을 진행하고 있다. 양측은 또한 한반도문제 및 전 세계 경제의 부활, 기후변화 대응 등에 관하여 소통과 협력을 강화해 왔다. 하지만 다른 한편 중미간 '신형강대국관계'를 마련하는 데 각종 주관적 그리고 객관적인 부정적 요인이 나타나고 있다. 얼마 전 톰 도닐런(Tom Donilon) 미 국가안보 고문이 '아시아 소사이어티'에서 '2013년: 미국과 아시아태평양(The United States and the Asia Pacific in 2013)'을 주제로 연설하던 중 미국의 '아시아재균형'정책의 5대 전략기둥을 언급하였다. 중국과 안정적이고 성과가 많은 건설적 관계를 맺는 것 이외에 나머지는 모두 미래 중미 신형강대국관계를 구축하는 데 있어 시련이라는 것이다. 총 다섯 가지 부분에서 도전 요인이 있다.

첫째, 미국이 일본, 한국, 호주와의 동맹관계를 계속 강화하고 있다. 이는 '아시아 재균형'전략의 기초라고 칭하며, 오늘날 미국의 동맹관계는 과거 그 어느 때보다도 공고하다고 강조하고 있다. 향후 몇 년 동안 미국의 군사력에서 비교적 상당한 부분이 아태지역에 배치될 것이라 천명하였다.[44] 미국의 이러한 전략은 중국과 일본, 필리핀 등의 해양 영토분쟁을 더욱 복잡하게 만드는 중요한 원인이다. 미국은 중일 간, 중필 간 해양 분쟁에 대해 애매모호한 태도를 취하고, 언행이 불일치하며, 일본과 필리핀 편을 들고 있어 중미 간 '신형강대국관계'

· · · · · · · · · · · · · · · ·

44 Tom Donilon, "The United States and the Asia Pacific in 2013", *The Asia Society*, New York, March 11, 2013, 도닐론의 연설에 따르면, 2020년까지 미 해군의 60%의 병력은 태평양 지역을 기반으로 배치될 것이다. 미국 공군은 향후 5년간 중심을 점차 태평양 지역으로 옮겨갈 것이다. 미국은 현재 육군과 해군력을 강화시키고 있다. 펜타곤은 현재 태평양사령부에 잠수함, F-22와 F-35 등 제5세대 전투기 그리고 각종 정탐 플랫폼 등 가장 첨단화된 군사력을 우선적으로 배치할 계획을 마련하고 있다. 그리하여 레이더 확충 및 미사일방어 시스템 분야에서 빠르게 발전시킴으로써 자신의 동맹국과 아태지역 전체를 보호할 것이며, 안정을 깨뜨리는 북한의 위험행위 등 당면한 가장 긴박한 위협들에 대처해 나갈 것이라고 한다.

구축과정에 영향을 주고 있다.

둘째, 미국이 'TPP' 등 협정을 빌미로 번영을 지속할 수 있는 아시아 역내 경제구조를 구축하고 있다. 미국은 "TPP 구상을 부단히 확대되는 역내 경제 융합의 플랫폼으로 만들고 싶어 한다. 오바마 재임기간 TPP에는 7개의 파트너 국가가 있었지만 이후에 또 베트남, 말레이시아, 캐나다 그리고 멕시코, 이 네 개의 파트너 국가를 받아들였다. 이 11개국의 매년 무역총액은 1만 4천 억 달러에 달한다. TPP의 부단한 확장은 이미 모든 지역을 다 포괄하는 아태자유무역지대를 만들려는 APEC의 바람이 앞을 향해 크게 전진하는 데 도움을 준다.[45] 미국은 'TPP'와 'TTIP'로 구성된 '양(兩) 해양 쌍(雙) P 대전략'을 추진함으로써 중국 경제 부상의 국제시장 공간을 전면적으로 압박하려고 하고 있다.

셋째, 중미 간 구조적 갈등이 조율되기 어렵다. 메어 가토프 포틀랜드주립대 교수는 "'신형'미중관계 앞날을 점칠 수 없다" 제하의 본인의 글에서 중미 신형 강대국관계 구축에는 다섯 가지의 장애요인이 있다고 밝혔다. 첫째, 중미 간 국제적 책임에 대한 의견이 다르다. 둘째, 양국의 자아 인식이 서로 다르다. 중국은 이웃국가와의 관계에서 중요한 역할을 하길 바라고, 기존의 체제를 뒤엎는 것이 아니라 개혁하고 싶어 한다. 미국은 스스로 자신이 국제사회에서 독특한 지위를 누리고 있으며, 또한 모든 국가의 내정에 대해 견해를 표할 권리와 책임이 있다고 여긴다. 셋째, 양국은 여전히 냉전적 사고방식을 극복하지 못하고 있다. 넷째, 양국은 소통의 차원에서 많은 문제점들을 가지고 있다. 다섯째, 미중 군사력이 서로 균등하지 않다. 양자관계의 긴장을 줄이고, 신뢰를 강화하며 협력의 기반을 확대하기 위해 미국이 응당 먼저 자신의 군사계획을 변화시켜야 한다. 아울러 중미 양국은 동북아 지역에 참신한 안보대화 메커니즘 및 위험한 대립을 사전에 방지할 수 있는 미중 행위 규범을 머리를 맞대고 만들어야 한다.[46]

. . . .

45 Tom Donilon, "The United States and the Asia Pacific in 2013", *The Asia Society*, New York, March 11, 2013. 중국어로는 『參考資料』, 2013년 3월 18일자 1~8쪽 참조.

46 [미]梅爾 · 格托夫, "'신형'미중관계 앞날을 점칠 수 없다", 『亞洲時報』, 2014년 1월 7일.

넷째, 중국이 부상함에 따라 국제질서에 커다란 변화가 발생했다. 미국은 중국에 대해 '접촉과 억제' 정책을 취함으로써 중미관계에서 이익의 복잡성을 나타냈다. 중미 양자관계에는 제로섬적인 이익 분야가 있는가 하면 또한 난제로섬(non-zero-sum)적 이익 분야도 있다.[47] 미국 정부는 한편으로는 안정되고 성과가 많으며 건설적인 중미관계의 중요성을 강조하면서, 다른 한편으로는 또한 안보, 인터넷 그리고 지적재산권 등 영역에서 갈등을 조장한다. 도닐런은 심지어 "미중관계에는 협력과 경쟁의 이중 요인이 있으며 또한 계속 있을 것이다"라고 발언한 바 있다.[48] 그는 인터넷 안보문제가 이미 중미 양국 경제관계에서 날로 심각한 도전이 되고 있다고 강조하였다. 미국과 중국 같이 이렇게 큰 경제실체들은 인터넷의 개방성, 조작가능성, 안전성, 신뢰 그리고 안정성부문에서 막대한 공동이익을 가지고 있다. 개인정보와 통신, 금융 교역, 주요 기초시설, 혹은 창의와 경제 성장에 매우 중요한 지적재산권 및 상업기밀을 보호하는 부분에서 미중 양국은 모두 위험에 처해 있다. 미국 언론은 또한 시진핑 주석의 방미 이전에 소위 "중국 해커 위협론"을 크게 떠들면서 선제공격, 대중국 압력 시행을 시도하였다. 또한 헤이그 미국방장관은 싱가폴 샹그릴라 회의에서 중국 정부와 군부를 공개적으로 비난하였다. 미국은 인터넷 공간을 홀로 재패하려는 의도를 가지고 있다.[49]

다섯째, 미국이 동맹국과의 전략적 협력관계를 강화하면서 남중국해 문제에 개입하고자 한다. 도닐런은 "오바마 정부는 '동맹우호협력조약'을 체결한 이후 매년 아세안 국가들 지도자를 만난다. 또한 향후에도 계속 이렇게 할 것이다. 대통령은 매년 동아시아정상회의(EAS)에 참석하기로 결정했다. 이는 동아시아정상회의를 아시아 정치와 안보문제를 다루는 가장 주요한 포럼으로 격상시키겠다는 미국의 목표에 부합하는 것이다"라고 밝혔다. 그는 자원이 풍부한 남중

· · · · · · · · · · · · · · · ·

47 周方銀, "中國崛起東亞格局變遷與東亞秩序的發展方向", 『當代亞太』, 2012年 第5期, 4-32쪽.

48 Tom Donilon, "The United States and the Asia Pacific in 2013", *The Asia Society*, New York, March 11, 2013, 중국어로는 『參考資料』 2013년 3월 18일자 1-8쪽 참조.

49 陳向陽, "中美新型大國關系面臨三大博弈", 『人民論壇』, 2013年 第18期, 4쪽.

국해와 동중국해 영토분쟁은 분명 이 지역의 정치와 안보의 틀을 시험하게 될 것이라 여기고 있다. 이러한 긴장정세는 아시아 번영의 평화기반에 도전하는 것이며 또한 이미 전 세계 경제에 손해를 끼치고 있다. 비록 미국은 이 지역에 대해 영토적 욕구를 가지고 있지 않으며 또한 다른 나라들의 요구에 대해 어떠한 입장을 가지고 있지는 않지만, 미국은 압박과 무력사용을 통해 영토적 욕구를 전개하는 것에 단호히 반대하고 있다. 국제법에 부합하는 평화적 조율 및 외교적 노력을 통해서만이 지속적인 해결 방안을 도출할 수 있다.[50]

(3) 중미 '신형강대국관계' 구축의 시대적 의의

시진핑 주석의 방미가 성공적으로 이뤄짐에 따라 중미 '신형강대국관계' 구축이라는 용어가 이미 미래 중미관계의 발전을 어떻게 정의하는가를 나타내는 중요한 표지가 되었다. 세계의 제1, 제2 경제실체이자 가장 큰 개도국과 가장 큰 선진국으로서 중미 양국이 신형강대국관계 구축을 위해 새로운 길을 내딛을 수 있는지는 전 세계 평화와 발전에 관계되는 일이다. 미래 국제관계 및 국제체제의 발전 방향과도 연관되는 것으로서 시대적 의미를 담보하고 있다. 이것의 중요성은 다음과 같은 네 가지 방면에서 살펴볼 수 있다.

첫째, 오늘날처럼 상호 의존성이 강한 세상에서는 하나가 번영하면 다 같이 번영하고, 반대로 하나가 손실을 보면 다 같이 손실을 보는 상황을 모든 나라가 맞이하고 있다. 중미 간 신형강대국관계를 적극 구축하는 것은 바로 이러한 시대적 배경을 반영한 것이다. 강대국이 상대를 대함에 있어 서로 질투하고 견제하려는 옛 사고방식을 버리고, 신뢰를 강화하는 협력 메커니즘을 확립하며, 충돌과 전쟁의 회피라는 가장 낮은 목표 단계에서 협력 원원의 추구라는 더욱 높은 수준의 목표를 지향해야 한다.[51] 미국은 중국과 적극적이고 건설적인 관계를

---

50 Tom Donilon, "The United States and the Asia Pacific in 2013", *The Asia Society*, New York, March 11, 2013, 『參考資料』 2013年3月18日, 1-8쪽.

51 "中美構建新型大國關係具有劃時代意義", 『光明日報』, 2013年6月8日. 신형강대국관계는 중미 양국에만 해당되는 것이 아니다. 중미 신형관계의 구축은 각 강대국관계의 발전에도 중요한 시사점을 제공해 준다. 각자가 모두 함께 노력해야만 세계화와 다극화시대에서 평화공존과 협력

맺는 것을 자신의 아시아"재균형"의 중요한 구성성분으로 간주하고 있다. 그래서 "미국은 번영하고 성공한 중국, 역내와 세계문제의 해결에 공헌하는 중국을 환영하고 지지한다"라고 강조하였다.[52] 시진핑 주석은 방미 기간 동안 "중미는 강대국 간 충돌이라는 과거와 다른 새로운 길을 걸어야 한다. 신형강대국관계를 구축하기 위해 함께 노력하고, 서로 존중하며, 협력 위원하고, 양국 국민과 전 세계 인민에게 복을 가져다주어야 한다. 중미 양국이 서로 잘 협력한다면 전 세계의 안정과 평화를 촉진시킬 수 있다"고 강조하였다.[53]

둘째, 중미 신형강대국관계 구축은 매우 중요한 유인 효과를 갖는다. 국제 거버넌스 체제의 변혁을 추진하는 데 도움이 될 것이다. 강대국관계는 상당한 정도로 국제체제의 향방을 결정한다. 중국이 인도하는 신형강대국관계 이념은 국제질서와 체계가 더욱 공정하고 합리적인 방향으로 발전해 나가는 데 도움이 된다. 최근 들어 중미관계의 전략적 의의와 전 세계에 미치는 영향이 날로 상승하고 있다. 양국은 북핵, 이란핵, 아프가니스탄 등 핫이슈에 대해 대화와 협력을 전개해 왔으며, 국제사회와 함께 국제금융위기, 기후변화 등의 문제에 대응해 왔다. G20 정상회담을 개최하여 적극적인 성과를 거뒀으며, 국제체계의 구축과 개혁을 추진해 왔다. 중미 신형강대국관계 구축에서 하나의 중요한 부분이 바로 평등한 대화를 통해 국제 업무에서의 양국의 이해와 소통을 증진시키며, 전 세계적 이슈에 대한 조율과 협력을 강화시킨다는 것이다.

셋째, 중미 신형강대국관계의 구축은 중미 양자가 상호신뢰와 상호이익의 원칙에 근거하여 협력과 대화를 강화하고 협력분야를 확대하며, 협력의 형식을 다양화하고, 협력 메커니즘을 보완한 것에 도움이 된다. 양국관계가 냉전시기 소련의 위협 공동대처에서 냉전종식 이후 공동이익 도모로 전환된 것에도 부

윈윈의 길을 걸을 수 있다.

52 Remarks by Secretary Hagel at the IISS Asia Security Summit, Shangri-La Hotel, Singapore, June 1, 2013, http://www.defense.gov/Transcripts/Transcript.aspx?TranscriptID=5251

53 習近平, "構建中美新型大國關系", 『習近平談治國理政』(北京: 外文出版社, 2015), 279-281쪽.

합한다.[54] 중미 양국이 아태지역의 서로 다른 영역에서 각각 리더 역할을 발휘하여 '이중 지도체제'를 실현한다면 양국이 특정 영역에서의 상호 장점을 보완하는 발전모델을 학습한 것일 뿐 아니라, 향후 상당히 긴 기간 동안 아태지역의 안정과 발전을 일정한 정도로 확보하게 될 것이다.[55] 중미 신형강대국관계의 구축 여부는 중미관계 발전의 미래를 결정짓는 것일 뿐 아니라 국제정세의 발전과 국제구조의 형성 또한 결정하는 것이다.

넷째, 중미 신형강대국 구축은 이론적으로 가치가 있다. 전통적 국제관계이론에 새로운 경험을 제공해 줄 수 있다. 국제관계사상 강대국의 상호 쟁탈의 역사적 기억은 서구의 현실주의 국제관계이론의 기초를 마련했다. 많은 서구역사학자들과 이론가들은 신흥 강대국이 반드시 기존의 패권국에 도전하게 될 것이라 여기고, 기존 강대국은 반드시 신흥 강대국을 억제할 것이라 여긴다. '강대국 정치의 비극'이 역사의 '규칙'이라는 것이다.[56] 그러나 협력 원윈을 핵심으로 하는 신형강대국관계는 국제체제를 평화적으로 전이시키고, 신흥 강대국과 기존패권국이 반드시 충돌한다는 '숙명'을 초월하는 데 그 주요 목적을 가지고 있다. 신형강대국관계를 진정으로 실현하려면 이론의 장애, 전략적 의구심, 이익 충돌과 정책적 마찰 등의 어려움을 극복해야 한다.[57] 서로 다른 정치제도, 이데올로기와 발전모델을 지닌 강대국관계의 방향에 대해 서구 정치이론은 더욱 비관적인 사고방식과 관점으로 해석을 하곤 한다. 21세기 새로운 시대는 완전히 새로운 국제관계이론을 부르고 있다. 신형강대국관계를 구축하려는 중미의 노력은 강대국관계의 선순환적 발전이라는 참신한 실천을 제공하게 될 것이며, 국제관계이론의 기념비적인 발전을 만들어내게 될 것이다.

. . . .

54 儞世雄, "發展長期健康穩定的新型大國關係", 『當代世界與社會主義』, 2013年 第3期, 115-122쪽.

55 趙全勝, "中美關係和亞太地區的'雙領導體制'", 『美國研究』, 2012年 第1期, 7-26쪽.

56 미 시카고대 정치학과 교수 존 미어샤이머(John Mearsheimer), 미국 '신안보연구센터'의 로버트 카프란(Robert D. Kaplan), 브루킹스학회의 로버트 케이건(Robert A. Kagan) 등이 이러한 이론을 굳게 믿고 있다.

57 楊潔勉, "新型大國關係: 理論, 戰略和政策建構", 『國際問題研究』, 2013年 第3期, 9-19쪽.

(4) 전통적 강대국 간 대립이라는 옛길을 벗어나, 제로섬 사고방식을 버려야 한다

중미관계는 부상국과 패권국 간의 관계이다. 백여 년 동안 평화적 부상을 성공적으로 실현하거나 평화적으로 발전한 강대국은 20세기 상반기 미국과 하반기 독일, 일본밖에 없다. 하지만 이러한 국가들의 공통점은 패권국과 이데올로기가 비슷하다는 점이다. 미국과 영국은 같은 영어권 국가이며, 독일과 일본은 미국의 보호 아래에 있는 동맹국이면서 또한 미국의 지위를 위협할 정도까지 다다르지는 못했다. 이와 비교하여 중국과 미국은 비록 이데올로기와 정치제도가 다르지만 전면적인 대립 국면이 없을 뿐 아니라 또한 여러 영역에서 밀접하게 협력하고 있다. 이미 약 25년 동안 이러한 상태가 지속돼 왔다. 다시 말해 중미 양국은 처음으로 이데올로기가 서로 다른 부상국과 기존 패권국이 장기적으로 평화공존하고, 경쟁과 협력이 병존하는 국면을 만든 것이다. 이것이 일종의 '신형강대국관계'인 것이다.[58] 시진핑 주석이 말했던 것처럼 "신형강대국관계의 구축은 양측이 역사적 경험을 총괄하는 기반 위에서 양국의 국내정세와 국제정세에서 출발하여 함께 취하는 중대한 전략적 결정이다. 이는 양국 인민과 각국 인민의 근본적 이익에 부합하며 또한 양측이 강대국 간 충돌과 대항이라는 과거의 규칙을 타파하기로 결심함으로써, 강대국관계의 새로운 모델을 발전시키는 정치적 의무를 다하는 것이다."[59]

전통적 강대국 정치 모델 즉 부상하는 강대국과 안정된 지위의 강대국 간에는 어느 정도는 충돌이 일어날 수밖에 없다는 과거의 강대국 정치 모델에 대해 미국 정계는 부정적인 시각을 가지고 있다. "이러한 결과를 초래할 아무런 원인들이 없다. 그것은 어떤 물리적 규칙도 아니며, 지도자가 강대국 간 대립이라는 일련의 선택을 했을 뿐—"이라 것이다. 기존의 패권국과 새로운 신흥 강대국 간에 신형관계를 수립하는 것은 양측, 즉 미국과 중국의 책임이라는 것이다.[60] 미

....

58 達魏, "維護好中美低水平雙邊關係更緊迫", 『環球時報』, 2013年1月18日.

59 習近平, "努力構建中美新型大國關係: 在第六輪中美戰略與經濟對話和第五輪中美人文交流高層磋商聯合開幕上的致詞(2014年7月9日)", 『人民日報』, 2014年7月10日, 第2版.

60 David M. Lampton, "A New Type of Major-Power Relationship: Seeking a Durable Foundation for U.S.-China Ties", *Asia Policy*, No.16, July 2013.

국의 중국전문가 랜턴(David M. Lanpton)은 중미 간 공동의 전략적 출발점은 미국과 중국이 서로 적수가 아니라는 점에 있다고 보았다. 비록 경쟁과 분쟁의 영역이 계속 존재할 것이며 또한 이는 자연적인 것이긴 하지만, 협력의 이익 충돌의 그것보다 크다는 것이다. 양국은 모두 자신의 국내제도를 개혁하는 데 주력하는 것이 가장 시급하다. 또한 상대방을 적수로 간주하는 이러한 고통스럽고도 대가가 크면서도 불필요한 결과를 감당할 수 없다는 것이다.[61] 중미 신형강대국관계의 구축은 특히 협력의 중요성을 강조한다. 국제경제, 에너지, 환경 및 위생이 당면한 도전은 안보문제를 초래할 수 있기 때문이며, 또한 그것의 중요성은 20세기의 전통적 안보문제를 심지어 초월하기 때문이다.

신형강대국관계의 격상과 비교하여, 오늘날 비교적 낮은 수준의 신형강대국관계를 유지하는 임무가 더욱 긴박하며 또한 더욱 현실적이다. 중미 간 국력 차가 날로 좁혀지는 상황 속에서 사람들은 중국과 미국 및 주변 일부 국가와의 관계에서의 장력이 점차 커지고 있음을 느낄 수 있다. 중미 간 핫이슈를 둘러싸고 대립하거나 심지어 충돌하게 될 가능성이 명확하게 커져 가고 있다. 오늘날 중미관계의 수준에서 양자 간에 피차 '전략적 신뢰'를 논하기는 어렵다. 이보단 어떻게 각자의 전략적 자신감을 쌓아 나갈지를 착실하게 고려하는 것이 낫다. 거시적으로 보아 미국은 중국으로 하여금 자신이 중국의 부상을 파괴하려거나 또한 그럴 능력도 없음을 중국이 받아들여 안심할 수 있도록 해야 한다. 중국 또한 자신이 미국의 패권을 도전하려거나 또한 그럴 능력도 없음을 미국이 받아들여 안심할 수 있도록 만들어야 한다. 군사와 안보영역에서 중미 양국은 핫이슈를 둘러싸고 각자의 입장을 분명하게 밝혀 상대의 시그널을 이해하고, 가능한 위기 국면을 통제할 수 있어야 한다.

. . . .

61 Ibid.

322

4. 결론

　　중미관계는 제로섬 게임으로 여겨져서는 안 된다. 미국의 저명한 정치가이자 중국문제 전문가인 키신저(Henry A. Kissinger)는 "번영하고 강대한 중국의 출현 자체가 미국의 전략적 실패로 가정되어서는 안 된다. 중미 양국은 평화적 경쟁의 범위를 확정하여야 하고, 태평양 공동체를 건립해야 한다. 양국은 진정으로 협력하여 소통의 길을 찾고, 또한 자신의 생각을 상대와 전 세계에 밝혀야 한다. 중미 양국은 진정한 협력이냐 아니면 국제적 대립이냐 하는 중요한 전략적 결정기에 놓여 있다."[62]

　　오늘날 세계에서 세계화, 정보화는 각국 간 연계를 더욱 긴밀하게 만들고 있다. 각국 간 상호 의존 및 이익의 교차 정도는 전대미문의 수준이다. 또한 끊이지 않는 각종 도전에 직면해 있다. 그 어느 국가도 독자적으로 대응할 수 없으며 협력해야 한다. 이에 기반하여 중국은 강대국 간에 신형 전략적 동반자관계를 구축해야 한다고 제시하였다. 오늘날 일부 국가들이 이러한 관계를 구축하는 데 적극적이다. 그중에는 선진국도 있고, 개도국도 있다. "중미 신형전략관계는 평등하고 서로 신뢰하며, 서로 포용하고 협력 원원하는 기초 위에서 구축되어야 한다", 중미는 "과거 강대국들 간 충돌과 대립이라는 옛길과는 다른 새로운 길을 걸어가야 한다. 강대국 간에도 장기적으로 평화로이 지내며, 협력 원원하는 시대적 요구에 맞는 새로운 길을 만들어야 한다."[63] '신형강대국관계'와 '중국의 꿈'과 같이 중국과 미국 간 교류 이념의 중요한 내용이다.[64] '중국의 꿈'

. . . .

62 Henry A. Kissinger, "The Future U.S.-China Relations, Conflict in A Choice Not A Necessary", *Foreign Affairs*, March/April, 2012.

63 "中美建新型大國關係, 不走傳統大國對抗老路",『京華時報』, 2013年5月30日.

64 존 케리 미국무총리는 "'미국의 꿈'과 '중국의 꿈'은 각국과 인민이 파트너 관계를 만들어 공동의 미래를 만들어 나가자는 꿈"이라고 하면서 "태평양의 꿈은 바로 우리의 강력한 가치관을 과거에 존재하지 않았던 안보와 경제 그리고 사회적 협력으로 전환시켜 나가자는 것"이라고 밝혔다. John Kerry, Remarks on a 21th Century Pacific Partnership at Tokyo Institute of Technology, April 15, 2013, Tokyo Japan, 중국 버전으로는『參考資料』, 2013年4月23日, 1-8쪽 참고.

은 국제사회에서의 중국의 '담론권'을 증대시켰다. '신형강대국관계'는 국제관계의 '평등, 상호호혜, 윈윈의 원칙'을 강조한다.[65] 중국이 신형강대국관계의 구축을 제시한 것은 기존 국제질서에 도전하려는 것이 아니며 세계 평화와 안정을 지키고, 협력과 발전을 촉진하는 신형국제관계 준칙을 제시한 것으로서, 세계 각국의 기본이익에 완전히 부합한다. 또한 이는 공정하고 합리적인 국제정치경제 신질서를 구축하는 것에 관한 중국의 중대한 공헌이기도 하다.

. . . .
65 피터 마티스, "中國夢: 一個意識形態支柱, 非中美關係框架", 미국 제임스타운기금회 홈피, 2013년 6월 7일, 중국 버전으로 『參考資料』, 2013年6月13日, 10-11쪽 참고.

공생시스템 이론과 중국의 '일대일로(一帶一路)' 전략

샤리핑(夏立平, 통지대학)

공생시스템 이론은 공생이론과 시스템이론의 결합을 통해 혁신을 추구하며, 특히 '일대일로'의 건설에서 매우 중요한 참고 사항으로 기능할 수 있다. 실크로드 경제 지대에서 핵심적인 것은 태평양에서 발트해에 이르는 운수 경로를 확보하는 것이며, 이를 발판으로 인접 동아시아와 서아시아, 중앙아시아 및 남아시아를 하나의 교통 운수 네트워크로 연결시키는 것이다. 그리고 21세기 해상 실크로드는 주로 서부 연결선과 동부 연결선, 남부 연결선으로 구성된다. '일대일로'는 아시아 대륙이 날아오를 수 있는 두 개의 날개이다. 무역, 금융, 지식, 정보, 인문의 다섯 가지 흐름이 막힘없이 통해야 한다. '일대일로' 건설은 지역 및 세계경제 발전의 새로운 추세이다. 유라시아 경제발전의 필요에 부응하면서 모든 참여 국가가 이익을 확보할 수 있도록 두루 살필 것이다. '일대일로'는 향후 지역 및 세계경제 발전의 새로운 동력이 될 것인데, 중국은 공생시스템 이론에 기초해 '일대일로'의 전략을 이끌어야 한다. '일대일로'의 건설을 공생의 전체 시스템으로 파악하는 동시에 시스템 공정에 맞게 추진해야 한다는 것이다. '일대일로'는 국내 및 국외의 두 가지 상황을 종합적으로 고려해야 하고, 국내 사회경제적 발전 전략을 대외 경제 협력과 긴밀히 연결시켜야 한다. 그리고 '일대일로' 전략은 발전과 안전을 모두 살펴야 한다. '일대일로' 건설의 장기 목표는 공생형의 세계 체계를 만드는 것이다.

'일대일로(一带一路)'는 이미 중국의 중요한 전략적 구상이자 설계로 자리매김하였다. 그것은 중국의 국내 전략과 국제 전략을 긴밀히 연결시킨 결과이다. '일대일로'는 중국의 국가발전전략을 구성하는 중요 요소 중 하나이며, 중국의 대외전략을 구성하는 중요 요소 중 하나이고, 중국의 주변 전략을 구성하는 중요 요소 중 하나이며, 중국의 해양강국전략을 구성하는 중요 요소 중 하나이다. 공생시스템 이론이 '일대일로'의 추진에서 중요한 참조점이 될 수 있다.

공생시스템 이론의 구축

공생시스템 이론은 공생이론과 시스템이론을 결합한 일종의 새로운 이론이라고 할 수 있다.

(1) 공생이론의 변천과 발전

'공생'이라는 용어는 생물학에서 비롯된 것으로 서로 다른 종류의 생물들이 함께 생활하는 것을 가리킨다. 특히 동식물이 자신의 특성과 상대방의 특성을 함께 활용하여 상호 의존적으로 생명을 이어가는 현상에 그 초점이 맞춰져 있다. 중국의 전통 의학에서도 '오행학설'이나 '상생상극'과 같은 '공생이론'을 발견할 수 있다. 독일의 생물학자 드바리(Heinrich Anton DE BARY)는 1879년 '공생' 개념을 제기하면서, 공생 환경에서는 공생 개체 간 공생 모델에 기초한 관계가 형성된다고 지적한 바 있다. 결국 '공생'이라는 개념에서는 공생 개체와 공생 모델, 그리고 공생 환경이 중요한 구성 요소로 자리하게 된다.[1]

20세기 중엽 이후 공생이론과 방법은 의학 및 농업 분야에서 점진적으로 적용되었고, 경제학과 같은 사회과학에서도 응용되기 시작하였다. 일부 서구 사

. . . .

1 Robinson, Gloria, "De Bary, (Heinrich) Anton", 『Dictionary of Scientific Biography』(New York: Charles Scribner's Sons, 1975), pp.611-614.

회학자들은 과학과 기술이 고도로 발달한 현대 사회가 등장하면서 사람들 간의 관계가 더욱 긴밀해졌고, 지적 능력을 갖춘 인간과 생산 도구 간의 결합도 역사상 그 유례를 찾아보기 힘들 정도로 밀접해졌다고 지적하였다. 결국 사람과 사람 사이에, 그리고 사람과 사물 사이에 상호 의존적인 공동체가 형성된 것이다. 이를 계기로 일부 사회학자들은 '공생 방법'의 이론을 통해 사회생산 체계를 설계해야 한다는 주장을 내놓기에 이르렀고, 사회생산 체계의 여러 요소가 서로 관계를 맺으면서 영향을 주고받는 상황에 주목할 것을 주장하였다. 1998년, 중국의 위안춘칭(袁純淸)은 공생이론에 바탕을 둔 소형 경제 연구를 내놓았고, 이를 통해 공생이 하나의 생물학적 현상일 뿐 아니라 사회 현상이기도 함을 주장하였다. 공생은 자연스럽게 형성된 현상이기도 하지만 얼마든지 조성 가능한 상황이며, 생물학적 개념을 넘어 사회과학의 방법이 될 수 있다는 것이다[2]. 2006년 후서우쥔(胡守鈞)은 공생론에 입각해 사회를 이끌어야 한다고 언급하면서, '계급투쟁을 핵심'으로 하는 투쟁 철학과는 고별하고 사회 조화를 중시하는 사회 공생론으로 나아갈 것을 주창했다.[3]

21세기의 두 번째 10년을 맞이하면서 중국의 학자들은 공생이론을 국제관계 영역에 응용시키고 있다. 진잉중(金應忠)은 "국제사회의 공생론-평화 발전 시대의 국제관계이론"라는 자신의 논문에서 "'공생'은 국제사회에 엄연히 존재하고 있을 뿐 아니라 국제사회가 발전할 수 있는 기본 경로"라고 주장하였다.[4] 쑤창허(蘇長和)도 "공생형 국제관계의 가능성-다극화의 세계질서에서 어떻게 신형 대국관계를 구축할 것인가"라는 논문에서 공생형의 국제관계를 만들어야 한다고 하였다.[5] 후서우쥔 교수 역시 "국제 공생론"이라는 자신의 논문에서 사회 공생관계의 관점에서 출발해 사회, 곧 국내 사회와 국제사회를 모두 관찰해야 한

．．．．．．．．．．．．．．．．

2 袁純淸 · 謝銳, 『共生理論-兼論小型經濟』(北京: 經濟科學出版社, 1998), 16쪽.

3 胡守鈞, 『社會共生論』(上海: 復旦大學出版社, 2006), 21쪽.

4 金應忠, "國際社會的共生論-和平發展時代的國際關係理論", 『社會科學』, 2011年 第10期.

5 蘇長和, "共生型國際關係的可能─在一個多極世界中如何構建新型大國關係", 『世界經濟與政治』, 2013年 第9期.

다고 밝혔다[6].

(2) 시스템이론의 변천과 발전

시스템 사상은 그 역사가 짧은 편이 아니다. 시스템이라는 말은 고대 그리스 시대에서 비롯되었는데, 당시 그 말은 부분으로 구성된 전체를 의미하는 것이었다. 엥겔스는 "자연계의 모든 과정이 하나의 시스템 안에 연결되어 있다는 인식에서 과학은 부분과 전체 속에서 그 시스템의 연계성을 증명 한다"고 지적하였다[7].

하나의 과학으로서 시스템이론이 등장한 것은 이론 생물학자 베르탈란피 (Ludwig Von Bertalanffy)의 손을 거쳐서이다. 그는 1952년 『항체 시스템론』을 발표해 시스템이론의 기본 사상을 제시하였고, 1968년에는 『일반 시스템이론: 기초, 발전, 그리고 응용』을 발표해 시스템이론의 학술 지위를 공고히 하였다. 이 책에서 그는 "일반 시스템이론이 전체와 전체성을 과학적으로 탐색"한다고 밝혔는데, "일반 시스템이론이 전체에 대한 일반 과학"임을 주장하면서 전체를 시스템이론 연구의 대상으로 삼았던 것이다. 전체와 부분의 관계에 대해서도 그는 "전체가 부분의 합보다 크다"는 점을 지적하기도 하였다.[8] 물론 이후 그에 대한 진일보한 고찰이 이뤄진 것은 아니지만, 전체성을 연구 대상으로 삼는 베르탈란피의 시스템이론이 가장 대표적인 시스템이론으로 받아들여지고 있다.

중국 과학의 대부라 할 수 있는 첸쉐선(錢學森)도 베르탈란피의 시스템이론에 심취해 있었다. 그는 특히 시스템이론의 연구 대상을 전체와 부분의 관계로 확장했다는 평가를 받고 있다. 1970년대 말, 첸쉐선은 다음과 같은 말을 남겼다. "우리가 주창하는 시스템이론은 전체론도 아니고 환원론도 아니다. 차라리 전체론과 환원론의 통일이라고 할 수 있다."[9] 1979년 10월 첸쉐선은 베이징에서

. . . .

6 胡守鈞, "國際共生論", 『國際觀察』, 2012年 第4期.

7 恩格斯, 『反杜林論反』(北京: 人民出版社, 1970), 91쪽.

8 Bertalanffy Ludwig von, *General System Theory: Foundations, Development, Applications.* New York: George Braziller, 1968, p.18.

9 錢學森, 『論系統工程』(上海: 上海交通大學出版社, 2010), 23쪽.

개최된 시스템이론 학술대회에서 "국부(局部)와 전부(全部)의 대립 통일은 ……유물변증법의 통념이자 시스템 개념의 정수"라고 밝혔다.[10] 그는 이런 식으로 변증법을 시스템이론 속에 가져와 변증적 시스템, 혹은 현대 시스템이라 불리는 이론으로 발전시켰다.

첸쉐선은 시스템 과학과 공정을 연구하고 실천하면서 전체와 부분의 결합을 통해 문제를 해결해야 한다는 사상을 내비치기도 하였다. '종합 집성 방법'도 이러한 맥락에서 제기되었다고 할 수 있는데, 중국의 사회주의 현대화 건설에서 그가 상당한 영향을 준 것은 부인하기 힘든 사실이다.

시스템이론은 시스템의 각 요소들의 인과 관계 외에 시스템 연계, 구조 연계, 기능 연계, 그리고 기원 연계 등을 중시한다. 시스템 연계는 특정 시스템과 다른 시스템이 여러 영역에서 종횡으로 내적 관계를 맺는 것을 말하며, 구조 연계는 시스템 내의 여러 요소들이 맺고 있는 관계나 조합 방식을 가리킨다. 기능 연계는 시스템과 외부 매개물 사이에 형성된 관계를 의미하는데, 외부 물질이나 에너지, 정보 등이 시스템 안으로 유입되어 시스템 내부의 구조적 변화가 일어나고, 이것이 다시 밖으로 표출되는 과정을 모두 포함하는 것이다. 기원 연계는 시스템 생성과 발전 과정에서 여러 요소들 사이에, 혹은 요소와 환경 사이에 형성된 필연적인 관계이다. 시스템이론이 가정하는 이러한 연계 유형은 유물변증법의 보편적인 연계의 관점을 풍부하게 만들고 심화시키고 있다.

시스템이론은 어떠한 물질 시스템이든 모두 다양한 관계와 영역, 특징을 갖는 복잡계를 구성한다고 본다. 복잡계는 많은 관계를 포함하고 있으며, 많은 모순과 잠재 모순을 보유하고 있다. 이러한 방식으로 시스템이론은 사물이 여러 영역과 여러 관계, 여러 모순의 총합이라는 유물변증법의 사상을 구체화한다.

시스템이론에 따르면 서로 다른 요소로 구성된 시스템은 서로 다른 구조와 성격, 기능을 갖게 된다. 어떠한 시스템이든 특정 범위 안에서 요소 간의 배열 방식이나 구조 변화가 일어난다고 해서 시스템의 전체적인 기능이나 특성이 바

---

10 錢學森, 『創建系統學』(上海: 上海交通大學出版社, 2010), 12쪽.

뀌지 않으며, 그 범위를 벗어나지도 못한다. 시스템이 본래 갖고 있는 성격과 기능은 기본적으로 동일하지 않다. 시스템은 최종적으로 하나의 질서 및 구조가 다른 새로운 질서와 구조로 옮겨가는 것으로 제시된다. 시스템이론에서는 전체성과 관련성, 동태성 그리고 최적성이 중요한 원칙으로 간주되고 있다.[11]

(3) 공생시스템 이론의 구축

공생시스템 이론은 공생이론과 시스템이론을 결합한 것으로 그러한 이론적 맥락에서 혁신을 추구한다. 공생시스템 이론의 주요 관점은 아래와 같이 제시될 수 있다.

우선 세계의 일체 사물은 모두 하나의 큰 시스템 안에서 공생하고 있으며, 상호 영향과 상호 작용, 상호 변화를 경험한다. '나비 효과'[12]가 나타나는 근본 이유가 바로 여기에 있다. 세계 체계는 이러한 시스템의 한 부분이라고 할 수 있으며, 동시에 그 자체가 하나의 시스템이라고 할 수 있다. 세계 체계의 구성 부분들 사이에는 일종의 시스템 연계가 형성되어 있는데, 이는 기본적으로 공생의 특징을 보인다. 세계 체계에서 국가 행위자 사이에는, 그리고 비국가 행위자 사이에는, 나아가 국가 행위자와 비국가 행위자 사이에는 언제나 상호 영향과 상호 작용이 일어난다.

두 번째로 세계 체계와 같은 이러한 시스템에서 각 구성 부분과 전체 사이의 관계는 변증적이다. 한편으로 전체는 부분으로 구성되어 있기 때문에 부분이 없으면 전체도 없고, 따라서 전체는 부분에 의존한다고 볼 수 있다. 다른 한편으로 부분 역시 전체의 구성 부분이기 때문에 부분 역시 전체에 의존한다고 볼 수 있다. 그런데 전체는 각 부분의 단순한 덧셈이 아니어서 새로운 특징이 전체

. . . .

11 周爲群, "系統論與唯物辨證法的關係新探", 『鄭州大學學報(哲學社會科學版)』, 1994年 第3期.
12 나비효과(The Butterfly Effect)는 토폴로지 연쇄반응으로 하나의 시스템 안에서 최초의 미세한 변화가 전체 시스템에서 장기적으로 엄청난 결과를 초래하는 것을 가리킨다. 이는 일종의 카오스 현상이라고 할 수 있는데, 어떤 사물의 발전에는 언제나 정수와 변수가 있기 마련이다. 즉 사물의 발전에서 규율에 따른 발전이 있는가 하면 불가측적인 변수도 존재하는 것이다. 미세한 변화가 사물의 발전에 영향을 줄 수 있다는 사실은 사물의 발전이 복잡성을 지니고 있음을 의미한다.

에 나타나기도 한다. 가령 현재 세계 체계에는 선진국도 있고 개발도상국도 있으며, 선진국은 다시 강대국과 기타 서구 국가로, 그리고 개발도상국은 다시 신흥대국과 신흥공업국, 저개발 국가 등으로 나뉠 수 있다. 지금의 세계 체계에서는 서구 선진국들이 그 주도권을 쥐고 있지만, 신흥대국과 신흥공업국의 부상 그리고 아시아 개발도상국의 부상 등이 세계 체계 속에서 새로운 특징으로 나타나고 있다. 패권주의가 저항에 부딪히게 되었고, 평화공존의 5원칙이 환영 및 존중을 받고 있으며, 새로운 안보관이 계속해서 등장하고 있는 것이다.

세 번째로 세계 체계와 같은 시스템에서 각 구성 부분들은 대립통일의 변증적 관계를 보이고 있다. 그들 사이에는 공생과 경쟁, 대화와 투쟁, 포용과 배척이 공존한다. 통일과 투쟁의 이러한 모순으로 인해 사물의 운동과 변화, 발전이 가능해진다. 예를 들어, 중국과 미국의 관계는 대립과 통일의 성격을 보여준다. 양국 사이에는 심각한 모순이 존재하는데, 미국은 세계 체계 가운데 주도권을 차지한 강대국이고, 중국은 세계 체계 가운데 부상을 거듭하고 있는 대국이다. 미국이 가장 큰 선진국이라고 한다면, 중국은 가장 큰 개발도상국이다. 미국은 이미 현대화를 실현한 국가, 혹은 포스트 현대화를 걷고 있는 국가이지만, 중국은 현재 현대화를 향해 나아가는 국가이다. 그런데 중국과 미국 사이에는 공동의 이익, 혹은 서로 충돌하지 않는 이익도 상당히 많다. 냉전 이후, 미중 관계 사이에는 하나의 공통 관심사, 곧 소련의 패권주의에 대처하는 것만 있었지만, 지금 미중 관계 사이에는 두 개의 공통 관심사, 곧 경제와 안보가 자리하고 있다. 미중 간의 경제적 상호 의존 관계는 부단히 증가하고 있으며, 이는 양국 관계가 안정적으로 유지될 수 있는 초석이자 접착제로 작용하고 있다. 안보의 두 영역, 곧 전통적인 안보 영역과 비전통적인 안보 영역에서도 미중 양국은 공통 이익, 혹은 충돌하지 않는 이익을 발견하고 있다. 미중 간에는 공생과 경쟁, 대화와 투쟁, 포용과 배척이 대립·통일되어 있다. 이것이 양국 간의 상호 관계를 증진하고, 세계 체계의 운동과 변화·발전을 일으키고 있는 것이다.

네 번째는 공생시스템에 대한 인류의 인식이 심화되고 있다는 점이다. 토폴로지의 연쇄 반응에 대한 사람들의 인식이 비록 오래전에 형성되었던 것은 사실이지만, 그 인식이 공생이론의 수준으로 올라선 것은 비교적 최근의 일이다.

시스템이론도 그 사상적 연원은 유구하지만, 시스템이론으로 정립된 것은 최근이다. 세계 체계에 대한 인식에서 유럽의 강대국들은 18~19세기에 유럽 국가만을 주권 국가로 간주하였고, 아시아와 아프리카, 라틴아메리카 지역은 그들의 식민지 정도로 여겼다. 20세기 들어 아시아와 아프리카, 라틴아메리카 국가들이 민족 해방 운동을 통해 민족 해방과 국가 독립을 성취하게 되어서야 서구 국가들은 이들을 세계 체계의 구성원으로 바라볼 수 있게 되었다. 평화공존의 5원칙은 개발도상국가가 제기한 것이지만, 동시에 세계 각국의 이익을 대변한다. 그런 점에서 세계 체계를 공생시스템으로 바라볼 수 있는 인류의 인식이 한층 더 깊어졌다고 할 수 있다. 지금과 같은 세계화 시대에서는 대부분의 국가들이 높은 경제적 상호 의존성을 지니기 때문에 경제적으로 '한 국가가 흥하면 모두가 흥하게 되고, 한 국가가 망하면 모두가 망하게 되는' 양상을 보이기 쉽다. 물론 이러한 상호 의존적 관계도 현재 수준에서는 비대칭적이다. 서구 국가들은 자주 이러한 비대칭적 경제 관계를 이용해 그들이 보기에 적수(敵手)나 별종인 국가를 향해 압력을 행사하기도 한다. 나아가 세계 각국은 비전통 안보 영역에서 많은 공동의 어려움을 직면하고 있다. 기후변화라든지 환경오염, 테러리즘, 대규모 살상무기의 확산, 초국적 범죄, 마약 밀수, 에볼라 등의 전염병이 그 대표적인 예이다.

마지막 다섯 번째는 시스템 중의 구성 부분과 전체는 공생 관계에 있기 때문에 개별 국가는 자신의 국가 이익만 고려하는 데 머물지 않고 전 인류의 공동 이익을 고려할 필요가 있다. 최근 들어 많은 국가들이 '지구촌'이라는 이 공생의 시스템 안에서 협력을 통해 다양한 도전과 위협에 맞서야 한다고 주장한다. 개방과 포용의 대외전략이 있어야 협력을 통한 윈윈이 비로소 가능해질 수 있다.

2. '일대일로' 건설의 전략 구상과 전망

(1) '실크로드 경제권' 건설의 전략 구상과 전망

'실크로드 경제권'은 2013년 9월 7일 시진핑(習近平) 주석이 카자흐스탄 나자르바예프 대학에서 강연할 때 처음 사용한 용어이다. 시진핑은 "유라시아 각국의 경제 관계를 긴밀히 하고 상호 협력을 강화하며 발전 공간을 넓히기 위해서 새로운 협력 모델을 활용할 수" 있다고 전제하면서, "공동으로 '실크로드 경제권'을 건설해, 점을 면으로 확대시키고 선을 부분으로 이어가 점진적으로 지역 협력체를 만들 것"을 제안하였다.[13]

2100여 년 전, 장건(張騫)이 개척했던 '옛 실크로드'는 동쪽 장안(지금의 시안)과 서쪽 로마를 잇는 중요한 무역 통로였다. 이 국제 무역의 통로를 통해 화려한 비단과 도자기, 그리고 각종 향료들이 오갔고, 고대 동방과 서방 사이의 경제적 문화적 교류가 가능했다. 전 지구적인 경제의 초창기 형태로서 '실크로드'가 매우 중요한 역할을 담당했던 것이다.

실크로드 경제권은 옛 실크로드의 개념 위에 형성된 새로운 경제 발전 지역이라고 할 수 있다. 신 '실크로드 경제권'은 동쪽의 아시아태평양 신흥 경제권을 서쪽의 유럽 경제권에 이어주는 역할을 하는데, 이는 세계에서 가장 크고, 세계에서 가장 긴, 그리고 세계에서 가장 잠재력이 풍부한 경제권이다. 전체 인구가 세계 인구의 절반에 육박하는 30억에 이르고, 영토 면적도 유라시아 대륙의 3/5에 해당하는 3,716m^2에 달한다.

실크로드 경제권 구상의 핵심 내용 중 하나는 "태평양에서 발트해에 이르는 운수 통로를 만들어 점진적으로 동아시아와 서아시아, 남아시아를 잇는 교통 운수 네트워크를 형성"하는 것이다.[14] 상하이협력기구는 현재 교통 편의를 위한 협정을 협상 중인데, 그 목적은 발트해에서 태평양에 이르고, 중앙아시아에서

---

13 習近平, "弘揚人民友誼,共創美好未來－在哈薩克斯坦納扎爾巴耶夫大學的重要演講", 『人民日報』, 2013年9月8日.

14 習近平, "弘揚人民友誼,共創美好未來－在哈薩克斯坦納扎爾巴耶夫大學的重要演講", 『人民日報』, 2013年9月8日.

인도양 및 페르시아만에 이르는 교통 운수의 회랑을 확보하는 것이다. 중국과 스페인 사이의 '신실크로드' 철도편은 2014년 12월 그 운행을 개시하였고, 이는 중국과 유럽을 잇는 세 번째 직항 철도편이다. 다른 두 편은 독일과 이어져 있는데, 하나는 충칭(重慶)-신장(新疆)-유럽 국제 철도이고, 다른 하나는 쩡저우(鄭州)-유럽 국제 철도이다. 이 철도들은 모두 제2유라시아 대륙교를 건너고, 따라서 유라시아 대륙교는 유라시아 대륙을 잇는 육상 운수 통로라고 할 수 있다. 제2유라시아 대륙교는 1990년 9월 카자흐스탄 철도가 중국의 란신(蘭新) 철도 및 롱하이(隴海) 철도와 이어지면서 형성되었는데, 철도가 지나는 길이 대부분 옛 실크로드와 겹치기 때문에 사람들은 이 철도를 현대판 실크로드라고 부르기도 한다. 제2 유라시아 대륙교는 중국의 렌윈(連雲)항에서 시작해 서쪽 롱하이선을 따라 아라산커우(阿拉山口)로 이어지고, 이를 통해 카자흐스탄과 러시아, 백러시아, 폴란드, 독일 그리고 네덜란드 로테르담이 이어진다. 전체 10,800km에 달하는 이 철도는 1992년 12월 1일 국제 컨테이너 운송 업무를 공식적으로 담당하였고, 2014년 12월 17일 중국과 세르비아, 헝가리, 마케도니아가 2013년의 헝가리-세르비아 철도 계획을 확대해 북쪽의 헝가리 부다페스트와 남쪽의 그리스 피레에푸스 항까지 잇기로 결정하였다. 마케도니아의 스코페와 세르비아 베오그라드 역시 이 철도가 경유하는 곳 중 하나인데, 이렇게 되면 중유럽에 육지와 바다를 이어주는 완전히 새로운 특급 철도가 만들어지게 된다.

아시아 횡단 철도망은 향후 실크로드 경제권이 확대되면 중요한 구성 요소가 될 확률이 높다. 2014년 12월 19일 리커창(李克强) 총리와 태국 총리는 「중·태 철도 협력 양해 비망록」에 함께 서명하였다. 건설 예정의 중·태 철도는 태국 북부의 농카이와 남부의 마타풋 항을 잇게 되고, 그 길이는 800여km에 달하며 태국 최초로 복선으로 건설된다. 이 철도의 건설에는 중국의 기술과 표준, 그리고 장비가 사용될 것으로 보이는데, 결국 태국을 중심으로 동남아 전역에 이르는 '아시아 횡단 철도'가 시작되는 것이다. 아시아 횡단 철도는 1960년대부터 제기되었던 프로젝트라고 할 수 있다. 윈난(雲南)성의 쿤밍(昆明)에서 출발해 동쪽으로 위시(玉溪), 하노이, 호치민, 프놈펜, 방콕에 이르고, 중간에 징홍(景洪)과 모한(磨憨), 라오스의 수도 비엔티안을 거쳐 역시 방콕에 도착하는 철도 노선이 건설된다. 서쪽으로는 다리(大理)와 바오산(保山), 루이리(瑞麗), 미얀마 양곤을 거쳐 방콕으로 이어진다. 동부와 중부, 서부의 세 개 철도가 모두 방콕에서 끝나는데, 향후 이 철도는 쿠알라룸푸르를 거쳐 싱가폴까지 이어질 것으로 예상되고 있다.

이와 함께 실크로드 경제권에는 몇 개의 경제 회랑이 포함될 것으로 보인다. 방글라데시-중국-인도-미얀마 경제 회랑과 중국-몽골-러시아 경제 회랑, 그리고 중국-파키스탄 경제 회랑 등이 그 대표적인 예이다. 방글라데시-중국-인도-미얀마 경제 회랑은 2013년 5월 리커창 총리가 인도를 방문하였을 때 중국과 인도가 함께 제안한 것인데, 그 취지는 중국과 인도의 양국 시장을 이어 지역 상호 연결망을 강화하자는 데 있었다. 중국의 서남부 지역과 인도의 동부 지역, 미얀마 및 방글라데시는 상대적으로 저개발 지역에 속한다고 할 수 있는데, 지방 정부 차원에서 진행되었던 이전의 협력에는 분명 한계가 있었다. 방글라데시-중국-인도-미얀마 경제 회랑은 이 지방정부 차원의 경제 협력을 국가 차원으로 끌어올리고, 그 파급 효과를 극대화하여 아시아의 중요한 3개 지역 경제, 곧 남아시아와 동남아시아, 동아시아를 잇겠다는 것이다.

중국-몽골-러시아 경제 회랑은 2014년 9월 11일 시진핑 주석이 중·몽·러 3국 정상 회담에서 제기한 것이다. 시진핑 주석은 "중국이 제안한 실크로드 경제권의 건설이 러시아와 몽골의 긍정적인 반응을 얻고 있다"고 전제하면서, "실크로드 경제권이 러시아의 유라시아 철도와 몽골의 초원길 이니셔티브와 연결될 수 있으며, 이를 통해 중국과 몽골, 러시아를 잇는 경제 회랑을 만들 수 있다"고 밝혔다. "철도와 도로 등으로 서로를 이어주고, 통관과 운송의 편리를 추구하며, 국경 통과에 따른 운송 협력을 강화하고, 3국의 국경 지대 송전망 건설을 연구하여 관광과 싱크탱크, 매체, 환경, 방재 등의 영역에서 실질적연 협력을 전개할 수" 있다는 것이다.[15]

중국-파키스탄 경제 회랑은 2013년 5월 리커창 총리가 파키스탄을 방문하였

....

15 "習近平出席中俄蒙三國元首會晤",『人民日報』, 2014年9月12日.

을 때 양국이 합의한 내용 중 하나였다. 초보적인 계획에 따르면 중국-파키스탄 경제 회랑은 중국 서부와 파키스탄을 잇는 것이 핵심인데, 신장 카스에서 출발해 파키스탄 서남부의 과다르 항에 이른다. 여기에는 고속도로와 철도, 송유관 및 경제특구 건설이 모두 포함되어 있다. 이 경제 회랑 건설에 소요되는 자금만 200억 달러에 이를 것으로 예상되며, 나아가 중국-파키스탄 경제 회랑이 실크로드 경제권과 21세기 해상 실크로드를 이어주게 된다.

(2) '21세기 해상 실크로드' 건설의 전략 구상과 전망

'21세기 해상 실크로드'는 시진핑 주석이 2013년 10월 3일 인도네시아 국회에서 있었던 연설에서 처음 제기되었다. 시진핑 주석은 "동남아 지역은 예부터 '해상 실크로드'의 요충지였고, 중국은 아세안 국가들과 해상 협력을 강화하길 희망"한다고 밝혔다. "중국 정부가 설립한 중국-아세안 해상 협력 기금을 활용해 해양 협력의 동반자 관계를 발전시키고, 이를 통해 21세기 해상 실크로드를 함께 건설"하자는 것이었다.[16]

해상 실크로드는 사실 중국 진한(秦漢) 시대에 형성된 것이다. 당(唐) 중·후반기에 육상 실크로드는 전란으로 인해 어려움을 겪게 되었고, 중국 경제의 중심도 남쪽으로 옮겨가고 있었다. 그에 따라 해상 실크로드가 육상 실크로드를 대신해 중국의 대외 무역 통로로 적극 활용되었다. 남송과 원대에는 항해 기술의 발전과 대외 무역의 필요로 인해 해상 실크로드가 융성하게 되었다. 해상 실크로드는 크게 동쪽 라인과 서쪽 라인으로 구분되는데, 동쪽 라인은 한반도와 일본으로 이어지는 노선이고, 서쪽 라인은 동남아와 남아시아, 서아시아, 북아프리카, 유럽으로 향하는 노선이다. 스타브리아노스(L.S. Stavrianos)는 『세계사』에서 송원 시기 해상 실크로드에 대해 다음과 같은 설명을 남긴 바 있다. "송원 시기 유럽과 아시아 대륙은 전대미문의 상품 및 기술 교류를 진행하고 있었다. 해양은 기본적으로 사통팔달(四通八達)이기 때문에 기술과 시장, 원료와 상

---

16 習近平, "攜手建設中國·東盟命運共同體−在印度尼西亞國會的演講", 『人民日報』, 2013年10月4日.

품, 생활 습관과 종교 신앙, 사상과 예술의 교류가 활발하다. 동북아의 일본 및 고려에서 동남아 각지 및 인도 연해까지, 그리고 페르시아 만과 동아프리카 항구까지 일종의 '작은 세계화'라 부를 수 있는 무역 항로가 형성되었고, 그 길을 따라 많은 상선들이 오갔다. 중국 내륙은 실크로드와 도자기, 차를 공급하는 기지였는데, 이 상품들은 전국 각지에서 수레와 범선, 손수레, 지게 등을 통해 해안 각 항구로 집결되었다. 취안저우(泉州)와 같은 큰 항구에서는 상선들이 계절풍을 따라 이 상품들을 해외로 실어 날랐다. …… 나아가 송대에는 내부적으로 대규모 상업 혁명을 겪고 있었기 때문에 송대가 중국 역대 왕조에서 가장 부유한 국가가 될 수 있었다. 남송은 반으로 동강 난 국토에서 안일을 추구했지만, 도시화율과 과학·기술 상업은 중국 역사상 최고였다."[17] 대략 600년 전 중국의 정화(鄭和)와 그가 이끄는 250여 척의 선박 함대가 30여 남아시아 국가 및 아프리카 지역을 방문하고 있었다.

해상 실크로드는 연해지역 국가의 무역과 문명 교류에 도움이 되었을 뿐 아니라 연해지역 국가의 정치경제에도 상당한 영향을 주었고, 그에 따라 새로운 역사가 형성되고 만들어지기도 하였다. 해상 실크로드가 번영하면서 당시 중세 시대를 경험하고 있던 유럽인들이 동방 및 중국을 향해 발걸음을 옮기기 시작하였고, 무슬림 세계를 지나 동쪽으로 가는 새로운 항로를 찾기 시작하면서 지리적 대발견과 대항로의 개척을 맞이하게 되었다.

그런데 일곱 차례에 걸친 정화의 원정 이후 명(明)대는 해양 폐쇄 정책을 실행하였고, 청대 역시 이 정책을 지속하면서 해상 실크로드는 큰 장애에 부딪히게 되었다. 이 폐쇄 정책으로 중국은 해양 경쟁에서 뒤처지게 되었고, 1840년 중국이 외세의 침략을 겪게 되었던 것도 이 정책의 탓이 크다고 할 수 있다.

21세기 해상 실크로드는 크게 서쪽 라인과 동쪽 라인, 남쪽 라인으로 구성되는데, 서쪽 라인은 중국 연안에서 출발해 말라카 해협 및 인도양을 거쳐 동남아시아와 남아시아, 서아시아, 중동, 북아프리카, 그리고 유럽에 이르는 노선이다.

. . . .

17 斯塔夫里阿諾斯 著, 吳象嬰 等譯, 『全球通史: 從史前史到21世紀(下)』(北京: 北京大學出版社, 2005), 123쪽.

동쪽 라인은 한반도를 지나 일본과 러시아, 북아메리카와 라틴아메리카에 도달하는 노선이고, 남쪽 라인은 중국 연안에서 출발해 동남아시아 및 남태평양 국가로 이어지는 노선이다. 이것은 21세기 해상 실크로드의 자연적인 확대라고 할 수 있다.

(3) '일대일로' 건설의 전망

2014년 1월 17일, 시진핑 주석은 걸프 협력 위원회 제3차 전략대화 차 중국을 방문한 대표단을 맞이한 자리에서 "중국은 걸프 협력 위원회와 함께 실크로드 경제권 및 21세기 해상 실크로드를 건설하길 희망"한다는 의사를 전달하였다.[18] 같은 해 3월 리커창 총리는 「정부공작보고」를 통해 '실크로드 경제권'과 '21세기 해상 실크로드'의 건설을 중점 사안으로 제시하였고, 4월에는 보아오(博鰲) 아시아 포럼 개막식 연설을 통해 '일대일로'의 건설을 아시아 협력 정책의 청사진으로 제시하였다.[19] 그리고 11월 8일 시진핑 주석은 '상호 소통의 동반자 관계 강화'를 위한 주최 측 동반자 대화 자리에서 '일대일로'를 아시아 비상의 두 날개로 비유하였다.[20] 동시에 그는 "현재 '일대일로'가 실무 협상의 단계에 진입하였다"고 알렸다.[21]

'일대일로'의 건설은 아시아, 유럽, 아프리카, 라틴 아메리카, 북 아메리카, 오세아니아 지역 등과 서로 연계되어 있다. '일대일로'가 그리는 라인은 대부분 신흥 경제권 및 개발도상 국가를 지나는데, 해당 지역의 인구가 44억에 이르고 경제 규모도 대략 21조 달러에 달한다. 이 수치들은 전 세계 인구의 63%와 전 세계 경제 규모의 29%를 차지한다. 즉 향후 세계경제에서 새로운 동력이 될 수

. . . .

18 "國家主席習近平17日在人民大會堂會見來華出席中國·海灣阿拉伯國家合作委員會第三輪戰略對話的海合會代表團",『人民日報』, 2014年1月18日.

19 李克強, "共同開創亞洲發展新未來-在博鰲亞州論壇2014年年會開幕式上的演講",『人民日報』, 2014年4月11日.

20 習近平, "聯通引領發展, 伙伴聚焦合作-在'加强互聯互通伙伴關係'東道主伙伴對話會上的講話",『人民日報』, 2014年11月9日.

21 習近平, "聯通引領發展, 伙伴聚焦合作-在'加强互聯互通伙伴關係'東道主伙伴對話會上的講話",『人民日報』, 2014年11月9日.

있음을 의미하는 것이다.

'일대일로'의 건설을 지역적으로 볼 때, 두 단계로 나누어 진행될 가능성이 높다. 첫 번째 단계는 '실크로드 경제권'을 통해 아태지역 경제권 및 유럽 경제권을 연결하고, 이를 통해 경제 발전을 꾀하는 것이다. 또한 '21세기 해상 실크로드'를 통해 동아시아 경제 공동체를 형성하고, 인도양 국가 및 아프리카 국가, 중동 국가와 우호 관계를 낳을 수 있는 메커니즘을 구축하는 것이다. 두 번째 단계는 '실크로드 경제권'과 '21세기 해상 실크로드'를 통해 아태지역 자유무역 지대와 유라시아 경제권을 형성하고, 아프리카 및 중동 지역 경제권과 연계해 궁극적으로 세계경제의 일체화를 향해 나아가는 것이다.

아시아 인프라투자 은행(AIIB)과 실크로드 기금, 중국-아세안 해상 협력 기금, 중국-유라시아 경제 협력 기금,[22] 브릭스개발은행[23] 및 설립 계획 중의 상하이 협력기구 은행[24] 등이 '일대일로' 건설에서 중요한 투자 및 융자 플랫폼으로 기능할 것이다. 2013년 10월 2일 시진핑 주석은 지역 네트워크 건설과 경제 일체화를 위해 아시아 인프라투자 은행을 제안하였으며, 이를 통해 아세안 지역

. . . .

22 2013년 11월 29일 중국 국무원 총리 리커창은 타슈겐트에서 거행된 상하이협력기구 회원국 수뇌부 이사회 제12차 회의에서 중국은 상하이협력기구 회원국과 옵저버, 대화 협력국과 함께 아시아 국가의 '중국-아시아 경제협력 기금'을 설립하길 원하며 각국의 적극적인 참여를 환영한다고 밝혔다. 2014년 12월 15일, 중국 국무원 총리 리커창은 상하이협력기구 회원국 수뇌부 이사회 제13차 회의에서 중국은 중국-아시아 경제협력 기금의 첫 번째 프로젝트 선발을 공식 시작할 것이며, 각국과 함께 양자 기금을 설립하고 역내 경제 프로젝트 실시를 지지할 것이라 밝혔다.

23 2014년 7월 15일, 중국과 브라질, 러시아, 인도, 남아프리카공화국은 브라질 포르탈레자에서 브릭스개발은행의 설립에 서명하였다. 브릭스개발은행의 초기 자본금은 1,000억 달러로 정해졌으며, 다섯 개 회원국이 똑같이 출자하였다. 본부는 중국 상하이에 두었다.

24 2010년 11월 25일, 중국 전 총리였던 원자바오(溫家寶)는 두샨베에서 개최되었던 상하이협력기구 회원국 제9차 총리 회의에 참석하여 상하이협력기구의 재정 협력 심화를 건의하면서 상하이협력기구 개발은행을 설립해 공동출자와 공동수익의 새로운 방식을 모색하고, 본위화폐 결산 협력의 확대와 역내 무역 촉진을 도모하자고 하였다. 2013년 11월 29일, 중국 국무원 총리 리커창은 타슈겐트에서 거행된 상하이협력기구 회원국 수뇌부 이사회 제12차 회의에서 상하이협력기구은행의 연합체 역할을 발휘하여 상하이협력기구 개발은행을 건립하고 이를 통해 회원국 간의 상호 소통과 산업 협력에 대한 금융 지원에 나설 것을 표명하였다. 2014년 9월 12일, 두샨베에서 개최된 상하이협력기구 회원국 수뇌부 이사회에서 회원국들은 공동으로 "두샨베선언"에 서명·발표하였고, 하루 속히 상하이협력기구 개발은행을 설립하는 데 동의하였다.

을 포함한 역내 개발도상국에게 인프라 건설을 위한 자금을 지원하겠다고 밝혔다. 아시아 인프라투자 은행은 정부 성격의 아시아 지역 다자간 개발 기구로서 인프라 건설에 그 초점을 맞추고 있다. 2014년 10월 24일, 중국을 비롯한 인도, 싱가폴 등의 21개국 대표들이 그 창립 멤버로 서명에 참여하였고, 아시아 인프라투자 은행의 성립을 공동으로 결정하였다. 같은 해 11월 8일, 시진핑 주석은 중국이 400억 달러를 출자해 실크로드 기금을 마련할 것이라 밝히면서, 이 기금은 주로 '일대일로' 관련국들의 인프라 건설과 자원 개발, 산업 협력을 위해 사용될 것이라 선언하였다.[25] 2011년 11월, 당시 국무원 총리였던 원자바오(溫家寶)는 제14차 중국-아세안 지도자 회의에서 중국-아세안 해상 협력 기금을 설립해 해양 연구와 환경보호에 나설 것이라 밝힌 바 있다. 또한 네트워크를 강화하고 해상 안보 및 구조에 적극 힘쓰면서 초국가적 범죄 행위에도 맞설 것이라 강조하였다.[26]

'일대일로'의 건설은 역내 및 세계경제 발전의 새로운 추세에 정확히 부합한다고 볼 수 있다. 유럽 및 아시아의 발전 방식 전환에 따른 수요에 부합할 뿐 아니라 참여 국가의 이익을 모두 고려해야 한다는 필요에도 부합한다. '일대일로'는 역내 및 세계경제 발전의 새로운 동력일 수 있기 때문에 60여 개에 달하는 관련국 중 50여 개 국가가 이미 '일대일로'의 건설에 지지를 표명하고 있다.

3. 공생시스템 이론과 '일대일로' 건설

중국은 공생시스템 이론에 입각해 '일대일로'의 전략을 그려가야만 한다.

· · · · · · · · · · · · · · · ·

25 "習近平: 中國將出400億美元設絲路基金", 『人民日報』, 2011年 11月 19日.

26 郝亞琳 · 馮堅 · 趙承, "溫家寶: 中方將設30億元中國-東盟海上合作基金", 『人民日報』, 2011年 11月 19日.

⑴ 공생시스템과 '일대일로' 건설

　　공생시스템 이론의 관점에서 보자면 '일대일로'는 공생의 전체 시스템이라 할 수 있고, 그 건설은 전체를 종합하고 공생을 고려하는 것에서 출발해야 한다. 우선 '일대일로'의 건설은 국내와 국외의 두 가지 정세를 전체적으로 종합해야 한다. 중국 국내의 경제사회 발전 전략과 대외 경제 협력을 결합하여야 하는 것이다. 2014년 12월 11일, 시진핑 주석은 중앙 경제 공작 회의에서 2015년의 3년 중점 전략을 제시였는데, 여기서 그는 "'일대일로'와 징진지(京津冀) 협력 발전, 그리고 장강 경제권"을 강조한 바 있다. 이 세 가지 전략은 서로 연결되어 함께 추진될 수 있는데, 특히 '일대일로' 전략이 중국 대외 경제 협력의 전체 구상에 가장 중요한 부분을 차지한다. '일대일로'는 신시기 중국의 개혁개방을 심화하는 중요한 조치이고, 동시에 국내 경제 발전 방식의 전환을 촉진하면서 대외개방의 구조의 확대 및 최적화는 동력 중 하나이다. 중국의 중서부 지역은 '일대일로' 전략의 최전선에 있다고 볼 수 있는데, 그에 따라 국가 자원이 더 많이 서부로 옮겨 갈 것이고, 이는 중서부 지역의 개발을 촉발하는 계기일 수 있다. 여기에 대외 경제 협력이 강화되면, 국내 발전의 촉진은 물론 관련 국가의 공동 발전을 도모할 수 있게 되고, 이는 함께 논의하고(共商) 함께 만들어가며(共建) 함께 누리는(共享) 이상의 실현으로 이어지게 된다. 나아가 '일대일로' 전략은 양질의 중국 생산력이 밖으로 나갈 수 있는 기회가 된다. 현재 중국 경제는 노동 집약형 산업에서 자본-기술 집약형 산업으로 그 발전 방식의 전환을 꾀하는 중이다. 나아가 중국의 경제 발전은 심각한 외부환경의 제약에 직면해 있다. '일대일로' 전략을 통해 중국은 고속철도나 항만 건설 등 상대적으로 비교 우위에 있는 생산 능력을 국외에 진출시킬 수 있다. '일대일로' 전략은 그 추진 과정에서 국제 및 국내 시장, 국제 및 국내 자원, 국제 및 국내 규칙 등을 종합적으로 고려해 운용할 필요가 있다. 나아가 '일대일로'는 중국 경제 및 행정 개혁을 강제할 수 있는 기제가 될 수 있으며, 정부와 기업이 노동보호법과 환경보호법을 더 중요하게 생각하는 기회가 될 수 있다.

　　두 번째로 '일대일로' 전략의 목표는 중국과 '일대일로' 관련 국가가 이익 공동체, 운명 공동체, 그리고 책임 공동체를 형성하는 것이다. 공생시스템 이론이 이러한 공동체 형성의 이론적 기초이다. 중국과 '일대일로' 관련 국가는 공생 관계에 있기 때문에, 같은 배를 타고 있다는 인식이 필요하고 호혜 및 공영의 인식을 강화해야 한다. '일대일로' 자체는 아시아 발전을 위해 중국이 새로운 지역 협력의 방안으로 제기한 것이지만, 중국과 '일대일로' 관련 국가는 이익 공동체와 운명 공동체, 책임 공동체를 건설하는 과정에서 경제 공동체와 금융 공동체, 안보 공동체를 점진적으로 구성해갈 수도 있다. 가령 '일대일로' 건설 은 역내 경제 일체화를 실현할 수 있는 중요한 방안일 수 있는데, 역내 포괄적 경제동반자 협정(RCEP)[27]의 체결이나 동아시아 공동체, 혹은 아시아태평양 자유 무역 지대(FTAAP)의 건설 등에서 긍정적인 영향을 줄 수 있다. 또한 상하이 협 력 기구를 회원국 간의 운명 공동체와 이익 공동체로 바꿔갈 수 있으며, 안정과 발전을 위한 회원국들의 담보물이자 전략적 근거일 수 있다. 나아가 상하이 협 력 기구와 유라시아 경제 공동체의 협력도 기대할 수 있다. 기타 다양한 방식의 다자간 안보 기제도 구상해 볼 수 있는데, 예를 들어 남해에서 공동 어획 금지 제도를 세워 볼 수도 있고, 합동 순찰을 전개할 수도 있으며, 양자 간, 혹은 다자 간 연합 군사 훈련도 생각해 볼 수 있다. 여기에 다양한 양자 간 협력 기제의 활 용이 더해질 수 있는데, 한중 자유무역 지대라든지, 혹은 중국-오스트레일리아 자유무역 지대 등이 그 대표적인 예이다.

세 번째로 '일대일로' 전략은 발전과 안보를 모두 종합할 필요가 있다. '일대 일로' 건설은 주로 중국과 '일대일로' 관련국 사이의 경제 협력과 문화 교류를 촉진하지만, '일대일로'의 건설은 안보 보장과 불가분의 관계에 있다고 해도 과 언이 아니다. 중국의 이익이 해외로 확산될수록 중국은 해외 인원과 투자, 산업 의 안전에 관심을 기울이지 않을 수 없게 되고, 이는 해당 지역의 안보문제와 밀접한 관계를 맺게 된다. 따라서 중국은 평화 발전과 민족 부흥의 기조를 확실 히 붙잡으면서 안배와 협조를 종합하고, 양자 및 다자 간 안보 협력 기제를 강

. . . .

27 '역내 포괄적 경제동반자 협정'은 아세안 국가 주도의 역내 경제 일체화 협력으로 회원국 간의 상호 시장 개방과 역내 경제 일체화의 실현을 골자로 하고 있다. 주요 회원국은 아세안과 무역 협력을 맺고 있는 중국, 일본, 한국, 오스트레일리아, 뉴질랜드, 인도 등이다.

화해 국제법과 국제 규칙에 따라 국가 주권과 안보, 이익을 지켜나갈 필요가 있다. 중국의 군사력이 해외로 나갈 때 국제사회의 의무와 책임을 다하는 것이 필요하고, 국가 이익의 수호도 국제법의 틀 안에서 순리에 맞춰 물 흐르듯 자연스럽게 이뤄질 필요가 있다. 예를 들어, 중국은 해적 소탕을 위해 인도양에 군함을 파견하고 있으며, 남수단에는 평화유지군을 주둔시키고 있다. '일대일로'의 전략에서 경제 협력 관계의 발전이 제일 목표라면, 안보는 이 발전의 실현을 위한 보증물이다. 이 둘은 상보적으로 서로에게 긍정적인 에너지를 전달해줄 수 있다.

넷째, '일대일로' 건설은 경제협력과 인문, 금융, 안보, 정치가 함께 관련되어 있는 오위일체의 종합성을 띠어야 한다. 역사적으로 실크로드와 해상 실크로드는 중국 및 유라시아 각국이 서로 이어지는 중요한 무역의 창구였을 뿐 아니라 도서 문명 교류의 중요한 통로이기도 하였다. 지금 '일대일로' 건설도 경제 협력과 화폐 유통, 인문 교류의 창구가 되어야 할 뿐 아니라 장기적으로 안보와 정치도 아울러야 한다. 그 최종 목표는 경제 공동체의 건설에서 그치는 것이 아니라 금융 공동체와 안보 공동체를 구축하는 데 있다. 공생시스템 이론에서 출발해 '일대일로' 건설을 전체적으로 바라볼 수 있어야 하고, 위 다섯 가지 영역을 종합할 수 있어야 한다.

다섯째, '일대일로' 건설은 개방과 포용을 강조해야 한다. 실크로드는 역사적으로 중국인의 힘으로 개척된 것이 아니라 그 길에 선 많은 관련 국가들의 인민들이 공동으로 노력하여 거둔 성과이다. 오늘날의 '일대일로' 건설도 중국의 노력에만 의존할 것이 아니라 관련국의 적극성을 끌어낼 필요가 있다. '일대일로' 관련 국가들의 상황은 천차만별이며, 사회제도와 문화, 경제 발전 수준도 모두 상이하다. 공생시스템 이론은 '일대일로' 건설을 하나의 전체적인 공생시스템으로 이해하기 때문에 여기에는 상당한 포용성이 전제되어 있다. 깊이 있는 교류에 바탕을 둔 상호 협력의 네트워크를 형성하는 데 힘쓸 필요가 있는 것이다. '일대일로'의 건설에서 중국은 자신의 계획과 프로젝트를 '실크로드' 관련 국가의 계획 및 프로젝트와 결합할 수 있는데, 가령 카자흐스탄이 현재 추진하고 있는 '서유럽-중국 서부' 국제 도로 운송 망 건설 프로젝트는 '실크로드 경제권'

의 구상과 정확히 부합한다.

'일대일로' 건설은 기본적으로 시스템을 만드는 프로젝트이기 때문에 시스템 자체의 규율에 맞춰 종합적으로 협력하고 점진적으로 추진할 필요가 있다. 현재 중국 내 각 성과 도시는 '일대일로' 건설에 상당한 열의를 보이고 있는데, 이는 분명 긍정적이라고 할 수 있다. 그러나 역사적인 경험을 살펴보면, 적극성이 높을수록 더욱 과학적으로 정책 결정에 나서 졸속 시행을 면해야 하고, 아무 생각 없이 섣불리 움직이는 것을 지양해야 한다. 중점을 선택해 역량을 헤아려 추진하고, 안정적으로 앞을 향해 가는 것이 필요하다.

'일대일로' 건설을 시스템 프로젝트의 차원에서 추진할 때 예상 가능한 도전과 어려움을 충분히 고려해 볼 필요가 있다. 우선 미국은 세계질서에서 주도적인 역할을 하는 대국이기 때문에 '일대일로' 건설에 대해 어떤 태도를 취하느냐에 따라 그 결과가 사뭇 달라질 수 있다. 현재 오바마 정부는 중국을 상대로 '양면 베팅'의 전략을 고수하고 있다. 한편에서 미국은 공동의, 그리고 서로 충돌하지 않는 이익 문제에 대해 중국과 적극적으로 협력하지만, 다른 한편으로 미국은 중국이 부상 이후 미국의 적수가 될까 염려하고 있다. 중국을 상대로 제약을 가하거나 대응전략을 세우는 것이 모두 이와 관련되어 있다. 미국의 '아시아 재균형' 전략에는 분명 중국을 겨냥한 요인이 존재한다. 그러나 이를 완전히 중국을 겨냥한 정책이라고 보기는 어렵다. 이러한 상황에서 중국과 미국은 함께 힘을 합쳐 비충돌과 비대항, 상호존중, 호혜공영의 신형대국관계를 만들어야 한다. 중국은 '일대일로' 건설에서 높은 수준의 포용성을 드러내야 하고, 그 틀 속에서 미중 양국은 '일대일로'의 건설 과정 중 불거질 수 있는 갈등을 처리해 협력과 공영을 이뤄야 한다.

두 번째 어려움은 중국에 대한 주변 국가의 불신과 시기이다. 중국은 현재 '전 세계적으로 영향력 있는 역내 대국'에서 '종합 국력의 세계 대국'으로 그 변신을 꾀하고 있다. 이 전환의 과정도 중국이 '종합 국력의 세계 대국'으로 가기 위해 배워야 할 부분이다. 게다가 중국의 대외정책은 이 전환의 과정에서 때때로 불확정성이 나타나기도 한다. 이 때문에 중국의 주변 국가들은 중국을 신뢰하지 못하거나 시기하는 경우가 많다. 그들은 '경제적으로는 중국에 의지하지만, 안보적으로는 미국에 의지'하는 이중적 이익 추구 전략을 추구한다. 일부 '일대일로' 관련 국가들은 중국이 '일대일로'의 건설에서 부패와 환경오염을 자신들에게 전가하지 않을까 여전히 걱정하고 있다. 중국은 운명 공동체의 건설을 목표로 '일대일로'를 추진해야 하고, 친·성·혜·용(親·誠·惠·容)의 주변 외교 전략을 고수해 주변국과 좋은 동반자의 관계를 맺어야 한다. 이웃과 화목하고(睦隣) 이웃을 편안케 하며(安隣) 이웃에 실질적인 이익을 끼친다(富隣)는 취지에 초점을 맞춰 주변 국가와 호혜 및 협력, 소통을 심화하는 데 애써야 한다.

세 번째로 '일대일로' 건설의 난이도는 지금까지 그 누구도 경험해 본 적이 없다는 사실이다. '일대일로' 관련 국가의 상황은 천차만별이며, 사회제도와 문화, 경제 발전의 수준도 서로 매우 다르다. 특히 일부 국가의 자연 환경은 대단히 열악하며, 안보 환경 역시 심각하다. 이러한 상황에서 '일대일로' 건설은 많은 어려움을 직면할 것이 확실하다. 게다가 일부 투자 프로젝트는 신중하게 추진되지 않을 경우 환경 변화로 인해 투자 자금을 회수하는 것 자체가 불가능할 수 있다. '일대일로'의 추진에서 중국은 반드시 그 위험과 어려움을 사전에 파악할 필요가 있으며, 충분한 평가를 통해 그에 대한 대처 방안을 마련할 필요가 있다. 그래야 함께 세우고(共建) 함께 누리며(共享) 함께 승리하는(共贏) 협력의 길이 가능해진다.

(2) '일대일로' 건설과 공생형 국제관계

공생시스템 이론에 따르자면 전체는 각 부분의 단순 덧셈과 같지 않아서 새로운 속성을 가질 수 있다. '일대일로'의 건설은 세계질서에 새로운 성격을 부가하는 과정일 수 있으며, 궁극적으로 공생형의 국제질서를 형성하는 과정일 수 있다. 2013년 3월 23일, 시진핑 주석은 모스크바 국제관계학원의 연설에서 "각국은 협력과 공영을 핵심으로 하는 새로운 국제관계를 만들어가야 한다"고 역설하였다[28]. 협력과 공영의 신형 국제관계가 결국 공생형 국제질서의 주요 특

28 習近平, "順應時代前進潮流, 促進世界和平發展", 『人民日報』, 2013年3月24日.

징 중 하나인 것이다.

오랫동안 세계질서의 주요 특징 중 하나로 자리 잡았던 것은 세계가 일종의 무정부 상태에 처해 있으며 '세력균형' 이론과 제로섬 게임이 주도적인 역할을 담당했다는 점이다. 물론 현재 세계는 여전히 이 단계에 머물러 있지만, 이 수준을 넘어 상호 의존적인 국제질서를 형성하려는 움직임 역시 계속해서 나타나고 있다. 새로운 수준에서는 다수 국가 간의 관계가 더 높은 상호 의존을 필요로 한다. 이 새로운 수준의 주요 특징 중 하나는 세계가 전체적으로 비대칭적 상호 의존에서 대칭적인 상호 의존으로 나아간다는 점이다. 즉 부상 중의 국가 국력이 점차 기존 대국의 국력을 잠식하면서 개발도상국들이 현대화 과정을 완성할 뿐 아니라 기존 선진국과의 경제 격차도 줄이게 된다는 것이다. 이것이 공생형 국제질서의 초급 단계라고 볼 수 있다.

'일대일로'의 건설은 협력과 공영을 핵심으로 하는 새로운 국제관계를 형성하는 데 도움이 되며, 공생형 국제관계를 구축하는 데에도 도움이 된다.

공생형 국제질서의 고급 단계는 일체화를 전제로 하는 국제질서이다. 이 단계에서 세계는 경제 및 정치 일체화를 점차 실현할 것이고, 지역 일체화에서 전 세계적 일체화로의 전환이 나타날 것이다.

2014년 11월, 시진핑 주석은 중앙외사공작회의의 연설에서 동맹 비체결을 전제로 많은 친구와 사귀고, 이를 바탕으로 전 세계적인 동반자 관계의 네트워크를 형성해야 한다고 주장하였다[29]. 전 세계적인 동반자 네트워크는 두 가지 층위를 내포하는데, 하나는 그 전제가 동맹 비체결의 원칙이라는 사실이다. 동반자 관계를 맺을 수는 있어도 동맹 관계를 맺는 일은 없다. 둘째, 중국의 동반자 관계 네트워크가 전 세계적인 양상을 띤다는 점이다. 현재 중국은 이미 67개 국가 및 국제기구와 72건에 달하는 동반자 관계를 맺고 있다. 이러한 동반자 관계는 다층적인, 그리고 다양한 특징을 내포하는데, 예를 들어 중러 전략적 협력 동반자 관계와 중독 전방위 전략적 동반자 관계, 중국-아세안 전략적 동반자

....

29 "中央外事工作會議在京擧行, 習近平發表重要講話", 『人民日報』, 2014年11月30日.

관계 등이 전 세계적 동반자 네트워크를 형성하는 기초가 된다. '일대일로'의 건설이 이러한 동반자 관계를 강화할 수 있다. 전 세계적인 동반자 관계의 네트워크를 형성하는 것이 '일대일로' 건설의 중요 목표 중 하나이다. 이를 통해 협력과 공영의 신형 국제관계를 형성해 갈 수 있다. 장기적으로 본다면, 전 세계적인 동반자 관계의 네트워크가 공생형 국제질서의 기초로 기능할 것이다.

'일대일로' 건설 역시 미국에 대처하기 위한 전략이 아니다. 미국 역시 아시아 태평양 지역의 국가이고, 해상 실크로드도 결국 미국까지 다다를 것이기 때문에 미국이 '일대일로'의 건설에 참여하도록 독려할 필요가 있다. '일대일로'의 건설과 미국의 '신실크로드 전략'[30] 역시 서로 대립되는 것이 아니다. 얼마든지 서로 충돌하지 않는 이익을 찾을 수 있다. 2011년 제기된 미국의 '신실크로드 전략'은 아프가니스탄을 중심으로 하였는데, 이는 2014년 이후의 아프가니스탄을 종합적으로 고려한 계획의 일부였다. 그 주요 목표는 아프가니스탄의 지리적 위치를 활용해 역내 교통과 무역의 요충지 기능을 창출하고, 이를 기반으로 남아시아 및 중앙아시아의 경제 일체화와 지역 무역에 기초한 아프가니스탄 경제의 지속가능한 발전을 모색하는 것이었다. 미국의 기본 출발점은 미군이 아프가니스탄에서 물러난 이후 이 지역에서의 미국 영향력을 유지하려는 것이었다. 미국은 '신실크로드 전략'이 서로 밀접한 관계를 형성해 왔던 이 지역의 오랜 역사에 근거한다고 믿으며, 따라서 이 지역의 전통적인 협력 방식과 잘 부합한다고 믿는다[31]. 미국의 '신실크로드 전략' 중 14가지 프로젝트는 중국이 제기한 '일대일로' 건설과 만나는 부분이 있다.

· · · · · · · · · · · · · · · ·

30 미국의 '신실크로드 전략'은 2011년 7월 당시 미국 국무원장관이었던 힐러리가 인도 첸나이에서 제기한 것이다. 2011년 10월 미국 국무원은 각국 미 대사관에 전문을 보내 미국의 중앙아시아와 남아시아 정책을 '신실크로드 전략'으로 통일하도록 하였고, 이를 협력국에도 통보하였다. 이를 계기로 '신실크로드 전략'은 미국의 공식 정책으로 자리하게 되었다.

31 Robert O. Blake, Jr. Assistant Secretary, Bureau of South and Central Asian Affairs, Remarks at the Jamestown Foundation, November 14, 2011. http://www.state.gov/p/sca/rls/rmks/2011/177181.htm.

(3) '일대일로' 건설과 경제, 금융, 지식, 정보, 인문 등 5대 교류

공생시스템 이론은 시스템의 각 부분들이 시스템 연계와 구조적 연계, 기능적 연계, 그리고 기원적 연계 등을 가져야 한다고 주장하며, 이러한 연계가 시스템 구성 요소들의 존재 및 발전에서 내적 동력으로 작용한다고 생각한다. 2014년 11월 8일, 시진핑 주석은 연설을 통해 상호 연결이 '일대일로'라는 두 날개에 생명력을 더할 수 있는 핏줄이라고 강조한 바 있다.[32] '일대'는 중국에서 출발해 유라시아 대륙의 서부에 닿게 되고, '일로'는 중국에서 출발해 태평양과 인도양으로 뻗어가게 된다. '일대'와 '일로'의 연결은 독수리가 그 날개를 활짝 펼친 것과 동일한 모양이다. 이 대전략에서는 상호 연결의 강력한 지지대가 필수적이다. 상호 연결이 있어야 역내 기초 인프라 건설과 기초 산업, 기초 시장이 만들어질 수 있고, 무역 및 투자 자유화와 간편화를 촉진해 마치 혈과 맥이 통하는 것처럼 생기를 얻을 수 있다.

나아가 '일대일로'의 건설은 경제 교류와 금융 교류, 지식 교류, 정보 교류, 인문 교류 등의 다섯 가지 교류를 실현할 필요가 있다. 이 다섯 가지 교류도 '일대일로'가 공생으로 나아갈 수 있는 하부 시스템이다. 이 다섯 가지 교류를 실현하기 위해서는 정책 소통과 도로 연결, 무역 확대, 화폐 유통, 민심 상통의 소통이 필요하다. 이 다섯 가지 소통이 전제될 때 '일대일로'의 건설이 전략적 가치를 얻게 되고 기능적 가치도 얻게 된다.

현재 이 다섯 가지 소통은 실무적인 단계에서 추진 및 협상되고 있다. 우선 아시아 국가를 대상으로 이 지역의 상호 연결을 먼저 추진하고 있으며, 이를 바탕으로 아시아 국가들의 공동 이익을 확대하고자 주력하고 있다. 그 다음 경제 회랑을 중심으로 아시아 상호 연결의 기본 틀을 건설 중이다. 세 번째로 교통 인프라 시설을 발판으로 파키스탄 및 방글라데시, 태국, 미얀마, 라오스, 캄보디아, 몽골, 타지키스탄 등의 이웃 국가와 철도 및 도로 건설에 관한 프로젝트를 진행 중이다. 네 번째로 건설 융자 플랫폼을 활용해 '일대일로' 관련 국가들

----

32 習近平, "聯通引領發展, 伙伴聚焦合作—在'加强互聯互通伙伴關係'東道主伙伴對話會上的講話", 『人民日報』, 2014年11月9日.

이 인프라 확충과 자원 개발, 산업 협력, 그리고 금융 협력 등 상호 연결을 위한 프로젝트 사업을 진행할 수 있도록 금융 지원을 아끼지 않고 있다. 마지막 다섯 번째로 인문 교류를 중심으로 각국의 문화 교류와 민간 교류를 추진 중이다. 중국의 소프트파워를 운용 및 발전시켜 '일대일로'를 추진하고자 한다.

'일대일로'의 추진 자체가 일종의 구조적 힘이며, 하나의 '세(勢)'라고 표현할 수 있다. '일대일로'의 추진은 하드 파워에 기댈 필요도 있지만 소프트 파워를 적극 활용할 필요도 있으며, 하드 파워와 소프트 파워의 결합에 바탕을 둔 스마트 파워로 구조적 힘을 만들 필요도 있다. 중국은 이러한 힘들을 결합해 '일대일로' 건설에 나서야 한다.

(4) '일대일로' 건설과 역내 공동 가치관

공생시스템에 대한 인류의 인식은 자연 상태에서 자각 상태로 나아가는 과정의 산물이라고 할 수 있다. 또한 세계에 대한 사람들의 인식도 선과 후 그리고 참과 거짓을 구분할 수 있다. 21세기를 살지만 여전히 과거에 머무르면서 식민지 확장 시대와 냉전 시대, 제로섬 게임을 만지작거리는 이유가 바로 여기에 있다.

서구 일부 사람들은 그들의 가치관을 보편 가치관으로 포장해 내다팔려고 한다. 그러나 서구의 민주제도 자체는 거버넌스의 어려움을 겪고 있으며, 서구 민주제를 그대로 베껴서 흉내 냈던 국가들도 비슷한 어려움을 드러내고 있다. 그에 따라 더 많은 사람들이 서구 가치관에 뿌리를 둔 보편 가치를 의심하고 있다.

'일대일로' 건설이 수반하는 인문교류와 민심소통은 역내 서로 다른 문명 간의 충돌과 교류를 초래할 확률이 높다. 서로 다른 문명 간 교류가 깊어지면 역내 공동 가치관이 형성될 수 있다. 중국공산당의 18차 당대회는 부강과 민주, 문명, 조화를 제창하였고, 자유와 평등, 공정, 법치 등의 사회주의 핵심 가치관을 강조하였다. 이러한 가치관에서 민주와 문명, 자유, 평등, 공정, 법치 등은 역내, 아니 인류의 공동 가치관이라 해도 지나치지 않는다. 물론 각국은 자국의 실정에 맞게 민주와 자유, 공정, 법치를 실현해야 한다. '일대일로'의 건설이 중국의 문화적 소프트파워를 제고하는 기회일 수 있으며, 중국의 국제적 영향력을 키우는 통로일 수 있다. 중국이 먼저 사회주의 핵심 가치관을 실천할 수 있다면 본보기로서의 힘을 더 쉽게 발휘할 수 있을 것이다. 공자가 말했던 것처럼 "원방의 사람이 따르지 않는다면 문덕을 닦아 그렇게 하도록 해야"[33] 한다.

· · · · · · · · · · · · · · ·

33 『論語 · 季氏』(長沙, 岳麓書社, 2011), 26쪽.

'중국을 방법으로, 세계를 목적으로' 하는 중국의 길

우신보(武心波, 상하이 외국어대)

중국의 길은 결코 정치 슬로건도, 시대의 라벨도 아닌 매우 풍부한 의미를 가진, 심도 있는 탐색과 사고가 필요한 것이다. 중국과 동양의 경험에 기초하여 제련되어 나온 중국 방법은 비록 서방 문제에 대해서 포용력과 해석력을 갖추지 못했을지라도 서방 방법과 상호 작용하는 능력은 갖추고 있다. 따라서 동서양의 공동 성장은 세계를 완전하고 아름답게 만들기 위해서 궁극적으로 추구해야 하는 것이며, 일방이 홀로 강한 국면은 반드시 공존과 공영의 국민으로 대체되어야 한다. 서로 함께 격정적으로 움직이고, 서로 만들어 가고 보완해 나가는 것이 바로 공동발전과 균형을 실현하는 동력원이다.

'세계(서방)를 방법으로, 중국을 목적으로 하는 길'에서 우리는 이미 160여 년을 지나왔다. 현재 이제는 헤어져야 할 때에 이르렀다고 감히 말할 수 있다. 왜냐하면 중국이 진정으로 부상(崛起)하려면 반드시 흔들림 없이 '중국의 방법으로, 세계를 목적으로 하는 중국의 길'을 가야 하기 때문이다. 중국의 맡은 바 책임은 무겁고 갈 길은 멀다.

중국의 길 선택

중국의 길은 거대한 도전에 직면해 있다. 이는 다름 아닌 어떻게 철학적 사유의 높이에서 '방법'과 '목적'의 관계를 해결하는가 하는 문제, 즉 우리는 중국을 목적으로, 세계(서방)를 방법으로 하는 중국의 길을 걸을 것인가, 아니면 중국을 방법으로, 세계(서방)를 목적으로 하는 중국의 길을 걸을 것인가 하는 문제이다.

지금까지 우리는 줄곧 세계(서방)를 방법으로, 중국을 목적으로 하는 길을 걸어왔다. 중국은 단지 서구 담론 체계 및 방법 하의 일개 사례와 연구대상으로서, 우리는 서구의 개념으로, 서방의 논리에 따라 자신을 설계하고, 만들고, 발전시켜 왔다.

낯선 프레임 안에서 우리는 서구의 이론을 빌려 근대적인 의미에서의 주권국가 건설을 완성했다. 또한 서구의 지식을 빌어 현대화로 나아가는 길에서 장시간의 시행착오를 겪은 뒤 정확한 발전방향을 찾아냈다. 그리고 서방의 경험을 빌려 두 종류의 체제전환(농업형 사회에서 공업형 사회로의 전환, 계획경제에서 시장경제로의 전환)을 이뤄냈다. 우리는 타인의 이론을 잘 활용하여 중국을 사례로 하는 위대한 실천을 완성했다고 말할 수 있다.

하지만 오늘날 중국에서 이러한 발전 프레임, 플랫폼과 논리는 차츰 원래 가지고 있던 동력과 의미를 잃고 있다. '중국 사례'의 발전은 이미 서방의 이론이 포괄하고 해석할 수 있는 범위를 훨씬 넘어섰다. 중국은 지금 본색을 드러내고, 조용히 자신의 발전 논리를 형성하며, 자신도 모르게 자신만의 길을 걷고 있다. 비록 이 길이 이론과 방법론을 고도로 총화하는 지점에 이르지 못하고 거대한 해석력을 갖춘 담론체계에 아직 이르지는 못했을지라도 시기가 차츰 무르익고 있다. 이제 우리 자신의 학술체계와 학술담론으로 자신의 길을 착실히 총결산하고, 자신의 길을 드러낼 시기가 도래했다.

중국의 '학술 표현'

베이징 컨센서스(北京共識), 중국 모델(中國模式), 중국의 길(中國道路) 등 최신 어휘들이 계속해서 출현하고 있고 실제로 이미 많은 사람들에게 알려져 있다. 중국을 목적으로 하는 서구식 발전의 길은 지금 자각적이든 자각적이지 않든 중국을 방법으로 하고 세계를 목적으로 하는 중국의 길로 나아가고 있다. 이러한 중대한 변화에 맞서 중국 사회과학은 반드시 목소리를 내야 하고 설명과 해석을 통해서 학술적으로 표현해야 한다. 그러나 근대 이래 서양 학문의 동점(東漸)으로 우리는 이미 자신의 담론권(話語權)을 잃어버리고 심각하게 서방화되었으며 장기간 이미 서방 담론체계에 의존하게 되었다. 이는 우리가 서방의 담론체계를 떠나서는 말을 할 수 없도록 만들었고 매우 심각한 실어상태(失語狀態)에 놓이게 되었다.

중국의 부상(崛起)과 중국의 길에서 우리의 학술연구와 학술표현은 오히려 사람들에게 낙담과 실망을 안겼으며 우리의 위대한 실천과 우리가 이른바 가지고 있는 풍부한 경험보다 심각하게 정체되었으며 학술 상의 설명과 표현을 무력하게 표현해낼 수 없게 되었다. "개혁개방 30여 년 동안 우리의 학술연구는 비록 매우 큰 성과를 거뒀지만 이러한 결과는 주로 새로운 '서학의 동점'이라는 학술 조류에서 성장해 온 것이다. 사람들은 점점 진일보하게 발전하고 혁신하며 병목현상적인 문제를 뛰어넘으려고 했으며 그 가운데 가장 두드러진 문제가 바로 서양학술에 대한 의존성이며 학술 자체의 오리지널한 창의성은 매우 부족했다. 또한 진정한 의미에서 중국 특색의 학술 담론체계를 형성할 수 없었다."[1]

이에 대해서 일부 학자들은 이를 중국 사회과학의 위기로 본다. '중국 사회과학의 위기'는 주로 효과적으로 중국 경험을 해석할 수 없고 중국 실천보다 더욱 심각하게 정체된 것으로 표현된다. 현 학술 위기의 역사적 근원은 외래 이론에 대한 심각한 의존 현상이 현 사회과학계에 자신의 개념과 이론, 방법이 소위 구축해 놓은 '담론권'의 결핍을 야기했고, 이른바 '사상의 빈곤'을 만들어냈다

. . . .

1 李樹民, 劉華初, "反思中國學術 重建評價體系", 『中國社會科學報』, 2015年 3月 4日.

는 데 있다. 현 '사회과학의 공학화(工科化) 관리' 모델은 '중국학'을 부흥시킬 수 없을 뿐만 아니라 중국의 국가안전에도 위험이 미친다. 중국의 '신개념, 신범주, 신표현'의 주체는 오직 중국인과 중국학자일 뿐이다.[2] 여러 뛰어난 선배 학자들은 심지어 중국 학술이 '외부'만 쫓아서는 안 된다고 소리높이고 있다.[3]

우리의 학술 연구는 손 안에 있는 서양의 지팡이를 던져 버리고 자신의 두 다리와 두 발에 의지하여 자신의 길을 가야 할 때이다. 전면적이고 새로운 중국의 길이라는 새로운 환경과 새로운 문제에 직면하여 우리의 학술 견해를 어떻게 표현해낼 것인가는 아마도 우리가 어떻게 표현해내는 데 있지 않고 관건은 우리가 어떻게 다시 중국을 발견하고 깊이 있게 중국을 인식할 것인지를 취하는 데 있다.

중국이 근대 이후 '자아'를 오랜 기간 잃어버린 것은 우리가 매우 심각하게 '자아'를 잃어버리고, 자신을 잃어버리고, 자기의 담론체계를 잃어버리게 했다. 이를 위해 우리는 반드시 신심을 세우고 다시 한 번 자신을 돌아보고 중국을 발견하고 심각하게 인식해야 한다. 오직 이렇게 해야만 우리는 비로소 자신의 방법과 담론체계를 건립할 수 있으며 또한 자신의 말과 개념을 가지고 사유할 수 있고 말할 수 있게 된다. 그럼 우린 어떻게 중국을 찾아 돌아갈 것인가, 그리고 중국을 어떻게 발견하고 인식할 것인가?

중국을 방법으로

중국을 발견하고 진정으로 인식하는 것은 간단하게 보이지만 사실 매우 어려운 일이다. 중국은 수묵화(水墨畫)와 많이 닮았다. 편안함(寫意)을 숭상하고 예술적 경지(意境)를 추구하기 때문에 파악하기가 어렵고 컨트롤하기 어렵

· · · · · · · · · · · · · · · ·

2 楊光斌, "豐裕中的思想貧困－兼論中國教育－科學管理體制的問題與出路", 『中國社會科學評價』, 2015(1), 5-16쪽.
3 錢乘旦, "中國學術不能再唯'外'是從了", 『北京日報』, 2013年3月11日.

기 때문이다. 이 때문에 만약 중국인이라면 반드시 중국을 알 것이라고 당연하게 생각할 수는 없고, 이와 반대로 현재까지 우리가 중국에 대해 발견하고 인식한 것은 단지 표피적이거나 혹은 중층적인 것일 뿐 심층적인 곳에 존재하는 체계와 방법의 존재로서 중국은 없었다. 중국을 매우 높은 수준의 방법, 즉 철학의 차원으로 인식을 높인 것은 1990년에 출판한 『방법으로서의 중국(作爲方法的中國)』이라는 가장 권위 있는 저작 가운데 하나를 펴낸 미조구치 유조(溝口雄三)라는 일본 학자이다.

유조는 그의 책에서 일본의 중국학 연구의 연구 진로에 대해서 불만을 표출하고 '중국을 방법으로 하는 중국학'이라는 주장을 제기했다. 그의 '중국을 중심으로', '중국 원리'의 사상과 방법 발굴을 중시하는 학풍은 확실히 독자적인 일가를 이뤘으며 큰 반향을 일으켰고 그 영향 또한 깊고 넓다. 유조는 세계(서방)를 표준(방법)으로 중국을 평가하는 방법에 반대하고, 중국 역사와 서방 역사 모두 특별한 존재로 봐야 하며 각자의 특수한 전제 하 구조에서 '세계'를 봐야 한다고 주장했다.

중국에 대한 인식과 발견은 다른 학과 역량의 도움을 필요로 한다. 이러한 전문적인 학과를 바로 '중국학(中國學)'이라고 부른다.[4] 중국학은 매우 이른 시기에 해외에서 형성되었으나 현재에는 국내 많은 대학과 연구기관에서 중국학 혹은 해외 중국학 연구기구와 교학기구가 잇달아 설립되었다. 그러나 국내 학계에는 '중국학'에 대한 심각한 오판이 존재한다. 일종의 불량한 풍조가 있으며 심지어 나쁜 습관도 있다. 즉 '해외 중국학'에 대해서 너무나 많은 번역과 모방과 휩쓸림이 존재한다. "많은 사람들이 국외 학계의 중국에 대한 연구와 우리의 중국에 대한 연구를 동등하게 취급하여 우리가 연구하는 것이 동일 중국이라고 생각

. . . .

4 '중국학'은 종합성 학과이다. '미국학', '프랑스학', '독일학', '일본학' 등이 미국, 프랑스, 독일, 일본 등의 정치, 경제, 군사, 문화, 사회, 역사, 외교 등 문제를 연구하는 것과 마찬가지로 '중국학' 도 중국의 정치, 경제, 군사, 문화, 사회, 역사, 외교 등 문제를 연구하는 지역연구(Area Studies 혹은 Regional Studies)의 종합성 학과와 학문을 말한다. 바꾸어 말하며, 일개 국가의 각 영역과 각종 문제를 종합적으로 연구하는 일종의 종합성 연구이며 주로 여러 학과와 학과를 넘나드는 연구를 연구방법으로 주로 사용하고 있다.

하여 문제의식, 연구방법, 사용 재료를 모두 공통적인 것으로 생각한다."[5] 우리는 이미 오랜 기간 서방의 담론체계에 깊이 빠져있기 때문에 서방의 담론체계에 의존하거나 연구방법을 숭상하는 것에 이미 습관이 되었다. 오늘날 우리는 비록 중국을 연구하고 자신을 연구할지라도 이미 번역과 모방에 의존해 있으며 심지어 서방을 맹목적으로 따라하는 풍조가 있다. 이는 결국 "우리는 해외 중국학에 대한 표창(表彰)이 너무 많고, 모방이 지나치게 많으며, 서양의 연구 풍토를 사람들은 매우 새롭다고 평가한다. 마치 유행의 흐름과 같이 훨씬 새로울수록 훨씬 좋다고 생각하고, 서방의 새로운 방법, 새로운 이론을 보자마자 일종의 두려움을 느끼기도 한다. 이런 상태에서는 동등한 위치에서 상호 간 대화를 이어갈 수 없으며 상호 비판도 할 수 없다"[6]고 할 수 있다. 우리는 "외국의 중국학이 바록 '중국학'이라고 하지만 사실 본질적으로는 여전히 '외국학(外國學)'이라는 것"을 보지 못하고 있다. 첸청단(錢乘旦)은 "중국 학술사는 '고대'와 '근대'로 두 시기로 나눌 수 있다. '고대' 학술은 수천 년을 이어져왔으며 한 세트의 중국 담론체계와 연구방법을 형성했다. '근대' 학술은 서방의 동점으로 시작되어 현재까지 기본적으로 서방의 모방에 머물러 있다. 심지어 '국학(國學)'도 거의 대부분 서방의 프레임과 방법으로 연구하는 차원에서 놓여있다"[7]고 한탄하고 있다. '중국학'을 중국으로 되돌리고 적극적으로 '본토 중국학(혹은 중국의 중국학)'을 구축하는 게 급선무이다. 본토 중국학을 통해서 중국을 찾아가고, 중국을 발견하고 그래서 중국과 중국의 역사를 재해석하는 시대적인 책무를 재인식해야 한다.

'중국학'을 통해서 중국으로 돌아간다는 것은 우리의 주체 지위와 주체 의지를 확립해야 한다는 것뿐만 아니라 명확한 문제의식과 방법이 훨씬 필요해진다는 것을 의미한다. 현재 '본토 중국학'이 직면하고 있는 가장 큰 문제는 바로 연구영역이 광범위할지라도 내적으로 총체적인 논리적 일치성이 부족한 여전히

. . . .

5 葛兆光, "海外中國學本質上是'外國學'", 『文滙報』, 2008年10月5日.

6 Ibid.

7 錢乘旦, "中國學術不能再唯'外'是從了", 『北京日報』, 2013年3月11日.

이식된 '해외 중국학'일 뿐이며, 아직 자신의 개념과 범주를 형성하지 못하고 있으며, 자신의 담론체계도 갖추지 못하고 있고, 더욱이 자신의 방법이 결핍되어 있다. 이것들은 바로 '본토 중국학'이 반드시 갖추어야 하는 기본 요건이다.

이를 위해서, 대학 혹은 연구기관이 개설한 '중국학'은 커리큘럼을 갖춰야 하며 교학 활동도 전개해야 한다. 또한 '방법으로서의 중국'을 더욱 연구해야 하고, '중국을 방법으로'하는 중국 연구의 명확한 문제의식을 가져야 한다. 만약 중국을 대표로 하는 동양 세계와 서방 세계가 동일하다고 인식한다면, 모두 자신의 완결된 체계를 갖춰야 하며, 이 체계 안에서 우리는 자신의 개념, 범주, 원리와 방법을 갖춰야 한다. 즉 인식론, 본체론, 방법론 차원에서 동서양은 분명한 차이가 존재하는 이유로 각자의 경로 의존과 문화적 선호를 만들어냈다. 동양과 서양은 비록 각자 체계를 형성하고 있지만 상대방에 대해서 고립적으로 존재하는 것은 아니다. 수만 년의 진화와 변화를 거쳐 피차간에는 이미 더할 나위 없고 매우 훌륭한 상호 의존 관계가 형성되어 있고 이것이 동서양 체계 상호 간 연동하는 각종 규율을 형성했다. 방법으로서의 동양과 서양은 마치 한 폭의 완전하고 아름다운 세계 경관을 만든 것처럼 인류 발전을 추동하는 모순적 통일체를 구축했다.

우리의 각종 번잡하고 복잡한 현상을 탐구해 가는 매우 높은 철학적 차원에 이르러서야 동서양 문화 차이 배후에 깊이 감춰져 있어 드러나지 않는 체계상의 차이를 발견해낼 수 있다. 이것이 우리의 실천을 지도하고 우리가 자신의 발전모델과 발전의 길을 훨씬 잘 인식하고 분명하게 말할 수 있도록 도와주는 문제를 보는 종극적인 방법을 만들어내고 일종의 담론체계를 만들어낸다.

세계를 목적으로

발생학(發生學)과 진화론(進化論) 각도에서 보면, 방법으로서의 중국은 소멸하지 않을 뿐만 아니라 결국에는 반드시 서방과의 대등한 모습으로 세계문제에 공동으로 맞서 나갈 것이다.

세계를 목적으로 하는 함의는 방법으로서의 중국을 세계에 강제적으로 시행하는 것이 아니며 중국을 이용하여 서방을 대신하려는 것이다. 방법과 체계로서 동서양 문화의 각자 존재감이 서방의 방법이 보편성을 갖추지 않아서 세계에 대한 보편과 절대적인 해석 능력을 갖추지 않았다는 것을 결정했다. 따라서 방법으로서의 중국은 거대한 생존 공간과 발전 공간을 남겨 두었다,

우리가 자신의 방법을 확립한 이후에 봐야 하는 것은 그것이 중국을 방법으로 하든 아니면 서방을 방법으로 하든 우리는 서로 모든 세계에 대한 해석의 가능성을 갖추지 못했다는 것이다. 왜냐하면 동서양 모두 보편성 가운데의 특수성에 속해 있기 때문이다. "이것은 바로 서방의 경험이 일종의 특수성이고 동방의 특수성도 일종의 특수성이라는 사실이다. 우리는 단지 동서양 각국(예컨대 영국, 프랑스, 독일, 미국, 러시아, 중국, 일본, 인도, 이집트, 브라질 등등)의 특수성 경험의 관찰과 비교를 통해서 비로소 '근대화'라는 이 보편성의 논리와 역사적 함의를 진정으로 인식하고 추상화해낼 수 있다는 것"이다.[8] 이를 위해서 우리는 중국을 방법으로 하는 보편화(普世化)에 반대하며 단지 동서양의 상호 보완이 있을 뿐이다. 왕도와 패도가 함께 할 때만이 비로소 보편적인 의의를 갖추게 되는 것이고 이것이야말로 세계문제에 공동으로 대응하는 것이다.

중국과 동양의 경험에 기초하여 제련되어 나온 중국 방법은 비록 서방 문제에 대해서 포용력과 해석력을 갖추지 못했을지라도 서방 방법과 상호 작용하는 능력은 갖추고 있다. 따라서 동서양의 공동 성장은 세계를 완전하고 아름답게 만들기 위해서 종극적으로 추구해야 하는 것이며, 일방이 홀로 강한 국면은 반드시 공존과 공영의 국민으로 대체되어야 한다. 서로 함께 격정적으로 움직이고 서로 만들어 가고 보완해 나가는 것이 바로 공동발전과 균형을 실현하는 동력원이다.

'세계(서방)를 방법으로, 중국을 목적으로 하는 길'에서 우리는 이미 160여 년을 지나왔다. 현재 이제는 헤어져야 할 때에 이르렀다고 감히 말할 수 있다. 왜

....

8 許紀霖, "以中國爲方法, 以世界爲目的", 『國外社會科學』, 1998年 第1期.

냐하면 중국이 전적으로 부상(崛起)하려면 반드시 흔들림 없이 '중국의 방법으로, 세계를 목적으로 하는 중국의 길'을 가야 하기 때문이다. 중국의 맡은 바 책임은 무겁고 갈 길은 멀다.

다시, 중국의 길을 묻다

초판 1쇄 인쇄 2017년 2월 23일
초판 1판 발행 2017년 2월 28일

주   편 | 먼훙화 · 리팡 · 샤오시
옮긴이 | 성균중국연구소
펴낸이 | 정규상
펴낸곳 | 성균관대학교 출판부
출판부장 | 오종우
편   집 | 신철호 현상철 구남희
마케팅 | 박정수 김지현
관   리 | 황용근 박인봉

등   록 | 1975년 5월 21일 제1975-9호
주   소 | 03063 서울특별시 종로구 성균관로 25-2
전   화 | 760-1252~4
팩   스 | 762-7452
홈페이지 | press.skku.edu

ISBN 979-11-5550-211-2 04340